教师教育规划教材

JIAOSHI JIAOYU GUIHUA JIAOCAI

U0646647

JIAOSHI JIAOYUXUE

教师教育学

杨 跃 著

北京师范大学出版集团

BEIJING NORMAL UNIVERSITY PUBLISHING GROUP

北京师范大学出版社

图书在版编目(CIP)数据

教师教育学 / 杨跃著 . —北京：北京师范大学出版社，2016.8
（2024.8 重印）
高等院校教师教育系列教材
ISBN 978-7-303-20816-6

Ⅰ. ①教… Ⅱ. ①杨… Ⅲ. ①师资培养—高等学校—教材
Ⅳ. ①G451.2

中国版本图书馆 CIP 数据核字（2016）第 138164 号

图书意见反馈　　gaozhifk@bnupg.com　　010-58805079
营销中心电话　　010-58802755　58800035
北京师范大学出版社教师教育分社微信公众号　京师教师教育

出版发行：北京师范大学出版社　www.bnupg.com
　　　　　北京市西城区新街口外大街 12-3 号
　　　　　邮政编码：100088
印　　刷：北京虎彩文化传播有限公司
经　　销：全国新华书店
开　　本：730 mm×980 mm　1/16
印　　张：18.75
字　　数：335 千字
版　　次：2016 年 8 月第 1 版
印　　次：2024 年 8 月第 2 次印刷
定　　价：38.00 元

策划编辑：郭兴举　　　责任编辑：齐　琳　董洪伟
美术编辑：焦　丽　　　装帧设计：焦　丽
责任校对：陈　民　　　责任印制：陈　涛

前　言

党和国家历来高度重视教师培养和教师队伍建设。党的二十大报告在全面深入地阐述科技、教育、人才、创新之间的逻辑关系，突出教育的基础性、先导性、全局性、优先性地位和作用的同时，进一步强调"加强师德师风建设，培养高素质教师队伍，弘扬尊重教社会风尚"对于"办好人民满意的教育"的重要性和紧迫性。习近平总书记指出："培养社会主义建设者和接班人，迫切需要我们的教师既精通专业知识、做好'经师'，又涵养德行、成为'人师'，努力做精于'传道授业解惑'的'经师'和'人师'的统一者。"这对于教师教育提出了更新、更高的要求和挑战。

2001 年 5 月，《国务院关于基础教育改革与发展的决定》第一次在政府的政策文本中以"教师教育"替代了长期使用的"师范教育"概念，提出要"完善教师教育体系，深化人事制度改革，大力加强中小学教师队伍建设"；2002 年 2 月，教育部颁发的《关于"十五"期间教师教育改革与发展的意见》正式将"教师教育"界定为"教师的职前培养、入职教育和在职培训的总称"。自此，由"师范教育"向"教师教育"的话语转换逐渐成为不争的事实。"教师教育学科建设"亦在此背景下随着改革实践及理论研究的深入而蓬勃兴起，聚焦"教师教育"、旨在构建"教师教育学科"的专著亦陆续问世。

当前，教育学术界对"教师教育学科群"的内涵理解和语义阐释见仁见智，尚存在认识分歧。本书通过梳理我国"教师教育学科"话语实践的特殊背景，对"教师教育学科群"和作为独立学科的"教师教育学"这两个不同概念进行了明确区分，认为"教师教育学科群"是与"教师人才培养"这一教育实践活动紧密关联的概念，"教师教育学"则是与"教师教育专业人才培养"的教育实践活动紧密关联的概念。本书即为构建作为独立学科的"教师教育学"知识体系进行了探索。

"教师教育学"，顾名思义，是研究"教师教育"的学问；具体而言，是关于教师教育的价值立场、规律、原理与方法、政策与法规以及制度建设等一系列理论与实践议题的专门学问。其知识体系包含"本体论（教师教育是什么）""价值论（教师教育为什么）"和"方法论（教师教育怎么做）"。本书第一编"教师教育本体论"旨在回答"教师教育是什么"，着重从"作为实践活动的'教师教育'""作为研究领域的'教师教育'"和"作为独立学科的'教师教育'"三个维度来分析和阐释"教师教育是什么"；第二编"教师教育价值论"旨在回答"教师教育为什么"，着重从"教师工作与教师职业""教师专业的知识基础""教师教育目的"和"教师身份"4 个主题出发，思考和阐析"教师教育应该培养什么样的教师""教师是谁""谁可以当教师"

"教师工作的性质及其特殊性是什么""教师的社会身份和地位怎样""教师具有哪些权利与义务"以及"教师的专业性与专业素养"等问题；第三编"教师教育方法论"旨在回答"教师教育怎么做"，着重围绕"教师教育主体""教师教育模式""教师教育课程与教学""教师教育评价""教师专业发展与学习"以及与之相关联的"教师教育制度"和"教师教育政策与法规"等主题，分析和阐述"谁培养教师""通过什么方式培养教师""在不同培养阶段，学习者学什么、怎么学""如何评价教师教育质量"以及"教师教育制度、政策、法规"等领域的核心问题。

此外，在理论性质上，作为独立学科的"教师教育学"是一门有关教师教育活动的基本规律、原理和方法的学问，兼有规范理论、科学理论和实用理论的性质，而非单纯的应用性学科。在教师教育学的知识体系中，既有为不同社会、政治、经济、文化场景下的教师教育实践提供的价值选择和规范确立，也有对教师教育经验世界的解释以及从中揭示出的教师教育内在规律，还有对如何开展优质、高效教师教育提出的具体操作技术等。

总之，"教师教育学"是教师教育学科群中的一门支撑学科，最直接地服务于培养高素质的教师教育者，也有助于广大教师了解自我（尤其是自身的专业成长），因而也间接地服务于培养高素质的教育工作者。当然，关于教师教育学的研究对象、知识体系、研究方法、学科性质等的认识一定是仁者见仁、智者见智，而"百花齐放""多元并包"或许也正是学术繁荣、学科兴盛的表征。笔者正是出于对教师教育实践和教师教育研究的热爱，愿为教师教育学科发展和学术发展努力探索以尽绵薄之力而将这份心意付诸本书的思考与写作。

本书付梓之际，笔者对南京师范大学教师教育学院的那份感激溢于言表！学院自2005年6月成立以来，历任领导对教师教育学科的高度重视和热情培育、学院同人对教师教育事业的倾情付出和热烈研讨都令我感怀至深、受益匪浅！本书能够得以顺利出版，特别要感谢学院首任院长李学农教授带领我们走进"教师教育"这个广阔的学术和实践领域，感谢学院现任院长杨作东、书记张杰、副院长周晓静和汪涛等领导的激勉与支持！感谢教师教育学界前辈、同人众多研究成果的启迪！感谢南京师范大学的历届本科师范生和教师教育专业硕士研究生在我们师生教学相长中给予的信任与鞭策！感谢北京师范大学出版社的郭兴举、齐琳、董洪伟等编辑老师在书稿文字上的细致指点与帮助！敬请本书读者对书中由于笔者的学识、能力所限而存在的缺憾和不足不吝赐教！所有的感谢和期待唯有转化为尽心尽力地投身教师教育事业、勤奋刻苦地钻研教师教育学术的实际行动，才能不辜负领导的期望和同人的扶助！

杨跃

2024年8月

目 录

绪　论

　　2001 年 5 月，《国务院关于基础教育改革与发展的决定》提出要"完善教师教育体系，深化人事制度改革，大力加强中小学教师队伍建设"，"教师教育"一词首次出现在政府的政策文本中；2002 年 2 月，教育部颁发的《关于"十五"期间教师教育改革与发展的意见》正式将"教师教育"界定为"教师的职前培养、入职教育和在职培训的总称"。由此，"师范教育"向"教师教育"的话语转换逐渐成为不争的事实。"教师教育学科建设"亦在此背景下随着改革实践及理论研究的深入而逐渐成为高频词语，但随之出现了不同的称谓表述及意涵指涉。最早倡导创建"教师教育学科"的研究者使用的是"教师教育学科"这一称谓，强调"教师教育学科建设不是一个纯理论的问题，而是教师教育实践的要求，是基础教育实践对教师教育改革的要求"[①]。"在我们把教师教育与大学联系起来思考的时候，教师教育学科制度建设成为题中应有之义。"[②]其后学术界又出现"教师教育学"的称谓，强调"在'教育学'一级学科下建立'教师教育学'二级学科是我国百余年师范教育演变史以及当今教师教育事业需求之必然产物，也符合教师教育发展的内在逻辑"[③]。

　　这种称谓不一致现象也连带引出了研究者对"何为教师教育学（科）"在内涵理解和语义阐释上的见仁见智。最主要的认识分歧有两点：第一，涉及教师教育学（科）的研究和服务对象，教师教育学（科）直接为教师教育实践服务，对此恐无争议，但教师教育学（科）是否也直接为教师的教育教学实践服务？教师的教学工作、教师实践的困惑和热点问题等是否也是教师教育学（科）的研究对象？对此，研究者明显存在认识分歧。第二，涉及教师教育学（科）的学科性质，教师教育学（科）究竟是"原理性或方法论"性质的学问还是"教学方法"性质的学问？对此，研究者亦尚无共识。这些涉及学科的研究对象、知识体系、理论性质等诸多要素的重要问题，是创建独立学科必须首先回答的、关涉学科边

---

　　① 李学农 . 教师专业化实践的困境与教师教育学科理论的生长[J]. 教育理论与实践，2007(4)：33～36.

　　② 朱旭东，周钧 . 论我国教师教育学科制度建设——教师教育大学化的必然选择[J]. 教师教育研究，2007(1)：6～11.

　　③ 陈永明，王健 . "教师教育学"学科建立之思考[J]. 教育研究，2009(1)：53～59.

界及其合理性与合法性的本源性问题；对这些问题的不同见解会直接影响研究者对学科建设目标、路径、策略等实践要素的理解及实际行动。

本书认为，要回答这些本源性问题，有必要通过梳理我国"教师教育学科"话语实践的特殊背景，明确区分"教师教育学科群"和作为独立学科的"教师教育学"这两个不同的概念，才能进而切实、有效地建设"教师教育学科群"和"教师教育学"。

一、"教师人才培养"与"教师教育学科群"

"教师教育学科群"是与"教师专业人才培养"（"培养教师"）这一教育实践活动紧密关联的概念。

在我国现行高教体制下，作为独立知识体系的"学科"与作为高校人才培养基本单位的"专业"之间往往表现出"源"与"流"的关系：没有学科，专业就成为无本之木、无源之水；没有专业，学科就成为无生命的知识体系，就失去了社会价值和发展动力。对于"教师人才培养"这一实践活动而言，在我国封闭的师范教育体制中，虽然师范院校内部也存在文理众多学科，但并没有出现"师范教育学科"的话语实践；而在教师培养不再是师范院校唯一任务的师范院校综合化进程中，伴随"学科建设"这一极具中国特色的高等教育主流政策话语的兴起，"学科"成为衡量大学综合化程度以及某一知识体系及其研究群体学术地位的重要考量指标。于是，承担"教师人才培养"之责的众多专业①就需要对其学科基础给予清晰而准确的界说。"教师教育学科建设"的议题正是在此背景下被提出的。②

这里，暂不探讨旨在培养中学教师的大学本科专业的准确名称应该是什么。③

---

① 包括旨在培养幼儿园及小学教师的"学前教育专业""小学教育专业"，以及旨在培养中学教师的"某（文理）专业（师范方向）"（如"汉语言文学专业（师范方向）""数学与应用数学专业（师范方向）""音乐学专业（师范方向）"等），这些专业在师范院校的管理实践中一般被统称为"师范专业"，修读这些专业的大学生则被统称为"师范生".

② 近年来，在教师人才培养实践工作中，也出现了以"教师教育专业"统称上述"师范专业"的情形，但会遇到难以填写"教师教育专业"的"专业代码"等尴尬现象.

③ 是使用现行的"某（文理）专业（师范方向）"还是恢复1993年颁布实施的《普通高等学校本科专业目录》中使用的"数学教育""汉语言文学教育""历史教育"等？抑或改称为"中学教育专业"（因为旨在培养幼儿园和小学教师的专业名称分别是"学前教育专业"和"小学教育专业"）？要回答这些问题，不仅需要对教师职业的"双学科专业性"（任教某一特定学科的中学教师既需要具备"懂得教什么"的学科专业素养，也需要具备"懂得怎么教"的教育专业素养）及其对从业人员的素质要求（教师的专业性所在）进行严格的学理考量，而且需要对获得各文理学科专业的学士学位证书与教师职业资格证书的相关要求、制度等进行统筹设计.

无论称谓为何，旨在培养中学教师的大学本科专业作为一个学业门类是确定存在的，自然也是需要不断努力加以建设和完善的；专业的建设又离不开特定学科的支撑。更重要的是，"教师教育（教师人才培养）"是一项学术性的专业活动，这是倡导教师教育学科建设的合理依据。

当然，"学科"与"专业"是两个既有联系又有区别的概念，有着明显的内涵差异：学科按照知识的逻辑发生、发展，在不同知识领域中横向拓展与纵向深入，一个学科可应用于不同专业领域；专业则是按照知识、职业和教育的逻辑发生、发展，一个专业可能要求多种学科的综合，可以对应不同职业、适应多种岗位需求。鉴于教师教育实践的复杂性及其知识学意义上的支撑性学科的多样性，支撑教师教育实践的学科并非单一的某一门学科（如"教师教育学"），而是"复数形式的教师教育科学"，即能够为教师教育实践服务的所有知识体系，这是由若干学科构成的一个学科体系（又称"学科群"），这些学科从不同的研究角度、在不同的研究层面上认识和改进教师教育实践活动。需要注意的是，"教师教育学科群"并非"教育学科群"，教育学科群的建设成果不能"挪用"为教师教育学科群建设的成果。教师教育学科群的建构既涉及理论问题也涉及实践问题，涉及学科群内部各学科知识间的关系，也涉及为实现教师人才培养目标而选择各学科知识的标准问题。

在教师教育学科群中，主干学科是各文理学科领域的"学科教育学"（如含"语文课程与教学论"在内的"语文教育学"等），针对特定年龄发展阶段教育对象的"中学（或小学、学前）教育学"和"青少年（或儿童、幼儿）发展与学习心理学"。广义地说，为各级各类教师掌握相关学科领域知识服务的各文理学科，教育哲学、教育社会学、教育心理学、课程与教学论等教育科学分支学科，以及儿童学、教师学、教师教育学等新兴学科，都是教师教育实践的支撑学科。上海师范大学近年来积极探索"教师教育学科群"建设工作，致力于创建"教师教育学""教育领导学""儿童学"三门新兴学科，通过新的学科增长点来提升教师教育学科群的理论研究水平，具有良好的示范价值[①]；但教师教育学科群建设工作显然还有待全面加强，关于教师教育学科群的要素、结构、层次以及蕴含在学科群层次中的知识系统化、学科群内部各学科间的关系、学科群的建制

---

① 陈永明，等.教师教育学科群导论[M].北京：北京大学出版社，2013.

等理论与实践问题都有待深入研究①。特别是考虑到近年来在我国教师教育开放化、大学化、专业化、一体化的改革进程中，以高师院校为主体的教师教育机构为凸显其教师教育特色、传统及优势，进行了"高校内部教师教育资源整合""综合化背景下教师专业化教育、二级学院实体化"等实践探索，而这些创新并非依循"首先有一个学科，然后才有一个专业，有一个系，有一个学院"②的大学学科制度化的传统路径，高师院校一些系和学院的诞生亦非知识学意义上"学科分化"的产物。因此，"教师教育学科群"和"教师人才培养专业（群）"建设的提出就具有强烈的现实意义。合理规划教师教育学科群的布局，打破现有院系建制，充分利用现有优势学科和新兴特殊学科组建教师教育学科群并切实开展教师教育学科群建设，努力实现"宽口径、厚基础"与"专业化"并重的教师人才培养目标，必将有助于深化教师教育改革成效。

二、"教师教育专业人才培养"与"教师教育学"

"教师教育学"是与"教师教育专业人才培养"（"培养教师教育者"）的教育实践活动紧密关联的概念。

目前在我国教师教育实践中，"教师教育专业"这一"能指"至少有两种不同的"所指"：一是现行《普通高等学校本科专业目录》中各文理专业"师范方向"（本科师范生就读的专业）在实践中被统称为"教师教育专业"（修业合格者被授予各文理学士学位），二是在教育学一级学科目录下自主设置的"教师教育专业"硕士研究生学位点（修业合格者被授予学术型"教育学"硕士学位）。从"教师教育专业"硕士研究生学位点的培养目标上看，专业设置又出现过两种情形：一是培养"硕士研究生层次的基础教育师资"的"教师教育专业"，二是培养"能

---

① 有研究者从教师专业特性与教师教育机构管理现况入手，撰文阐述了教师教育学科群建设的必要性、可能性及其发展策略，强调"在思考教师教育学科建设时，必须要考虑教师专业发展的特殊性。培养教师需要教育学、心理学、数学、物理学、生理学等多门学科知识的融合，需要教育理论与学校教育实践的结合，因此，创建教师教育学科就必须关注这样一个事实：以培养教师为对象的教师教育学科，它不能只是一门学科，而应该是若干相关或相近学科的组合，使教育学科、心理学科及其他相关学科相互联系、相互作用、彼此融合而形成多学科的集群，如此更能体现教师教育的专业特征"。建设教师教育学科群"不是指教育学科下属各学科的集合，而是把教育学科之外并且与教师培养有关的学科融合、整合或者组合，进而重构教师培养内容、课程体系及形成教师培养模式，从而为人才培养提供完整的知识体系、技能体系与价值体系，达到全面提高师资培养学术水平的目标。这样也有助于促进教育学科和其他学科的交流聚集与交叉渗透，发挥学科建设的综合优势，从而构建创新人才培养的有利环境"。教师教育学科群"既广泛吸收其他学科的理论成果，又面向教师教育实践，永远呈开放态势"。（舒志定.对创建教师教育学科群的一点思考[J].教师教育论坛，2014(8)：19~25.）

② 孟宪范.学科制度建设研讨会综述[J].开放时代，2002(2)：134~143.

够开展教师教育理论研究、从事教师教育实践工作的高层次专业人员"的"教师教育专业"。而人才培养目标的不同又直接决定了课程、教学、实践活动及其相关评价的不同。显然，这几个"教师教育专业"指涉的并非同一个事物，依据逻辑推理，针对二者进行的"教师教育专业与学科建设"虽不能说大相径庭，但一定存在差异；而且在逻辑学意义上，用同一个称谓指称两个或多个不同的事物，多少有些违反逻辑同一律。

鉴于此，本书认为，若在"教育学"一级学科下参照已有的"高等教育学""学前教育学"的称谓表述，设置"教师教育学"硕士、博士研究生学位点，则其培养目标应定位为"培养教师教育专业人才"，即"教师教育理论和实践工作者"，而非"从事中小学教育教学工作的、研究生层次的教师人才"[①]。具有独立知识体系、方法论体系乃至工作体系的"教师教育学"便是教师教育专业人才培养中的一门重要主干学科和专业学位必修课程，但就教师人才培养而言，"教师教育学"只是教师教育学科群中的一门支撑性学科。教师教育学科群直接为培养教师（教师教育）这一实践活动服务，独立学科"教师教育学"则直接为培养教师教育者服务、间接为培养教师服务。

有研究者指出："从近些年教师教育改革实践看，教师教育研究尚未形成系统的理论体系和全面完整的改革蓝图，正因为我们尚未准确把握、深刻洞察'教师发展规律'等理论问题，实践中就难免出现偏差，初衷良好的改革行动也就可能事与愿违。"[②]本书即为探寻教师发展及教师教育规律、构建独立学科"教师教育学"知识体系所做的探索和尝试。[③]

需要说明的是，早在 1896 年，梁启超在《变法通议》一书中即撰有《论师

---

① 目前实践中旨在培养"高层次、高素质中学教师"的研究生学位点有"课程与教学论（学科方向）"（学术型学位）和"教育（专业硕士学位）"下的"学科教学（各方向）".

② 赵昌木. 教师专业发展[M]. 济南：山东人民出版社，2011：15.

③ 近年来，有研究者从教师教育学的学科内涵及其学科形成路径出发，提出教师教育学是一门以实践为导向的、多元研究范式并存的"软"学科；作为独立二级学科，教师教育学应具有相对独立的研究对象，面向教师教育实践，其知识体系呈开放态势，以多层次、多类型的立体、多面、有机联系的形式存在，并具有四个层次的结构体系（第一，教师教育哲学研究；第二，教师教育史学研究和教师教育国际比较；第三，教师教育专业领域研究，包括教师教育课程研究、教师教育教学研究、教师教育评价研究、教师教育政策研究、教师教育财政研究、教师教育技术研究；第四，各学科知识研究）。（许苏. 教师教育学知识体系研究[J]. 教师教育研究，2012(1)：50～55.）还有研究者从系统论视域出发分析指出，"教师教育学科体系是由若干要素组成的具有特定功能的有机整体，是相互作用的若干层次和要素的结合""教师教育学科体系架构包括教师教育哲学与历史、教师教育活动与过程和教师教育政策与管理三个层次，各层次又由诸多内部要素构成，各层次诸要素间相互影响、相互作用"。（肖正德. 系统论视域下教师教育学科体系之特质与构架[J]. 教育研究，2014(7)：101～108.）

范》一文，专门论述了师范教育，开创了我国近代师范教育研究的先河，对我国近代师范教育实践产生了巨大影响。但是，"师范教育学"意义上的学术探索应该说从 20 世纪 80 年代末、90 年代初才开始。"师范教育学"一词的首倡者是林永柏。他 1989 年发表了《建立师范教育学的初步设想》一文，旨在"为师范教育在科学的殿堂里争一席之地，为建立师范教育学抛一方引玉之砖"。他在该文中具体阐述了"师范教育学何以姗姗来迟""创建师范教育学的意义"及"师范教育学研究的主要课题"等问题，积极倡导建立中国的师范教育学。1990年，林永柏又主持出版《师范教育学》一书，该书对师范教育学的基本问题，师范教育的产生和发展，师范教育的性质、特点和培养目标，师范教育的地位和作用，师范教育制度，师范教育课程论，师范院校的师资队伍建设，师范院校的科研工作，师范教育评估，师范教育发展战略等问题进行了系统研究。从现有资料来看，该书是中国第一本公开出版的师范教育学著作。[①] 此后，有关师范教育研究的著作陆续出版。[②]

三、"教师教育学"知识体系构建

"教师教育学"，顾名思义，是研究"教师教育"的学问；具体而言，是关于教师教育的价值立场、规律、原理与方法、政策与法规以及制度建设等一系列理论与实践议题的专门学问。在理论性质上，教师教育学兼有规范理论、科学理论和实用理论的性质；其知识体系则包含"本体论（教师教育是什么）""价值论（教师教育为什么）"和"方法论（教师教育怎么做）"。"教师教育学"是教师教育学科群中的一门支撑学科，最直接地服务于培养高素质的教师（教育者），也

---

① 转引自梅新林. 中国教师教育 30 年[M]. 北京：中国社会科学出版社，2008：159.

② 例如，《当代中国师范教育》共 12 章，分别是：绪论、我国师范教育发展的历史概述、我国的高等师范教育（上）、我国的高等师范教育（下）、高等师范院校的科学研究、我国的中等师范教育、我国中小学在职教师和领导干部的培训和进修、师范院校与教育院校的师资队伍建设、师范院校学生的专业思想教育、师范院校与教育院校的教育实习、师范院校的附属学校、我国师范教育的展望。《师范教育概论》共 14 章，分别是：师范教育的产生和发展、我国现行师范教育制度、师范教育的目的、师范生的挑选、师范院校的教学工作、师范院校的德育、师范院校的体育和卫生、师范院校的美育、师范院校的教育见习和教育实习工作、师范院校的科学管理、当代世界师范教育的发展趋势。《师范教育学》内容包括：师范教育学的研究对象、师范教育的产生与发展、中国百年师范教育历史、师范教育的性质与作用、师范教育的体系与模式、师范教育的培养目标、教师与学生、课程与教材、教学与科研、教育实践师范学校的领导与管理、师德与师德教育、师资的职后培训的实施、师范教育的发展趋势等。（刘问岫. 当代中国师范教育[M]. 北京：教育科学出版社，1993. 赵翰章，等. 师范教育概论[M]. 长春：吉林教育出版社，1994. 张燕镜. 师范教育学[M]. 福州：福建教育出版社，1995.）

有助于广大教师了解自我(尤其是自身的专业成长),因而也间接地服务于培养高素质的教育工作者。为此,本书依循"教师教育是什么""教师教育为什么"及"教师教育怎么做"的逻辑理路,围绕以下议题进行了阐述和分析。

本书第一编"教师教育本体论"旨在回答"教师教育是什么",着重从"作为实践活动的'教师教育'""作为研究领域的'教师教育'"和"作为独立学科的'教师教育'"三个维度来分析和阐释"教师教育是什么"的问题。当今世界通用的"教师教育(teacher education)"一词,指教师培养、任用和进修三个阶段的教育,即包括"教师职前培养(teacher preparation/ pre-service teacher education)""教师入职教育(induction education of teachers)"和"在职教师教育(in-service teacher education)"。简而言之,"教师教育"是培养教师的社会实践活动,那么,本质上这是一项怎样的社会实践活动呢?也就是说,"培养教师"的本质究竟是什么呢?澳大利亚莫纳什大学(Monash University)的约翰·洛克伦(John Loughran)教授指出,"教师教育"实践活动的出发点是作为教师职业实践活动核心的"教(teaching)","教师教育"的本质就是"教'教'(teaching about teaching)"和"学'教'(learning about teaching)",理解"教'教'"和"学'教'"是教师教育研究的核心主旨。① 进一步说,"教'学教'(teaching about learning to teach)"也是教师教育的题中要义。

本书第二编"教师教育价值论"旨在回答"教师教育为什么"。如果说"教师教育为的是培养教师",那么,"培养什么样的教师"即"理想的教师是什么样""合格的教师是什么样"等问题,便触及教师教育目的。而我们要回答"培养什么样的教师",则需要了解"教师是谁""谁可以当教师"这两个根本问题。"教师是谁"的问题涉及"教师从事的是具有什么性质的一种工作""教师工作的特殊性在哪里""教师工作是一份职业还是一项专业""教师的社会身份、社会地位是什么""教师具有哪些权利与义务"等议题;"谁可以当教师"的问题则与"教师的专业性与专业素养"等问题紧密关联。本书将在第四章"教师工作与教师职业"、第五章"教师专业的知识基础"、第六章"教师教育目的"和第七章"教师身份"中深入学习和思考这些问题。

本书第三编"教师教育方法论"旨在回答"教师教育怎么做"。这涉及"教师教育主体""教师教育模式""教师教育课程与教学""教师教育评价""教师专业发展与学习"以及与之相关联的"教师教育制度"和"教师教育政策与法规"。本书

---

① John Loughran. Developing a Pedagogy of Teacher Education: Understanding Teaching and Learning About Teaching[M]. London: Routledge, 2006.

第八章到第十四章围绕上述主题，分析和阐述"(组织意义上的"教师教育机构"和个体、群体意义上的"教师教育者")谁(有资格、更有资格、最有资格)培养教师""通过什么途径(模式)(职前、入职和职后三个环节的培养模式)培养教师""在不同培养阶段里，究竟应该要求学习者(未来教师、新手教师、在职教师)学习什么(课程)、怎样帮助和促进学习者的学习(教学)以及如何评价其学习成效等""根据什么来评价教师教育是否达到了目的(预期目标)、以教师专业标准为核心的教师教育标准体系(教师专业标准、教师教育课程标准、教师教育机构认证标准等)、教师教育质量保障体系如何制定和确立等""教师学习的性质、特点是什么，如何根据不同成长阶段教师的学习特点开展有效的教师教育活动，真正促进教师的专业发展"等议题以及"教师教育制度、政策与法规"领域的核心问题。

需要说明的是，作为独立学科的"教师教育学"是一门有关教师教育活动的基本规律、原理和方法的学问，兼有规范理论、科学理论和实用理论的三重性质，绝非单纯的应用性学科。教师教育学研究既需要"为知识而知识"的纯粹理性精神，也需要"学以致用"的实践理性精神。还需要说明的是，学科间的交叉、融合是"大科学时代"的知识特点，旨在探究教师教育和教师专业发展特殊规律的"教师教育学"在坚守自己学科边界、寻求学科独立范式的同时，迫切需要加强多学科视角的教师教育研究及其相互间的融汇。

第一编

教师教育本体论

本编旨在从"作为实践活动的'教师教育'""作为研究领域的'教师教育'"和"作为独立学科的'教师教育'"三个维度来分析和阐释"教师教育是什么"的问题。

第一章　作为实践活动的"教师教育"

在汉语中，人们往往将"教育"通俗地理解为一种旨在培养人的社会实践活动，是一项重要的社会事业（或行业），如"基础教育""高等教育""职业技术教育""成人教育"等表述都是指某种特殊的教育实践活动。同样，"教师教育"一词也首先指称的是教育事业（或行业）中旨在培养"教师"的特殊实践活动。如果在"三人行必有我师"的最广泛意涵上来理解"教师"，那么，旨在培养教师的教师教育实践应该也是古已有之；但若在"作为一种谋生手段"的"职业（occupation）"意涵上来理解"教师"，那么，旨在培养教师的教师教育实践则经历了从萌芽、初创到壮大的特殊历史变迁并不断变革和发展。

在世界各国，教师职业的出现都要早于制度化的教师教育实践。从上古学校的产生开始，到工业制度形成以前，"教师"这一职业都属于自由职业，往往由有知识、有学历的人担任，但在很大程度上，"教书"实际上只是这些人的副业。① 随着工业化制度的建立，生产力以及社会劳动分工的发展逐渐要求劳动者具备一定的文化素养，要求制度化的学校教育能够分门别类地培养出专门化的劳动者，于是便发展出各级各类的学校教育形式；在此基础上，国家开始合法地控制学校教育，将学校教育纳入自己的事业范围内，国民教育体系逐渐建立和完善，直接推动了"教师"成为"专职"。②

一、西方国家教师教育发展简史

西方国家教师教育的发展先后经历了职业教师的出现、现代教师教育的肇

---

① 那时，"教师职业是自由职业"主要体现在：第一，由于国民教育制度没有形成，因此，教师职业本身并没有所谓"制度性约束"，教师可以自由选择教材、学生；第二，教育本身也没有成为科学研究的对象，因此，教师的教育方法主要是依据历史积累下来的经验、总结与心得等，并没有科学意义上的"技术性约束"，甚至还有些"随心所欲"；第三，那时的教育被少数人把持并为少数人服务，因此，教师的需求量并不大，往往由有知识的人兼任，他们在自由地从事知识创造的同时又将这些知识传授给弟子（学生），而这种传授过程在相对意义上也可以看作一个自由劳动的过程.

② 国民教育体系的发展对教师职业至少产生两个方面影响：一方面，教育规模扩大导致教师需求量激增，学校教师难以再由某些人业余兼任，而是要求一批固定的人员来专门担任；另一方面，教育权收归国家、政府所有，并以法律形式规定教育的形式、目的、内容以及教师的资格、任免程序、聘用条件、权利与义务等。教师（尤其是普通学校中的教师）便从有知识的人中游离出来，专门负责"传递知识"而无须专门负责"创造知识"，成为受雇于国家或地方政府的雇员，不能自由地选择学生和教学内容.

始以及教师教育机构从早期发展到"二次转型"再到"教师专业化运动"兴起后的变革等几个阶段。①

（一）职业教师的出现及教师理论的萌芽

在古代西方国家，传授知识是依附在僧侣等人的职责中的，换句话说，只有僧侣和文士可以充任教师，他们虽然享有很高的社会地位，但此时并没有形成独立的教师职业。直到公元前5世纪中叶，古希腊出现了一批以教授文法、修辞和逻辑为职业的智者(史称"智者派")，他们周游各个城邦，收取学费、广招门徒。"智者派"开展收费的授学活动，这才表明"教学"活动成了一种独立的职业活动，职业教师从此登上了社会分工及教育的历史舞台。"以教书为职业"的"智者派"教师成为西方教育史上最早的职业教师("智者"也因此而成为"职业教师"的专有名称)。当然，此时古希腊还有授学却不收费的教师，他们通过开办学园进行教学，如被誉为"古希腊三杰"的苏格拉底、柏拉图、亚里士多德。

在古代罗马时期，大批古希腊教师在古罗马人征服希腊本土后涌入罗马，不仅推动了古代罗马教育的发展，也推动了教师职业的发展。教师收费授学被公众承认，教师职业开始得到国家认可并逐渐形成统一的职业标准。与此同时，在教育、教学实践的基础上，有关"教师"的思想理论也初现端倪。其中，古罗马教育家昆体良所著的《雄辩术原理》一书集古希腊、古罗马教育思想和教育经验之大成，不仅是欧洲古代教育理论发展的最高成就，而且成为世界第一本有关"教师"的理论著作。昆体良也被后人赞誉为西方最早提出教师教育思想理论的杰出教育思想家，他提出的许多教师教育思想(如教师应该是才德俱佳的人，既要熟悉所教知识的内容，也要熟练运用教学的方法；既要善于向学生提出问题，也要善于简明扼要地回答学生提出的问题等)对今天的教师教育实践仍具有启迪价值。

需要注意的是，在欧洲中世纪，由于僧侣获得了知识教育的垄断地位，教育本身也渗透了神学的色彩，在教会完全控制教育的背景下，教师职业也带有明显的神学性。到文艺复兴时期，教师职业开始转向，人文主义教师开始注重研究教育对象。

（二）"导生制"的出现及现代教师教育的肇始

在西方国家，现代意义上的教师教育始于19世纪初的"贝尔-兰喀斯特制"

---

① 单中惠.西方教育问题史[M].北京：人民教育出版社，2011.单中惠.西方师范教育机构转型：以美国、英国、日本为例[M].济南：山东教育出版社，2012.单中惠.教师专业发展的国际比较[M].北京：教育科学出版社，2010.

（又称"导生制"），这被看作英国乃至世界现代教师教育的肇端。

1791 年，为了解决教师匮乏问题，英国国教牧师贝尔在印度马德拉斯士兵孤儿学校选择一些年长学生协助班级教师教导其他儿童。1797 年，贝尔出版《教育实验》一书，详细介绍了这种当时被称为"马德拉斯制"的教学组织形式。英国非国教派传教士兰喀斯特于 1798 年在英国伦敦南沃克地区开办的慈善学校中也同样采取选择年长学生担任教师的做法，并于 1802 年出版《教育改良》一书，描述了他实施的教学组织形式。这种教学组织形式就被称为"贝尔-兰喀斯特制（Bell-Lancaster System）"，又称"导生制（Monitorial System）"，并作为教师培训的一种权宜之计，逐渐成为英国最早的初等教育师资训练方式。然而，这毕竟是当时为解决教师短缺问题而不得已采取的应急性措施，弊端明显，后逐渐退出了历史舞台。

1846 年，英国枢密院教育委员会①首任主席凯-沙特尔沃思（James P. Kay-Shutleworth）研究考察了欧洲大陆的教育制度后，在"导生制"基础上实施了一项全国性教师培训计划，被称为"教生制（Pupil-Teacher System）"（亦称"见习教师制""门生制"）。"教生制"的具体做法是：在初等学校中挑选学业、品德优秀和身体健康的、年满 13 岁的小学生作为见习教师，一般订立 5 年契约；见习教师在这 5 年中充当校长的助手，跟随校长见习学校事务与教学，每周 5 天在学校放学后由校长为其讲授一个半小时的各科知识；见习教师以从事勤务劳动充抵学费；5 年见习期满后，见习教师既可作为助理教师，也可再进入师范学校继续深造。

"教生制"比"导生制"更为正规，对改善英国的初等学校、提高教学效率做出了贡献，但"教生制"的质量本身也一直是令人担忧的问题。从 19 世纪末开始，要求废除"教生制"的呼声此起彼伏，人们主张应该以一种更好的教师培训方式来取代"教生制"，应该依靠成年教师或者受过良好训练的教师来担任初等学校的教育工作。20 世纪初，"教生制"在英国被废除。

（三）"师范学校"的出现与教师教育机构的早期发展

早在 1632 年，捷克教育家夸美纽斯在《大教学论》一书中就提议设立"学校之学校（school of school）"或"教学法学院（didactic college）"来培养师资。随着近代社会的发展和人们对初等教育活动的重视，在加强初等学校教师训练的观念引导下，欧美国家开始出现"教师讲习所""师范学校"等教师教育机构。到 19 世纪后期，师范学校在欧美国家得到了广泛的发展，进一步推动了这些国家初等教育的普及和发展。

---

① 这是英国成立于 1839 年的国家监督和管理教育的机构，由此成为国家干预公共教育事业的开端.

致力于初等教育活动的法国基督教兄弟会创始人拉萨尔（Jean Baptiste de la Salle）1684 年在法国兰斯（Rheims）创办了教师讲习所，并附设供实习用的学校。在教师讲习所的活动中，拉萨尔制定了相关规则，督促准备成为教师的人要养成基督教徒应有的美德。1695 年，弗兰克在德国哈勒也开设了教师讲习所，这是普鲁士第一个教师教育机构。这些教师讲习所实行三年制，招收小学毕业生。随着国民教育制度的确立，教师讲习所成为德国培养小学教师的主要机构，到 1850 年，全国教师讲习所已达 156 所。①

师范学校的建立标志着西方师范教育机构的早期发展。1794 年，法国建立了巴黎师范学校（1808 年改名为巴黎高等师范学校）。1808 年，法兰西第一帝国在拿破仑执政期间颁布了培养小学教师的法令，规定小学教师必须接受专门的培训，培训工作由国立中学和市立中学的示范班承担。1810 年，法国第一所初等师范学校在斯特拉斯堡建立。随后，师范学校在法国得到了发展。到 1832 年时法国约有 30 所师范学校。德国随着初等义务国民教育的强制推行，在教育家洪堡主持的教育改革影响下，普鲁士也建立了由地方当局开办的师范学校。1840 年成立的巴特西教师训练学院是英国第一所私立教师培训机构，随后各地纷纷建立私立的教师训练学院，专门培养小学师资，实行住宿制，学习年限长短不一，最常见的是两年制（第一年是课程学习，第二年进行为期一年的实习）。英国少数大学也开始介入教师教育，主要是为中学教师提供短期的培训课程。值得注意的是，英国教师教育机构从未使用过"师范学校"的名称。到 19 世纪末，随着初等教育的普及和对小学教师需求量的增长，私立教师培训机构已经无法满足日益发展的英国初等教育的师资需求，教师教育日益受到社会的关注，英国政府最终于 1890 年颁布了教育法，要求地方政府与大学合作开办"日间师资训练学院（day training college）"以培养小学教师。

师范学校最早出现在法国，但在美国得到最为迅速的发展。普鲁士的教师讲习所成为美国师范学校最早仿效的主要模式。1818 年，美国费城出现了一所由英国教育家、导生制创始人之一的兰喀斯特主持的模范学校（model school），负责训练学校教师；同时，由美国教育家富兰克林倡导设立的文实中学也开始增设教师训练部，以培训小学教师；1823 年，霍尔（Samuel R. Hall）开办了私立中等教师训练班；1827 年，卡特（James Carte）创立了一所私立中等师范学校，卡特因其在美国公立师范学校形成和发展中的作用而被后人称为"美国师范学校之父"。在美国"公立学校之父"贺拉斯·曼的倡导和主持

---

① 顾明远，等．世界教育大系·教师教育［M］．长春：吉林教育出版社，2000：44．

下，1839 年 7 月，马萨诸塞州的列克星敦建立了美国第一所州立师范学校，随后，师范学校在美国各州迅速增加，兴起了建立州立师范学校的高潮。到 19 世纪末，美国已有师范学校 345 所。[①]

总之，近代社会，师范学校在西方各国得到广泛推广，为初等公立学校培养教师。

(四)20 世纪以来西方国家教师教育机构的两次转型

在社会生活变迁、教育体制改革、基础教育发展、高等教育规模扩大、教育科学进步等外部动因，以及教师质量提高、教师资格证书制度确立、教师教育机构自身发展需求等内部动因的综合影响下，西方国家的教师教育机构从 19 世纪末、20 世纪初开始，出现了从中等师范学校(normal school)向高等教师学院(teacher college)转型的趋势；在第二次世界大战后又出现了从教师学院向综合性大学(university)的转型。由于国情不同，西方国家教师教育机构的转型历程、选择的路径以及表现出的特点等都不尽相同，在一定程度上提高了教师教育的质量，但也存在一些值得重视的问题。

美国教师教育机构的转型主要经历了两个阶段。一是教师教育机构的层次转型("升格")。19 世纪末、20 世纪初，美国的师范学校为求生存而开始了向教师学院的转型，采取了提高入学标准(提高到高中毕业)、拓展课程范围(增加了新型的学术性科目)、延长学制(延长为 4 年)等措施，教师学院借此也获得了学士甚至硕士学位授予权。在这一转型过程中，美国政府及民众对教育的重视不断提高、支持力度不断增强，教师学院也因此得到广泛支持，但随之产生的"学术性"与"师范性"的关系问题却日益突出。二是教师学院向综合性大学教育学院的转型，这标志着美国现代教师教育体制的确立，具体表现在学校名称的改变[②]、培养目标的重新定位、课程设置的调整、学位授予体系的健全等。20 世纪六七十年代，教师学院基本完成向综合性大学教育学院的转型，形成了一个相对稳定和完全开放的教师教育体系。

英国教师教育机构的转型主要经历了四个阶段。第一，教师教育依附于大学的阶段。19 世纪末、20 世纪初，英国的日间师资训练学院开始向大学教师培训部转型，更加注重中学教师培养的学术性，但由于大学对参与师资培养缺乏热情，大学教师培训部并未达到初衷。第二，教师教育依靠区域联合的阶

---

① 顾明远，等. 世界教育大系·教师教育[M]. 长春：吉林教育出版社，2000：25.

② 从 20 世纪 30 年代起，各州的教师学院陆续更名为州立学院或州立大学，教师教育机构的功能得以拓展，教师教育机构不仅仅是培养教师的机构，同时还承担着培养其他领域人才的任务.

段。20 世纪五六十年代，英国设立了地区师资培训组织，在发展高质量教师职前教育的同时，也将教师职前教育与职后教育结合起来，地区师资培训组织在各个地区形成了一种协调师范教育和提高学术水平的独特方式，但教师专业训练的地位却有所下降。第三，独立的大学教育学院阶段。20 世纪 60 年代初期，英国师资紧缺的状况得到初步缓和，随着教师数量日趋饱和，教师质量低下的问题又日益凸显，教师专业教育的质量问题受到英国政府的关注，1963年的《罗宾斯报告》、1971 年的《詹姆斯报告》、1972 年的《教育白皮书》等的发表，以及 1964 年全国学位授予委员会的成立等，最终促使独立的大学教育学院诞生了。但是，人们很快就发现教育学院仍然受到排斥，处于大学的边缘，而人们对大学教育学院培养中小学教师的实际能力也充满质疑。第四，多元模式共存的阶段。20 世纪 80 年代末、90 年代初开始，英国教师教育机构开始走向多元模式的共存，有大学教育学院、高等教育学院、校本教师培训机构（教育联盟或教师教育合作伙伴）等多种类型，以及教育学士学位课程、研究生教育证书课程、联合学院课程、教育学士荣誉学位课程、教学硕士学位课程、教育专业的哲学硕士、教育专业的哲学博士学位课程等多种层次的教师教育课程。

（五）教师专业化运动的兴起和发展

20 世纪 60 年代开始，为提升教师职业的专业性，世界范围内掀起了"教师专业化运动"的浪潮，推进教师专业化成为世界各国教师教育改革与发展的重大策略。

1966 年，联合国教科文组织和国际劳工组织发表《关于教师地位的建议》，明确提出"应将教育工作视为专门的职业，这种职业要求教师经过严格持续地学习，才能获得并保持专门的知识和特别的技术"，这是首次对教师的专业地位给予明确认定。1975 年，联合国教科文组织第 35 届国际教育会议通过决议，强调教师职前培养和在职进修相统一的重要性和必要性，出现"教师教育一体化"的概念。1980 年，《世界教育年鉴》以"教师的专业发展"为主题发表了一系列文章，提出"教师专业化"的两个重要目标：一是争取教师专业的地位与权利，并寻求集体向上流动；二是发展教师的教育教学知识、技能，以提高教师的教育教学水平。[①] 1996 年，联合国教科文组织第 45 届国际教育大会通过了九项建议，其中一项即"专业化：作为改善教师工作地位和条件的策略"。

美国 1983 年的《国家在危机中：教育改革势在必行》报告强调改进教师教育、使未来教师既有从教的愿望又有从教的专业能力从而达到较高的教育标准；1986年的《国家为培养 21 世纪教师做准备》和霍姆斯小组发表的《明日之教师》等报告

---

① 教育部师范教育司. 教师专业化的理论与实践[M]. 北京：人民教育出版社，2001：27～28.

进一步对美国教师教育改革发挥出巨大的影响力;1990 年,霍姆斯小组又发表《明日之学校》报告,系统分析了"教师专业发展学校(Professional Development School,PDS)";1995 年,霍姆斯小组又发表《明日之教育学院》报告,提出了培养未来教师的大学教育学院的使命及未来发展方向,强调教育学院应该关注教师知识发展、教师专业发展以及教师教育政策发展。上述三份报告对美国乃至世界教师专业化的理论与实践都产生了深远的影响,推动了教师专业化运动的深入发展。

总之,西方国家自 20 世纪 80 年代以来,教师职业的专业化以及教师的专业发展逐渐成为政府和学界共同关注的焦点,出现了由群体的、外在的、被动的教师专业化向更注重个体的、内在的、主动的、终身的教师专业发展的转向,并成为世界各国教师教育改革的共同主旨。培养具有专业水准的教师成为 21 世纪世界教师教育改革的目标。

二、中国教师教育发展简史

在我国,近代教师养成模式(或称"师范教育")萌芽于"戊戌变法"时期,发轫于 1897 年盛宣怀在上海创办的南洋公学师范院。1902 年,京师大学堂师范馆的创办则开启了中国高等师范教育的先河。清代末期制定的《奏定学堂章程》照搬日本学制,创立了近代师范学堂。1904 年,中国模仿日本的师范教育制度,1922 年,中国转而学习美国型师资培养体制,1951 年,中国又转成学习苏联型师资培养制度,现今,中国力图构建具有中国特色的教师教育体制,其间经历了从"仿日""学美""师苏"到"自创中国特色"的百余年风雨洗礼、变革沧桑。[1]

---

① 陈永明教授将我国教师教育发展历史划分了四个阶段:第一阶段是"中体西用型"师范教育制度的创立(1895—1921),第二阶段是"仿美抗日型"师范教育制度沿革(1922—1948),第三阶段是"亲苏封闭型"师资培养制度演变(1949—1979),第四阶段是"改革开放型"师范教育体制改革(1979 年至今)。国家教育部师范司原司长管培俊在总结我国教师教育改革开放三十多年的历程、成就与基本经验时将中国百年师范教育划分为四个发展阶段:第一阶段自 1897 年发端到 1921 年,中国主要参照德、日教育制度,初步形成以独立设置的师范院校为主体、单一定向的师范教育体系。1904 年的"癸卯学制"和 1912 年的《师范教育令》确立了师范教育在学制中的独立地位,设初级及优级师范学堂,在全国 6 个高等师范学区分设 6 所高师学校。第二阶段自 1922 年至 1948 年,中国主要参照美国教育制度,形成独立设置的师范院校和综合大学师范学院并存的开放模式的师范教育体系。1922 年的《学校系统改革案》确定师范院校与普通大学合并或改为普通大学,向开放模式转变;1929 年的《大学组织法》、1938 年的《师范学院章程》确定独立设置的师范院校与教育学院、综合大学师范学院并存。第三阶段自 1949 年新中国成立后到 1998 年前,国家大力发展师范教育,参照苏联教育制度,重建与发展独立设置的、教师培养培训分离的师范教育体系。以 1951—1985 年的 4 次教师会议和 1996 年的师范教育工作会议为标志和里程碑,师范教育得到高度重视和长足发展。第四阶段自 20 世纪 90 年代后期以来,中国主要借鉴发达国家的经验,逐步建立师范院校为主、综合性高校参与的开放的教师教育体系。(陈永明. 教师教育研究[M]. 上海:华东师范大学出版社,2002:2~11. 管培俊. 我国教师教育改革开放三十年的历程、成就与基本经验[J]. 中国高教研究,2009(2):3~11.)

自 1897 年盛宣怀在上海创办南洋公学师范院以来，伴随中国社会政权更迭、制度转型而饱经沧桑的中国教师教育发展先后经历了"独立封闭的师范教育体系的确立(1897—1921)""开放性师范教育体系的初步形成(1922—1948)""独立封闭的师范教育体系的重建(1949—1977)"和"师范教育的恢复、调整、巩固与提高(1978—1995)"及"中国特色综合化、大学化、专业化、一体化教师教育新体系的开拓与发展(1996 年至今)"五个发展阶段。①

（一）独立封闭的师范教育体系的确立(1897—1921)

自古中国就有"尊师重教"传统，但古代社会并没有专门培养教师的教育制度，师范教育作为一种培养教师的专门教育，是近代文明的产物。中国的教师教育政策、制度是近代社会政治、经济、文化、教育变革的产物，近代教育的勃兴直接推动了教师教育的萌芽。在中国，一般认为，1862 年，京师同文馆的创办被视为中国近代教育的萌芽；1897 年，上海南洋公学师范院的创办被视为中国近代师范教育的先声。

中日甲午战争后，《马关条约》的签订使中国的民族危机空前加深，为了救亡图存，随着"开民智"目标的提出和资产阶级维新教育的兴起，中国近代教育进入新的发展阶段，从重点设学以应洋务急需的专门教育转向普遍设学以启大众近代政治、文化、科学之蒙的普通教育，因之产生了建立师范教育以培养大批合格师资的历史需求。1896 年，梁启超在《论师范》一文中提出"师范学校立，而群学之基悉定"，强调"欲革旧习，兴智学，必以立师范学堂为第一义"。1897 年，盛宣怀在上海创办南洋公学，内设师范院，培养上、中两院的教员，由此掀开了中国师范教育的序幕。1898 年，光绪帝批准梁启超代为起草的《奏议京师大学堂章程》并委派吏部尚书孙家鼐为管学大臣负责筹办京师大学堂，《奏议京师大学堂章程》提出"西国最重师范学堂，盖必教习得人，然后学生易于成就。中国向无此举，故各省学堂不能收效。今当于堂中别立一师范斋，以养教习之才"。这是我国历史上首次由政府正式规定建立专门培养教师的师范学校(但因"戊戌政变"，"师范斋"并未开办)。1902 年，京师大学堂师范馆的成立真正为中国近代教师教育奠定了基石。

效仿近邻日本建立近代学校制度是清末社会改革的重要组成部分。张百熙在 1902 年模仿日本教育制度拟成《学堂章程》，奏上后定名为《钦定学堂章程》（又称"壬寅学制"），1902 年 8 月，清政府颁布《钦定学堂章程》，标志中国近

---

① 马啸风. 中国师范教育史：1897—2000[M]. 北京：首都师范大学出版社，2003. 崔运武. 中国师范教育史[M]. 太原：山西教育出版社，2006.

代学校制度初现端倪。《钦定京师大学堂章程》中专门列了"聘用教习"一章，每个被聘用者与校方签订聘任合同，合同书上明确每一个被聘用者的工作职责、聘用年限，规定"高等学堂应附设师范学堂一所，以造就各处中学堂教员"。虽然这时师范学校尚是普通学校的附属，但这仍可被视为中国教师教育的开始，只是"壬寅学制"颁布后并未执行。

1904年1月13日清政府正式颁行《奏定学堂章程》（又称"癸卯学制"），师范教育正式成为一个独立系统，得以独立设置、自成体系，从而奠定了师范学校的独立地位。中国师范教育的创建以"癸卯学制"的颁布为标志。"癸卯学制"制定了各类学堂章程，从教师任用标准、教师奖励与约束等方面对教师进行了规定，形成了一个比较完整的学制系统，分初级师范学堂和优级师范学堂两级，颁布了《奏定学务纲要》《奏定任用教员章程》等政策文件，并在《全学纲领》中明确规定，"学堂开设之初，欲求教员，最重师范"，对师范教育给予了充分重视，对师范教育从课程设置到教学时间上予以保证，将优级、初级这两级师范学堂章程制度细化，并明确了对师范毕业生的奖励从优政策。例如，《奏定学堂章程》规定，京师大学堂师范馆改为优级师范科，《奏定优级师范学堂章程》又进一步规定，4年学习费用由政府免费提供，但学生必须履行报效国家教育事业的义务等。师范教育在全国范围内向多层次、系统化方向发展，全国23个省份均建有师范学堂，原先不合格的师范学堂也按照"癸卯学制"的规定加以补充完善，原先薄弱的女子师范于1906年正式列入普通师范教育之中。1907年颁布的《奏定女子师范学堂章程》规定了女子师范生的待遇和义务，正式列入学制。女子师范的发展又带动了幼儿师范教育的发展。1909年，《检定小学教员章程》中对教员资格、科目、待遇、辞退等事项进一步做出规定。

辛亥革命的胜利开启了中国社会发展的新历程，随着中华民国的建立，中国近代教育的发展也掀开新的篇章。在此历史条件下，师范教育也和其他类别的教育一样，完成了整个体制的社会转型，从清末"新政"时期建立的、"形新质旧"的具有强烈封建性的师范教育转变成为形式与内容基本统一的资本主义近代师范教育，并在整个师范教育制度上进一步完善。1912年9月29日，中华民国政府教育部颁布了《师范教育令》，改清末的各类师范学堂为师范学校，规定设立师范学校和高等师范学校。师范学校分省立、县立和私立三种，旨在培养小学教员；高等师范学校为国立，旨在培养中学教员；同时设立同级女子师范学校。经费由国库支出，师范生免交学费。1912年12月，教育部颁布了《师范学校规程》，1913年2月24日，教育部又颁布了《高等师范学校规程》，对师范学校和高等师范学校的设置原则、入学条件、修业年限、课程设置、学生待遇、学校附属机构等，均提出具体要求，并开始实施高等师范区制，旨在国家财力有限的条件下，以国家管理高等师范教育和划区设校的方式取得全国教育的统一，推动全国高等师范教育的平衡发展、提高高师教育质量。《师范教育令》和《高等师范学校规程》是中国近代最早有关师范教育的专门法令，标志着中国师范教育制度的形成。两部法令对教师教育的目的、学科、学额及修业年限、入学退学及学费、服务等加以规范。1916年和1919年，教育部又先后颁布了《师范学校规程》《检定小学教员规程》《女子高等师范学校规程》。至此，我国师范教育学制初步具备，基本形成较完备的师范教育制度并有序发展，呈现出规模大、类型齐等特点，我国先后涌现出一批著名的师范学校（如北京高等师范学校、南京高等师范学校、湖南第一师范学校、浙江第一师范学校等）。

在这一师范教育体系初步建立的阶段，我国师范教育制度建设主要参照的是日本师范教育的体系、模式，设置了具有独立地位的师范院校，形成了独立封闭的师范教育体系，重视立法并通过立法手段强调政府对公立师范教育的投资（如规定了师范生享受公费待遇和毕业生效力于教育的义务等），相关教师教育政策具有明显模仿日本师范教育的印迹。

（二）开放性师范教育体系的初步形成（1922—1948）

虽然我国师范教育体系从初创之始就不乏对师范教育独立地位的质疑，但由于缺乏思想氛围和制度环境，人们并无太大反响。对师范教育独立抑或合并的争论高潮出现于1921年全国教育联合会第七届年会决议的《学制系统草案》公布后，争论双方各执己见。1922年11月，中华民国政府颁布《学校系统改革案》（又称"壬戌学制"），引入美国"六三三制"。在发扬民主和崇尚自由的总体原则和精神指导下，师范教育体制也进行了重大变革，在办学理念、办学模式上，从日本式转向了美国式。在1922年11月颁布的《学校系统改革案》中，有关师范教育的规定显然以美国师范教育体制为样板，师范教育独立建制的地位受到削弱，要求独立设置的师范院校与普通大学合并或者改为普通大学，中等师范学校合并于普通高中、成为高中内设的师范科，独立设置的师范大学和师范学校在制度上被列于次要地位，师范生的公费待遇也被取消，甚至有人提出"废止师范教育"，致使师范教育发展陷入混乱，优秀生源流失严重。

国民党南京国民政府1927年建立后，为了巩固统治，对师范教育以其党义为标准严格控制，重新确立了师范教育的目标、课程内容，建立了训导制度等，将师范教育纳入其统治之中，也进行了师范教育制度的改革和整顿，探索了以民族化为取向的师范教育体制、制度建设。1932年，教育部提出"大学以农工学为主，并将现行师范教育一律取消""师范教育不应另设专校"等，某些省份甚至借口财政困难、师范生不应特殊而自行取消师范生公费待遇，师范教育地位明显削弱，发展陷入低谷。虽然国民党政府先后于 1932 年、1933 年、1934 年、1935 年颁布了《确定教育目标与改革教育制度案》《师范学校课程》《师范学校课程标准》《修正师范学校规程》等一系列试图解决师范教育问题的政策，但真正恢复的独立师范院校很少，1923—1938 年，中国基本没有独立的师范院校，中学师资严重缺乏，只得急速设置独立师范院校。由于新学制借鉴的美国师范教育模式与当时的中国国情有明显差异，虽然新学制明显增加了师范的修业年限、有利于提高师范教育的水平，但师范教育的独立地位被取消后缺乏统一的行政管理，导致办学质量良莠不齐，这一改革给中国师范教育尤其是高等师范教育带来了消极影响。经过长期争论，重建高等师范教育制度又逐渐被世人认可。

1938 年年初，国民政府颁布《各级教育实施方案》，提出"师范学校教育应为培养小学健全师资之教育""小学师资应逐渐集中于师范学校""师范学校应独立设置，或将大学教育学院改为师范学院"。1938 年 7 月，民国政府教育部颁布《师范学院规程》，规定单独设立师范学院，培养中等学校师资，修业年限加上实习一共为 5 年。随后又历经 1947 年和 1948 年的两次修正，国家对师范院校从目的、设置与管理、经费、编制、课程、训育、设备、成绩与考查、学年学期与休假日期、入学、转学、休学、复学、退学与毕业、待遇与奖学金金额、服务、教职员与学校行政、附属小学与幼稚园、简易师范学校与简易师范科等进行了全面规定，明确师范学院应单独设立，但也可在大学中设置，根本变革了抗日战争前的师范教育制度，标志着我国独立设置的师范院校与综合大学师范学院、教育系共存的混合开放型制度的形成，使我国师范教育发展进入新的阶段。

这一阶段以学习美国师范教育体系为主，教师教育大学化初现端倪，标志着开放型师范教育体系初步形成和发展。当然，开放型师范教育体系建立的过程具有明显模仿美国师范教育的痕迹，在削弱师范院校独立地位的同时出现教师教育大学化萌芽，通过教师教育立法扭转了 1922 年"新学制"颁布后造成的师范教育混乱的状况。

这一时期，为反抗国民党统治，中国共产党在先后建立的革命根据地也建立了师范教育，以广大劳动群众及其子女为教育对象，为革命战争和在劳动人民群众中普及科学和文化服务。瑞金革命根据地的师范教育、延安时期的师范教育都为我国师范教育事业的发展做出过巨大贡献。

（三）独立封闭的师范教育体系的重建(1949—1977)

新中国成立后，我国教师人才培养体制的发展经历了一个逐步从封闭、定向的师范教育体制向开放、非定向的师范教育体制的转型过程。在新中国成立后的最初阶段，我国师范教育政策主要以苏联师范教育模式为模板，建立起独立封闭的师范教育体系。

新中国成立之初，我国师范教育的发展首先是对根据地师范教育的继承与发展，对在苏区革命根据地时期创建的鲁迅师范学校、中央列宁师范学校等，在抗日民主根据地时期建立的一批师范学校以及解放区时期设立的短期师范学校或乡村师范学校、中学附设师范班等进行改造，使师范教育体系日趋正规化，并得到长足发展，形成了新民主主义的师范教育，开启了新中国师范教育发展的新历程。

20世纪50年代，在引进、学习甚至照搬苏联教育思想和体制的基础上，我国建立了以独立设置的师范院校为单一教师培养机构的封闭、定向型师范教育体制。1950年5月，中央教育部颁布第一个高教法令《北京师范大学暂行规程》，为新时期高师教育的建设和发展指明了方向。1951年8月27日至9月11日，第一次全国初等教育和师范教育会议在北京召开，会议确定了要为培养百万人民教师而奋斗的目标，明确师范教育的工作方针，确定高等师范学校调整和设置的原则。1951年10月1日，政务院颁布《关于改革学制的决定》，确定师范院校在学校系统中的地位。1952年7月16日，教育部颁布《关于高等师范学校的规定（草案）》，具体规定了高师教育的学校组织系统，奠定了高师学制的基本格局，确立了大力发展师范教育的目标，并对各级师范学校的调整、设置做出一系列规定。中等师范教育迅速发展，初级师范学校发展迅猛。

1952年，在全国高等教育的院系调整中，师范教育又恢复为独立设置，以体现师范教育的重要性、增强师范院校的办学实力。全国范围内的院系调整工作结束后，独立设置的高师院校有33所，在全国高校总数中占第一位。师范教育体系由职前培养和职后培训两部分构成。1953年召开的第一次全国高等师范教育会议针对中等教育师资紧缺，提出有计划大力发展高等师范学校的方针，大量裁并初级师范学校，适当增加中级师范学校，要求大学中的师范学院（或教育学院）应以逐渐独立设置为原则，巩固、加强了独立设置的师范院校。1956年，由于基础教育发展出现小学教师紧缺，教育部又要求纠正不适当压缩中师教育的做法，大力发展中级和初级师范教育，举办师范速成班和采用短期训练的方式培养小学师资。1956年颁布的《师范学校规程》等文件对中等师范学校的性质、任务、培养目标、学制以及课程设置等做出了明确、具体规定，推动了中师教育的发展。1956年召开的第二次全国高等师范教育会议提出依靠地方力量发展高师教育。1958－1960年，在"大跃进"影响下，师范学校数量急剧增加，发展呈盲目态势，学校规模小、办学条件差、布局不合理、质量明显下降。1961年，教育战线开始贯彻"调整、巩固、充实、提高"方针，取消了一大批规模小、质量差、效益低的学校，各地初级师范学校基本停办，师范教育质量有所提高。1961年召开的全国师范教育会议提出要独立设置各级师范院校以解决我国师资长期匮乏的问题，自此师范教育取得一定程度的稳步发展。然而，1966年后，在"文化大革命"的历史浩劫中，教育事业受到重创，师范教育更是受到极大摧残，各级各类师范学校陷于瘫痪。

（四）师范教育的恢复、调整、巩固与提高（1978—1995）

1976年粉碎"四人帮"及1978年党的十一届三中全会胜利召开后，师范教育进入"拨乱反正"的历史发展时期。1978年10月，教育部颁布了《关于加强和发展师范教育事业的意见》，指出大力发展师范教育是发展教育事业、提高教育质量的一项基本建设，必须给予高度重视；要求各地建立师范教育网，积极扩大招生，认真制定师范教育五年发展规划。

1980年，全国师范教育工作会议颁布了一系列文件，重新明确了各级师范院校的培养目标，形成了比较健全的师范教育体系。会上有代表认为师范院校学术水平不高的原因在于强调"师范性"，提出"打破师范框框"，但反对这一观点的大多数人认为并不是只要学术水平高就可以成为好教师，好教师必须掌握教育教学规律。为此，会议重申"师范教育是教育事业的'工作母机'，是造就培养人才的基地，必须大力发展"；要"摆正和提高它在整个教育事业中的地位"。随后教育部下发了《关于办好中等师范学校的意见》《中等师范学校规程（草案）》《关于高等师范学校专业设置的意见（征求意见稿）》《关于大力办好高等师范专科学校的意见》等规范性文件，不仅规范了师范教育的性质、任务等，而且使我国师范教育得到了迅猛发展。1980年8月，教育部在《关于进一步加强中小学在职教师培训工作的意见》中规定将文化、专业知识的系统学习和搞好当前教学工作的教材教法学习结合起来，提高教学质量。

1984年，《中共中央关于经济体制改革的决定》确定了建立一支有足够数量的合格而稳定的师资队伍是实行义务教育、提高基础教育水平的根本大计。其他一系列教师教育政策的主要目的也围绕恢复师范教育、使教师教育事业步入正轨。1985年5月颁布的《中共中央关于教育体制改革的决定》要求将发展师范教育和培训在职教师作为发展教育事业的战略措施。1986年，《中华人民共和国义务教育法》（以下简称《义务教育法》）规定国家采取措施加强和发展师范教育，加速培养、培训师资，有计划地实现小学教师具有中等师范学校毕业以上水平、初级中等学校的教师具有高等师范专科学校毕业以上水平，国家建立教师资格考核制度对合格教师颁发资格证书。1986年，国家还下发了《关于基础教育师资和师范教育规划的意见》，明确提出对基础教育师资的要求和规划任务，要求大力加强和发展师范教育，从人力、物力、财力等方面保证师范教育的优先发展，各级师范学校应坚持为基础教育服务的指导思想，突出精神文明建设，加强师德教育，积极推进教育和教学改革，强化教师基本功演练，不断提高师范教育质量。师范院校可采取提前单独招生或参加统一考试提前录取的办法吸引更多考生。1987年在国家教委召开的高师工作座谈会上，柳斌副主任指出师范教育必须优先发展，为基础教育服务是高师教育改革的方向，要采取有力措施制止一些师范院校盲目地向综合大学看齐，保证各级师范学校沿着为基础教育服务的方向健康发展；师范院校必须有自己的特色，将学术性与师范性相统一，而师范院校学术性的最大特点应当是加强教育科学研究，能够指导基础教育改革实践。

　　1993年2月，中共中央、国务院颁布的《中国教育改革和发展纲要》指出，"振兴民族的希望在教育，振兴教育的希望在教师"；提出进一步加强师资培养、培训工作，要求各级政府努力增加投入、大力办好师范教育。1993年，全国人民代表大会常委会第四次会议审议通过并于1994年1月1日起开始实施《中华人民共和国教师法》（以下简称《教师法》），1995年，国家教委又颁发了《关于〈中华人民共和国教师法〉若干问题的实施意见》，进一步明确了独立设置师范院校的重要性。

　　综上，新中国成立以来，我国师范教育以苏联为模板，建立了独立封闭的体系，虽其间围绕师范教育性质、任务、发展方向（"面向中小学"还是"向综合大学看齐"）、师范院校如何办学（坚持"师范性"还是"学术性"）等问题有过争论，但师范教育的封闭性、独立性在政策话语中一直没有动摇。1977年起，经过"拨乱反正"，师范教育逐渐恢复并迅速发展。1985年发布的《中共中央关于教育体制改革的决定》是中国教育发展史上的新的里程碑，标志着中国特色的社会主义师范教育体制逐渐形成。1996年，第五次全国师范教育工作会议确立了教师教育在教育事业中处于优先发展的战略地位，标志着教师教育进入改革发展的新时期。

　　（五）中国特色综合化、大学化、专业化、一体化教师教育新体系的开拓与发展（1996年至今）

　　1996年，第五次师范教育工作会议召开，时任国家教委主任朱开轩做了《大力办好师范教育，加强教师队伍建设，为实现跨世纪教育发展目标而奋斗》的主题报告，时任国务院副总理李岚清做了《优先办好教育，为落实科教兴国战略打好基础》的重要讲话。会议提出"坚持方向,深化改革,优化结构,提高质量,促进发展,提高效益"的师范教育改革与发展方针,明确指出要充分发挥各级各类师范院校培养、培训教师的主渠道作用及非师范院校培养、培训在职教师的积极作用,但"必须坚持以独立设置的师范院校为主体的师范教育体系"。自此,我国传统的"对外封闭、对内绝缘"的师范教育格局开始松动,开始向形成以独立设置的师范院校为主体、其他高等学校共同参与的多元教师教育体系迈进。

1999年3月,教育部颁布《关于师范院校布局结构调整的几点意见》,强调深化师范教育改革,调整学校布局、重组教育资源,明确提出师范教育层次结构由三级师范向二级师范过渡,切实提高教师培养、培训的质量和效益,到21世纪初逐步形成具有中国特色、时代特征、体现终身教育思想的中小学教师教育新体系。1999年6月,中共中央、国务院出台《关于深化教育改革,全面推进素质教育的决定》,明确提出"鼓励综合性高等学校和非师范类高等学校参与培养、培训中小学教师的工作,探索在有条件的综合性高等学校中试办师范学院"。

2000年,教育部颁布《〈教师资格条例〉实施办法》,教师资格制度在全国开始全面实施。2001年5月29日颁布的《国务院关于基础教育改革与发展的决定》第一次在政府文件中以"教师教育"替代了长期使用的"师范教育"概念,提出"完善以现有师范院校为主体,其他高等学校共同参与、培养培训相衔接的开放的教师教育体系。加强师范院校的学科建设,鼓励综合性大学和其他非师范类高等学校举办教育院系或开设获得教师资格所需的课程"。自此,我国独立、封闭的高等师范教育体系被打破,建立开放灵活的现代教师教育体系成为现实,我国的教师人才培养进入全新的多元化发展阶段。

2002年2月,教育部下发《关于"十五"期间教师教育改革与发展的意见》,明确要求进一步完善教师教育制度,初步形成以现有师范院校为主体、其他高等学校共同参与、培养培训相衔接、体现终身教育思想的开放的教师教育体系。2004年3月,国务院批转教育部《2003—2007年教育振兴行动计划》,提出"全面推动教师教育创新,构建灵活开放的教师教育体系"的总体目标,并制定相应的具体目标,要求改革教师教育模式,将教师教育逐步纳入高等教育体系,构建以师范大学和其他高水平大学为先导,专科、本科、研究生三个层次协调发展,职前、职后教育相互沟通,学历与非学历教育并举,促进教师专业发展和终身学习的现代教师教育体系。在这一系列政策推动下,我国教师教育体系得以重新建构,综合化、大学化、专业化、一体化程度得到较大发展,中小学教师队伍的整体素质也有了很大提高。

2007年3月5日，原国家总理温家宝在《政府工作报告》中提出实行师范生免费教育，鼓励优秀青年终身从事教育工作；2007年5月9日，教育部、财政部、人事部等联合颁布《教育部直属师范大学师范生免费教育实施办法(试行)》。2010年，《国家中长期教育改革和发展规划纲要(2010—2020年)》明确提出要加强教师队伍建设，提高教师业务水平和师德水平，健全教师管理制度等，教师教育受到高度重视。2011年9月，我国逐步推进国家教师资格考试制度，开始打破教师资格证书分省考试认证的局面；并以教师资格证书认证的全面实施为起点，陆续研制、颁布一系列教师教育标准(主要包括教师专业标准、教师教育课程标准、教师教育机构认证标准和教师教育质量评估标准等)。2011年11月，教育部下发《关于大力推进教师教育课程改革的意见》和历时7年研究、论证通过的《教师教育课程标准(试行)》。2012年2月10日，教育部印发《幼儿园教师专业标准(试行)》《小学教师专业标准(试行)》和《中学教师专业标准(试行)》，指出"教师专业标准是国家对幼儿园、小学和中学合格教师专业素质的基本要求，是教师实施教育教学行为的基本规范，是引领教师专业发展的基本准则，是教师培养、准入、培训、考核等工作的重要依据"。2012年8月，《国务院关于加强教师队伍建设的意见》明确提出要"完善教师专业发展标准体系"和"制定师范类专业认证标准，开展专业认证和评估，规范师范类专业办学，建立教师培养质量评估制度"。随后，教育部组织有关专家结合教师资格考试改革试点工作，修改、完善了教师资格考试标准和考试大纲。2013年，教育部宣布，自2015年起，教师资格认证考试不再由地方组织，将实行全国统考；同时，从2015级师范生开始，师范生也必须参加全国统考、不再是毕业就能拿到教师资格证。2014年4月，教育部颁布《中小学教师资格定期注册暂行办法》，规定中小学教师资格每5年注册一次，注册条件以师德表现、年度考核和培训情况为主要依据，教师资格证书不再终身有效。

我国一百多年来的教师教育变革与发展充分表明，中国教师教育的历程既是中华民族努力实现伟大的民族复兴的历史，也是对教师教育性质、本质、地位、任务、目标的认识不断深化的历史。我国百年的教师教育政策演变与发展使教师教育拥有了坚实的制度支撑，教师教育的发展与繁荣又为基础教育发展乃至国家富强、民族复兴奠定了基石。

第二章 作为研究领域的"教师教育"

人类历史上，教育很重要，关于教育的知识也很丰富，但对教育的科学研究却一直不受重视。[①] 虽然"教育学"早在 17 世纪就已经萌芽，19 世纪初就逐渐独立并走向科学化，但直到 19 世纪末，"教育"才作为一个专业进入大学，20 世纪 20 年代，大学里才开始建立专门的教育研究机构。尽管如此，值得关注的是，"教育学"自诞生之日起就一直致力于为教师教育实践服务。遗憾的是，在教育学科兴起之时，在"教育学"的视野中并没有"教师教育学"，虽然对教师教育的思考确实也散见于思想家、教育家的言说及著作中。[②] 19 世纪后，受赫尔巴特的《普通教育学》《教育学讲授纲要》以及苏联的凯洛夫的《教育学》的影响，教育学的学科理论体系逐步定型，但教育学的学科逻辑中却一直鲜有明显的"教师教育研究"。当然，这样说并不意味着古今中外缺少关于教师教育的研究。事实上，世界范围内，伴随教师教育实践的发展，有关教师教育的研究由来已久、成果丰硕。

一、教师教育研究的不同范式

库恩在《科学革命的结构》一书中用"范式（paradigm）"一词指称一个科学共同体成员共同享有的信念。西方国家教师教育研究中先后出现了三种不同的研究范式：技术理性范式、实践理性范式和价值理性范式。不同的教师教育研究范式对教师专业知识和教师专业发展的认识和信念不同，采用的研究

[①] 有研究者认为："教育研究产生于哲学、心理学、社会科学以及统计学等学科不同组合，它既没有单一的研究重点，也没有统一的研究方法，这种多样性从一开始就成为教育学术的特点，再加上该领域没有能形成一个十分有力、自我调节的专业群体，这就意味着这个领域始终没有形成高度的内部协调。"（埃伦，康德利夫，拉格曼. 一门捉摸不定的科学：困扰不断的教育研究的历史[M]. 花海燕，等，译. 北京：教育科学出版社，2006：英文版序第 6 页.）

[②] 比如，古罗马著名教育家昆体良在其著作《雄辩术原理》中，不仅对自己约二十年的教学工作经验进行总结，而且细致阐述了其培养演说家的教育思想，《雄辩术原理》一书也因此不仅成为古代西方最早系统论述教学方法的论著，而且被视为西方最早有关教师教育的论著。再如，夸美纽斯在《大教学论》的"论大学"一章中也提及："至于世上任何地方倘能设立一个学校之学校（school of school）或教学法学院（didactic college），那种好处是无待指陈的。"（夸美纽斯. 大教学论[M]. 傅任敢，译. 北京：教育科学出版社，1999：229.）可惜的是，中小学校教育是《大教学论》一书的核心主题，夸美纽斯并未对旨在培养中小学校教师的"教师教育"再做更加深入的阐述.

方法往往也不尽相同。而这三种研究范式亦先后深刻影响到中国的教师教育研究。

(一)技术理性范式

启蒙运动开启了人类对理性的追求，在教育研究中即体现为一种追求人的主体性和自由的理性教育学。[①] 20世纪50～70年代，技术理性的教师教育研究范式受到这种人类中心主义、理性、科学的现代主义思潮的深刻影响，试图建构一套宏大叙事式的教师教育研究体系，强调必须建立起一套让公众认可的专业教育制度，并通过一种组织化的控制方式促进教师作为专业人员的工作目标达成，需要政府有专门的组织以特权的方式保护这些专业人员的地位，通过教师专业化帮助教师群体拥有正式的、外行人无法取得的知识体系和特殊能力，并且为提高教师职业地位、改善工作条件等完善一系列制度并制定相关政策。

技术理性教师教育研究范式的预设前提是教师职业应该成为像法学、医学等那样的专业性职业(profession)，法学、医学等专业性职业有逻辑严密的客观性知识作为其专业基础，教师教育也应该追求教师专业知识的客观性，建构起精深的专业知识体系、设置专业能力标准等门槛作为教师职业专业性的基础。研究的最终目的是希望能够在外铄性的教师专业标准框架下培养作为专业技术人员的教师，教师个体也把这种外铄性的标准作为自身专业发展的参考框架。这一研究范式相信在科学、理性思想指导下，教师专业发展有规律可循，其水平亦可测量。而且这种客观性的教师专业知识具有明显的去个体化特点，是由课程专家、学科专家等制定的权威性知识，具有高度的抽象性和严密的逻辑性；教师只限于运用这些知识，而不参与这些知识本身的建构。为此，研究者们致力于用科学技术来测量教师工作所需的专业知识、专业技能、专业责任等，以构建系统、严密的逻辑知识体系[②]；致力于使用心理学问卷或量表作为测量和研究教师专业知识的结构、内容、各要素间关系等的工具。

---

① 启蒙运动以前，"专业(profession)"是一种宗教式的誓约，无论古希腊时期"智者为师"还是中国古代"长者为师"，教师职业最开始总是带有某种"神性"的成分。启蒙运动以后，教师职业的"神性"逐渐被"人性"替代。科技革命的到来使得人类的各项技术得到空前发展，但教育由于科学性、专业性不强而受到各种谴责，教师地位开始下降，专业主义取向的教师专业化运动应运而生.

② 比如，研究者常选取大样本的教师群体作为研究对象，测量并划分出具有共性的发展阶段，通过集中趋势的科学分析推断出教师总体的发展规律。"教师生涯阶段理论"及相关研究成果便是一例.

技术理性的教师教育研究范式受实证主义哲学和行为主义心理学的影响[1]，坚信教育行为内部有固定的并具有可预见性的规律，将"教学有效性"作为研究重心，注重线性的因果分析，详细描述"好教师"的行为特征，并将"好教师"的特征普遍化，力图寻找具有普遍性的教学规律；强调必须以客观主义的态度来看待研究者、研究对象以及研究结果，不得带有任何的感情色彩，研究必须遵循价值中立性的准则，采用实证的、可测量的、可重复的科学方法（如大规模问卷、量表调查等）收集资料，采取集中趋势的分析策略进行数据统计，从而总结出有关教师专业发展、教师专业知识的客观性、规律性的结论。这种认定教师知识是客观、可测量的教师专业知识观，对教师教育实践也产生了深远的影响。

（二）实践理性范式

20 世纪 80 年代，在唐纳德・A. 舍恩（Donald A. Schon）提出的"反思性实践"思想影响下，教师具有实践智慧和实践反思能力的思想在教师教育研究中得到认同，教师如何进行系统化的反思实践和如何成为"反思性实践者"便成为教师教育研究的重要主题。[2] 1987 年，L. S. 舒尔曼提出，教师不仅要掌握学科知识、教学法知识、学生学习的知识，更要根据自身经验将学科教学知识与教学法知识有机融合、形成"学科教学法知识（Pedagogical Content Knowledge，PCK）"，才能真正地理解现实教学情境中的问题并通过各种方式重新展现问题，从而让学生有意义地掌握知识。

由此，从 20 世纪 80 年代后期开始，实践理性范式的教师教育研究蓬勃发展。研究者们认识到由大学教育学教授生产出的教师教育知识并没有考虑到课

---

[1]　19 世纪中叶，法国哲学家孔德在休谟和贝克莱的主观经验论哲学的基础上提出实证主义哲学思想。孔德认为科学的任务就是运用科学的方法描述观察到的一切现象进而揭示其中的规律，而这一过程与人的自发内省无关；马赫批判性地吸收了孔德实证主义哲学，在科学揭示规律的过程中加入人的经验，并认为人的经验既非物理的，也非心理的，而是心物"同格"的中性物。在孔德的激进实证主义、马赫的经验实证主义之后，"维也纳小组"将经验的"可证实性"代替"证实性"，提出了逻辑实证主义，即一个不能直接证实的命题也可以通过已经得到证实的命题的逻辑推理而被证实。纳撒尼尔・盖奇在《教学艺术的科学基础》一书中提出的教学效能观为技术理性范式的教师教育研究奠定了基础.

[2]　其实，杜威早在 1904 年发表的《教育理论与实践》中就已指出，技术的或能力的训练形式将师范生的注意力导向教学方法的外在形式而不是学生的思想过程，师范生可以学会管理课堂，但却未必能学会如何帮助学生学习……只学会如何教学，却不学为何这样教学，这只能将教学束缚在盲目试探、武断决策和生搬硬套的行为习惯中。杜威在 1933 年出版的《我们怎样思维》一书中进一步突出强调了教师教学工作的反思性。（刘静. 20 世纪美国教师教育思想的历史分析[M]. 北京：北京师范大学出版社，2009：195.）

堂教学中无法预知的情境复杂性和多变性，似乎未来教师只要掌握大学教授生产的知识并进行集中且有强度的教学技能训练，便可成为好教师。事实上，这种技术理性主导下仅从理论层面构建教师教育知识的研究范式存在严重弊端。于是，研究者将目光转向了教师真实的课堂教学实践，认为教师的专业知识基础应该基于对自身教育实践的反思，教师教育则应当致力于对未来教师反思实践能力和行动研究能力的培养，应着力于帮助未来教师掌握缄默而又隐藏于复杂现象背后的实践性知识。教师只有成为研究者，通过对自己的课堂教学实践进行反思并生成自己的个人知识，才能应对复杂多变的环境、进行有效教学，这才是教师教育的目标所在。

(三)价值理性范式

20世纪六七十年代，受新马克思主义、法兰克福学派等批判理论思想的影响，西方教育学术界也兴起了批判教育学和批判教育研究的热潮。同样，受批判教育学和批判教育研究的影响，20世纪80年代后期开始，价值理性教师教育研究范式逐渐兴起。

与技术理性和实践理性的认知逻辑不同，价值理性范式严厉批评技术理性范式一味追求规律性、客观性、工具性，反对技术理性范式下教师教育研究的"应然状态"假设、"集中趋势"的统计分析和教师成为被强大外力手段控制的对象。它以教育作为社会变革的基础为认知起点，认为教师教育研究首要的事情是阐释教师教育领域本真的存在者(教师)，强调教师的民主价值观以及教师在社会变革中的地位和作用。

价值理性教师教育研究范式提倡存在主义取向的教师专业化，认为教师首先是人，然后才是教师。这种研究取向认为，"专业化"的概念不能用一种固定的语言来表达，也没有固定的"教师专业化"概念，对于不同教师来说，"教师专业化"具有不同的含义，应该从社会建构主义的视角来研究教师在社会、政治、经济、文化乃至教育改革背景下的生活和工作样态，从关注教师生活状态入手来研究教师及其发展；教育事业是关乎道德和价值的事业，教师应当更具有社会担当，了解学校的社会属性以及学校教育在社会中的地位和作用，认识到社会的不公平并具有激进的改革意识，成为社会民主重建的斗士。由此，批判取向的教师教育、多元文化教师教育、女性主义教师教育等成为价值理性范式教师教育研究的核心议题。

价值理性教师教育研究范式反对由行政部门等机构制定教师教育政策、教师专业标准，认为这些国家政策和制定的教师专业标准，其目的在于控制教师，而不是为教师专业发展提供基础，忽视了教师工作中的情感特点和日常情境特征；主张教师的专业自主权应是发自教师主体的内在自我力量，教师专业发展不应只是专业标准框架下的技术能力发展，而应是作为"人"的教师的主体性发展，教师专业发展的核心是在日复一日的工作中自主学习、而不是受外界预设的所谓"发展阶段"规训；强调教师实践中的情境性、复杂性才是体现教师专业特性的根本，教师专业知识是在实践中建构并体现出来的，具有个体性、情境性、缄默性、隐蔽性和不可传递性，这种实践性知识是体现教师在不同情境下及时做出反应的一种教育机智，植根于教师的日常生活情境。因此，教师教育研究应聚焦于教师的整个生命历程，研究过程应尊重教师的主体性和个体独特性；研究方法上多采用质性研究（如教育叙事、职业生涯故事等）对教师专业知识、专业发展等进行阐释与建构。

总之，技术理性范式、实践理性范式和价值理性范式是三种不同的教师教育研究范式，分别受到现代主义思潮、后现代主义思潮和批判理论的深刻影响，各有其合理之处与不足之处。教师教育研究需要在三者之间保持一种合理的张力，坚持研究方法与研究视角的多元性、跨学科性以及相互融通性，保证研究过程更具说服力和结果更具推广性。

二、当代世界教师教育研究的主要议题

如果将"教师教育"看作"问题域"，那么，和其他研究问题域一样，哲学、社会学、心理学、政治学、经济学、人类学、文化学、教育学等人文、社会学科视角都应是教师教育研究中不可替代也不可或缺的学科视角。教师教育实践是极具复杂性的系统，没有任何单一的学科视角能够完全揭示教师教育的整体性。教师教育研究是多学科的研究领域，不同学科视角的教师教育研究都有其独特价值，无法相互取代。

（一）英语世界的教师教育研究简况

有研究者通过对英语世界的教师教育研究领域内的三大核心期刊——《教师教育学刊》(*Journal of Teacher Education*，JTE)、《教师教育实践》(*Action in Teacher Education*，ATE)以及《教学与教师教育》(*Teaching and Teacher Education*，TTE)刊发文献的系统回顾和梳理，揭示了当前国际教师教育研究的研究范式、核心议题和研究趋势。[①]

首先，英语世界的教师教育研究多实证研究、少理论思辨，多质性研究、少量化和混合研究。在 721 篇文章中，73％为实证研究文章，仅有 27％为理

---

① 张倩. 国际教师教育研究的范式、议题和趋势[J]. 教师教育研究，2013(3)：86～91.

论思辨性文章（包括研究综述）；实证研究中，质性研究近50％，是量化研究的3倍，混合研究则不到10％。这在一定程度上体现了教师教育研究的科学性和规范性，但实证研究中质性研究明显多于量化和混合研究的现状有待改善。美国著名教师教育研究学者科克伦-史密斯（Cochran-Smith）教授在《教师教育研究指南》中强调，未来加强教师教育领域内的量性研究、混合研究非常必要，因为限于教师教育的实践者自身所处的情境展开的小型质性研究，无法令这个领域的研究获得某种基于研究的共识，亦无法令汹涌而至的公众质疑和由此推动的政策改革得到有效的回应和引导。

其次，英语世界的教师教育研究的主要对象为职前教师培养。54％的文章以职前教师为研究对象，高出以在职教师为研究对象的文章近10个百分点，对在职教师专业发展的研究略显不足。这可能与职前教师和在职教师的专业学习分属不同机构负责，以及另有一些学术期刊关注和探讨在职教师专业发展有关。

最后，教师、教学模式、多元文化教育、实习和专业发展学校、师徒带教和入职是英语世界的教师教育研究的五大核心主题。近30％的文章聚焦于个体教师（而非教师教育制度或政策），相关议题包括教师的工作满意度、教师的信念、态度、理解、特征或教师的实践；聚焦于"教师教育中的教学模式（instruction model）"的具体研究内容涉及学科教学法课程（method course）、合作教学、技术、基于探究或问题的教学活动及自我评价等方面；"多元文化教育"研究主要探讨的议题有针对语言或文化背景多元化的学生的教学法、异文化的融入体验、教师关于跨文化教学的信念、对文化背景多元化的职前教师的教学；聚焦于"实习和专业发展学校"主题的研究多集中在职前实习体验、指导教师角色、实习工作的组织管理、专业发展学校以及院校合作等；围绕"师徒带教和入职教育"主题的研究则侧重于资深教师和新手教师的师徒关系、入职引导策略、新教师面临的挑战等。

可见，当前英语世界的教师教育研究者对教师个体信念、知识、实践等的关注要甚于对宏观教师教育政策、制度的关注。国际教师教育比较研究、关于教师教育的经济学研究（如教师教育的资金筹措、相关教育经费的支出、教师的收入）等亦值得拓展和深化。

[相关链接 2-1]　国际教师教育研究领域内的三大核心期刊简介

当前，国际教师教育研究领域内主要有三大核心期刊：《教师教育学刊》（*Journal of Teacher Education*，JTE）、《教师教育实践》（*Action in Teacher Education*，ATE）以及《教学与教师教育》（*Teaching and Teacher Education*，

TTE)。这三大学术期刊关注的核心领域都是教师教育，且都由大型学术出版集团和教师教育的专业协会组织合办，依靠高规格的编委会和严格的同行评议的审稿程序来保证文章的学术水准。这三大期刊的办刊宗旨亦有迥异之处，而这些迥异的宗旨本身即反映了国际教师教育研究的诉求和旨趣，其各自的办刊宗旨、办刊机构、主编、发行周期等基本情况如下。

1.《教师教育学刊》

《教师教育学刊》由著名的国际出版集团塞奇(Sage)与美国教师教育院校协会(American Association of Colleges for Teacher Education，AACTE)合办，一年5期，一期刊发的文章约8篇。根据其官网(http：//www.sagepuh.com)介绍，该期刊主要关注的研究领域和主题有：实习与教师教育，教师教育的改革与重建，教师教育的专业操守，教师尤其是领袖型教师的选拔、留任、招聘，认知科学与批判思维，教学领导观等。该期刊的使命在于为教师教育领域的研究提供平台，系统地检视领域内的多元声音、视角和取向。

2.《教师教育实践》

《教师教育实践》是美国教师教育者协会(the Association of Teacher Educator，ATE)的官方期刊，由著名的国际学术出版集团泰勒 & 弗朗西斯出版集团(Taylor & Francis)负责出版发行，一年6期。根据其官网(http：//education.ou.edu/action/)介绍，其办刊宗旨是"为教师教育提供意见交流和信息传播的平台"，文章甄选标准是"涉及的概念、实践或研究应对教师教育实践者具有启发且具应用性""该刊对教师教育中的实践、问题和趋势的讨论，不仅是为了发布信息或交流经验，更为重要的是为了促进研究者、政策制定者和实践者的反思"。

3.《教学与教师教育》

《教学与教师教育》是由爱思唯尔(Elsevier)出版集团主办的，一年8期，该刊办刊宗旨为"以改进教学和教师教育领域的理论、研究和实践为目的，关注的议题包括教学分析、教学效能、教师决策和教学表现的影响因素，以及影响教师职业表现和职业生涯发展的社会政治因素，文章既可以是实证研究类型亦可为文献综述类型"。该刊鼓励作者关注国际性的议题、采取多元的视角、进行跨学科和跨研究范式的尝试。该刊是目前教师教育研究领域内最具影响力的期刊。

(二)我国21世纪以来的教师教育研究简况

在我国百年师范教育的发展历程中，关于"师范教育"的研究林林总总、成果喜人。21 世纪以来，伴随"教师教育"的话语转换和概念重释①，全国各地教师教育改革蓬勃开展、如火如荼，"教师教育"也开始作为独立的研究领域进入研究者的视野。《国家中长期教育改革和发展规划纲要(2010－2020 年)》明确指出，建设高素质和专业化的教师队伍是我国教育事业改革创新的重要保障和关键任务，而高素质和专业化的教师队伍的建设离不开科学有效的职前养成教育和在职专业发展机制。在这个意义上可以说，教师教育及其研究的质量是决定整个国民教育体系质量的关键。然而，目前我国的教师教育研究尚停留在学科建立的论证阶段，专门的研究机构(如"教师教育研究中心"等)虽然近年来在各地纷纷挂牌成立，但在学术研究上较有影响的机构却并不多，我国的教师教育类核心学术刊物亦屈指可数。②

根据李泮泮等人采用文献计量相关研究方法，对我国自 2000 年以来教师教育领域研究文献进行的研究③，我国教师教育研究领域的发展路径及相关现状的主要表现如下。

首先，研究数量与日俱增。2000－2012 年，我国教师教育相关研究数量呈增加趋势。

其次，重要研究期刊逐渐出现。从总量和年均刊载量来看，《教师教育研究》一直是我国教师教育研究领域的核心，其刊载量占文献总量的近 20％；位居第二位的是《外国教育研究》，该期刊主要刊载了对国外教师教育政策、制度、体系等进行研究的文献，刊载量占文献总量的 12％；《比较教育研究》和《教育研究》分别排在第三和第四位，刊载量占文献总量的 9％和 7％。以上四种期刊刊载的教师教育领域的文献数量占据全部教师教育领域的文献数量的 48％，说明这四种期刊是教师教育研究者发表研究成果、开展学术交流的主要平台。④

再次，核心研究队伍成长壮大。我国教师教育领域的研究者众多，师范院

---

① 2002 年 2 月，教育部颁发的《关于"十五"期间教师教育改革与发展的意见》正式将"教师教育"界定为"教师的职前培养、入职教育和在职培训的总称".

② 2004 年，教育部在《2003－2007 年教育振兴行动计划》中明确阐述了构建教师教育体系的任务；同年，教育权威刊物《高等师范教育研究》更名为《教师教育研究》，标志着我国教育学界关于"教师教育"的系统理论研究全面展开并拥有了专门的学术阵地.

③ 李泮泮，等.我国教师教育研究的文献计量分析(2000—2012 年)[J].教师教育研究，2014(3)：90～100.

④ 但值得注意的是，在这四种期刊中，只有《教师教育研究》是专门刊登教师教育研究成果的教育学术刊物。其他三种期刊中，《教育研究》是综合性教育类杂志，《外国教育研究》和《比较教育研究》是比较教育学科的专门杂志。可见，有影响的教师教育研究及教师教育学科的专门刊物尚属稀缺.

校是我国教师教育研究的主力军，这主要得益于师范院校浓厚的教育学底蕴及强大的学术研究能力。其中，北京师范大学、华东师范大学是我国教师教育领域较为活跃的研究机构。

最后，教师教育政策成为研究重心。教育政策往往引领着教育研究的热点问题。2000 年以来，我国教师教育领域的研究热点主要有：教师教育课程改革、教师专业化和教师教育一体化、师范院校转型、教师教育信息化、免费师范生。从热点的演变趋势发现，我国教师教育由片面注重职前教育向全面注重职前、职初、职后教育一体化方向发展，更加注重教师的终身学习和职业的专业化；师范院校正由以培养教师为单一目的的院校向综合型师范院校转型，综合型大学也在加紧设立教育学科、参与教师培养工作；同时，教师教育的改革和发展也对教师教育的课程设置提出更高的要求。

目前，我国教师教育研究还不可避免地存在诸多不足，例如，作者之间的合作不够、跨机构合作更是屈指可数，被引外文期刊数和频次非常有限、对国际教师教育形势关注较少等。我国教师教育研究要在现有较为薄弱的研究基础上实现跨越式发展，迫切需要搭建具有国际视野的高层次教师教育研究学术平台，通过高水平学术交流平台建设，将现代化、本土化有机结合起来，在交流、对话中促进我国教师教育学术研究和改革实践的蓬勃发展。

三、我国教师教育研究的未来发展

作为现代社会必不可少的一项教育实践活动，教师教育有其自身的特殊性，有着不同于学前教育、初等教育及中等教育的独特性，与高等教育、职业技术教育、成人教育虽有关联但也有本质区别。因此，以高等教育、职业技术教育和成人教育为研究对象的教育理论显然都无法完全适用于教师教育。我国教师教育研究在研究立场、研究内容、研究视角、研究重心等方面都有待进一步深化、细化和发展、创新。

（一）研究立场：秉承文化自觉，坚守价值立场

有研究者对我国长期以来借鉴或采用西方教师教育研究的理念、经验开展教师教育研究的"文化殖民"现象提出批评，认为这种状况不仅造成对基本现实国情、民族传统文化、本土教育资源等的"集体遗忘"，还造成研究者在价值选择上思维单一、认识片面。因此，研究者倡议我国教师教育研究必须要有"主体重建"和"克服民族化与西方化二元对立"的思维观念，强调"摆脱文化帝国主

义束缚"、尽快走出一条中国教师教育研究的"文化自觉"之路。①

(二)研究内容：加强"教师教育(学习)"研究

当前，我国教师教育研究在研究内容上，应着重加强对"教师教育""教师学习"的研究，而不仅仅是有关"教师"的研究。虽然教师教育研究离不开教师研究，甚至某种程度上，两者还常常相互交叉；但是，教师教育要成为独立的学科领域则必须有坚实的专门研究成果。特别是表达教师教育实践活动的措辞、概念作为教师教育研究的主题词不断演变，这种演变也在一定程度上昭示了不同历史时期的教师教育核心理念的转换与重构。

从 20 世纪初期的"教师培训(teacher training)"、20 世纪中期的"教师教育(teacher education)"，直至当前的"教师学习(teacher learning)"，教师教育核心理念的演进历程清晰可见。教师教育机构的名称也相应变动：从"教师训练学校"到"教师教育中心"，再到当前的"教师发展学校""教师学习研究中心"等。如今，虽然"教师教育"仍然是人们指称"教师发展活动"的基本用语，但伴随"教师学习"研究的兴起，"教师教育"的内涵也不得不适当扩充。伴随"教师学习"作为一个更具涵盖力和生命力的词汇的出现，"实践""对话""经验分享""建构""校本合作"等已成为教师教育中的流行用语，"教师学习"日益成为教师教育的核心意涵，呈现出一种打破用"教师教育"来统领、囊括或替代教师学习活动的格局、打破将"教师学习"仅仅作为教师教育活动基石和附属的教师教育观的趋势。为此，有研究者认为，"教师教育"不再是指"教师教育者对教师的教育活动"或者"教师教育者指导教师学习的教育活动"，而是指"教师做出的一切指向教师发展这一目的的实践活动""教师的教育之路是他自己走出来的，而这一'走'的过程总是在一定教育理念的引领下进行的，教师教育活动只有在融入教师的自我教育、学习过程中才可能实现生存"。②

传统教师教育研究和实践关注的是"教师需要知道什么"和"教师应该如何做"的问题，而这种设问方式导致教师教育研究始终未能逃脱"内容提供"的范式，至于"学习是什么"以及"如何促进学习"则被遗落。随着教师学习理念在教师教育实践领域中的主导地位的确立，教师教育研究开始以"教师学习"而非"教师教育"(更非"教师培训")这一主题词为轴心来重新组织和设计教师教育系统，强调只有回到"学教(learning to teach)"即"学为人师"这一教师专业学习的真实经历中去，回到"学"的问题视角来分析"教"的认识论基础，回到"学习

---

① 楚江亭."文化自觉"与教师教育研究的价值选择[J].教师教育研究，2007(4)：42～46.

② 樊香兰，孟旭.逻辑与走向：当代教师教育道路的演变[J].教育研究，2009(10)：80～84.

者"的意义世界来理解"教"的本体论意义，教师教育研究才能真正理解和寻找到"教"的意义和规律，也才能真正实现对教师学习和专业发展的引导和支持。[①]

（三）研究视角：丰富多学科视角研究

当我们将"教师教育"作为一个大的"问题域"，将研究的视线聚焦于教师教育实践中的各种现象及问题时，毫无疑问，从不同学科视角出发产生的问题意识、解释或解决问题的方法路径等都不尽相同。鉴于我国教师教育研究往往更多聚焦于从比较教育学学科视角出发进行的、有关各国教师教育实践（包括制度、政策、改革举措等）的译介性文章或著作，当前多学科（如哲学、社会学、经济学、心理学等）视角的教师教育研究亟待加强和丰富，教师教育实证研究的水平也有待提高。

特别需要强调的是，"教师教育的教育学研究"（pedagogy of teacher education）值得研究者给予深度关注。"教育学（pedagogy）"是研究在制度化教育机构（中、小学校）中"教什么""怎么教""谁来教"等一系列问题的学问，随着教育科学大家庭的繁荣发展，教育哲学（思考和回答"什么是真正的教育""教育何以可能"等）、教育社会学（思考和回答"教育事实上变成了什么样子""为何及如何变成了这个样子"等）、教育心理学（思考和回答"学与教的心理规律"）乃至课程与教学论（思考和回答"教什么""怎么教"）等分支学科都逐渐地从"教育学"的母体中脱胎而出。这里强调"教师教育的教育学研究"，恰恰是在最原初的"教育学"意义上，指出教师教育研究不能忽视教育学。在现代社会的世界各国中，教师教育实践都是一项极其重要的教育事业（教师人才培养的国家行动），只有真正关注"教师教育的教育学研究"，教师教育研究才有可能建构出一种适合教师教育实践的教育理论，才能真正满足教师教育实践发展的需要。

（四）研究重心：转向"教师教育实践"研究

当前我国教师教育研究的重心应转向教师教育实践本身，而不能仅仅停留于教师教育的理论研究。正如研究者指出的，教师教育研究要面对实践形态的教师教育，将实践形态的教师教育现象作为研究对象，将寻找实践轨迹、解释实践逻辑作为教师教育研究的重要内容。"我们在历史的场域中寻找教师教育的实践轨迹，不仅要寻找教师教育曾经走过的轨迹，还要研究它在我们身上留下的轨迹，其实这原本就是两条融合的轨迹。"[②]

---

① 张倩，等. 论当代西方教师教育研究话语的迁移与转向[J]. 比较教育研究，2014(4)：64～69.
② 康丽颖. 教师教育研究的实践意蕴[J]. 比较教育研究，2006(7)：27～31.

　　教师教育总是发生在特定的时空条件下，关于教师教育的研究也无法离开实践活动得以发生的时空条件，教师教育研究者实际上集活动参与者与研究者两个身份于一身。研究者在教师教育实践活动的历史与现实场域中进行参与式研究，并在历时态的参与式研究中去寻找教师教育活动留下的轨迹，分析当下的教师教育实践活动在哪些层面还存在历史的遗痕。在特定的历史、文化、社会场域中，教师教育的实践建构包括教师教育活动的社会建构、教师教育活动在自身场域内的建构以及教师教育活动者在活动中的自我建构三个方面。

　　解释教师教育的实践逻辑离不开教师教育过程，更离不开中小学教师的职业生活。而教师教育研究者作为阐释者，不仅受自身在社会结构中所处位置的影响，而且受自身在学术场域所处位置的影响。学者会带有天生的唯智主义偏见，这种偏见会使学者在构建自己的研究对象时，不自觉地将其与对象的关系投射到对象之中；也会使学者陷入"学究式的谬误"中，对深深嵌入概念、分析工具等实际操作中的预设缺乏区分，以致用"理论的逻辑"代替和否定"实践的逻辑"。教师教育研究只有回到实践中，才能真正地解释实践。

第三章　作为独立学科的"教师教育"

2002 年 2 月，教育部颁发的《关于"十五"期间教师教育改革与发展的意见》正式将"教师教育"界定为"教师的职前培养、入职教育和在职培训的总称"。伴随中国大陆的教育理论研究和实践工作由"师范教育"向"教师教育"的话语转变，理论研究中的"教师教育"作为独立的研究领域逐渐形成并逐步扩大，教育实践中的教师专业化发展和教师专业地位提高趋势、教师教育大学化趋势日益明显，"教师教育"这个有着天然的双重学科基础(教师任教科目的学科基础和教育学科基础)的"学科""专业"建设问题应运而生，"教师教育学科建设"亦在此背景下随着改革实践及理论研究的深入而逐渐成为高频语词。研究者们撰文探讨"教师教育学科"创生和发展的现实基础、历史必然及其内涵、性质、研究对象、方法、知识体系等。[①] 在教育学一级学科目录下自主设置"教师教育专业"硕士生、博士生培养学位点(或方向)的实践探索也呈现可喜的发展态势。

一、"学科"概述

虽然中国在唐宋时期就有了对"学科"的文字记载，但现代意义上的"学科"则是地道的"舶来品"。有研究者指出，"学科"一词可追溯到"乔叟(Chaucer)时代"，随着社会变革与时代发展，"学科"又不断地被赋予了新的内涵，外延不断扩大，学科的功能和价值也不断拓展。[②]

（一）何为"学科"

不同的研究视角和立场对"学科"有着不同的理解和界定标准，各种有关"学科"的定义背后又往往隐含着特定的哲学假设和价值取向。有研究者从微观、中观和宏观三个层面阐释了"学科"的意涵。[③]

---

① 李学农. 教师专业化实践的困境与教师教育学科理论的生长[J]. 教育理论与实践，2007(4)：33～36. 杨跃. 关于教师教育学科构建的理性思考[J]. 教师教育研究，2007(1)：1～5. 朱旭东，周钧. 论我国教师教育学科制度建设——教师教育大学化的必然选择[J]. 教师教育研究，2007(1)：6～11. 陈永明，王健. "教师教育学"学科建立之思考[J]. 教育研究，2009(1)：53～59. 杨天平. 呼唤现代教师教育学的学科建设[J]. 教育理论与实践，2009(7)：28～32. 王健. 教师教育学科建设中的立场与视野[J]. 中国教育学刊，2011(7)：52～55.

② 许苏. 教师教育学知识体系研究[J]. 教师教育研究，2012(1)：50～55.

③ 同上.

第一，微观层面的"教学科目（subject）说"。《现代汉语词典》对"学科"的界定包括三点：首先，指"按照学问的性质而划分的门类"，如自然科学中的物理学、化学等；其次，指"学校教学的科目"，如语文、数学等；最后，指"军事训练或体育训练中的各种知识性科目"，区别于"术科"。其中，"学校教学的科目"是最通俗的理解。"学科"一词在微观层面上的这种最基本的含义最接近英文单词"subject"的意涵，《牛津高阶英汉双解词典（第四版）》对"subject"的解释即"branch of knowledge studied in a school，etc. 学科，科目"。

第二，中观层面的"知识体系（discipline）说"。中观层面的"学科"概念最接近英文单词"discipline"的意涵。"discipline"一词源自希腊文的词根"didasko（教）"和拉丁文的词根"（di）disco（学）"，古拉丁文"disciplina"本身已兼有知识（知识体系）及权力（孩童纪律、军纪）之义。《实用英语词源辞典》对"discipline"一词的解释是：来源于disciple，意思为"弟子、门徒"，指接受一个学派（如哲学、艺术或政治学派）的教导并帮助传播和实行的忠实信徒。在法国，"学科"最初指用来进行自我鞭策并进行自我约束的小鞭子（un petit fouet）；在这种含义渐渐消失之后，学科变成了鞭策那些在思想领域进行探索的人的工具；再后来，学科被看作科学领域的一个组成部分。我国国家技术监督局 1992 年 11 月 1 日批准、1993 年 7 月 1 日实施的《中华人民共和国国家标准学科分类与代码表 GB ／T13745－92》对"学科"的界定是："学科是以一定共性的客体为研究对象而形成的相对独立的知识体系或分支学科。"很多学者也是从知识体系的角度将"学科"看作由专业人员以独有的领域为对象，按照专门的术语和方法建立起来的概念一致、体系严密、结论可靠的专门化知识体系。

第三，宏观层面的"学术组织（制度）说"。英语单词"disciplinary"一词既有知识类别的含义，又有制度、建制、规训的含义；因此，"学科"的延伸意思即指将传播和发展同类知识的群体联结起来建制成的、一定的学术组织及其建制和规训方式。学科的制度化即指学科训练的制度化和研究的制度化。华勒斯坦等指出，社会科学训练的制度化发生于 1850—1945 年，一系列学科共同构成了以"社会科学"命名的知识领域。其具体步骤是：在大学里设立一些首席讲座，然后再建立一些系来开设相关的课程，学生在完成课业后可以取得某一学科的学位，从而完成了训练的制度化。社会科学研究的制度化则是伴随整个学术研究的制度化而实现的，如创办各学科的专业期刊，按学科建立各种学会（先是全国性的、然后是国际性的），建立按学科分类的图书收藏制度等。[①] 学科制度化建设

---

① 华勒斯坦，等．学科·知识·权力[M]. 刘健芝，等，译．北京：生活·读书·新知三联书店，1999：15. 该书译者将"disciplinary"译为"学科规训制度"．

即指一个学科或研究领域的学术团体、专业杂志、书籍出版、基金资助渠道、教育培训、职业化以及图书馆收藏目录的确定等方面的建设,其中尤其以大学教学的发展(专业、系、所、学院的设置)为核心。① 可见,学科制度化大致包括研究、培训、教学以及相关的社会建制与基金资助等多个相关层面。

总之,参照"学科"一词的原初意涵以及学科制度化的历史实践,"学科"一词包括"学科内在制度"(或称"学科知识体系")和"学科外在制度"(或称"学科建制")两层内涵,缺少任何一方面都不能称之为真正的学科。学科内在制度建设主要指规范的学科知识及理论体系的建立,这是学科合法性的基础,也是学科发展的关键;学科知识的生产、传播和发展、创新贯穿于学科建设及发展的全过程中,并由此衍生出相应的学科组织。学科外在制度即这种组织、机构层面的制度,这是促进知识生产和知识创新的重要保障。

(二)何以成为"独立的学科"

华勒斯坦等学者研究揭示的"学科"不同内涵和大学学科制度的形成与演变历史,清晰地说明并非所有知识体系都能进入大学,亦非所有进入大学的知识体系都能获得合法的学科身份。事实上,只有那些被认定为可以(或必须)进入大学知识传播与生产系统的知识体系才能获得准入大学的资格,其中又只有那些被认为达到学科标准的知识体系才能获得合法的学科身份。这里就涉及"独立学科"的判断标准问题。

按照英国学者赫斯特(P. Hirst)的理解,能够称得上学科的知识体系应该具有以下特征:具有在性质上属于该学科特有的某些中心概念;具有蕴含逻辑结构的有关概念关系网;具有一些隶属于该学科的独特的表达方式;具有用来探讨经验和考验其独特的表达方式的特殊技术和技巧。② 我国学者刘仲林提出,判定一个知识领域是否为学科有 6 条标准:有明确的研究对象和研究范围;有一群人从事研究、传播或教育活动,有代表性论著;有相对独立的范畴、原理或定律,有正在形成或已经形成的学科体系结构;发展中学科具有独创性、超前性,发达学科具有系统性、严密性;不是单纯由高层学科或相邻学科推延而来,其地位无法用其他学科代替;能经受实践或实验的检验和否证(证伪)。③ 王长纯等人提出学科判定标准有 7 条:充足的社会历史条件;一定

---

① 陈振明. 当代西方社会科学发展的整体化趋势:成就、问题与启示[J]. 学术月刊,1999(11):42~46.

② 华勒斯坦,等. 学科·知识·权力[M]. 刘健芝,等,译. 北京:生活·读书·新知三联书店,1999:14.

③ 刘仲林. 现代交叉学科[M]. 杭州:浙江教育出版社,1998:30~31.

规模的研究队伍(学会、研究会等);一定规模的相关知识生产系统;一定规模的研究生教育;一定的学术研究成果;相当稳定的研究对象、性质、结构、方法等构成的相对稳定的理论体系;如果是边缘学科,则所有的相关学科的关联水平应该是稳定的、成熟的,它们之间的联系应该是内在的、常规性的而不是外在的或临时性的。[①]

费孝通先生则指出,一门学科的社会建制大体上应包括五个部分:一是学会,这是群众性组织,包括专业人员以及支持这门学科的人员;二是专业研究机构,应在这门学科中起带头、协调、交流的作用;三是各大学的学系,这是培养这门学科人才的场所,为了实现教学与研究的结合,大学不仅要建立专业和学系,而且要设立与之相联系的研究机构;四是图书资料中心,为教学、研究工作服务,收集、储藏、流通学科的研究成果、有关书籍、报刊及其他资料;五是学科的专门出版机构,出版专业刊物、丛书、教材和通俗读物。[②] 朱旭东教授亦从学科建制角度总结了学科制度的根本特征:在大学建立学科专业以保证学术研究的知识身份;在大学设置学科课程以保证学术研究的传承;在大学设置教席以保证学术研究的知识权威性;可以颁发学位证书(尤其是博士学位证书)以保证学术研究的知识质量;建立专业、学科组织或协会以保证学术研究的群体知识消费性;建立学术研究的专门机构或研究所、学科系以保证学术研究的人才后继性;编辑出版学术刊物以保证学科知识生产的前沿性。[③]

概括地说,"学科"是教育、科学领域内相对独立的知识门类及其知识体系。评判一个研究领域及其已有的一整套知识体系(一门学科或分支学科)是否成熟的指标有两种:一是属于"理论"层面的、该领域研究的对象、方法及理论体系是否成熟;二是属于"实践"层面的、该研究领域是否有代表性人物、著作、学术组织、学术刊物等。[④]

需要说明的是,学科设置更多的是一种特殊的行政行为,学科设置只是在一些计划经济或集权管理的国家才有,与学科自身的合法性关系不大。[⑤] 在中国,由于高等教育集权管理的需要,政府部门经常直接设置学科,而缺乏考虑该学科的学术合法性、合理性问题;中国的这种体制使学科设置成为在大学增加相应建制的合法性基础,而这种权力指向的学科设置与学科的本义相去甚

---

① 王长纯.学科教育学概论[M].北京:首都师范大学出版社,2000:285~290.
② 费孝通.略谈中国的社会学[J].高等教育研究,1993(4):1~7.
③ 朱旭东,等.论我国教师教育学科制度建设[J].教师教育研究,2007(1):6~11.
④ 吴康宁.教育社会学[M].北京:人民教育出版社,1998:14~18.
⑤ 王建华.知识规划与学科建设[J].高等教育研究,2013(5):1~11.

远。在英美国家，政府根本没有学科设置的权力，更不存在起指导作用的学科专业目录；大学里的建制基本上由大学自己决定，至于某一门学问或某一问题能不能进入大学课程并获得建制基础，不完全由政府说了算；政府的权力对于学科合法性的获得有影响（政府有对结果加以确认的权力），但它无权（没有资格）把某一门高深学问定义为学科。

二、"教师教育学科群"与"教师人才培养"

"学科"首先是"知识分类"的代名词。当它与学校教育结合后便与"教学科目""专业""课程"等脱不开关系。无论怎样定义"学科"，它总是与发现、传播、积累、创新知识密切相关，学科在大学中拥有举足轻重的地位，直接关系着大学的办学水平和声誉。"教师教育学科（群）"建设便与"教师人才培养"的实践活动紧密关联。

（一）旨在培养教师的"高等学校专业"

新中国成立前，我国高等教育受西方教育体制影响，在高校中只设院系；新中国成立后，我国学习苏联经验，开始在高校中设置"专业"，并一直沿用至今。因此，我国高等教育中的"专业"是指高等教育人才培养的各个专门领域，大体相当于《国际教育标准分类》的"课程计划（program）"或美国高等教育中所说的"主修（major）"，是高校根据社会职业（行业）的分工需要而划分的学业门类，不同于指涉"专业性职业"的"专业（profession）"。

我国高校的专业设置大致有两条路径：一是依据学科体系（包括交叉学科）来划分、设置和命名相应的专业（如天文学、物理学、数学与应用数学、汉语言文学、机械电子工程、生物化工、环境科学等专业），二是按照行业或产品（学习者未来可能或可以从事的职业或工作）来划分、设置和命名相应的专业（如对外汉语、社会工作、学前教育、小学教育等专业）。我国 20 世纪 80 年代修订的《普通高等学校本科专业目录》以"部门＋学科"作为专业设置的分类框架，共划分了工、农、医药、师范、财经、政法等 11 个大类，并在各个大类下设置了数目庞大的专业。其中，在"师范"大类中，旨在培养中学教师的本科专业名称是以诸如"语文教育""数学教育"的形式出现的。1998 年进行的本科专业目录修订工作以"学科分类"作为专业设置的基本框架，在"拓宽专业口径""减少专业数量"的修订原则下，将"语文教育"等专业修改为"某（文理）专业（师范方向）"，并沿用至今，即旨在培养能够担任中学各学科教学及教育工作的教师的专业（学业门类），除"体育教育专业""思想政治教育专业"等，其他均以"某（文理）专业（师范方向）"的形式出现，如"汉语言文学专业（师范方向）""数学与应用数学专业（师范方向）""音乐学专业（师范）""美术学专业（师范）"等。

在高校管理实践中，这些专业一般被统称为"师范专业"（或"师范类"），修读这些专业的大学生则被统称为"师范生"。近年来，教师教育改革及教师教育学科建设中，出现以"教师教育专业"来统称上述以培养语、数、外等十余个学科方向中学教师为目标的"师范专业"，但在实践中会遇到难以填写"教师教育专业"的"专业代码"等尴尬现象。

旨在培养中学教师的大学本科专业的准确名称应该是什么？是现行的"某（文理）专业（师范方向）"还是恢复曾经的"语文教育专业"，或改称为"中学教育专业"（在我国现行的《普通高等院校本科专业目录》中，旨在培养幼儿园和小学教师的专业名称分别是"学前教育专业"和"小学教育专业"）？要回答这些问题，不仅需要研究者对教师职业的"双专业性"（中小学教师特别是任教特定学科的中学教师，既需要具备"懂得教什么"的学科专业素养，也需要具备"懂得怎么教"的教育/教学专业素养）及其对从业人员的素质要求（教师的专业性所在）进行严格的学理考量，而且需要研究者对获得各文理学科专业的学士学位证书与教师职业资格证书的相关要求、制度等进行统筹设计，这里暂且不展开论述。但无论称谓为何，旨在培养中学教师的大学本科专业作为一个学业门类无疑是存在的，需要我们不断努力加以建设和完善，这就涉及"教师人才培养"实践活动的学科基础究竟是什么的问题。

（二）为教师人才培养服务的"学科群"

在我国封闭的师范教育体制中，师范院校几乎只有培养教师的单一功能，因此，虽然在师范院校内部也存在众多文理学科，但并没有出现"师范教育学科"的话语实践。然而，在师范院校的综合化进程中，教师培养早已不再是师范院校的唯一任务，伴随着"学科建设"这一极具中国特色的高等教育主流政策话语的兴起，"学科"不仅成为衡量大学综合化程度，而且成为衡量某一知识体系及其研究群体学术地位高低的重要考量指标。更重要的是，作为高校人才培养基本单位的"专业"与"学科"之间，在现行高教体制下往往表现出"学科是源、专业是流"的关系：没有学科，专业就成为无本之木、无源之水；没有专业，学科就成为无生命的知识体系，就失去了社会价值和发展动力。因此，"教师教育"（教师人才培养实践）要在高等教育的学科制度及学术架构中寻求地位保障，就不能不思考"教师教育的学科建设"问题。只不过近年来我国教师教育改革实践的很多探索、创新，并不是严格依循"首先有一个学科，然后才有一个专业，有一个系，有一个学院"[①]的大学学科制度化的传统路径，当下高师院

① 孟宪范. 学科制度建设研讨会综述[J]. 开放时代，2002(2)：134~143.

校的一些专业、系和学院的诞生也并非源于知识学意义上的学科分化。

事实上，"学科"与"专业"是两个既有联系又有区别的概念，有着明显的内涵差异：学科按照知识的逻辑发生与发展，在知识的不同领域中横向拓展与纵向深入，一个学科可应用在不同专业领域中；专业则是按照知识、职业与教育的逻辑发生与发展，一个专业可能要求多种学科的综合，可以对应不同的职业，适应多种岗位需求。

长期以来，我国的教师教育实践缺乏规范、系统、科学的学术研究与学科制度建设，高等院校的教师人才培养实践也没有获得相应的学术地位，教师教育工作者(从事教师人才培养工作的人员)始终没有明确而专门的学科依托，教师教育工作(如"师范生培养工作")也只是被看作一种事务性的教育管理工作(如在师范大学的行政管理体系中被归属在"教务处"的管理职能之中)。特定文理学科的师范生(如未来的中学数学教师)与同一文理学科领域的非师范生接受的职前教育，课程区别只是多几门"教育类课程"(如教育学、心理学、教育技术学、中学数学课程与教学论，以及时间相对较短的中学教育实习)。这种教师教育思路在本质上并没有将"教师教育"看作基于学术研究的专业活动，而"教师教育学科建设"的吁求目标便是使教师人才培养的实践活动能够获得学科依托和学术地位。

鉴于教师教育实践的复杂性及其知识学意义上的支撑性学科的多样性，本书认为，支撑教师教育实践的学科("教师教育学科")并非单一的一门学科(如"教师教育学")，而是"复数形式的教师教育学科"，即所有有关教师教育的知识体系的总称，这是由若干学科构成的一个学科体系(又称"学科群")，这些学科从不同的研究角度、在不同的研究层面上来认识和改进教师教育实践活动。需要注意的是，"教师教育学科群"并非"教育学科群"，"教师教育学科建设"亦非"教育学科建设"。在"教师教育学科群"中，主干学科应该是各文理学科领域的"学科教育学"(如"语文教育学"等)，针对特定年龄发展阶段教育对象的"中学(或小学、学前)教育学"和"青少年(或儿童、幼儿)发展心理学"；支撑学科应该是与各级各类教师教育密切相关的各文理学科，教育哲学、教育社会学、教育心理学、课程与教学论等教育科学分支学科，以及儿童学、教师学、教师教育学等新兴学科。[1]

---

[1]　上海师范大学近年来积极探索"教师教育学科群"建设工作，致力于创建"教师教育学""教育领导学"和"儿童学"三门新兴学科，具有良好的示范价值。(陈永明，等.教师教育学科群导论[M].北京：北京大学出版社，2013.)本书认为，教师教育学科群建设工作还有待全面加强和深化。不仅要研究学科群由哪些学科构成，更需要研究这些学科之间的次序及其关联性，如主干学科与基础学科、传统学科与新兴学科、优势学科与薄弱学科等在学科群整体功能发挥中的独特作用及其相互关系等.

以大学的逻辑来思考，教师教育真正的学术地位取决于教师教育学科群的建设水平。20世纪90年代以来，在我国教师教育开放化、大学化、专业化、一体化的改革进程中，以高师院校为主体的教师教育机构为凸显其教师教育特色、传统及优势，进行了高校内部教师教育资源整合、综合化背景下的教师专业化教育以及二级学院实体化等实践探索与创新，加强教师教育学科群和教师人才培养专业（群）的建设必将有助于深化教师教育改革成效。①

三、作为一门独立学科的"教师教育学"

如前所述，学科是人们在认识世界过程中，当知识积累到一定程度后，为适应当时社会发展需要，根据一定标准划分出的、相对独立的知识体系。它是大学的基本元素，在大学发展中对集聚人才、引领人才培养具有定向与规范作用。

"教育学"作为约定俗成的称谓，目前在我国学科制度中拥有"门类"和"一级学科"的双重合法身份。借鉴瞿葆奎等学者对教育科学分类框架的洞见②，可以将现有教育学各分支学科的形成方式概括为以下四种。

第一，以"教育学"以外的人文社会科学（如哲学、历史学、心理学、社会学、经济学、政治学、政策学等）或数理科学（如数理统计学、测量与评价学等）作为母学科，运用母学科的研究视角、概念范畴、理论体系和研究方法，对母学科视野下观察到的那部分教育现象或教育问题进行研究，从而形成相应的子学科并成为教育学分支学科（教育学与其他科学交叉而成的交叉学科），如教育哲学、教育史学、教育心理学、教育社会学、教育经济学、教育政治学、教育政策学、教育统计学、教育测量与评价学等。

第二，以"教育学"作为母学科，根据受教育者的年龄（或发展阶段）、所受教育的类型和性质、国别等指标，对"教育学"的不同研究对象进行细分，从而形成不同的子学科，如学前教育学、初等教育学、中等教育学、高等教育学、成人教育学、职业技术教育学、特殊教育学、比较教育学、语文教育学、数学教育学等。

---

① 有研究者指出，实现教师教育学科群建设功能的最大化，需要把握三个关键点：明确建设教师教育学科群的目的；优化学科群内部子学科的结构，明确专业建设、课程建设的目标、重点与思路；创新学科群管理方式与机制，最大限度提高学科群建设的整体效能。研究者还需从学科的发展规划、团队建设、管理创新等方面提出要求。（舒志定.对创建教师教育学科群的一点思考[J].教师教育论坛，2014(8)：19～25.）

② 瞿葆奎，唐莹.教育科学分类：问题与框架——《教育科学分支学科丛书》代充[M]//吴康宁.教育社会学.北京：人民教育出版社，1998：14～18.

第三，以相对具体而特定的教育现象、问题或行动者作为研究对象(如学校教育、班级教育、社会教育、家庭教育、社区教育，民族教育、军事教育、医学教育、师范/教师教育，德育、智育、体育、美育、技术教育，课程、教学、教材，教师、学生、校长、家长、职工等)，从而形成不同的分支学科(如德育学、技术教育学、课程论、教学论、教师学、儿童学、校长学等)，其实质是综合运用多学科的研究视角、理论体系、概念范畴甚至研究方法，来研究教育实践活动独有的现象或问题(如教师、学生、校长等特殊的教育行动者，课程、教学、考试评价等教育内部活动，以及作为特殊教育文本的教材等)。

第四，将"教育学"以及由上述三种方式形成的分支学科自身作为研究对象，进行教育学的自我反思(对教育理论本身进行研究和分析)而形成的新学科(如元教育学、教育学史)。

由此可见，如果将"教师教育学"理解为"教师·教育学"，则应归入第二类(以"教育学"作为母学科、根据教育的类型和性质而细分出的子学科)；如果将"教师教育学"理解为"教师教育·学"，则应归入第三类(以"教师教育"这一具体的教育现象和问题作为研究对象而形成的学科)。但无论归入哪一类，以"研究教师教育的现象、问题及其规律"为使命的"教师教育学"似乎都有着"底气不足"之感，创建"教师教育学"的最大挑战亦源于这种知识谱系上的"先天不足"。因为从学科分化与发展的角度看，上述第二类教育学分支学科的母学科，从逻辑上说应该是"教育学"，但由于事实上，"教育学在历史上从来就不是一个统一的学科，也从未作为一个统一的学科存在过"(或者说"教育学作为一门学科，一开始就是不完备的，而且一直没有完备起来"[①])。因而，这些分支学科总有一种与"教育学"之间缺乏直接血缘关系的先天不足感；各分支学科往往各有渊源，与"教育学"之间并无必要的学术联系，甚至在现实的学科发展中大有与"教育学"分道扬镳之势。这对于"教师教育学"的创建来说，不啻为"雪上加霜"。而第三类教育学分支学科因其原本就是综合运用多学科的研究视角、理论体系、概念范畴、研究方法来研究某一特定的教育行动者或教育实践活动，因此，"教师教育学"是否能够或者已经成为一门成熟的独立学科，教育学界亦是见仁见智。比如，"教师学"在研究方法、学科体系等方面都尚未成熟，作为独立学科也尚未得到国家权威部门的论证和认可，有研究者甚至认为其本身的建设历史短得几乎与"教师教育学"同步，因此也很难给"教师教育学"提供系统

---

① 王建华．学前教育学、普通教育学、高等教育学与教育学关系刍议[J]．学前教育研究，2007(4)：3～8.

的理论参照。① 研究者指出的"当前我国教师教育学科建设存在概念体系不够科学"②等问题与这一知识谱系的生长特点不无关系。

当然，"教师教育学"也并非一个纯粹的新生事物，它与教育学原理、教育史、高等教育学、成人教育学、职业技术教育学等学科之间都不同程度地存在着某种关联和交叉，但在知识学意义上，这些学科都有自己独特的研究对象、领域及其功能，彼此之间既非上下位关系，亦非同位关系，而是教育科学大家庭中按照不同谱系和标准自立门户、不可或缺的平等一员。因此，"在教育学一级学科覆盖的科层体系中，教师教育学具有自身的学科独特性与不可替代性，理应占有一席之地"③"在'教育学'一级学科下建立'教师教育学'二级学科是我国百余年师范教育演变史以及当今教师教育事业需求之必然产物，也符合教师教育发展的内在逻辑"④。问题是，面对视角日益多元、主题日渐丰富、方法日显多样的教师研究和教师教育研究，作为独立学科的"教师教育学"的边界在哪里？研究的核心论题、重心、目的究竟是什么？诸如此类悬而未决的问题都有待深究。

（一）教师教育学的研究对象

面对教育学研究者以"任何学科都可以从自身的学科视角出发研究教师和教师教育"为论据对"教师教育学"作为独立学科提出的质疑，澄清研究对象、划清学科边界、厘清学科知识体系是"教师教育学"学科与专业建设（包括课程、教材体系建设）的当务之急。但委实说，这远非易事。一方面，"教师研究"一直以来都生长在教育哲学、教育社会学、教育心理学、教育法学、教育管理学等学科土壤上，不同学科运用各自的学科范畴、概念、理论及方法进行研究，如教师职业与工作、教师角色、教师学习与专业发展、教师情绪情感、教师法律身份与执业资格、教师薪酬与激励等；另一方面，已有师范教育、教师教育研究多从哲学、史学或比较教育学视角进行"事实（史实）研究"或"规范研究"，而明确从社会学、心理学、经济学、政治学等视角进行的"科学研究"还较少，如何在对教师及教师教育进行全方位研究的基础上确定"教师教育学"的独立学科边界，不啻为巨大的学术挑战，毕竟"不可渗透的边界一般说来是紧密扣连汇聚的学科规训社群的要素，也是那个知识范围的稳定性和整合的指标。可渗

---

① 杨天平. 呼唤现代教师教育学的学科建设[J]. 教育理论与实践，2009(7)：28～32.
② 王健. 教师教育的学科化建设及其思考[J]. 教师教育研究，2014(2)：90～96.
③ 杨天平. 呼唤现代教师教育学的学科建设[J]. 教育理论与实践，2009(7)：28～32.
④ 陈永明，王健. "教师教育学"学科建立之思考[J]. 教育研究，2009(1)：53～59.

透的边界伴随而来的是松散、分布广泛的学术群，亦标志更分散的较不稳定的和相对开放的知识结构"[①]。

经过科学界定的研究对象是学科研究的起点，也可作为衡量学科是否独立的重要尺度。鉴于"教师教育"是教师培养、任用和进修三个阶段教育的总称，包括教师职前培养、入职教育和在职培训；那么，"教师教育学"就是关于"教师教育"的价值立场、规律、原理与方法、政策与法规以及制度建设等的学问。教师教育学的研究对象是对从事各级各类教育、教学工作的教师进行的职前培养、入职教育和在职培训的实践和理论，是教师培养与成长中的特殊矛盾和客观规律；教师教育学的研究目标即在于揭示各级各类教师的不同成长阶段的规律以及针对不同成长阶段进行的职前、入职、在职教育实践活动的规律（三个不同阶段的教育规律和三阶段间一体化的教育规律）；研究的核心问题是如何依据教师成长规律来有效地促进教师专业发展，具体研究问题则诸如"合格教师需要具备哪些专业素养""师范生达此标准需要具备哪些专业知识、能力和品德"等，这些问题是教师教育学与普通教育学（学校教育学）、成人教育学、高等教育学、职业技术教育学[②]等学科相区别的重要标志[③]，更是教师教育必须坚守和拓展的研究领地。

（二）教师教育学的研究内容

一切与教师培养和教师成长相关的问题（特别是长期存在或亟待解决的难题）都应该成为教师教育学的研究内容。例如，"教师的专职性与教师的专业化问题""教师资格'证书主义'的意义与界限问题""在职中小学教师进修的制度化问题""教师教育课程设置的重心问题""教师教育改革的财政问题""教师外部评价与自主专业发展的关系问题""教师的义务、权利及权益问题"等，都是教师教育学研究的重要内容。

有研究者认为，教师教育学的研究内容应由教师的"培养""任用""研修"三大组成要素构成，这三者是教师专业发展必要的基石并且相互连贯、不可分割，并且从六个方面介绍了教师教育学的研究内容：第一，教育环境（教育行

---

① 沙姆韦，等.学科规训制度导论[M]//华勒斯坦，等.学科·知识·权力.刘健芝，等，译.北京：生活·读书·新知三联书店，1999：22.

② 作为一项专门性职业，教师教育似可归于职业教育，教师教育学似可归于职业教育学。但是，长期以来社会多认为职业教育及职业教育学集中于中等教育层次，时至今日，国家颁布的学科目录中的"职业技术教育学"学科既没有阐明过教师教育的内涵，也难为教师教育学提供基本理论依据.

③ "教师教育学"和教育学原理、高等教育学、成人教育学等学科之间都不同程度地存在着某种关联，但各自都有自己独特的研究对象以及学科领域，并不构成上下位关系.

政、政策法规、教育财政等政策环境，学校文化、教育科研等学校氛围，以及专业发展、创新人才培养等校内外结合的共生领域，借此探究教师教育的现实与理想环境)；第二，基础研究(涉及与教师教育相关的教育原理、教育史论、比较教育、课程与教学、教育技术研究，基于回顾过去、立足现在、展望未来之视角，从不同侧面了解教师教育的发展动向)；第三，与教师教育变革密切相关的各类教育(学前教育、基础教育、高等教育等)的主要学科；第四，情感心理、基础心理、实验心理、应用心理、精神卫生等对教师教育的影响与作用；第五，学科教学(学科理论、教材研究、校本课程开发、道德教育、语文教育、数学教育、外语教育等)对教师教育的实践与考量；第六，教育实践与技能(如教育实习、教育见习、教师口语、案例分析、实证研究、信息网络化教学设计等，重视现场应变能力的培养和评估)。①

也有研究者将教师教育学的研究内容划分为三个层次：第一个层次是教师教育哲学研究，即从哲学层面思考教师教育，例如，对"教师是谁"进行本源性思考(涉及教师的基本素养、教师德行、教师职业特性等)，探寻教师教育的意义(涉及教师教育目的、教师教育功能、教师教育理论研究与实践的关系、教师教育的价值取向等)，考查教师知识的本质属性(涉及教师知识特性、教师知识与其教育教学行为的关系、教师的实践性知识等)，思索教师专业伦理(涉及教师专业伦理体系的构建、教师职业行为的规范、教师专业道德的提高等)。第二个层次包括教师教育史学研究(教师教育史学研究包括教师教育学的学科史和教师教育的发展史②)和教师教育国际比较。第三个层次是教师教育专业实践研究，如教师教育政策研究、教师教育财政研究、教师教育课程与教学研究、教师教育的评价研究、教师教育的技术研究等。③

还有研究者指出，在当前尤应注重开展全球视野下的教师教育改革、教师教育制度、教师教育管理、教师教育文化与近现代中国百年师范教育的发展轨迹、新世纪教师教育的改革发展战略等专题研究，构建科学完善的教师教育标准体系和评估体系，进行教师培养、培训模式的改革探索，建立多层次、多规格和多形式的教师教育服务体系。④

------

① 陈永明，王健."教师教育学"学科建立之思考[J].教育研究，2009(1)：53～59.
② 许苏.教师教育学知识体系研究[J].教师教育研究，2012(1)：50～55.
③ 由于教师教育学尚未正式获得认可，仍处于探索、构建和讨论的过程中，故目前的教师教育史学研究的重点是教师教育的发展史研究，主要包括中外教师发展史和中外教师教育发展史。(许苏.教师教育学知识体系研究[J].教师教育研究，2012(1)：50～55.)
④ 杨天平.呼唤建立现代教师教育学科[N].中国教育报，2007-05-22.

尽管学术界对教师教育学研究内容的认识不尽相同，但无论如何，当代教师教育具有丰富的研究内涵，学术界对教师教育问题的重视和研究也由来已久，从不同学科视角和从不同学术逻辑框架出发，诠释、论述教师和教师教育的研究也与日俱增并不断拓展和深化。

（三）教师教育学的知识体系

学科自身的知识体系是学科合法性的核心与基础，知识体系是学科发展的核心，学科制度则是促进知识生产和知识创新的基础和保障。"教师教育学"是在教育学一级学科框架下，侧重研究教师教育实践问题、探索教师专业成长规律的一门独立二级学科，学科建设的重点之一是构建具有自身特色的研究内容，形成专门、系统的知识体系。虽然对教师教育学知识体系的构成，目前学术界尚未达成共识，但有必要努力构建有别于教育学其他学科的独特知识体系，促进教师教育学的成长，使其能够早日成为我国教育学科中一门具有深刻理论基础和实践指导意义的独立学科。本书从"本体论（教师教育是什么）""价值论（教师教育为什么）"和"方法论（教师教育怎么做）"三个层面，进行了教师教育学的知识体系构建。

第一，教师教育本体论研究旨在回答"教师教育是什么"，涉及"作为实践活动的'教师教育'""作为研究领域的'教师教育'"以及"作为独立学科的'教师教育'"的表现形态、发展历程等。这部分内容需要借鉴和运用教育史学、比较教育学等学科的视角、方法及相关成果，梳理和探究世界各国教师教育实践、教师教育研究及教师教育学科建设的过去、现在和未来。

第二，教师教育价值论研究旨在回答"教师教育为什么"。如果说"教师教育为的是'培养教师'"，那么，"应该培养什么样的教师""理想的教师应该是什么样"等关涉"教师教育目的"的问题便成为题中要义；而要回答"应该培养什么样的教师"，则需要了解"教师是谁""谁可以当教师"。这里涉及的具体研究主题有：教师工作的特殊性、教师职业及其专业化（"教师从事的是什么工作""教师工作的特殊性在哪里""教师工作是一份职业还是一项专业"等）；教师身份（"教师是谁"，即对教师法律身份及社会地位、权利与义务等的认定，以及"我是谁""做教师对我意味什么""我为什么选择做教师"等教师自我身份认同）；教师从业资格（教师资格制度）；教师职业的专业性（专业知识、专业能力、专业伦理、专业自主权力等教师专业素质及其专业发展）；教师教育目的（古今中外教师教育发展中出现的诸如"技术熟练者""反思性实践者""公共知识分子"等不同目的定位及其未来发展）。这部分内容需要借鉴和运用教育哲学、教育法学、教师社会学、专业社会学等领域的基本原理和研究方法，深入探究上述围绕

"教师教育"而形成的核心论题。

第三，教师教育方法论研究旨在回答"教师教育怎么做"，这至少涉及教师教育主体，教师教育模式，教师教育的课程与教学，教师教育评价以及教师教育制度、政策与法规等。具体研究主题有：教师教育主体（教师教育机构及其认证、教师教育者及其专业素养等）；教师教育模式（探讨通过什么途径、模式进行优质、高效的教师教育，包括教师职前培养模式、教师入职教育模式和教师在职培训模式的历史演变、国际比较及未来发展等）；教师教育课程与教学（教师需要学什么、怎样学以及如何评价教师的学习成效等，涉及教师教育课程的目标、内容、实施及评价等核心要素）；教师教育评价（涉及教师教育质量保障、以教师专业标准为核心的教师教育标准体系的确立等）；教师教育制度、政策与法规；以及全球化背景下的教师教育改革、教师教育文化的传承与创新，等等。这部分内容需要借鉴和运用课程与教学论、教育评价学、教育政策学、教育法学等学科的基本原理和研究方法，以及教育史学、比较教育学的研究成果，深入探究上述围绕"教师教育"而形成的核心论题。

（四）教师教育学的研究方法

随着交叉科学研究的蓬勃发展，研究方法已难以成为考量学科独立性的主要依据，学术界不再坚持一门独立学科必须形成自己特有的研究方法，而是更认同"方法有专利但并非专用""没有独特研究方法并不妨碍成为一门学科"。因此，一方面，在具体研究方法上，教师教育学完全可以借鉴人文社会科学研究中普遍通用的一些研究方法，如定性研究（文献法、历史法、比较法），定量研究（调查统计法、实验法、内容分析法）以及质性研究（观察法、访谈法、叙事法）等；另一方面，在研究范式上，鉴于研究对象的系统性、研究内容的丰富性、具体研究方法的多样性，面对"大科学时代"学科交叉融合的知识特点，现阶段旨在探究教师教育和教师专业发展特殊规律的"教师教育学"在坚守学科边界、寻求学科独立的同时，亟待加强多学科视野的研究以及相互间的沟通、融汇和互动，迫切需要从不同的研究视角和层面对教师教育理论和实践进行全面、深入的探究，努力夯实"教师教育哲学""教师教育社会学""教师教育心理学""教师教育经济学""教师教育政治学""教师教育文化学""教师教育生态学"等研究，致力于从这些不同学科视角出发进行"教师教育的哲学""教师教育的社会学"①"教师教育的心理学"等研究，促进独立学科"教师教育学"的研究范式多元化，而不是汇编"教师(应有)的教育哲学""教师(应该掌握)的教育社会学""教师(应该掌握)的教育心理学"等，也不是依循"教育哲学与教师教育""教育社会学与教师教育""教育心理学与教师教育"的思路进行已有学术成果的"拼贴"。

当然，从这些不同人文、社会科学的学科角度出发进行的教师教育研究(也包括从教育政策学、比较教育学、高等教育学、课程与教学论、职业教育学等教育学分支学科视角出发的研究)，如何避免对教师教育理论与实践整体做出任意切割或片面概括，避免相关研究对教师教育做出的诠释和论述仅仅缘于研究者的专攻、偏爱或志向、兴趣，显然是教师教育学知识体系建构中面临的巨大挑战。因为研究方法的真正成熟在于形成一套从认识论、方法论到具体方法的研究方法体系；只有方法论的区别及其指导下的具体方法的不同，才能形成学科在整个研究方法体系上的差异，形成学科内多元研究范式。

(五)教师教育学的学科性质

学科性质是在学科分类基础上对某一学科基本形态与本质特点的界定，如"理论学科"与"应用学科"之分。只有科学认识和正确把握教师教育学的学科性质才能明确其发展方向。

在已有研究中，对于教师教育学(科)的性质，有研究者认为"教师教育学"是"一门有关教师教育活动和教师教学工作的基本原理或是方法论的学问"②；也有研究者指出"教师教育学"是"融科研、教学、育人于一体的专门化、应用性知识体系""是一门艺术理论""教师教育学的学科建设就是要寻求并找出种种科学的教学方法，使从事教师教育的教育者因此可以少教，而作为教育对象的广大中小学和幼儿园教师则可以多学多练，以更好地提高自己的职业能力和素质，加快自身专业发展"③。可见，对于教师教育学究竟是"原理性或方法论"性质的学问还是"教学方法"性质的学问，仍是见仁见智。

对现实问题的关注是教师教育研究的动力和源泉，教师教育研究在很大程度上也由实践驱动、以实践为导向，但这并不意味独立学科"教师教育学"的发

---

① 例如，目前我国教师教育政策研究非常需要在理性主义政策研究范式之外开拓新范式，以解释("发现政策制定的'无形之手'")、批判("诘问政策运行的惯习与误识")和关怀("走近政策空间的边缘群体")的独特方式，研究、揭示教师教育政策的复杂性、丰富性和内在冲突性，力争真实、全面地理解教师教育政策。(邵泽斌. 用"社会学之眼"看教育政策[J]. 教育理论与实践，2009(12)：16～19.)

② 陈永明，王健. "教师教育学"学科建立之思考[J]. 教育研究，2009(1)：53～59.

③ 杨天平. 呼唤现代教师教育学的学科建设[J]. 教育理论与实践，2009(7)：28～32.

展无须去关注和加强理论性。"教师教育学"是从教育学一级学科分化出来、具有相对独立的研究对象的二级学科，是有关教师教育活动的基本规律、原理和方法的学问，是介于宏观理论学科与微观应用学科间的一门中观学科，兼有规范理论、科学理论和实用理论的多重性质，具有综合性和复合应用性的特点，但绝非单纯的应用学科。建设教师教育学既需要我们根据实践需求来构建学科知识体系、体现其"实践教育学"的意蕴，也需要注重知识体系构建的逻辑严密性。

在教师教育学的知识体系中，既有为不同社会、政治、经济、文化场景下的教师教育实践提供的价值选择和规范确立（如关于教师教育目的的价值取向、教师教育标准体系的确立等，这属于规范理论），也有对教师教育经验世界的解释以及从中揭示出的教师教育内在规律（如教师职业的专业性、教师知识能力等专业素养提高及教师专业发展的阶段与规律等，这属于科学理论），还有对如何开展优质、高效的教师教育提出的具体操作技术等（如有关教师教育模式、教师教育课程与教学的实践策略，这属于实用理论）。教师教育学研究既需要"学以致用"的实践理性精神，也需要"为知识而知识"的纯粹理性精神。发展教师教育学的根本目的是为教师培养、教师研修和教师专业发展等实践提供行动指南，教师教育学的学科知识体系应具有充分的理论抽象性和独特的理论魅力，并非直接为教师教育实践"开处方"，而应是提供"学习开处方"的学理依据。这恰恰是教师教育学最根本的建设任务，也是教师教育学持续发展、走向成熟的关键。

总之，对照学科制度化的标准，"教师教育学"要成为一门独立学科，亟待建构学科理论体系（学科内涵确立、学科研究对象建构、学科理论体系建设等的学科内在制度建设），还需要在学科代表人物、经典著作、大学里的相应建制、专业出版物、研究基金、专业研究者、培养研究生的相关课程组合等方面大力加强。①

---

① 阎光才教授在撰文指出"究其根本而言，高等教育的学科化吁求与其说是基于学科属性的一种知识建构，不如说是基于特定现实境遇的一种话语策略"的同时，亦强调"至少在当下情境中，这种话语策略是必要的，它有益于我国高等教育研究的正常展开和高等教育事业的繁荣"。（阎光才.高等教育研究的学科化：知识建构还是话语策略？[J].北京大学教育评论，2011(4)：62～70.）一个领域的学术研究学科化的重要性不言自明，教师教育研究的学科化对于推动教师教育的发展具有奠基性意义；然而，现实中，教师教育学科建设不可避免会面临知识和制度的困境，教师教育研究者也切肤感受着理智和情感的困惑，有待从学科创建背景、知识谱系和实践轨迹等方面进行深刻反思，以期增进教师教育研究的学术自觉与学科自省，找寻摆脱学科建设困境的可能路径，推进教师教育学科建设和知识生产的自我省察与提升.

第二编

教师教育价值论

本编旨在从"教师工作与教师职业""教师专业的知识基础""教师教育目的"和"教师身份"几个维度来分析和阐释"教师教育为什么"的问题。

第四章　教师工作与教师职业

　　长期以来，社会各界对教师教育的一些根本问题(如教师工作具有哪些特殊性? 这些特殊性对合格教师应具备的基本素质要求有哪些? 怎样的教师教育实践才能够有助于这些职业素质的养成?)一直存在认识分歧甚至误区。时至今日，人们在这些问题上的分歧依然没有消除，一些理论与认识的偏见还在主导或影响着教师教育实践。厘清这些问题是学习和思考教师教育价值论(回答"教师教育为什么")议题的基础。

一、教师工作的特殊性

　　无论教师教育实践怎样开展，教师教育致力于培养教师是毋庸置疑的；但教师教育实践若要致力于培养"专业化的教师"(具有合格专业素养的教师)，则需要回答"教师职业是否为专业""教师职业的专业属性体现在哪里"等紧密关联的问题。要回答这些问题则首先需要了解教师工作的特殊性。[1]

　　(一)教师工作的对象具有多样性、可塑性和能动性

　　教师劳动的对象是正处于知识、能力、习惯、人格等身心发展关键期的发展中的儿童、青少年。来自不同家庭、身处不同社区的他们虽可塑性大，但教师只有因人而异采取不同的教育方式、方法，才有可能促进他们身心全面发展、个性充分张扬，知识、能力、道德品质都得到提高。最重要的是，这些教育方法的实际效能离不开学生主观能动性的发挥，教师无法选择更不可放弃任何一位学生，甚至可以说，教师工作对其劳动对象具有较大的依赖性，没有学生的主动投入，教师的工作将无法进行。可见，教师的教书育人工作要取得成功，远非易事。

　　(二)教师工作的性质具有复杂性、情境性和创造性

　　研究人员发现，在有 25～40 名学生的班上，教师与学生之间每日交往1500 次；不论是否胜任工作，每一个学日的每一小时，每个教师在每个教室都在做出大约 30 个与工作有关的重大决定，并根据这些决定采取行动。这些

---

　　① 顾明远．教师的职业特点与教师专业化[J]．教师教育研究，2004(6)：3～6．张奎明．教师职业特性研究[J]．教师教育研究，2008(5)：69～73．黄正平．师范生免费教育与教师专业属性[J]．教育发展研究，2011(15)：34～38．

决定包括在特定的一天该教什么、如何教、对不同的学生用什么方法教、使用什么形式的评估方法以及采取什么样的奖惩措施等，它们对学生心灵的成长及家长都将产生直接的影响。由此，有研究者得出结论："医生遇到的可与教师遇到的复杂情况相比的唯一一次是在发生自然灾害时或之后的医院急诊室中。在这样复杂不定的情况下，了解情况、做出决策的能力，在教学中就像在其他专业领域中一样至关重要、困难重重而且颇具挑战性。培养做出决策的能力，在师范教育中与在任何其他形式的专业培训中一样重要。"①教学也因此而成为"充满矛盾的职业"。

教师劳动的动态复杂性、情境性和不确定性可见一斑。现实确实如此。教师工作难以遵循技术理性主义思想的科学原理，而要靠个人对教育的理解及实践经验进行灵活的"即兴创作"。虽然任何职业都需要创造性，但在某种意义上，教师工作的创造性、灵活性要求更高。教师不可能用一个标准、也不可能用一种模式去要求和塑造千差万别的学生，正是这种教育敏感性、艺术性和创造性的要求使得教师工作遭遇难以言表的困难。

（三）教师工作的方式具有人格性、示范性和道德性

教师是用自己的知识、智慧、人格魅力在师生共同活动中影响学生。成长中的儿童、青少年常常把教师视为榜样，教师的权威也由此而来。作为知识的传播者、智慧的启迪者、情操的陶冶者，教师的一言一行对学生来说都具有示范性，教师的言传身教能够产生巨大的教育效力正是源于这种示范性。这就要求教师不仅"学为人师"，更要"行为世范"。

（四）教师工作的职责具有多样性、模糊性和无边界性

当今学校教育乃至社会大众对教师工作的职责要求几乎无所不包，除"教书育人"外，还要求教师进行班级管理、学生心理健康教育、与家庭和社会沟通、参与学校管理等；在国家规定的正常工作时间外，教师还需要进行长时间的备课、批改作业等工作。日本学者佐藤学将教师职责的多样性和教师职业时空界限的模糊性称为"无边界性"。"医生的工作是通过治愈一种疾病告终，律师的工作是随着一个案件的结案而终结，教师的工作则不是通过一个单元的教学而宣告结束，教师的工作无论是时间上、空间上都具有连续不断地扩张的性质。"②教师职责的多样性、模糊性、时空无限性很容易导致"教师日常生活中

---

① 安德鲁·伯克．职业化：对发展中国家教师和师范教育工作者的重大意义[J]．教育展望（中文版），1997(3)．转引自柳夕浪．建构积极的"教学自我"[J]．教育研究与实验，2003(3)：49～53．

② 佐藤学．课程与教师[M]．钟启泉，译．北京：教育科学出版社，2003：213．

的繁杂、教职专业的空洞化和认同的危机"①以及教师的紧张、焦虑心理。

（五）教师工作的成效具有长期性、潜隐性和长效性

俗话说，"十年树木，百年树人"。教师工作的成效都是通过长期的艰苦工作才能够取得，很少有立竿见影的效果，"雨露滋润禾苗壮"说明了教育工作的渗透性、潜隐性和迟效性。教师不经意的一句话却可能影响学生一辈子，则表明了教师工作的长效性。

此外，教师工作还具有更多地受教育外部环境因素影响和制约、劳动的交换价值小等特点。认识到教师工作的特点有助于我们深入地探究教师职业的专业性。

二、教师职业及其专业化运动

在某种意义上可以说，教师教育的历史就是人们致力于不断提高教师职业地位的发展史。20 世纪 60 年代后，世界范围的教师教育更可谓是不断提高教师职业的专业地位的奋斗史。了解了教师工作的特殊性，我们再来学习和思考教师职业的特殊性。

（一）"职业"与"专业"

职业指人们在社会生活中从事的、以获取合理报酬作为自己物质生活主要来源并能满足自己精神需求的、在社会分工中具有专门技能、承担一定社会职责并为社会创造物质和精神财富的工作。职业是社会分工的产物。整个社会由不同层次的职业群体构成，但只有那些因具备一些独特性质并能在整个职业结构中占据较上层社会位置的职业才被称为"专业（profession）"（又称为"专业性职业"或"专门性职业"）②。"专业人员（professional）"从事的是一种需要专门技术、特殊智力来完成的职业，是为社会提供专门性服务的职业。

作为一个科学术语，"专业"主要指一部分从一般职业中分化出来、经过特殊的职业训练与教育、掌握特殊的科学知识与技能、符合特殊的职业条件与要求、具有独立而不可替代的功能与特征、获得相应社会地位与资源的特殊的专门职业。人类之初虽有社会分工，但未形成专业。专业是社会分工、职业分化的结果，是人类认识自然和社会达到一定深度的表现，是社会进步的标志。在西方国家，神甫、医生、律师是最古老的专业。

我国学者在比较西方学者有关专业属性的各种观点后，认为"一个充分成

---

① 佐藤学. 课程与教师[M]. 钟启泉，译. 北京：教育科学出版社，2003：267.

② 英文单词"profession（专业）"是从拉丁语演化而来，原意是公开地表达自己的观点或信仰。德文单词"beruf（专业）"是指具备学术的、自由的、文明的特征的职业.

熟的专业必须具备六个要素"。这六个要素是:"一个正式的全日制职业;拥有专业组织和伦理法规;拥有一个包含深奥知识和复杂技能、并且需要经过专门的教育和训练才能掌握的科学知识体系;具有极大的社会效益和经济效益(鉴于高度关注和力求达成客户利益和社会效益);获得国家特许的市场保护(鉴于高度的社会认可);具有高度自治的特点。"①可见,不是任何职业都是专业,因为不是任何职业都具备成为专门职业(专业)的标准。在有关专业标准的众多论述中,最重要的标准是:从事某一职业的人员是否必须运用专门的知识与技能从而具有不可替代性?是否必须经过系统的专业教育和训练?是否具有为社会特定人群服务的非营利观念和职业道德?在从事该职业时是否享有相当的独立自主权?②

概括起来,专业至少具有四个基本特征:第一,职业功能上具有不可替代性;第二,职业知识和能力上具有一定的深奥复杂性;第三,职业权利上具有相当大的自主性;第四,职业伦理上具有强烈的自律性和社会服务性,能够为社会提供至关重要和卓有成效的高质量服务。因此,一种职业要被认可为专业,至少应具备四个标准:第一,具有系统、完善的专业理论知识和成熟的专业技能,从而具有特定的、不可替代的社会功能;第二,要掌握系统的专业知识和技能必须接受专门的教育、培训;第三,拥有为社会特定人群服务的专业伦理及道德标准;第四,拥有保证该职业实践活动得以顺利进行必需的专业自主权和专业组织。

(二)教师职业的出现及变迁

教师职业是工业文明的产物。在漫长的历史发展中,教师职业的产生比教育的产生晚得多。古代社会实行"长者为师""能者为师""学者为师""官师合一""僧师一体"的教育制度,教师还不是一个独立的职业。只是到了近代社会,伴随义务教育的实施和班级授课制的建立,由于教学内容不断丰富、教育活动愈加复杂、教育规范程度也不断提高,教师职业才逐步从兼职发展到专职、从个体性职业发展成为社会生活中具有特定工作方式的群体性职业(行业),并产生了对其从业人员进行专门职业训练的机构。

早期的教师是不需要经过特殊培养和训练的,"有知识者即为师"。随着社会的发展,教师职业的性质与功能发生了变化,由单纯传授知识发展为通过激发和调动学生的主观能动性引导学生全面发展。教师的教学不再只是传授知

① 赵康.专业、专业属性及判断成熟专业的六条标准[J].社会学研究,2000(5):30~39.
② 劳凯声.教师职业的专业性和教师的专业权力[J].教育研究,2008(2):7~14.

识，更重要的是引导学生主动建构知识；教师的教育教学能力也不仅只为达到预设的工具目的或满足社会规范文化的精神需求而具备技术和技巧，而是要求教师能够帮助学生在原有知识基础上建构新知识。这就要求教师在使学生掌握特定学科知识的同时，能够将知识置于某种条件中、将各种问题置于未来情境中，从而使学生能够在已有知识和更广泛问题之间建立实质性的联系。教学要引发学生质疑、反思，教师在传授知识、帮助学生建构知识的过程中要培养学生的创新意识和能力。

为此，20世纪中后期以来，确认教师职业的专业性、推进教师专业化进程、提高教师职业的准入标准，成为世界各国提高教师素质和教育质量的共同做法。1955年召开的世界教师专业组织会议最早开始提倡教师的专业化，推动了教师专业组织的形成和发展。1966年，联合国教科文组织与国际劳工组织发表《关于教师地位的建议》，首次以国际组织官方文件的形式确认了教师职业的专业性质，认为："应把教学工作视为专门的职业。这种职业要求教师经过严格的、持续地学习，获得并保持专门的知识和特别的技术。它是一种公共的业务。另外，对于在其负责下的学生的教育和福利，要求教师具有个人和集体的责任感。"据此，国际劳工组织颁布的《国际标准职业分类》中将教师列入"专家、技术人员和有关工作者"的类别。我国在20世纪30年代就有学者指出，教师不仅是职业，而且是与医生、律师、工程师等相类似的专业。《教师法》第三条规定了教师职业的性质是"履行教育教学职责的专业人员"。1995年12月颁布的《教师资格条例》以及教师资格证书制度的确定，使教师作为专业人员的资格认定得到了国家教育制度的保障。2000年出版的《中华人民共和国职业分类大典》将教师划归为"专业技术人员"，试图改变教师职业群体长期以来具有的国家干部的法律身份，并对教师群体的职业行为产生影响。

但是，上述文本都只是从应然角度表达了"教育工作应被视为专门职业""教师应该成为专业人员"；但在实然层面，教育工作、教师职业是专业吗？教师是专业人员吗？或者说，教师工作、教师职业已经成为专业了吗？教师已经是专业人员了吗？许多研究者参照前述专业标准来衡量教师的工作及职业地位，发现在专业知识技能基础、专业训练、专业伦理及专业自主与责任等方面，教师职业都远非严格意义上的专业。即使在西方国家，中小学教师的职业地位亦无法与医学、法律等"已被认可的专业（established profession）"相提并论。为数不少的研究者因此怀疑教育教学作为专业的合理性，认为其充其量只是"半专业"或"准专业"。

[相关链接 4-1]　如何衡量和辨析教师职业是否已成长为专业

刘彦文按照矛盾的特殊性、事物存在的基础条件、实践条件及最终结果达成度的逻辑，提出衡量教师职业是否成长为专业的四个分析维度①：具有不可替代性（承担特定的重要任务），从业门槛高（不是人人都能做教师），实践操作较难（不是很容易就能完成任务），社会广泛关注（劳动成果具有满足受教育者个体和社会需要的高价值）。从这四个维度来分析，你觉得在当代中国社会，教师职业具有不可替代性吗？教师职业的从业门槛高吗？教师工作难胜任吗？教师能够以其培养的人才获得对自身专业地位的确认吗？为什么？

显然，"教学应该是专业"和"教学实际是专业"是两种迥然不同的论述。为了促进教学由实然的不成熟专业状态向应然的成熟专业状态转化，教师专业化的议题受到普遍关注。

（三）"教师专业化运动"

在现代社会各行各业都致力于专业化的境遇中，"教育专业化""教学专业化""教师专业化"也蔚然成风。教师专业化指按照一定的专业标准，通过一定的途径和措施，教师职业由"半专业""准专业"状态逐步发展到"专业"状态的过程。20 世纪 60 年代后，为了提高教师地位、提高教师素质、改善教育质量，"教师专业化"即"使教师职业成为专业（profession）"成为国际教育改革与发展的重要理念；20 世纪 80 年代后，这一理念更是在西方国家形成了一场声势浩大的实践运动；20 世纪 90 年代后，这股改革热潮亦在我国逐渐显现，与"基础教育新课程改革""教育质量保障"等主题相伴随，深刻影响了我国基础教育及教师教育的变革与发展。教师专业化被视为面对 21 世纪的社会发展对教师职业提出的现实要求而提高教师地位与素质的重要措施以及提高我国教育质量与效益的必要保障。

事实上，西方国家的"教师专业化运动"先后经历了两个发展阶段：面向教师群体的职业专业化阶段和面向教师个体的专业发展阶段。第一个阶段的目标直指教师职业的专业地位提高，先后表现出"工会主义"和"专业主义"两种不同倾向。"工会主义"表现为通过罢工和集体谈判的途径来直接争取教师专业地位的认可和社会经济地位的提高。但由于教育作为国家机器的重要组成部件，始终被国家权力干预，"工会主义"路径难以实现预期目的。"专业主义"道路则力图将教师的社会经济地位和专业服务水平结合起来，通过制定严格规范的资格许可和任职制度来达到专业化目的，间接地争取教师经济地位的提高。

---

① 刘彦文.教师职业从准专业到专业：标准探讨[J].上海教育科研，2002(8)：12～14.

这种针对教师群体的、外在的、忽视教师主体意志的强制措施在使服务质量得到被动提高的同时，也强化了教师的"受雇者"角色意识，导致教师个体的被动专业化。这两种倾向虽然为教师争取到一定的经济利益，建构的专业制度也为教师教育的发展奠定了基础，但这一阶段的教师专业化运动并没有显现出蓬勃的生命力。20世纪80年代后，教师专业化实践进入关注教师个体主动专业化（教师专业发展）的阶段，越来越重视教师自身的专业素养及其发展，因为人们越来越认识到，教师专业地位的获得离不开教师自身具有的权威力量。

　　西方国家教师专业化的发展历程表明，我们不仅需要提高教师职业的专业地位，更需要提高教师的专业素质，追求教师专业素养的可持续发展。提高教师社会地位是教师职业专业化的外部保障，发展教师专业素养则是教师职业专业化的本质内核。近年来，在全社会共同努力下，我国教师职业的社会地位有了很大提高，教师队伍总体趋于稳定，教师职业的社会吸引力与竞争力明显提高，特别是自2009年1月1日起首先在义务教育学校实施绩效工资分配政策，充分体现了党和国家对教育事业和教师的高度重视，为推进教师队伍的专业化建设提供了难得的历史性机遇。但是，我们也必须清醒地认识到，我国教师职业专业化的外部条件尚未完全形成，需要进一步加强制度建设，从根本上为提高教师职业的社会地位创造必要的外部条件。更重要的是，教师职业的专业化是一个需要全面努力的复杂互动过程，教师个体的内在专业素质发展是教师职业专业化的核心。在当前教师经济收入、社会地位得到很大提高的有利条件下，全面提高教师的内在专业素养是教师专业化的关键。[①]

　　总之，教师专业化是一个内涵不断丰富的概念。首先，教师专业化是职业专业化的一种类型，即教师职业成为专门职业并获得应有的专业地位的过程；其次，从本质上说，教师专业化是教师个体通过不断学习、探究，提高专业素养和水平，从而达到专业成熟境界的过程，是教师个人成为教育教学专业成员并且在教育教学中具有越来越成熟作用的转变过程，即教师专业发展过程。追求教师专业化不仅需要重视教师群体的、外在的专业性提高，更需要关注和强调教师个体的、内在的专业素养提高和自主专业发展。

---

　　①　当然，我们在看到教师专业化运动成就的同时，也应清醒地认识到教师专业化的内在隐忧，特别是工具理性对价值理性的僭越，"专业教师"形象与传统"师者"形象的渐行渐远，"绩效管理""行政考核""综合评价"等管理手段对教师的规训．

三、教师职业的专业性

"专业（profession）"与不需要高度学理及特殊训练的"职业（occupation）"或"行业（trade）"有着根本的区别。衡量一项工作是否为专业，既有外在标准（公众对其专业性的认可程度），也有内在标准（从业人员是否具有较高程度的专业认同感、专业自主性和持续一生的专业成长）；外在标准是形式，需要内在标准的支持。判断教师专业的内在标准，关键是正确理解"教师的专业性（teacher professionalism）"①。教师被视为"准专业"或"半专业"，这说明具有一定专业性的教师职业还有待于更加充分地彰显出自身的独特性和不可替代性。

（一）教师专业知识与能力

在专业的诸多要素中，"包含深奥知识和技能的科学知识体系"不是人为的专业化运动能解决的，但正是"教师职业只是'准专业'或'半专业'"这一观点的最主要论据。教师专业化运动可以解决教师专业组织、专业制度、专业报酬甚至专业自治、专业伦理规范等一系列附属性问题（这种"解决"带有人为干预、操纵和控制的性质），却无法解决教师职业的科学知识体系问题。明确教师专业的知识基础，才能使教师教育拥有更为坚实的理智基础，这也是提高教师专业素养的关键。然而，如果教师职业难以拥有像医生职业必需的生物、化学知识那样的科学知识体系，那么，我们应该如何认识教师专业实践的知识基础呢？

教师专业知识与能力是衡量教师专业性的首要维度。教师专业知识包括"教什么"的本体性知识，"如何教""为何教"的条件性知识，以及在教育教学实践中积累起来的大量实践性知识。由本体性知识和条件性知识构成的"理论性知识"，其典型形态为"公共理论"（普遍理论）；而实践性知识的典型形态则是"个人理论"。教学专业的一个显著特征就是教师需要通过积累实践性知识形成个人理论，才能灵活、有效地解决实践中的复杂情境问题。这种缄默性个人理论的积累程度是专家型教师区别于新手教师的关键特征。教师专业素质的高低往往并不取决于掌握的本体性知识水平，甚至也不完全取决于掌握的条件性知识水平，而是取决于将本体性知识、条件性知识转化为实践性知识，在处理实

---

① 哈蒙德（D. Hammond）认为专业有三个基本要素：专门知识、特殊技能、高度的使命感和责任感，教师专业化即提升这三个要素，使教师团体具有自主性、独特性及服务性的过程。凯斯（C. W. Case）等人则通过对比医生和律师的专业化过程及其标志，提出现代专业的本质特征是专门知识、探究的责任、为公众提供良好服务和专业学院的建立。（朴雪涛. 教师工作专业化：理念与行动[J]. 高等教育研究，2001（7）：60～63.）

际问题时创造新的实践性知识，形成和提高个人理论的能力水平。① 实践性知识和个人理论是教师专业知识的重要内容，积累实践性知识、形成个人理论对教师专业性提高具有重要意义。

（二）教师专业教育

教师职业从业者必须具备的品德、知识、能力、情意等素养都是后天习得的，即通过教师养成教育而形成的。纵观古今中外，教师养成教育主要经历了三个发展阶段。

第一，经验-模仿阶段。这是最早的教师养成教育方式，即有一定文化知识的人在教育实践中模仿和学习前辈、师傅的经验而习得相关教师基本素养，这时还没有培养教师的专门机构，因为这时的教师职业还处于非职业化阶段。

第二，封闭式、定向培养（师范教育）阶段。当教师职业进入职业化和专门化阶段后，就主要通过对有一定文化基础知识的人进行师范教育来专门培养和训练教师，以满足普及基础教育对大量教师人才的社会需求。基础教育的普及是师范教育发展的直接社会动力。

第三，开放式、非定向培养阶段。"教师应该成为专业人员"理念提出后，教师养成教育也逐渐走向开放式、非定向培养阶段而成为专业性教育，即主要采取教师职业资格证书考核和认证的方式，培养具有大学本科或本科以上学历的教师。当代西方国家的教师专业教育通常是：大学本科阶段，学生在大学文理学院学习相应的科学文化知识，在教育学院修习相应的教职课程，习得教育知识、能力，通过教师职业资格证书考试和认证后才能成为教师。

特定国家的教师教育实践所处阶段受到社会物质、文化条件的制约。当社会对教师的数量和质量需求都很低，也没有严格的教师职业规范时，只需实行"识字者为师"的方式培养教师；当社会对教师的数量、质量、职业规范等提出更高要求时，便产生封闭、定向的教师教育。西方国家在20世纪中叶后、我国在21世纪以来，现代科学技术的迅猛发展和现代社会的急剧变迁对人才素质和教师素养提出更高要求，教师教育也先后进入开放式、非定向的专业化教育阶段。当代世界各国的教师专业化教育发展趋势主要是：提高未来教师的自然科学和人文社会科学的学术水平，加强教育学术和教育实

---

① 为什么大多数父母给自己上中学的孩子请的家庭教师并不是相关学科的大学教师而是中学教师呢？那就是因为"能做"（比如"能教"）某事并不代表"能很好地做（或教）""很有效率地做（或教）"。如果从"做"的结果和出色程度来判断一种职业的专业性，从"教"的结果和出色程度来判断教师职业的专业性的话，毫无疑问，特有的经验也是专业能力的表现，特有的教学经验也是教师专业能力的表现.

践能力训练，开展"学士后教师教育"。

[相关链接 4-2]　从"师范教育"到"教师教育"

"师者，人之模范也。"师范教育的诞生与变革标志着教师职业经验化、随意化的解冻，以及教师职业专业化的发端与进展。在我国，以《中国大百科全书（教育卷）》为代表的各种教育工具书大都将"师范教育"定义为"培养师资的专业教育""培养和提高基础教育师资的专门教育，包括职前教师培养、初任教师考核试用和在职培训"。但是，很多教育学者认为，我国的师范教育实践并非如定义界说的那样"是专业的或专门的培养教师的教育"，比如，形式上，师范教育限于教师职前教育；内容上，师范教育侧重所教学科的专业教育，对教育专业的教育严重不足；办学模式上，师范教育采用独立、定向、封闭的办学模式等。我国的"师范教育"已难以适应时代发展的需求。于是，有学者主张借鉴西方国家 20 世纪 30 年代后使用"教师教育"概念逐步取代"师范教育"概念的做法，将以"师范教育"为基础的话语系统也转换为"教师教育"；这不仅仅是简单的概念替换，而且标志着我国教师养成教育方式也发生了巨大变革。"教师教育"的内涵更加丰富，指系统、完整的教师培养活动，包括职前培养、入职教育和在职培训三个连续而统一的阶段。21 世纪以来，我国教师教育变革的核心特征包括教师教育大学化、开放化、专业化以及教师职前培养与职后培训一体化等。

[相关链接 4-3]　高等教育视野中作为"专业教育"的教师教育

在我国高等教育语境中言说"专业教育"时，"专业"一词往往对应的是俄文单词 специальность，是我国 20 世纪 50 年代仿效苏联进行院系调整和高教改革时从俄语翻译而成为培养专门人才的专用术语，是指一种知识、课程的组织形式和高等教育培养学生的各个专门领域。[①]"专业，就是课程的一种组织形式，学生学完所包含的全部课程，就可以形成一定的知识与能力结构，获得该

---

①《教育大辞典》的注解为："专业"译自俄文 специальность，指"中国、苏联等国高等教育培养学生的各个专门领域。大体相当于《国际教育标准分类》的课程计划（program）或美国高等学校的主修"。（顾明远.教育大辞典（第三卷）[Z].上海：上海教育出版社，1991：26.）《现代汉语词典》的注释为："专业"指"高等学校的一个系里或中等专业学校里，根据科学分工或生产部门的分工把学业分成的门类"。（中国社会科学院语言研究所词典编辑室.现代汉语词典[Z].北京：商务印书馆，1995：1518.）在我国教育文献中，"专业"有"学业门类说""人才培养的基本单位说"（如"专业是根据学科分类和社会职业分工需要分门别类进行高深专门知识教与学活动的基本单位""高等学校中的专业是依据确定的培养目标设置于高等学校及其相应教育机构的教育基本单位或教育基本组织形式"）以及"课程组织形式说"等；但都大体相当于《国际教育标准分类》的"课程计划（program）"或美国高校中的"主修（major、specialty）".

专业的毕业证书。《国际教育标准分类》称专业为课程计划(program)，美国高等学校称专业为主修(major)。"专业"原词译自俄文，曾指中国、苏联等国高等教育培养学生的各个专门领域。"①这也是社会大众对"专业"一词约定俗成的理解。②

　　分别对应英语 profession 和俄语 специальность 的两种不同"专业"内涵使高等教育中言说的"专业教育"有着不同的所指。虽然我国高等教育界强调高等教育的实质是专业教育，但多指与"通识教育(general education)"相对的、分专业进行的教育③，不同于西方教育术语中区别于学术性教育和职业性教育的专业(性)教育。在西方教育术语中，学术性高等教育(academic higher education)是对专业范围属人文科学、数学、自然科学及其他科类中的基础领域，旨在培养学生从事有关专业学术性工作的高等教育的称谓；专业性高等教育(professional higher education)是对专业范围属工科、农科、医药、师范、财经、法律、管理及其他应用性、技术性科类，旨在培养学生从事有关专业实际工作的高等教育的称谓。④这种划分是基于西方国家对专业的认知习惯，两者都强调理论基础和系统知识的学习和掌握，其区别在于：前者偏重基础理论、学术性和研究性要素，后者偏重应用性、技术性和高技能性要素。⑤而专业性教育与职业性教育(vocational education)的人才培养针对性和教育层次又不同：专业教育针对的是需要专门训练的专业性工作职位，教育层次至少是本科以上；职业教育则最多为二年制社区学院的任务。⑥"专门职业的从业人员需要接受长期的专业训练，而且这种训练是在大学里进行的，是以是否接受过高等专门教育为标志；而普通职业的从业人员无须接受长期的专业训练，主要通

---

　　①　卢晓东，陈孝戴．高等学校"专业"内涵研究[J]．教育研究，2002(7)．

　　②　受这种认识的影响，为了强调教师既要懂得"教什么"又要懂得"怎么教"的职业特点，教师教育界认为教师应当具有双专业、教师教育具有双专业性。卢乃桂教授批评认为，这一说法是想当然地用此专业代替彼专业，却与教师专业化、教师专业发展所说的专业意涵不同，指称对象也大相径庭。(卢乃桂，等．析教师专业发展理论之"专业"维度[J]．教师教育研究，2008(6)．)教师应具有一种专门职业(专业)要求的专业素养的独特性，准确地说是"双学科专业性".

　　③　张焕庭．教育辞典[Z]．南京：江苏教育出版社，1989；67～68．张念宏．中国教育百科全书[Z]．北京：海洋出版社，1991；117．

　　④　顾明远．教育大辞典(增订合编本)[Z]．上海：上海教育出版社，1998；414，1811．

　　⑤　奥尔特加·加塞特．大学的使命[M]．徐小洲，等，译．杭州：浙江教育出版社，2001；77～82．

　　⑥　陈学飞．美国、德国、法国、日本当代高等教育思想研究[M]．上海：上海教育出版社，1998；59～60．

过个人体验和个人工作经历而积累工作经验。"①总之，专业教育区别于通识教育，在人才培养规格上与学术性和职业性高等教育既有联系又有区别。当然，这四种高等教育类型在某些要素上还存在交叉和重叠。

可见，在日常生活和高等教育实践中，两个"专业"的指称对象迥然不同；但这并不妨碍我们在认识教师教育的性质时，将两者都纳入思维视野。大学化的教师专业教育，既包含分专业进行的教育之意涵，更指涉教师专业化背景下作为专业性高等教育的教师教育。教师职业应该成为一种专业，世界各国教师教育改革的核心要义之一便是推进教师教育成为专业性高等教育；而"教师教育专业"这一称谓本身又涉及学业门类意义上的专业。这是在教师教育语境中言说专业时的独特理解方式，因为中国高等教育发展路径的特殊性提醒我们，不能以西方概念孤立地比照中国实践情境。

[相关链接 4-4]　新中国成立以来，我国教师培养的高校专业名称嬗变

"现代高等教育是专业教育，按照学科的发展和分类设置专业，按照专业选择教学内容。"②高校专业设置是人才培养规格的重要标志，专业目录是国家宏观管理高等教育的基本指导性文件，规定专业划分、名称及所属门类等。迄今为止，我国高校专业设置经历了多次较大规模的调整和修订，关涉教师培养的高校专业名称、地位也先后发生了变化。

1. 1954—1987 年："师范院校专业类"

1954 年 11 月颁发试行的《高等学校专业目录分类设置（草案）》是新中国第一份专业分类目录，设立了"部门（大类）—类—专业"划分层级，共有 11 大"部门"（工业、建筑、运输、农业、林业、财政经济、保健、体育、法律、教育和艺术），各"部门"下又有若干数量不等的"类"（共计 40 个"类"），各"类"下又有数量不等的"专业"（共有 257 个"专业"）。"教育部门"下分"甲大学""乙高等师范"，"乙高等师范"下设"师范院校专业类"，包括"229. 数学、230. 物理、231. 化学、232. 生物、233. 图画及制图、234. 地理、235. 历史、236. 汉语语言文学、237. 中国各少数民族语言、238. 俄文、239. 教育、240. 学前教育、241. 政治教育、242. 音乐、243. 美术、244. 体育"③。1982 年，国家开始组织普通高校专业目录第二次全面修订工作，到 1987 年底结束。

---

①　教育部师范教育司. 教师专业化的理论与实践[M]. 北京：人民教育出版社，2001：18. 当然，随着职业教育在世界范围内逐渐发展成为高等教育的重要组成部分，人们的理解也发生了变化.

②　纪宝成. 中国大学学科专业设置研究[M]. 北京：中国人民大学出版社，2006：17.

③　纪宝成. 中国大学学科专业设置研究[M]. 北京：中国人民大学出版社，2006：25～31. 鲍嵘. 学问与治理——中国大学知识现代性状况报告[M]. 上海：学林出版社，2008：205～208.

2.1988—1993 年：“某教育”

1988 年 4 月，国家颁布《普通高师院校本科专业目录（征求意见稿）》，修订了普通高师院校的专业，在原先专业名称后加上“教育”二字，进一步明确师范院校的培养目标和办学指导思想。1993 年 7 月正式颁布实施的《普通高等学校本科专业目录》中，以中学任教学科为依据的专业都在学科名称后加上“教育”二字（如“历史教育”“数学教育”“汉语言文学教育”等）作为专业名称，师范教育特征明显，与综合性大学相关专业的区别亦十分醒目。

3.1998 年：“某专业（师范方向）”

20 世纪末，我国又进行了第四次普通高校本科专业目录修订工作。1998 年，教育部颁布《普通高等学校本科专业目录》，大幅度合并了原先划分过细的专业，对师范类专业进行了大调整。除“体育教育”“教育学”“学前教育”“特殊教育”等专业外，师范专业被并入相关文理专业，在“某专业”后加括号注明“师范方向”，如“汉语言文学专业（师范方向）”。这次较大规模的专业目录修订工作发生在社会转型的深刻背景下，主要解决专业设置过细偏窄的问题，以增强毕业生的适应能力。“某专业（师范方向）”便是这一时代背景的产物。

4.21 世纪以来：“教师教育专业”等

21 世纪后，学术界开始探讨如何设置“教师教育专业”，高校人才培养工作中则出现多种表达形式的专业名称，如“某专业（教师教育类）”“教师教育专业”等。《教育部师范教育司 2004 年工作要点》中亦出现“教师教育专业”一词。[①] 然而这些称谓目前都尚非法定专业名称。

纵观 20 世纪 80 年代以来，西方国家先后经历的理智取向、实践—反思取向和生态取向的教师教育（教师专业发展）观[②]，也有助于我们了解教师专业教育的流变。理智取向的教师教育秉承技术理性专业观，认为“教什么”的学科知识和“怎么教”的教育知识即教师的专业知识基础；由大学提供的全面、可靠的教师专业知识是形成教师专业能力的基础，学历教育是培养教师专业能力的主要途径，职后培训也有助于不断提高教师的专业能力。实践—反思取向的教师教育观对“学科知识＋教育知识＝教师专业知识”的技术理性思维提出质疑，强调教师专业能力的实践基础和教师专业发展的个体性、长期性与反思性，认为

---

① 《教育部师范教育司 2004 年工作要点》原文为：“会同有关部门研究制定有效可行的政策措施，鼓励优秀高中毕业生报考教师教育专业；鼓励优秀师范生到农村中小学任教；鼓励师范大学和其他综合大学本科毕业生到中小学任教。”

② 教育部师范教育司.教师专业化的理论与实践[M].北京：人民教育出版社，2001.

教师专业能力的形成和提高并不取决于对普遍理论的学习，而是取决于将普遍理论转化为个人理论的实践智慧，因此，形成和提高教师专业能力需要实践中的反思与探究。生态取向的教师教育观则认为教师专业发展是合作而非个人孤立反思的结果，教师职业的专业性主要体现为教师群体的专业能力，强调教师专业发展的群体性、合作性和文化性，不同类型的教师文化塑造不同的教师专业能力，教师合作文化是最理想的外部条件。

（三）教师专业伦理

专业伦理指社会中所有牵涉专业角色与专业行为的哲理思想、价值体系、原则与标准。其中，专业哲理思想是专业价值体系形成的基础；专业价值观是专业伦理原则确立的基础；专业的伦理原则是在专业价值观的基础上对专业行为提出的一般性要求，而在具体的专业活动中，专业行为实施的情况是复杂的、多变的，涉及的关系也是复杂多样的，因此还需要在伦理原则的指导下对各种具体的专业行为和专业关系提出相应的道德要求，以作为规范、评价或制裁从业者的行为的直接依据。专业伦理规定了该专业领域的基本价值取向与基本行为规范，引导专业知识沿着正确的方向健康发展，是职业成为专业的关键条件之一，甚至可以认为是专业灵魂之所在。专业伦理问题的重点不是个体道德的完善问题，而是在各种专业关系中可能出现的伦理冲突或需要专业人员做出抉择的伦理两难。①

"教书育人"可谓对教师职业本质的精辟表达。虽然专业伦理规范是任何一个成熟专业都具有的属性，但是教师专业伦理更复杂、更丰富。教师伦理不仅规范教的行为而且激发教的动机（例如，教师对学生的情感和态度直接关系到其对自身职业的情感和态度）；教师伦理不仅具有自律的意义而且具有示范作用（例如，教师的个人修养会对学生产生影响），对教师个人的伦理实践也提出不断自我修炼的要求，或许没有一种职业像教师职业这样，其职业意义（对社会的贡献）如此依赖于职业主体的伦理和人格因素，进而对实践主体的自我、人格、心灵和精神世界提出如此严格甚至可谓"永无止境"的要求。教师伦理是教师专业实践的原动力，教师的专业实践建立在教师伦理的基础上，教师专业实践反过来又是教师伦理发展的条件，教师伦理在教师专业实践和反思中不断得到升华。

（四）教师专业自主

专业自主权指专业实践主体在实践活动及相关事宜上独立、自主地做出判

---

① 罗肖泉. 专业的伦理属性与专业伦理[J]. 学海，2010(6)：108～111.

断和行动的权力。教师的专业自主权指教师在其责任范围内有独立、自主开展工作的权力。

从应然的角度看，教师劳动过程的个体性和创造性决定了教师必须拥有专业活动的自主权。制订教育计划、准备教学内容、收集整理教学资料、完成授课任务、找学生谈心、辅导学生学习等工作都需要教师个体独立地、创造性地进行。因此，为了保证教育活动充满活力、取得成效，教师必须享有相当的专业自主权。1966 年，联合国教科文组织和国际劳工组织发表的《关于教师地位的建议》在谈到教师专业自主时即指出，"教师在行使教学职责时应享有学术自由""他们应在选择和改编教材、选用教科书和应用教学方法方面起主要作用""任何观察、督导制度都应以鼓励和帮助教师完成其专业任务为目的，而不应削弱教师的自由、积极性和责任感"。

然而，在实然层面，人们对教师是否具有专业自主、具有多大程度的专业自主等问题始终存在较大争议。比如，教师作为教育实践的主体，是否有权根据教育方针和课程标准自主地处理教育教学工作？教师群体或组织是否有权自主地提出教师的任职资格要求？教师的教育行为究竟是由行政部门来规定，还是由教师自主决定并对自己的行为负责？教师是否真的有权制订教育教学计划、选择教育方式方法、开展教育教学实验、自主评价学生、参与各种学术科研活动及在职进修？有研究者指出，"教师深受严格的教学计划或课程计划、教学法以及漏洞百出的教学评价的限制""他们不能随心所欲地按自己的意愿去教学，只能在教育理论、教学理论提供的各种形式化的教学技术中去加以选择，他们有自己固定的操作程序、职业技术以及职业道德""无论是就参与国家的教育决策、管理，就学校重大事务的决定权而言，还是就自主、自由地选择教学内容、教学方式、教学评价、教学形式而言，教师都已经变成了'对他人设计的课程进行解释的技术人员'"①。事实上，中小学教师之所以在教授哪些学科知识方面没有发言权和决定权，是因为，一方面，中小学基础教育不可能被赋予传授全部学科知识的使命，而只需传授其中的基础性知识，但至于在具体学科领域中究竟哪些知识属于基础性知识，显然最有发言权的是各个学科领域的专家；另一方面，对于学科专家选择出来的基础性学科知识，究竟哪些进入中小学教材、成为中小学教师在课堂上讲授的内容，必须经过国家设定的教材审查程序。可见，中小学教师虽以教书为己任，但在具体教什么方面其实没

---

① 朱新卓. 专业：教师生存状态与教育问题的一个分析视角[J]. 教育理论与实践，2004(3)：35～39.

有多少发言权和决定权，在工作实践中也就必然缺乏自主决策权与行动权，他们更多的是扮演专家意见与国家意志执行者的角色。

专业自主权是教师开展教育工作的重要保证，落实教师专业活动的独立自主权标志着对教师能力的信任和尊重。一个没有实现专业自主的职业，当然也就很难说已经完成了专业化。当前我国基础教育的现状确实在一定程度上束缚了中小学教师的手脚，"一切为了分数，一切服务于升学"，教师的专业自主权近乎一纸空文。只有充分赋予广大教师独立自主开展工作的权力，调动教师的工作热情，使他们思想解放、心情舒畅、忘我工作，真正体现社会对教师的信赖与尊重，教师的社会地位才会真正得到提高。

总之，在我国，虽然政策文本将教师界定为"专业人员"，但不可否认的是，现实中教师的专业性并不高，也远未得到广泛的社会认同，教师群体的生存状况也未能体现出一个成熟专业拥有的基本特征。[1] 比如，中国自古以来，"师道尊严"固然表明教师具有一定的社会地位，但教师代表的"道"在秦代以后就逐渐丧失了独立存在的空间，臣服于统治者代表的"势"；在整个封建社会中，政治秩序凌驾于文化秩序之上，对君权和封建等级制度的维护一直是教师的职责。新中国成立后，教师的社会地位得到极大提高，不仅享有"人类灵魂的工程师""人民教师"等光荣称号，而且拥有了自己的节日"教师节"。但现实生活中，距离教师拥有不可替代的专业地位，我们还有很长的路要走。[2] 而要从将教师工作看作谋生手段的"职业观"，需要专门知识能力、伦理道德的"专业观"走向教师的"事业观"境界，则恐怕还需要走相当长的路。

---

① 我们常常在笼统的意涵上谈"教师"。其实，"教师"是一个复合群体，特别在论及"专业性""专业化"问题时不能一概而论。按照我国《中华人民共和国教育法》设定的学制，教师群体至少包括幼儿园教师、小学教师、中学教师、高校教师。与高等教育以培养专业人才为根本目的不同，承担培养人的全面发展素质的基础教育（学前教育、小学教育、中学教育）教师，其专业性和专业化程度的问题与"教书育人"的职业使命联系更加密切。本书主要论及和分析中小学教师教育.

② 对此，有研究者指出，专业化的特质模式长期占据了理论界的话语空间，从而导致教学专业化追求的只是外铄的"特质"而非对自身特色的发掘、展示和张扬，只是对专业形式的过度关注而非对职业内容的细致推敲和精致构建。（操太圣，卢乃桂.论教学专业化的理论挑战与现实困境[J].教育研究，2005（9）：36～41.）

第五章 教师专业的知识基础

如果我们将"教师知识(Teacher's Knowledge)"理解为教师从事教育实践活动具备的专业知识①的总称,那么,毫无疑问,教师知识是教师专业素质的重要组成部分和教师从事教育教学工作的前提条件,也是教育教学工作作为一项专业,有别于其他专业和职业的最基本标志。教师知识是教师从事教育工作必须具备的智力资源,其丰富程度和在教育教学情境中的调用情况直接决定着教师的专业素质高低。更重要的是,教师知识体现了教育教学作为一项专门职业的独特性。

教师知识结构(Structure of Teacher's Knowledge)不是各种教师知识要素的简单叠加,而是由多种教师知识要素整合而成的专业知识体系,是教师在教育实践活动中,经由自身学习、建构、反思、外化,最终储存在认知结构中而形成的多维度、多层次的动态知识体系,是对教师知识各要素散乱状态积极加以重组和改造的产物,表现为不同知识要素间的比例构成、组织方式以及知识的整体存在样态等。

有研究者指出,1963年,盖奇在其主编的《教学研究手册》(*Handbook of Research on Teaching*)中以"教师知识及其如何发展(Teachers' Knowledge and How It Develops)"为题论述了教师知识及其如何发展的问题,这是英语世界教师教育领域首次出现"教师知识"概念。② 此后,西方学术界对教师知识结构系统及其构成要素、属性、发展模式等的认识经历了由简单到丰富、由一元到多元的不断发展过程,研究成果渐趋细致和系统,但对最核心的"教师专业知识究竟是什么"的问题依然见仁见智、充满争议。

一、对"教师专业知识"的不同认识

"一个专业既是一种高度复杂和熟练的工作,又是一种根植于知识的职业行为。而这些知识是在学院、大学、实验室和图书馆里产生、测试、丰富、被否定、转化并重建起来的。把某些事情称为专业即表示这些事情有一个在学府

---

① 这里采用广义的"知识"概念,将"技能"视为知识在实践中运用的产物;"教师知识"一词包含日常所说的"教师职业技能"等语义在内,不再单独区分"知识"和"技能".

② 康晓伟. 当代西方教师知识研究述评[J]. 外国教育研究,2012(8):84~91.

里被广泛运用的知识基础。"①专业知识是一项职业(occupation)成为专业、得以安身立命的根基所在,是专业人员区别于非专业人员的根本特征,是专业实践工作者形成和发展专业能力的前提。掌握哪些知识才能当教师?拥有什么知识才能成为一名好教师?这些问题便触及"教育(教学)专业的知识基础"或者说"教师的专业知识",这是一个历久弥新的话题,先后出现了以下几种代表性观点。

(一)学科内容知识(Knowledge of Subject Matter/Content Knowledge)

19世纪前,人们对教师知识的理解仅仅局限于教师所教学科领域的知识,认为教师需要掌握的知识就是他们要传授的知识,即我们今天所说的"学科内容知识",一个人只要学好所教学科知识、有足够水平的学科知识储备,就能当教师。这种认识只是将学科内容知识看作教师专业知识基础的全部;将"教学"理解为教师把自己已经知晓的知识复述出来并回答学生提出的问题;将"教师培养"理解为只要将各个不同学科的内容知识传授给未来教师即可,教师培养与学者、科学家培养并没有根本区别。

(二)学科内容知识+教育学知识(Knowledge of Pedagogy)

进入19世纪后,随着教育学(pedagogy)作为一门正式学科的诞生,人们逐渐认识到,教师不仅应当知道他们所教学科的知识,还应懂得进行教学("如何教")的知识,即教育学知识;也就是说,教师的专业知识不仅包括"知道'教什么'"的学科内容知识,而且包括"知道'怎么教'"的教育学知识(或称"一般教学法知识")。虽然教育学知识开始作为教师必须掌握的一类专业知识而成为教师培养的必备内容,但是在很长一段时期里,教育学知识在整个教师知识框架中仅仅是一块小小的"补丁",所占比重较小、地位也较低,教师培养的重点仍然是学科知识。这种现象一直延续到20世纪初,美国在教师职前培养中掀起了一股将教育专业与学科专业相分离的教师教育专业化改革浪潮,强调"教学是一项专业",教育学知识作为教师专业知识基础之一受到高度关注,其学术地位得到相应提高,在教师培养中的分量加重了。

然而,这种认识是将教育学知识看作与学科内容知识彼此分离的另一类知识,是超越了学生年龄(年级)和学科领域特点的普遍原理或原则,未来教师只要掌握了这种普遍知识就能够运用到具体学科内容的课堂教学之中。因此,在美国这场以"开放化"和"分阶段"为主要特征的教师教育改革中,师范生是在文

---

① L. S. 舒尔曼. 理论、实践与教育的专业化[J]. 王幼真,刘捷,译. 比较教育研究,1999(3): 36~40.

理学院学习学科专业知识，在教育学院学习教育专业知识。与这种分离的教师教育模式相适应，教师资格认定、证书考试、教师评价等也呈现两条并行路线。这种教师专业化教育改革虽然提高了人们对教育专业的重视程度，但效果仍不尽如人意，教师在掌握大量的学科知识和教育知识后，教育教学的专业水平并不会得到必然提高，教师的专业地位仍难以赢得社会的承认，教师的专业知识基础仍未从根本上得到确认。

（三）学科教学法知识（Pedagogical Content Knowledge）

从 20 世纪 80 年代初起，伴随教师专业化运动和教师知识研究的深入，教师知识的内涵不断拓展、类型不断丰富，学术界提出的教师知识要素和教师知识结构也日趋多元、复杂。

斯坦福大学的舒尔曼教授 1986 年提出"学科教学法知识"（又译为"学科教学知识"或"教学内容知识"）的概念，认为松散分离的"学科内容知识＋教育学知识"的教师知识结构还不足以成为教师专业的知识基础，因为这种知识结构还不足以说明教师特有的、区别于学科专家等社会其他人员的、真正的专业知识基础，只有"学科教学法知识"才是教师区别于社会其他人员的专业知识基础。

1987 年，舒尔曼进一步提出七种教师知识要素，分别是：学科知识（Subject Matter Knowledge）；一般教学法知识（General Pedagogical Knowledge），指那些超越具体学科的关于课堂管理和组织的广义的原则和策略；课程知识（Curriculum Knowledge），指对作为教师的"行业工具（tools of the trade）"的教材和教学计划的掌握；学科教学法知识，指将所教的学科内容和教育学原理有机融合而成的、对具体课题（问题）或知识如何组织、表达和调整以适应学习者的不同兴趣和能力并进行教学的理解；关于学习者及其特征的知识（Knowledge of Learners and Their Characteristics）；关于教育境脉的知识（Knowledge of Educational Contexts），范围涉及学区管理与教育经费分配、社区文化特征、社会政治脉络、班级团体性质等；关于教育的目的、目标、价值及其哲学与历史渊源的知识（Knowledge of Educational Ends，Purposes and Values，etc.）。[①]

舒尔曼的开创性研究主要体现在两个方面：一方面是明确提出了教师知识的分类；另一方面是提出"学科教学法知识"概念。学科教学法知识是内容知识的特殊形式，体现着与可教性（teachability）最密切相关的内容方面，包括在相

---

① L. S. Shulman. Knowledge and teaching：Foundations of the New Reform[J]. Harvard Educational Review，1987，57(1)：1-68.

关学科领域中最合规则地讲授的主题，表征这些观念的最有用的形式，最有力的类比、图解、范例、解释和演示等。正是因为具备学科教学法知识，教师才能够通过对学科知识的简洁陈述和表征，使之能够被学习者理解；而学科教学法知识的养成则需要未来教师能够对那些会使特定概念的学习变得容易或困难的影响因素（如不同年龄和背景的学生随身携带到学习之中的观念和前观念）给予充分、细致的理解。这种认识强调教师不仅需要掌握学科内容知识和一般教学法知识，而且需要娴熟地掌握能够将两者融合起来的学科教学法知识（PCK），才能根据学生需要，将学科内容知识成功地加工、转化为学生可以理解的知识；学科教学法知识是教师特有的专业知识基础，是最有可能将教师与学科专家、将专家型教师与新手教师区分开来的知识类型，应成为教师教育的重心。

　　舒尔曼的教师知识分类及"学科教学法知识"概念的提出对教师知识研究产生了重大影响。其后的学者们进一步对"学科教学法知识"进行了修正、补充和完善。例如，1993 年，科克伦（K. F. Cochran）等人将"学科教学法知识"概念改造为动态的"学科教学认知"（Pedagogical Content Knowing，PCKg），指出"学科教学认知"是教师整合、归纳各类知识的动态过程，需要融合一般教学法知识（Knowledge of Pedagogy）、学生知识（Knowledge of Students）、学科知识（Knowledge of Subject Matter）及情境知识（Knowledge of Environmental Contexts）等多种教师知识要素（见图 5-1）；这几种教师知识要素既构成了教师知识的主要内容，又是形成"学科教学法知识"必不可少的因素，在教师的教学及反思过程中不断相互作用、彼此融合，最终促成了教师的"学科教学认知"的形成和完善，从而使教师能够在专业发展中更合理地组织教学内容、更有效地选择教学策略。又如，特纳-比塞特（R. Turner-Bisset）2001 年提出了 11 种不同类型的教师知识要素：句法知识（Syntactic Knowledge）、课程知识（Curriculum Knowledge）、一般教学法知识（General Pedagogical Knowledge）、实体性知识（Substantive Knowledge）、对受教育者认知能力的知识（Knowledge of Learners and the Cognitive Aspect）、教学经验（the Experience Aspect）、知识信念（Beliefs about Knowledge）、教学模式（Models of Teaching）、关于教师自身的知识（Knowledge of Self）、关于教育目的的知识（Knowledge of Educational Ends）、情境知识（Knowledge of Contexts）。[①]

---

　　① R. Turner-Bisset. Expert Teaching：Knowledge and Pedagogy to Lead the Profession［M］. London：David Fulton Publishers，2001：18.

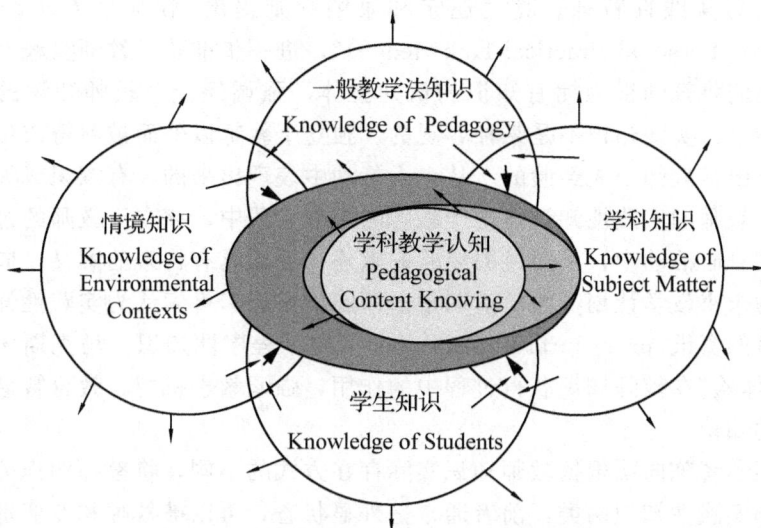

图 5-1　学科教学认知的发展综合模型[①]

（四）实践性知识（Practical Knowledge）

为了解决教师的专业知识基础问题，一批研究者将关注点转向教师的实践性知识，认为教育教学工作的实践性、情境性、不确定性等，决定了教师的专业知识基础绝不是学科内容知识与教育学知识的简单相加，更不是单纯的学科内容知识或教育学知识，这些都还只是理论性知识，而教师的专业知识基础根本在于教师个人的实践性知识。

施瓦布常常被视为教师实践性知识研究的"开山鼻祖"，他提出的"实践性样式（Practical Discipline）"对教师实践性知识研究产生了重要影响。1981 年，艾尔贝兹（Elbaz）正式提出"教师实践性知识（Teacher's Practical Knowledge）"的概念，认为教师实践性知识是教师广泛拥有的、在教育教学工作中真正利用的知识，是教师以独特方式拥有的一种特殊知识；教师已有知识是其实践性知识发挥作用的基础，在一定情境中，实践性知识会利用各种资源（包括已有知识）引导当前的工作。唐纳德·A. 舍恩通过对学校校长的研究，提出"反思性实践（Reflective in Action）"概念，指出专业实践者存在两种反思方式："对行动的反思"和"行动中的反思"，教师知识是在行动中反思获得的，突出了教师

---

① K. F. Cochran, James A. DeRtuiter, Richard A. King. Pedagogical content knowing: an integrative model for teacher preparation[J]. Teacher Education, 1993(44): 263-272. 转引自杨彩霞. 教师学科教学知识：本质、特征与结构[J]. 教育科学, 2006(1): 60～63.

知识的反思实践性特征。克兰迪宁和康纳利则提出"教师个人实践性知识(Teachers' Personal Practical Knowledge)",进一步推动了教师实践性知识的研究。他们将教师视为拥有知识的认知主体,强调经验对教师知识的重要作用,认为个人实践知识不是某种客观的、独立于教师以外而被习得或传递的东西,而是出自教师个人经验的、从个人行动中表现出来的、有意识或无意识的信念体;教师的实践性知识体现于教师的工作实践中,存在于教师的过去经验与现在的身心活动中,是对过去经验的重建,但又具有将来的意义,同样存在于教师的未来教学计划与教学活动中。斯滕伯格和卡鲁索认为实践性知识只是一种程序的资讯(procedural information),属于程序性知识。马克斯·范梅南则注重"体验"在教师知识获得过程中的作用,强调教学机智、教育智慧是教师最宝贵的知识。

我国学者陈向明根据教师知识实际存在方式的不同,将教师知识分为理论性知识和实践性知识两类:前者通常呈外显状态,可以被教师和专业理论工作者共享,是教师知识冰山露出水面的部分,具有可表述性,比较容易把握;后者通常呈内隐状态,基于教师的个人经验和个性特征,渗透在教师日常的教育教学情境和行动中,深藏在知识冰山的下部,往往因其隐蔽性、非系统性、缄默性而很难把握。并且陈向明强调指出,教师的实践性知识是教师真正信奉的,并在其教育教学实践中实际使用和表现出来的对教育教学的认识,包括教育信念、自我知识、人际知识、情境知识、策略性知识与批判反思知识;教师的实践性知识在任何时候都不能脱离教育教学实践,但只有教师真正信奉的知识才是真正的实践性知识,出于外界压力而在教育实践中表现出来的知识并非教师实践性知识。[①]

目前教育学术界对在教师专业知识中存在"学科知识"和"学科教学法知识"这两种不同知识类型已基本达成共识,普遍强调"学科教学法知识(认知)"具有实践性(是教师对课堂实践经验进行反思、归纳、综合、转化而不断获得与丰富的);个体性(是教师个人在自己任教学科和特定学生的范围内不断建构和完善的);情境性(是反映教师所处教学现场的特点、与学科内容紧密相关的"视情形而定"的知识,核心是向特定学生有效呈现和阐释特定的学科内容,离不开教师与学生互动的教育教学情境)。教师实践性知识也已成为教师知识研究的重点,但是,对实践性知识的内涵、要素及结构,特别是对教师"实践性知

---

① 陈向明.实践性知识:教师专业发展的知识基础[J].北京大学教育评论,2003(1):104~112. 陈向明.对教师实践性知识构成要素的探讨[J].教育研究,2009(10):66~73.

识"与"学科教学法知识(认知)"之间的关系等问题,学者依然没有形成共识,有待深入研究。

(五)我国学界对教师知识要素的提练

我国学者概括、提练了教师知识的四大要素,分别是[1]:

第一,本体性知识(Noumenal Knowledge)。本体性知识是教师拥有的某一具体任教学科的知识,是教师从事学科教学的知识基础,主要对应西方学者提出的"学科内容知识"。

第二,条件性知识(Conditional Knowledge)。条件性知识是保障教师完成教育教学任务的重要条件,涵盖了教师进行教学时需要的心理学、教育学、学科课程与教学法等知识,主要对应西方学者提出的"一般教学法知识""课程知识""学科教学知识""关于学生及其特性的知识""教育情境知识""教育目标与价值的知识"等。

第三,实践性知识(Practical Knowledge)。实践性知识是教师在面临实现有目的的行为中具有的课堂情境知识以及与之相关的知识,是从个人教育教学实践中逐渐生成的一种知识,具有情境性,最能体现教师职业的专业性。实践性知识一旦形成便会迅速对教师的教育教学实践发挥引导作用,在教师职业生涯的不同发展阶段都会有所变化,并能够在教学实践和教学反思中不断完善,与西方学者提出的"实践性知识"异曲同工。

第四,一般文化知识(General Culture Knowledge)。一般文化知识指教师从教所需的人文、社会和科学素养,是激发学生学习兴趣、提高教师个人魅力的关键,包括常识性的哲学、文学、历史、地理、科学、政治、经济、社会等知识,是教师学科内容知识之外的重要补充。

上述四种知识要素对教师来说缺一不可,但并非教师个人一次性获得的,而是教师自身实践和教师教育共同作用的结果,需要教师长期的反思与积累方能逐步生成。教师知识要素的发展在其从教的不同阶段各有侧重。例如,未来教师在职前教育阶段,尚处于理论性知识(课本知识)的学习过程中,故主要以本体性知识和条件性知识的获得为主;教师在入职初期及入职以后,则开始进入教育教学经验的积累过程,故主要以实践性知识的获得为主。

需要说明的是,虽然教师知识研究对教师所需专业知识划分了不同种类,分类标准及其表述又多有不同;但是,人们对知识所做的分类并不代表知识在人脑中实际的存储方式,这种知识划分只不过是帮助我们思考的"启发装置

---

[1] 辛涛,等. 从教师的知识结构看师范教育的改革[J]. 高等师范教育研究. 1999(6):12~17.

(heuristic device)"。实际上，教师头脑中的知识并不是抽象、孤立、离散的，而是各种类型的知识复杂地交织在一起。如何在教师教育中将这些知识融会贯通，正是教师教育课程改革亟待突破的"瓶颈"。

二、教师专业知识基础的争论焦点及知识养成的教育路径

在"专业"的视野中，专业知识指某个职业群体拥有的、能够充分反映其职业实践活动内涵和规律的知识、技能，从业人员可以通过在实践中运用这些知识、技能为社会和顾客提供高质量的服务和产品；然而，学术界对于教师专业的核心知识问题却始终充满争议，争议集中于教师专业知识的核心究竟是理论性知识还是实践性知识，由此带来教师知识养成的最佳教育路径究竟应该"以大学为本"还是"以学校为本"。

（一）教师专业知识的核心："理论性知识"抑或"实践性知识"

专业社会学研究者依据医生、律师等成熟专业的特点，归纳出专业知识具有以下主要特征：首先，它是一套具有普遍性、可记录及传递、甚至具有一定学术地位的系统理论体系；其次，这套理论系统必须能落实为可实践的原则——专业技术，并且可应用于解决人类生活中的实际问题；再次，这套专业知识、技能必须得到证实，社会大众相信它确实能够解决有关生活问题；最后，这套专业知识正因为能够解决社会及个人的具体生活问题，而具有一种不可或缺的社会功能，专业服务不足或水准低下则会对社会造成严重损害。

尚处于"半专业"状态的教育教学要发展成为成熟的专业形态，就必须建构起具有上述特征的专业知识。单纯的"学科内容知识"根本无法鉴别出教师的专业性，教育理论界便努力地想使人们相信，只要教师具备了足够的教育学理论知识就能表现出适切而有效的教学行为。因此，不断学习教育理论研究者生产出的教育理论知识是中小学教师专业成长所需。这种认识是将理论性知识视为教师专业的核心知识基础。教师通过书本及系统学习便可以习得和掌握这种具有普遍性的理论性知识，并能够运用于自己的专业实践。这种理论性知识包括学科内容知识和各类教育知识（教育学、心理学、一般教学法等）。这种观点的持有者提出的论据是：第一，教师必须具备相关学科的内容知识才能教授学生。第二，教师在了解所需教授的内容知识后，还必须学习教育学、心理学、一般教学法等知识才能够顺利地将知识传授给学生；要能够更好地处理课堂情境问题，教师还需要掌握尽可能丰富的相关教育学科知识（如青少年心理、教育心理学、教育社会学知识等）。

然而，事实证明，简单的"学科内容知识＋教育学知识"仍然无法为教师专业

建立起牢固的、得到社会公众认可的知识基础，理论性知识并不能直接导致教师能够在实际教学情境中做出正确的选择，教学中师生互动的情境性、复杂性等决定了教师无法简单地运用所学理论性知识，教师职业的专业性依然缺少公信力。在此背景下，20世纪80年代后，无论是舒尔曼及其后来者们关于"学科教学法知识"的研究还是艾尔贝兹等人关于"教师实践性知识"的研究，都致力于寻找和论证教师专业的核心知识。他们都强调教学专业的知识基础不同于医学等传统专业，各类不同知识相辅相成，共同构成教师专业知识的整体，其中最能体现教学活动本质的是教师的实践性知识。这是一套超乎理论知识且被教师视为"自珍而实用"的知识哲理，其建构与发展建立在教师的主观知觉及个体经验融合的基础上，针对教学情境中的实际事务，致力于教育实践问题的解决和教育意义的阐释。这种具有内隐性和缄默性的实践性知识才是在教师的教学行为背后真正起作用的知识，但往往难以用语言、文字加以条理化，也很难通过理论性知识的学习而直接获得，需要教师在长期教育教学实践中，在自身教学经验积累的基础上，通过对教学行为的反思、批判和升华而生成。

主张教师专业的核心知识基础是实践性知识的研究者提出的论据是：第一，教师在教育教学实践中真正运用的是实践性知识而非理论性知识。教学在本质上是复杂多变的实践活动，当教师在真实的教学情境中面临实际问题时，运用的是渗透、融合了各种知识及教育生活经验的实践性知识。第二，在教育教学实践中，教师拥有的理论性知识并不能独立地发挥作用，必须与实践性知识相结合，融入真实的教育教学实践中，才能真正地作用于教师的教学行为。比如，教师在职前培养和职后培训中习得的学科内容知识和一般教学法知识等，作为理论性知识，只有与具体的教学实践相结合，通过不断反思—实践—再反思—再实践，才能被创造性地加以运用。第三，教师的实践性知识能够促进教师更好地理解和内化理论性知识。教师在持续的反思性实践中生成的实践性知识以综合的形态储存在大脑中，具有较强的整合性和包容性，有利于教师将理论性知识与自己的教学实践及经验相联系，内化并运用所学理论性知识；实践性知识不足则会导致教师僵化地理解所学理论性知识，从而无法灵活运用理论性知识。第四，有关专家型教师与新手教师的知识差异研究表明，专家型教师拥有新手教师无法企及的实践性知识，虽然他们在理论性知识上的差异很可能并不明显。很多研究者倾向于将实践性知识看作教师真正成为专业人员的核心知识基础，强调实践性知识在增强教师专业特性、改善教师教育和促进教师专业发展方面具有重要作用，是决定教师行为的核心因素，实质性地主导着教师的教学行为，对课堂教学具有全面的影响，在教师的工作中发挥着不可替代的作用。教育教学工作作为一种"技艺型专业"，有自身的独特性和特殊要求，教师的专业发展应关注的正是这种"技艺意识"的养成，寻求自己独有的专业发展道路，而非期望通过理论性知识的传授和习得而不加选择地照搬那些已获得认可的成熟专业模式。

需要强调的是，单纯的实践并不能使教师获得丰富的实践性知识。很多教师虽然有多年的教学经历，但之所以没有能够成长为专家型教师，就是因为其实践性知识在量和质两个方面存在较大的欠缺。教学并非自然熟练的技术操作过程，纵然单纯的理论性知识学习无法保证教师的专业能力提高，单纯的反复实践其实也无法保证教师实践性知识和能力的深化。理论性知识与实践性知识并非完全割裂，在复杂的教学过程中，教师需要透过自己头脑中的理念、经验及理论性知识去分析教学现象、反思教学实践、更新教学行动。因此，如今越来越多的研究者认识到，教师知识不是各种知识成分的简单组合，而是一个不可分割的有机整体；理论性、命题性知识和实践性、身体化知识都是教学的知识基础和教师不可或缺的专业知识。有研究者把一切与专业有关的洞察力都看作教学的知识基础，"它们与教师的行为有着内在的联系""在'教师知识'这个概念中，'知识'是一个上位的、涵盖性的概念，包括了各种各样的认识，从有意识的和经过权衡的意见到无意识的和非反思性的直觉""在教师的观念中，知识的构成、信念、观念和直觉都是无法区分地交织在一起的"①。

还需要强调的是，单纯的学科内容知识虽然不足以说明教师的专业性，但学科内容知识在教师专业知识结构中仍然具有不可替代的作用。事实上，学科知识本身也包含多个维度。施瓦布曾将学科知识区分为内容知识（Content Knowledge，指学科内具体的事实性知识、中心概念和组织原则），实质性知识（Substantive Knowledge，指学科的解释性框架或范式）和句法知识（Syntactic Knowledge，指学科中判断真理与谬误、有效与无效的一整套规则）三种类型。有研究者不同意舒尔曼的观点，认为学科知识不仅和"教什么"相关，而且其本身就和"怎么教"相关；科学本质上是一种"教学法事件（an inherently pedagogical affair）"，所有内容知识都有一个"教学法的维度（pedagogical dimension）"，或者说"所有学科知识都是教学法的"，根本就没有缺乏教学法的纯粹的知识，"学科教学法知识"概念本身完全多余。②

总之，教师知识是一个整体，这种整体性与教育实践情境的复杂性、丰富

---

① 尼克·温鲁普，等.教师知识和教学的知识基础[J].北京大学教育评论，2008(1)：21～38.
② 康永久.教师知识的制度维度[J].教育学报，2008(3)：54～59.

性和流动性等特征相契合，对教师教育实践(人才培养模式、课程与教学等)提出了严峻挑战。

(二)教育路径："大学为本"抑或"学校为本"

就世界范围而言，在对教师专业知识基础的认识处于"学科内容知识"的时期，教师教育处于尚未专业化的阶段，甚至对教师在任教学科领域所受的学历教育都没有明确的要求和规范，人们只是笼统而日常化地理解"学高为师"中"学"的意涵。随着教育学(pedagogy)作为一门正式学科的诞生和发展，人们对教师专业知识基础的认识进入"学科内容知识＋教育学知识"的时期，教师养成则进入专业化教育的探索时期，但"两张皮"的问题始终顽固而真实地存在着，即使是对教师专业知识基础的认识进入"学科教学法知识"甚至"实践性知识"的时期，人们在思想认识上可以说是越来越重视和珍视教师的实践智慧，但在教师专业化教育的实践中却始终难有实质性的突破，以真正实现"两张皮"("教什么"的知识与"怎么教"的知识)的整合，只不过随着对教师学历教育要求的提高而逐渐走向了"大学为本(university-based)"的教师专业化教育。

西方国家大体上在20世纪六七十年代实现了教师教育大学化，其主要特征始终是"开放化"和"分阶段"，即师范生(未来教师、职前教师、准教师)是在大学的文理学院学习学科专业知识，在教育学院学习教育专业知识，虽然自从"学科教学法知识"和"教师实践性知识"等概念及理论提出后，许多大学教育学院的教师教育工作者一直致力于探索和研究这种具有缄默性、情境性、个人性的知识究竟应该如何教、如何学，但这种"大学为本"的教师专业化教育的效果始终遭受质疑。我国则是20世纪90年代中后期开始(特别是进入21世纪后)，在教师教育改革政策的推动下，快速形成了"大学为本"的教师教育制度、体系及运行模式。具体来说，一方面，教师教育体系从过去的"老三级师范"(中等师范教育、高等师范专科教育和高等师范本科教育)向"二级师范"(专科教育、本科教育)或者称"新三级师范"(专科教育、本科教育及研究生教育)发展，实现了教师培养大学化、教师学历大学化，教师在学历层次上拥有了学士、硕士甚至博士的完整学历、学位体系[①]；另一方面，我国教师教育向大学全面开放，从过去的封闭性教师教育向开放性教师教育转变，综合大学参与教师教育，实行学科专业教育与教师教育分离。

---

①　虽然严格意义上，这种学历、学位体系并不是专门针对"教师教育"的，因为在学士学历层次上相当一部分教师获得的并不是"教育学"的学位，但毕竟在研究生学历层次上，学术型教育学硕士和专业型教育硕士等学位的设立都在一定程度上指向教师教育.

　　"大学为本"的教师教育在运行模式上主要有以下特点：第一，人才培养的价值取向上更加重视学术性，提倡教师要具有宽厚、高深的学科知识和能力，要求教师对所教学科知识要有系统、深刻的理解，要成为所教学科领域的专家学者。第二，大学化的课程结构和课程内容都要求学科化、系统化，教学方式基本上是讲座报告形式，考试方式多采用阅读、书写方式，考试内容要求系统、全面、精确量化等。显而易见，这种"大学为本"的教师教育与教师专业知识能力结构的养成之间存在着深刻的矛盾，因为教师需要的专业知识是整合性、关联性的，需要的专业能力是综合性、融通性的，不论是以教师任课学科专业为主导的知识结构，还是以教育学、心理学专业理论为主导的知识结构，都不能完全满足教师专业知识和能力结构养成的需要。因此，"大学为本"的教师教育虽不无改革、探索和进步，但在教师教育实践者看来，理论界对教师知识的研究并没有很好地与大学化的教师教育联系起来，"没有研究教师知识如何转化为课程设置，落实为教学计划、教学大纲以及教材，教师知识涉及相当多的实践知识或情境知识，这些知识都不是基于结构性的或有条理的知识，它们不成体系、没有明确的概念，不符合大学化课程设置的学科系统化、考试的定量分析化、学习任务的学分化等要求，不具备大学化的课程基本要求或基本条件"①。即使是在"大学为本"的教师教育中早已成为传统的"教育实习"也多采用"理论学习＋技能培训＋实践应用"的行为主义学习模式进行，把教师学习机械地理解为"书本学习＋理论应用"的过程，忽视教师工作的整体性，无法有效地促进学习者实现积极的学习迁移；强调点状的教师技能训练，但缺乏将其进行整体化链接的综合教学任务和工作过程的训练；在很大程度上排斥了师范生的个体经验和主体性，忽视了具体的教育教学情境和师范生对教师角色的情感认同，致使实习教师的职业社会化程度并不充分，教育实践能力也未能得到有效锻炼。

　　可见，"大学为本"的教师教育在重视师范生自身的体验、情感、经验以及反思专业发展的价值上终究有待提高，培养的教师在面对中小学教育教学实际时的适应力和实战力也始终差强人意。在教师实践性知识研究的推动下，旨在将教师教育重心转移到基础教育实践情境中的"学校为本（school-based）"的教师教育思想和实践呈现蓬勃发展之势。1989年，全美教师联合会即提出要把教师教育渗透到真实的教育情境和过程中。1992年，英国宣布将80％的职前教师教育放在中小学进行。澳大利亚也将60％的职前教师教育课程安排在中

---

① 陈理宣，等．大学化教师教育模式与教师知识形成的矛盾及对策[J]．教育学报，2012(2)：29～33．

小学。2000 年 5 月，美国全国教师教育认证委员会宣布 2001 年开始实行新的教师教育机构资质标准，强调未来教师的培养应致力于使教师能够判断学生学习需求、与不同背景学生共同完成教学、了解并主动将教学研究成果付诸自己的教学实践等。[①] "学校为本"的教师教育强调"准教师"只有在完整而真实的教师工作过程中，才能真正学会当教师；只有通过对教师工作任务、过程和环境进行的整体化感悟和反思，才能最终适应真实的教师身份。因此，教师教育要想系统、有效地培养能够胜任具体教育工作任务的中小学教师，就必须让"准教师"沉浸在真实而具体的学校场景中，真切地经历教师工作的全部环节，通过在"教"的活动中"学'教'"来促进未来教师将其经验性知识、理论性知识和实践性知识进行有效融合，最终真正促进教师专业实践综合素质的提高。

① 欧璐莎，等．实习教师社会化进程中教育实践课程优化[J]．当代教育科学，2012(12)：28～29.

第六章　教师教育目的

《辞海》对"目的"一词的界定是："人在行动之前根据需要在观念上为自己设计的要达到的目标和成就。"[1]通俗地讲，"目的"作为人的自觉活动与行为的要素之一，是行为主体根据一定需要、借助价值观念的中介作用，对行动目标或后果的预想。这种预想反映了人们的价值追求，并引导人们按照预定的方向控制、协调行动过程，以实现价值追求。这种行为主体在行动之初对于行动目标或后果的预想会因面临的情境及对行动进程的估计不同而不同，更与行为主体的价值追求紧密相关。可见，"目的"是个体性色彩浓厚的概念。

一、教师教育目的概述

《学会生存》指出："每一项教育行动都是指向某个目的的一个过程的一部分，这些目的是受到普遍的和最终的目的所制约的，而这些普遍的和最终的基本上又是由社会确定下来的。"[2]如果我们关注的"教师教育"是"为基础教育培养师资"，那么，培养什么样的基础教育师资则离不开对基础教育目的、使命的理解及认同。

（一）教育目的

我国《教育大辞典》将"教育目的"定义为"培养人的总目标，它关系到把受教育者培养成为什么样的社会角色和具有什么样素质的根本性问题"[3]。教育目的是整个教育活动的核心，也是教育实践活动的出发点和归宿，对教育活动的总方向和目标给予指导与限制，是人们判断教育行动道德性的主要依据。教育目的作为教育活动的核心，对教育者、受教育者、学校、社会等都会产生影响。人们对教育目的的不同选择主要受不同教育价值观念的影响，教育价值观念即隐含在教育目的中的价值判断，体现为教育目的的取向。

在教育研究中，"教育目的"更多的是研究者对于教育活动结果的普遍性假设和论证，任何有关"教育目的"的言说都不过是一种具有普遍性的假设，而且都不可避免地带有相当程度的价值观介入，是一种理论性、规范性知识。比

---

① 辞海编辑委员会. 辞海[Z]. 上海：上海辞书出版社，2000：2014.

② 联合国教科文组织国际教育发展委员会. 学会生存[M]. 北京：教育科学出版社，1996：183.

③ 顾明远. 教育大辞典（增订合编本 上）[Z]. 上海：上海教育出版社，1998：765.

如，在近代以来的教育历史上先后出现过"个人本位"和"社会本位"的教育价值观念与教育目的的取向，对教育实践影响甚为普遍和深刻。然而，在教育实践中，学校、教师并非简单地、也难以轻而易举地成为各种教育目的研究结果的执行者。事实上，为数众多的教师在其工作中各有自己的预想，教师头脑中的"教育目的"并不是规范性、理论性和普遍性的知识，而是教师在实践中体认和发挥出作用的、关于自己教育活动结果的一种预期，是带有鲜明个性特点的实践性知识。正由于教师可能各有自己的"教育目的"，而这种自发的教育目的又有正当与不正当、完善与不完善之分，才寄托于通过统一的教育目的对教师个体的教育目的进行必要的规范。因此，无论就社会、国家、学校还是教育工作者个人来说，共同的教育目的和对教育行动的独特追求都至关重要。

（二）教师教育目的

陈桂生先生曾指出："在我国，由于长期实行集权制的教育行政管理体制，首先把教育目的作为指令性的教育工作方针，遂产生一种错觉，以为教育目的不过是一句或几句口号式的成文的表述；又由于这种成文的表述一经权力机构确立，在相当长的时期里是一成不变的，遂又产生一种错觉，以为教育目的只是一次性的预想。这样，所谓'教育目的'研究，便是对成文的'教育目的'做出种种的解释，以便得到广泛的认同。"①与这种教育目的研究状况不同的是，我国教师教育研究中并不多见完整的教师教育目的研究。

若用一句话来概括，教师教育的目的即为社会培养全面发展的合格师资；但若进一步分析，对教师教育目的的认识往往又与对教师职业素养（教师德性、教师专业知识、能力等）的认识紧密关联在一起。正由于对教师职业素养诸多方面的认识不一，人们对教师教育目的的话语表述及实际行动自然存有诸多差异。比如，关于教师专业的知识基础，人们的认识并不一致：有人强调所教学科知识的重要性，教师教育的目的便侧重于"学术性"；有人则强调知识传授能力的重要性，教师教育的目的便侧重于"师范性"。中国师范教育百余年的发展史始终贯穿着"学术性"与"师范性"之争，定向型师范教育的时兴时衰、非定向型师范教育的时进时退，都不过是这一"真实的假问题"的具体体现。

事实上，教师教育作为一项有计划、有组织的活动，不可能没有目的。目的是对行为结果的预想，教师教育目的对教师教育活动具有导向、调控的作用，整个教师教育过程的展开以及教师教育最终结果的实现都离不开教师教育目的的推动和规范。从事教师教育实践活动的机构、群体乃至个体是否具有明

---

① 陈桂生．"教育目的"的逻辑[J]．当代教育科学，2006(2)：61～62．

确、合理、科学的教师教育目的直接关系到教师教育成效的高低。各级各类教师教育都暗含着一种期望，即"培养好教师"；但究竟什么样的教师才是好教师？好教师的标准应该是什么？对这些问题，不同时代、不同的人会给出不同的答案。比如，在教育现象学者看来，富有教育机智是好教师的重要标准，诚如范梅南指出的，有些人可能学了所有的儿童发展理论，了解了所有的课程方法，运用过所有的教学策略，可是这位教师可能仍然是一位很糟糕的教师；只有那些能真正使孩子受到教育、对孩子的发展和成长产生影响的教师才是好教师，这种教师不仅掌握各种学科知识和技能，更重要的是，能在瞬间知道怎么做对于这个孩子在这个情境中是最好的，总能对孩子产生重要的教育影响，这种教师是充满教育机智的教师。正因为教育现象学非常强调富有教育机智是衡量好教师的重要标准，所以，教师教育的重要目的和培养好教师的最优路径便是引导教师保持教育现象学的生活态度，增强教育生活的敏感性，并逐步形成教育反思能力。①

陈桂生先生曾经对教育学中有关"教育目的"的陈述提出过这样的疑问：所谓"教育目的"究竟指"谁的"目的？是国家明文规定的还是教育工作者的目的？是成文的还是隐含在教育行为中的目的？是应然的还是实然的目的？"如果承认每一个教育工作者都有一定的目的，也就容许并鼓励他们按照明确的目的去工作，成为自觉的教育工作者。问题是教育工作者人各有志，各自的人生追求与教育价值取向不尽一致，其价值观念有不同价值层级的差异，其教育目的有正当与不正当、恰当与不恰当之别，故有必要对教育工作者的教育目的的取向加以规范与指导。这样，如何使实然的教育目的符合应然的教育目的，最终使应然的教育目的转化为实然的教育目的，便成为值得研究的问题。以为把应然的教育目的解释清楚，大家就会照此行事，那是把复杂的问题简单化了。"②

同样，教师教育目的也存在官方话语、学术话语、社会文化话语等不同的话语体系。官方话语主要指我国政府及其教育行政部门和学校制定的各种有关教师教育目的的规定，如各级各类教师教育机构制定的本机构教师人才培养目标。虽然在中国的教育管理体制下，这些文本话语具有一定的权力效应，但并不意味每一所教师教育机构、每一位教师教育工作者在实际的教育教学工作中都自觉地践行这些文本话语。学术话语指在教师教育理论研究中，学者们基于各自的学术立场，从某种角度对教师教育目的进行的研究和规定，这些学术研

① 马克斯·范梅南. 教学机智——教育智慧的意蕴[M]. 李树英，译. 北京：教育科学出版社，2001.
② 陈桂生. 关于"教育目的"问题的再认识[J]. 河北师范大学学报(教育科学版)，2005(2)：5~8.

究结果构成了关于教师教育目的的学术话语，这些学术话语往往也会成为建构教师教育目的的重要智识资源。与官方及学术话语不同，社会文化中关于教师教育目的的话语反映了社会大众对于什么是好教师、应该怎样培养合格教师等的潜在态度和意见，大多散见于日常生活中，传媒、舆论等是这种大众话语的主要载体，如中小学校在教师招聘时对应聘者提出的素质要求等。由于这种话语活跃于大众的生活世界，对教师教育机构及其受教育者（准教师和在职教师）建构教师教育目的也起着不可低估的影响。①

总之，教师教育目的与社会对教师形象的塑造、对教师专业知识基础的认识等密切相关，本章着重从围绕教师形象、教师专业属性及知识基础等而生发的不同话语出发，梳理、概括不同话语对教师教育目的的反映，并就教师教育目的的未来发展做出些许前瞻性的思考。

二、不同话语中的教师教育目的

不同哲学、社会学、心理学等思想和理论流派是不同教师教育范式的重要智识基础，在各自理论流派的认识论、方法论影响下，人们对教师教育形成不同的观点、主张，自然也衍生出不同的教师教育目的观和教师教育实践方式。

（一）培养"道德创造家"：儒学话语中的教师教育目的

教师形象是人们根据社会发展的要求对未来教师应该怎么样、必须怎么样的设计和期望塑造的，教师形象塑造直接影响着教师教育的目的、方向与成效。人们心目中有什么样的教师形象，现实中就会确定什么样的教师教育目的、提出相应的要求与规范并选择相应的教育手段。在教师教育实践工作中，人们会根据这种设计和期望，与教师现有状况进行比较，找出差距和不足，从而确定教师教育的目的、内容、方法、模式等。

道德旨趣是中国传统儒学体系的核心，但在儒学家们看来，道德绝非一套人们必须遵循的外部规范，而是自然天成、生机盎然的仁心，是创造之主、宇宙本源；因此，道德也是为人、为师之本，技术、技艺等只不过是为人、为师之道。儒学强调的"仁学""天人一体""学以成人""内圣外王"的价值取向、认识论、主体观、智能观等思想，都充分体现了儒学话语中一种建基于德性之上、

---

① 需要指出的是，虽然教师的工作和生活中有如此多的关于教师教育目的的文本话语，但其自我成长目标的最终形成是由自我主动建构的。个体的自我成长与发展目标属于意志自由的范畴，任何外界的强制力都无法操纵和控制；相反，外界强制力的滥用（如官方或学术权威话语自上而下的灌输等）只会导致个体消极、被动地建构自我发展目标，丝毫无助于教师教育的发展.

又为德性之生长和表现的中国儒家教师形象的诞生。

儒学本质上即"仁学",是"成人之学";儒学视野中的"教学"是一种德性生活,而德性即仁心,是善而敏锐的直觉、无私的感情,正如朱熹所说"仁者无私心而合天理之谓"。本真意义上的教学应该是一种内在的道德努力,师生在课堂上的任何言行都承载着道德意义,教学根本寻求的是引导师生过一种道德的生活,师生在其中成长为真正的人。因此,教师的专业形象是"道德家","德性之智"是通过道德创造而形成的教师专业基础,教师专业成长是基于个体的德性成长、内省的自主成长,只有这样,才能回归教育和教师职业的本源,使教学成为充满德性和创造性的生活,使教师职业成为善的、道德的、创造的、纯粹的。

当教育把"德性"和"创造"这两种品质融为一体,由此使教育成为一种"道德的创造"时,教师便成为"道德创造家"。作为"道德创造家"的教师必须准确把握并身体力行教学专业的性质与"道德创造家"的内在关系,将教学视为一种德性生活,具有宽宏的生命关怀和社会伦理意识,感受教学交往中一言一行可能潜藏的道德意蕴。

虽然儒学教师形象强调作为"道德创造家"的教师需通过"慎独"进行自我探究,通过自身的修为而实现自我超越;但是,在以儒家思想为主流文化的中国传统社会中,社会本位思想始终占据主流地位,对教师形象的塑造也更多体现了以社会需要为本位的思想。教师被奉为礼的化身、德的典范,成为一种崇高而美好的教育形象;"尊师"更多地是为了"重道",而非出于对教师职业的社会价值和个人价值的尊重和体认。至今,我们在教师形象塑造中仍然受到这种传统观念的影响,致使教师形象塑造出现某种程度的偏差。

教师形象包括教师的教育形象和职业形象两个层面:前者指教师作为教育者和公众模范,在素质、能力方面的应然状态,后者则指教师作为一种职业身份应获得的社会价值和自身价值;只有将两者有机地整合、统一,才能使教师形象富有现实感和实践意义。然而,长期以来,受儒学思想的影响,中国社会对教师形象的塑造都以社会需要为本位,试图将教师引向应然的理想状态,塑造出高大、完美的教师形象。新时期以来,我国经济、文化的转型和教育的发展虽然对教师提出了崭新的要求,但人们仍然多从应然化的理想出发,对如何正确定位教师职业的价值关系则明显缺少应有的了解。教师总是作为一种被要求、被规范的对象,这种观念指导下的教师教育亦很难有主体性和动力性可言,教师只能在强大的外界压力下被迫地学习、机械地记忆,人们塑造的教师理想形象似乎永远不可能成为现实。①

（二）培养"技术熟练者"：技术理性话语中的教师教育目的

受推崇实证主义的客观主义哲学影响，相当长时期内的教师教育推崇的是专家建立的教育科学理论，认为这些教育理论揭示了教育规律，学习者掌握了这些客观知识就可以应用于具体的教育情境；教师教育的目的即在于培养教学技术熟练的教师。

客观主义哲学在认识论上认为，专家学者们依照严格的程序展开的实证研究可以发现自然和社会中客观存在的线性因果关系，科学规律或真理具有超越具体时空的普适性。在方法论意义上，客观主义哲学与技术理性紧密关联。技术理性强调手段和程序的可计算性、可控制性，追求效率和标准化，认为专业实践的任务就是应用专业领域的科学知识和技术来解决问题，最终实现目标。在技术理性思维下，个体只能接纳和服从专家创立的规则体系，从而成为镶嵌于社会机器之中的一个零部件。

技术理性主宰下的教师教育在目标追求上，将培养技术熟练的"工匠型教师"作为教师教育的首要目标。这种教师教育关注的焦点是技术效能，将培养教师的特殊教学能力、使其达成预定的专业标准作为首要追求，认为教师只要掌握了教学的知识与技能，就能够在教学情境中进行技术化的操作。能力本位教师教育（Competency-Based Teacher Education，CBTE）和标准本位教师教育（Standard-Based Teacher Education，SBTE）便是这种教师教育目的观的产物，即首先确立具体明确的能力或标准，然后依照能力或标准的指标，进行教师生产，最终制造出同质化的、能力合格的标准教师。这些能力指标或专业标准的设定都以有效教学研究、优秀教师素质结构研究、专家—新手教师比较研究等为基础，强调每一个目标均应表示为具体、外显、可操作的行为方式，致使"标准教师"不过是符合科学教学程序的工具，无论"准教师"还是在职教师的个人发展都极大地受制于那些可计算、可认证的行为指标，而难以被计量和考核的创造性、想象力、人文精神等多维人格价值则被严重忽视或舍弃。

深受技术理性影响的教师教育在课程设计上则表现出对教育理论的浓厚兴趣，认为教育情境中的实践问题是有通用的解决办法的，教师只要掌握了理论

① 对教师应然状态、理想形象的设计还存在一个严重不足，那就是人们在勾勒教师形象时往往受到"知识型教师"理念的影响，把教师看成知识的象征、理论的权威，而忽视如何将理论应用于实践的能力设计。所以，教师教育的内容一直大多停留在教育学、心理学基本原理的知识讲解、传递和记忆、复述，很少关注教师对现实教育问题的分析能力、实际教育工作能力的培养.

性知识，就能将这些理论性知识应用到教育情境中；因此，学术研究建构起来的理论体系应该成为教师教育课程的核心，通过学科取向的教师教育课程使教师能够从大学专家那里获取一套现成的、"真理式"的权威知识。在课程的教学实施上，无论教师职前教育还是在职教师进修，都强调把专家知识系统地灌输给学习者，使学习者都能够具备专家知识，便能够满足教育教学实践工作的需求。这种注重将专家知识通过课程教学传递到教师脑中，犹如将某个容器中的内容通过导管输送到另一个容器中的教师教育模式虽然能在授课上达到迅速、统一的效果，但明显忽视了教师作为教育实践主体的已有教育、生活经验和业已形成的实践性知识，缺乏对教师进行教育实践反思与创造能力的培养，造成理论和实践的脱节，学习者并不能因此而学会如何将所学知识运用到教育教学实践并及时、有效地解决实际问题。

由于技术理性以控制为核心、以提高效率为目的，认为只要设计一个合理的组织结构，编制一套完善的规章制度，遵循一系列科学的管理原则，再辅之以严格的奖惩手段，一切组织都可以在有限条件下实现最佳管理目标。因此，技术理性支配下的教师教育在组织管理上也日益走向科层化和制度化，教育行政机关、大学和研究机构掌控整个教师教育过程，教师成为最底层的被规训对象，只需按照既定的规则和程序行事，其主体性受到极大压制，参与自身专业发展、设计的机会也被严重剥夺。教育行政机关和学术机构在"提高教师质量"的名义下发展出一系列操控和制约教师发展的机制，教师只能如工厂般的教师教育机构生产出来的"产品"，教师个体的主体性和创造性被技术理性主宰下的管理模式严重忽视了。

(三)培养"反思性实践者"：实践理性话语中的教师教育目的

20 世纪 60 年代以来，西方哲学由客观主义向主观主义的转向也带动了教师教育研究与实践的转向，技术理性话语主宰下的传统教师教育范式日益陷入危机。人们逐渐认识到，客观主义哲学将世界视为外在于个体、具有一定结构、隐含着因果规律的客观实体，主体被结构和规律决定和控制，个体只有掌握世界的客观规律才能恰当地采取行动。技术理性的教师教育过度强调外部强制而严重忽视学习者的独立思考，学习者被假定为必须通过外部强加的训练来矫治的、有缺陷的个体，这只能使学习者学到教学的技术层面而使教学成为一种并不具有太多专业性的工作，各种技术理性指导下的教育改革(诸如目标管理、能力本位教师教育等)均朝着"防教师"(teacher-proofing)的方向发展。

20 世纪 80 年代，美国麻省理工学院哲学教授唐纳德·A. 舍恩在批评技术理性的基础上提出"反思性实践者"概念和"反思性实践"思想。^① 他认为反思是所有实践者的一种基本生活方式，教育反思是植根于教师内心、致力于不断丰富与完善教学实践的力量；他主张包括教师在内的专业实践者应从技术理性的桎梏中解放出来，在实践中反思和探究，树立"反思性实践者"的专业形象。舍恩的观点推进了教师教育研究，"教师成为反思性实践者"的理念得到广泛传播并日益深入人心，培养教师的反思意识与能力、提高教师实践品质，亦成为教师教育改革的重要内容。培养反思性实践者遂成为当代教师教育的崭新目标。"教师成为反思性实践者"即强调以整体的方式把握真实教育情境中教师的思维和行动，强调教师内在力量（反思、意识、经验、信念等）对于改善自身教育实践的价值，凸显了教师的主体性、个人经验及反思能力等在沟通公共知识与个人实践性知识方面的功能。

受实践理性话语影响而形成的"反思性实践者"教师教育目的观强调，教师的教育活动是个体实践色彩非常强的活动，教师面临的是具体而不确定的教育对象与情境，要实现教师专业发展必须通过教师反思即教育者对自己的教育活动及产生的结果进行认真的自我审视和分析，才能真正提高教师的自我觉察能力和自我反省水平，实现教育教学能力的发展。在教育教学过程中，教师需要通过反思，明确当前存在的问题、提出相应的解决方案并付诸实施，并对实施的结果进行评价和进一步反思。以"反思性实践者"来概括教师形象的意义主要表现为：摒弃了技术理性视野中对"知识""实践"的看法，消解了教育实践中理论与实践的二元分离，打破了教育知识的精英主义和专家权威；认可教师经验及反思

---

① 1983 年，舍恩在分析建筑师、设计师、管理者等专业实践案例的基础上对技术理性视野下的"理论—实践"观进行了尖锐批判，指出技术理性过于关注技术的有效性而忽视实践的情境性，最终造成技术与实践的裂缝。真实的实践情境有两类：一类是"坚硬的高地"，可以直接用外在的理论、技术来解决问题；另一类是充满复杂性、模糊性、不稳定性、独特性和价值冲突的"湿软的低地"，科学知识和技术手段难以起作用，实践者需借助"行动中反思"（reflection-in-action）和"行动中认识"（knowing-in-action）。实践者的实践是"以一种不确定性和艺术的方式努力探究的过程"，而且绝大部分实践都是处于"湿软的低地"中的"反思性实践"。"反思性实践者"的典型特征便是"行动中反思"，在复杂的实践情境中，实践者不是依赖现存的理论与技术去采取行动，而是努力去理解情境、主动建构问题；实践者总是一边行动一边思考目标和方法，这便是"行动中反思"，其基本结构是"反思性对话"（实践者不断地根据问题情境及行动结果调整自身的思路和行动），实践者借助反思性对话才得以不断探究问题情境和解决办法，从而创造出恰当的问题解决思路。"行动中反思"使实践者在一些情境中能够相当好地处理不确定、不稳定、独特的价值冲突，使实践者在实践中变成研究者，并从固定的理论和技巧中解脱出来，构建一种新的适用于特定情境的理论，对反思性实践者而言，"行动中反思"是实践的核心。（唐纳德·A. 舍恩. 反映的实践者——专业工作者如何在行动中思考[M]. 夏林清，译. 北京：教育科学出版社，2007.）

的价值，主张教师有能力对自己的教育行动加以省思、研究和改进，有能力创生自己的教育知识，进而彰显了实践者的主体价值和主观能动性。

当然，"反思性实践者"的教师教育目的也受到质疑和批判。例如，舒尔曼认为，舍恩的思想充满二元论思维方式，诸如"学校知识（客观知识）"与"行动中反思""技术理性"与"艺术性""确定性"与"非确定性"等二元划分都只不过是一种吸引人们注意的修辞方式；指责舍恩将客观理论、技术与实践性知识对立起来，将实践性知识看作构成专业判断核心的基础，从而夸大和过分强调了实践性知识在教师实践和教师培养中的作用。舒尔曼认为，实践性知识是教师教学具有的特征，而非舍恩所说的"专业实践的核心"；对专业教师的培养来说，实践性知识并不充分，主张将实践经验的反思和理论理解的反思融合起来。①

（四）培养"公共知识分子"：批判教育学话语中的教师教育目的

批判教育学思想注重从社会文化维度（socio-cultural dimension）理解学校教育的意涵，认为学校生活是课堂文化和街角文化相互碰撞的空间，是教师、学生、学校管理者为如何界定和理解学校经验和实践而意见纷纭不一的场域，在学校生活这个文化地带（cultural terrain）里充满了不同程度的妥协、论争以及抵抗，特别是来自主流文化的教师与来自从属文化的学生之间的相互交往会带来政治性的影响和后果。因此，在批判教育学者眼中，教师教育是一种"文化政治"（cultural politics），需要重新被界定为一种更广泛的政治事业；若单纯强调教学技术则无法应对公共学校教育应培养批判性公民、推进社会民主化的时代重任。教师教育机构作为具有凝集性政治力量的公共领域，应以培养具有反思、批判精神和思维、行动能力的教师（"转化性知识分子"，transformative intellectual）为职志②，致力于探索如何培养"赋权的教师（empowering teachers）"和提供"以赋权为目的的教学（teaching for empowerment）"。

三、我国教师教育目的观的发展走向

随着社会的进步和科学技术的迅猛发展，人们对教师在社会发展中的地位和作用的认识日趋深化。近年来，我国教师教育工作受到前所未有的重视，各级各类师范院校的教师教育改革以及各级各类中小学校的在职教师培训活动都开展得如火如荼，教师素质得到明显提高，为实施素质教育、培养青少年学生创新能力奠定了良好基础。但由于人们对教师教育目的的认识仍然存在片面性，

---

① 王艳玲，苟顺明．教师成为"反思性实践者"[J]．外国中小学教育，2011(4)：53～57，65．

② 周险峰．文化政治：批判教育理论视域中的教师教育[J]．教师教育研究，2009(4)：13～17，26．

直接影响和制约着教师教育改革的成效，有必要正确认识教师教育目的并通过教师教育课程、教学、管理等全方位的改革而向理想的教师教育迈进。

（一）规避知识本位倾向，重视反思能力培养

近代以来，迅猛发展的科学技术在改变人们物质生活条件的同时，也改变了人们的知识观和对待知识的态度，"知识就是力量"，谁拥有了知识，谁就拥有战胜自然的能力和支配他人的权力；知识在变得崇高而神圣的同时，人们对知识是一种客观、稳定、外在于人的物的认识也更加强化。人们渴望知识、崇拜知识；教师作为人之楷模和权威象征，则更应该拥有渊博的知识。于是，长期以来，人们在对教师教育目的的认识上，知识本位倾向比较严重，将教师教育目的简单理解为向未来教师和在职教师解释、传递相关知识，整个教师教育过程就变成了讲、听、记的知识传递与复制过程，至于在讲、听、记的过程中是否实现了浸润和互动，是否激发了教师的主观能动性，是否促进了教师的反思，人们却少有关注。

更为严重的是，这种知识本位教师教育关注的更多是教师本体性知识和条件性知识的传授与占有，而忽略了教师实践性知识的养成。研究表明，教师的本体性知识与学生学习成绩之间几乎不存在统计意义上的关联，也并非本体性知识越多越好；而条件性知识也只有在具体的实践情境中才能发挥功效；对提高教师的教育教学效能发挥着重大作用的是实践性知识，即储存于教师头脑中、被教师个人享用的关于教育诸方面的理性认识成果。教师的实践性知识既是接受外界信息的过滤器，又是决定教师行为的核心因素；任何理论知识的讲授都要经过它的过滤才能被接受和内化，也才能对教师的教育行动发挥影响作用。然而，单纯依靠"我讲你听"式的灌输是无助于教师实践性知识的养成的，教师实践性知识的获得和确认只有通过对自我实践的反思与批判才能真正实现；因此，教师教育目的中必须突出反思能力的培养，教师教育必须着眼于教师实践性知识的获得和改善，必须着眼于教师能力素养中的反思、批判能力的提高。

反思能力是教师在职业活动中将自我和教育教学活动本身作为意识对象，不断主动对其进行评价、反馈、控制和调节的能力。教师在教学中的自我监控能力就是这种反思能力的体现。教师反思能力的提高是教师不断走向成熟的重要标志；因此，教师反思能力的培养应成为教师教育目的的重要维度。教师教育的目标不是追求教师对知识的记忆、掌握与运用，也不是要求教师接受一套现成的、权威的教育理论体系，而是要创造条件（如采取行动研究、案例分析和自传等教师教育方法），激发教师主动地学习和思考，使学习者群体参与到

关于他们的实践、学习的目的和结果的思考与交流中。培养教师反思能力应成为当前我国教师教育改革的一个重要指导思想和目标。而要有效地培养教师的反思能力，我们需要注意以下两点。

第一，以教育实践中的问题为反思的起点。反思来自于自我意识的觉醒，而自我意识的觉醒产生于在旧有理念导向下的实践的困惑和迷茫。反思只有以自我实践中暴露的问题为基础和前提才是有力量和有效果的。

第二，通过构建反思线索帮助学习者掌握反思策略。比如，人们通过提供一系列供学习者自我观察、自我监控、自我评价的问题清单（如自己的兴趣爱好、解决问题的方式方法及其与他人的差异、这些方法的优缺点等），来促进教师反思能力的提高。又如，人们鼓励学习者通过自己的行为记录，加强对教育实践活动过程与效果的反思。实践表明，如果教师自觉地运用教学笔记、学生反馈意见等材料进行自我剖析，能够非常有效地提高其专业反思能力。再如，人们对比榜样找差距，剔去不良行为。榜样的力量是无穷的，优秀教师的成长过程能够很好地表现出自我反思的价值和意义。

（二）克服社会本位倾向，重视学习者内在需求

教师形象是教师地位和能力的总体展现。受时代主流文化的制约，国人对教师形象的认识和把握还存在偏颇，总是鼓励教师"甘当蜡烛""燃烧自己，照亮别人"，片面强调教师职业的奉献与责任，而对其自身价值却没有给予应有的关照，致使教师背负着沉重乃至悲壮的职业使命，看不到也体会不到职业的幸福。这种以理想教师形象或素质结构塑造为目的的教师教育具有理想化的特征，难以和教师当下的、现实的教育实践需要紧密结合起来；塑造出的"高大全"形象"看上去很美"，却不真实也不现实，脱离了教师当下所处的具体环境，在很大程度上封杀了教师个体的发展空间，也不利于社会的发展和进步。

为此，当前我国教师教育改革在目的设计上，需要对教师形象有正确的定位，不断强化教师职业的社会发展与自我发展价值，为教师个体的发展营造良好的舆论氛围，以更好地促进教师素质的改善和基础教育的发展。教师教育的目的在于提高教师职业所需的情境性、实践性、规范性、关联性的"教育学影响力"[①]，教师教育是一项以提高教师的"教育学影响力"为使命的系统工程。当代教师教育正试图跨过超然的、应然的素质结构设计这一目标，直面教师现实的教育生活和真实的受教育需要，自下而上地、在关注教师现实生活需要基

---

① 马克斯·范梅南.教学机智——教育智慧的意蕴[M].李树英，译.北京：教育科学出版社，2001：21.

础上形成教师教育的目的、内容、方式、手段等，以真实的受教育需要来选择教师教育内容，以真实的教育问题为线索来设计教师教育活动，努力使教师教育活动具有强烈的实践关怀意识和明显的现实性、真实性、实用性、实效性，而不是仍然像传统教师教育那样，以造就教师理想素质为目标，自上而下地设计教师教育活动的目的、内容、方式、进程等。

当然，问题的解决不是靠设计完美的教师形象就能奏效，必须创造良好的外部环境与发展条件。当代教师教育应从学习者的实际情况出发，从现实的受教育需要出发，来设定教师教育的目标、内容、方式等，了解学习者最迫切、最关注的需求和他们的生活、工作和思想状况，并采取有效措施，满足其接受教师教育的内在需求和正当需要，只有这样才能有效地改善和提高教师素质，促进社会发展与进步，使教师职业真正成为令人羡慕的职业。[1]

教育的本质是促进人的发展，教师教育作为现代教育的组成部分，其根本目的也应在于促进教师对自身实践的反思，加深对教学过程的理解，拓展其发展的可能性。任何教育活动都不可能一蹴而就，直接解决实践中的所有问题；教师教育的内容和方法必须在实践中经过学习者的积极参与、体验和反思，才能真正达到知识的习得与内化，从而成为教师自我指导和改进教育教学实践"使用的理论"。为此，了解、满足教师需求，激发其学习动机，尤为重要。[2]教师教育必须把激发学习者积极参与教师教育的动机放在第一位。在制订方案

---

① 比如，目前很多在职教师培训的内容和形式就难以满足教师参与培训学习的内在需求和对培训的期望。动机是人的行为的直接成因，需求产生动机，而不符合教师内在需求、缺少动机支持的培训是很难取得理想成效的。从各地教师培训的现状看，目前各级各类学校的教师培训主要采取两种方式：一是通过"走出去，请进来"的办法，教师到师范院校学习教育理论，或请专家来校做报告，仍然是以介绍国外教育理论为主，以听、记、考为主，给人一种大而空、不切实际、脱离实践之感，在职教师们对这种培训模式非常不满。二是以在校内相互听课、评课，多以模仿为主，教师感觉虽有收获但又缺乏新意。这两种模式之所以都尚未能够取得满意效果，很重要的一个原因就是不符合或没有满足教师自身的内在需求。调查发现，由受训教师以外的行政人员或专家制订的教师教育计划，从内容到形式都难以满足教师内在发展的需要；在这种主要从社会发展和教育改革需要出发而制订的培训方案中，广大教师只能是现成知识的被动消费者、既定形式的被迫服从者，难以调动起学习的积极性，也难以取得理想的培训成效。

② 比如，当前在职教师参与培训的内在需求表现出一种理性与非理性相交织的矛盾性。一方面，中小学教师已经认识到社会发展、时代变化对自身素质要求的提高和学习、掌握新知识、新技术的重要性，渴望更新和优化自己的知识结构，迅速提高教育教学技能、技巧以及科研能力等；但另一方面，在当前的社会整体状况下，教师工作又似乎更多地被视为养家糊口的"饭碗"，教师也常常将参与培训与自我利益联系起来，或是迫于行政压力参与培训，或是为了晋升、评比、完成继续教育任务而参与培训。这就更加要求在职教师培训的组织者、教育者关注教师们的真实需求和内部动机。

时，我们要积极吸收和整合学习者的意见，加强引导，采取灵活多样的形式，有针对性地开展教师教育；还可以采取一定的激励措施。有研究显示，当教师从专业发展中获得的奖励等于或略多于付出时，他们更愿意参加专业发展活动。这里的奖励并不仅仅指物质奖励，其实，中小学教师更在意的是精神奖励（如学生的学习进步等）。在教育投入尚显不足甚至在有些地区严重不足的国情背景下，从促进学生发展的角度提高教师参与学习的积极性和教师教育的有效性，不啻为值得探索的有效策略。另外，我们还需要逐步改善和变换教师教育的内容、方式、方法等，将讲授与讨论、案例教学、现场指导、个人叙事等方式结合起来，以增强吸引力和感染力，提高教师教育效果，实现教师教育目的。

（三）改变对教育理论的误解，加强理论与实践的对接

教育理论作为教师教育的重要内容之一，对提高教师素质、促进教师专业发展发挥着重大作用，但常常与人们的期望存在较大差距。造成这种状况的原因并非"理论无用"，而是人们对教育理论的认识存在偏差以及教育理论的学习过程存在问题（如教学方法陈旧，造成"讲教学法的人最不讲究教学法"的尴尬局面，理论学习过程中缺少平等对话和鼓励创新、师生互学的开放性学习氛围等），特别是当教育理论在教育教学实际问题面前似乎难以显现其指导作用时，教育理论知识就更加难以得到广大中小学一线教师的认同。

对教师教育目的的认识差异反映了认为教师专业实践仅仅是把所学知识简单传授给学生的传统教师教育观仍占据思想核心。这种传统教师教育观本着"缺什么，补什么"的原则，单纯注重了对学科知识和现代教育理论知识的学习，而忽略了教师的自我教育、主动学习和自觉反思。事实上，这种教师教育目的观不符合社会发展对新型教师和教师教育的要求。理论的学习不是孤立的，而应该是与实践充分对接的。教师教育实践环境的丰富性、整体性和复杂性使教师"个人实践知识"的价值与意义日益凸显，这要求教师教育不仅要"引向外部"，更要"引向内部"，帮助教师发现或恢复属于自己的生活世界，关注教师专业意识的养成。事实上，要培养"反思性实践者"，增强教师的教育反思意识和能力，系统扎实的教育理论学习是必不可少的。教师对教育教学真谛的理解和把握需要教育教学外在价值标准的内化，实践的困惑和迷茫反映出教师对理论理解的浅陋和偏离，只有将实践中反映出来的问题上升到理论层面加以剖析，才能寻根求源，真正提高和拓展教育品质。在教师教育中，教师要注重融入个人的热情和智慧，在反思中不断提高自己的能力。

教育实践与教师专业自主意识存在着密切关系。教师的教育行为总是在具

体的教育实践情境中展开的，并实现着对教育意义的理解和追求。这样的实践总是呼唤着实践主体的强烈意向性。教师的专业自主意识决定了教育情境事件的重要意义，必须肯定教师专业自主意识在教育实践中的巨大作用，教师教育必须立足于教育实践情境，打破以往传统认识论和技术理性的支配，超越教师是"技术工"的定位，重视教师作为独立个体的存在体验，提高教师的专业自主意识，实现从知识到意识的根本转向。由于教师的实践性知识并非传统概念中的"知识"，而是包含实践智慧和实践能力在内的综合体。这是一种很大程度上难以用语言清晰表述的"缄默知识"，其中蕴含的教育意识只能由教师在教育情境中去领悟和体验。为此，教师教育必须重视教师个人知识的实践形态，重视培养教师的专业意识。专业意识强的教师，其教育行为总有着明确的指向性，教育教学生活中的每一个细节都能使教师领悟到深刻的教育意蕴。教师自觉的教育意识对其教育行动具有根本性的价值和意义，教师教育应关注这种专业意识的自觉养成。从强调知识传递到强调专业意识养成，正是教师教育摆脱传统认识论和技术理性支配的根本性转变。当然，这样做并不是否定知识教育，而是强调不能把知识传递作为教师教育的唯一目的，而应将知识作为养成教师专业意识品质的重要媒介，关注学习者在教育实践境域中的感悟，唤醒其教育专业自觉。

　　总之，面对教育理论难以得到教师广泛认同的尴尬局面，如何整合和建构教育理论的学习方式并充分发挥其在教育实践中的作用，并努力维护和保持教育理论在教师教育中的专业地位，成为当前我国教师教育改革必须致力于解决的重大难题。而要解决这一难题，我们需要坚持教育理论与实践的结合，强化教师主体性的参与，积极倡导全新的教师教育模式，通过双向互动敦促教师结合自己的实践，从多个角度思考教育思想、理念，并反省自己的经验、不足。教育理论工作者则要秉持对教育实践的深层关怀，杜绝盲目追求学术地位的倾向，转变教育研究方式，扩大与中小学教师的合作，并指导中小学教师将理论知识理解、吸收、内化为自己的个人信念和实践性知识，扩大其教育视野和理论胸怀，提高其对自身实践的反思、批判意识和能力。只有尊重和把握中小学教师对教育拥有的"前理解"，才能够在教师教育过程中关注到他们的实践感和实践意识，也才能有助于将教育理论与实践有机结合，提高教师教育的质量和实效，也进而满足学习者的内在学习需求与期待。当然，丰富的教育实践感悟不能自发地产生教育理论，教育实践问题的解决需要深厚的教育理论滋养。因此，教师教育不能仅仅满足于对一种体验式的感悟，而是要在此基础上致力于提高学习者的教育判断力和理论敏感性，才能真正地提高其教育反思的自觉意识和能力。

(四)坚持学术性与师范性的辩证统一，培养反思性文化实践者

在我国高等师范教育的百年发展历程中，"师范性"与"学术性"是一个长期争论不休的理论和实践问题(其实质是要不要对教师进行教育专业培养，要不要按照教师职前教育的规律与特点来办高等师范院校等)，直接影响着对教师教育目的的认识和定位。一百多年来，围绕这个争论，我国高师院校走过了由独立设置到取消，再到恢复、创新的曲折历程。即便如此，人们对教师教育基本特点的认识仍欠准确、完整和深入，在教师教育实践中，如何处理好师范性和学术性的矛盾、如何在两者间达成辩证统一的关系，仍需准确、深入地理解。

在教师教育目的上，我们必须清醒地认识到教师教育既要加强"学术性"又要夯实"师范性"，两者不可偏颇。首先，对"学术性"的理解不能局限于"学科领域的学术性"，必须强化"教育学术"的意识和能力养成①；强调"学术性"则指师范生不仅需要在文化科学知识和学科专业领域具有与综合性大学学生相当的水平，而且也应具有基本的教育学术研究能力。"师范性"则指教师教育的目的是培养适应时代素质要求的合格乃至优秀教师，教师教育是不同于培养理、工、农、林、医、商等科专门人才的专业教育；强调"师范性"即强调要对师范生进行教育专业的培养和训练，通过包括教育见习、实习在内的教育专业课程学习，使师范生热爱教育事业、掌握基本教育专业知识和技能、初步形成教育专业和教师职业的认同感等，为其未来的教师专业可持续发展奠定基础。事实上，"学术性"与"师范性"并不是一对严密的概念范畴，"师范性"亦蕴含着"教育学术性"的内涵，教师专业人才培养特别需要重视和加强教育学术研究能力的培养和锻炼。师范性和学术性必须辩证统一地有机结合、融为一体，贯穿和体现于整个教师教育的全过程。

"教师职业正在成为一门重要的专业，而不是一种行业和简单劳动；教师开始不再是单纯的任务执行者或角色扮演者，而是教育的思想者、研究者、实

---

① 舒尔曼(L. S. Shulman)也系统论述过教师职业的专业性。中小学教师的教育工作绝非简单的知识传递，它同样也是知识创新的活动。教育教学中的这种知识创新，一方面，体现在作为教学内容的知识绝不是某种僵死和凝固的存在，而是一种活知识，是教师和学生之间相互作用的产物，因此，了解教育教学活动中知识创新的一般规律，对于提高教师教育质量无疑是十分重要的；另一方面，由于现代社会的知识不断增加和丰富，教师和学生在教育关系中的地位不断变化，过去单纯演绎式的教学方式已经不能适应现代教育的要求，教育教学活动已经由过去单纯的知识传递转变为一种师生间相互讨论和研究的探索性活动，需要未来的教师具有研究、创新能力.

践者、创新者和需要不断发展的专业工作者。"①这一界定为我们思考教师教育的目的、定位等问题提供了启示。教师教育的受教育者不应是等待被"填充"的知识或思想容器，也不应是传递知识的"熟练技工"；教师教育必须重视学习者（特别是在职教师）已有理念、经验、知识和技能的影响，转变教师教育中原有的"控制－技术"倾向，从教育实践与教师专业自主意识的关系出发，重新理解教师专业发展的核心内涵，并以此开辟教师教育新的目标视域；特别要看到，教师教育作为一种知识传播和人才培养的专门性活动，同样具有十分深厚的学术内涵和广阔的学术前景。

吉鲁（H. A. Girox）等批判教育学者试图凝聚从贺拉斯·曼（Horace Mann）到杜波伊斯（W. E. B. Dubois）再到约翰·杜威（John Dewey）的深厚民主传统力量，以维护教育作为公共空间的属性，发展个人自由与社会正义，为创建一个民主的社会而努力。这对我国教师教育而言，其意义也显而易见。②吉鲁在其《教师作为知识分子——迈向批判教育学》一书的中文版序言中发问："中国教师应该成为知识分子吗?"我们可以进一步发问："中国教师教育应该培养知识分子型的教师吗?"答案显然是肯定的。将教师教育目的进一步延伸到培养反思性文化实践者，契合了我国教师具有知识分子批判精神的历史传统，也有利于促进我国教育民主化的进程，具有重大现实意义。当代中国教师教育价值取向与目的的根本转变应致力于培养教育学术研究者和反思性文化实践者。

总之，当前我国教师教育改革中，在教师教育目的的理解和确立上，我们需要坚持"教师为本""实践为基""教育学术为魂"，密切关注基础教育发展对教师素质提出的要求及教师自身的内在需要，着力打造"一切为了教师，为了教师一切"的服务型教师教育系统，实现教师全面、可持续专业发展的目标。这样的教师教育目的才合乎道德，符合人性、人道、理性、公正等基本要求，从而能够最大限度地保护受教育者的利益。

---

① 王长纯，宁虹. 建设教师发展学校的思考[N]. 中国教育报，2001-09-22.
② 西方社会学校教育中存在的、盲目推崇"数量""效益""效率"等的唯科学主义、工具理性主义和经济实用主义思想和实践，在我国教育及教师教育中也不同程度地存在.

第七章 教师身份

我国 1993 年制定的《教师法》第三条规定教师是"履行教育教学职责的专业人员",改变了长期以来教师职业群体具有的"国家干部"的法律性质,也使得教师身份(特别是法律身份)问题受到关注。①

一、"教师身份"的意涵与特点

"教师身份"是一个多学科研究的议题,与"教师角色(role)"等概念既相区别又相联系,多学科视角的教师身份研究揭示出教师身份的诸多特点。

(一)教师身份及相关概念的意涵

我们阅读教师研究文献时常会见到"教师身份(identity)""教师角色(role)""教师地位(status)""教师自我(self)"等词语,有必要首先厘清这些相关概念的意涵,以深入开展教师身份研究。

1."身份"与"角色"

汉语"身份"一词对应的英文单词是"identity"。从词源上看,"identity"来自拉丁文中的"idem",原意为"相同""同一"。根据商务印书馆出版的《牛津高阶英汉双解词典(第 6 版)》对"identity"的解释②,"identity"一词包含相似性(similarity)和独特性(difference)两层意涵,既关涉个体的差异,又触及群体

---

① 近年来,多位全国人大代表在全国人民代表大会上提交议案(如 2007 年的江苏省教育厅厅长王斌泰,2008 年的华中师范大学教育学院教授周洪宇),建议建立"国家教育公务员制度",将取得教师资格证书并获得教师职位的公办普通学校中小学教师的身份确认为国家教育公务员,纳入国家公务员行政管理系统之中,并将教师工资保障机制列入法律条文,以彻底解决长期困扰我国教师队伍建设的待遇问题,真正把尊师重教落到实处。这类建议都指向教师的法律身份归属问题.

② 商务印书馆出版的《牛津高阶英汉双解词典(第 6 版)》对"identity"的解释是:"who or what somebody or something is",即"身份、本身、本体";"the state or feeling of being similar to and able to understand somebody or something",即"同一性、相同、一致";以及"the characteristics, feelings or beliefs that distinguish people from others",即"特征、特有的感觉或信仰"。从这三个基本含义来看,"identity"一词包含物体的相同性(sameness)或相似性(similarity)和独特性(difference),而且这种特性具有不因时空而转移的一致性或延续性(consistency or continuity)这两层意涵。

的同一。因此，"identity"既可译为"身份"，又可译为"认同"。^①"身份"更多地指社会和他人对个人应该是其所是的规定，主要表现在社会对个人所属职业的要求及其在整个社会中的声誉、地位；除侧重职业身份和地位外，还涉及政治、经济、文化、法律等多重层面的身份及其地位。"身份认同"则更多地指个体对自己是其所是的理解和意识，以及对自己生存价值、意义的理解，即人们对"我是谁""什么对我有意义"等的理解与认同。在现代社会，生产方式的变迁带来社会生活方式的变迁，推动人们身份及身份认同的变迁，"职业"亦越来越成为人们身份感知及身份认同的重要标识。

作为一个社会学概念，"角色"是指社会对某一特定从业人群的一种集体性预期。在迪尔凯姆和帕森斯看来，角色是结构化的、社会分工的结果。

"身份"与"角色"是带有交叉意义的概念而又不完全相同。需要注意的是，在谈到"角色"时虽然也触及"社会分工"，但往往并不指"社会分工"的地位高下；而"身份"则不仅包含社会分工导致的角色区分之意，而且包含社会地位高低的意涵。在现代社会中，身份作为一种"社会标识"而存在，每一个社会身份都有独特的功能和价值，扮演一定的社会角色，处于一定的社会地位。

2."教师身份"与"教师角色"

"教师身份(teacher's identity)"指社会和他人对教师应该是其所是的规定，主要表现为教师职业群体在整个社会中的政治、经济、文化、法律地位和声誉。"教师身份认同"则更多地指教师个体对"成为教师对我意味着什么"，即对自己作为教师的存在价值、意义等的理解与认同。"教师角色(teacher's role)"指社会业已形成的、对教师应该如何履行自己工作的一整套共享规范，是"理想教师的形象及其行为规范"。不同学科视角对"教师身份"和"教师角色"的研究侧重点不尽相同。^②

教师个体有着怎样的身份感有赖于教师个体对外部角色期待进行认同并赋予意义，有其主观建构的成分存在；也正是教师角色的存在，使得教师身份带

---

① 有研究者认为，"将 identity 译作'身份'以彰显差异，'认同'以突出同一，'身份/认同'以强调整体概念"。(蒋欣欣. 西方女性主义理论中的"身份/认同"[J]. 文艺理论与批评，2006(1)：97～102.)也有研究者主张在表达静态的身份感知时将"identity"译为"身份"，而在表达动态的认同过程的语境中则译为"身份认同"(此时即对应动词"identify"或另一个名词"identification")。(叶菊艳. 叙述在教师身份研究中的运用——方法论上的考量[J]. 北京大学教育评论，2013(1)：83～94.)

② 本章将重点介绍不同学科视角的"教师身份"研究。关于"教师角色"研究，教育学更多的是围绕"教师应当扮演怎样的角色"而进行"规范性逼近"，社会学则主要是围绕"教师实际上扮演着怎样的角色"而进行事实研究.

有共性的特征，教师构建其身份的过程是教师在教师身份共性与个性间协商的过程。所以，有研究者认为，"教师身份"一词有两层含义：第一，指教师这一职业群体在社会分工体系和职业系统中所处的位置和具有的声誉、权威等，以及由此衍生的教师群体独特的生活方式。这种身份主要由制度规定，如法律对教师的从业要求、职责、权利、义务等的规定，以及制度赋予教师的经济、政治、文化地位等。第二，指教师对自身在学校教育中作为教育文化组织者的价值意义的觉知以及由此衍生的对自身生存状态的理解。①

（二）教师身份的特点

作为一种职业身份，教师身份兼有个体性与社会性、结构性与建构性等特点。

1. 个体性与社会性

"身份"意涵兼具个体性和社会性两种属性。在个体性层面上，教师身份指教师个体对自身的确认和对自身身份的主动认同（或可用"身份感"一词来表达）；在社会性层面上，教师是人类社会发展到一定阶段的产物，作为特定的社会存在，其产生、发展及社会地位的变化与保障都具有社会性。② 因此，"身份认同"亦包含"个人认同（寻求我、我们与他、他们的区别）"和"社会认同（通过群体特征来明确我与他人的联系）"两个方面。

2. 结构性与建构性

身份既是结构性的又是建构性的。教师职业身份的结构性表现为教师群体在整个社会结构中的阶层地位，如以经济收入来划分的经济阶层地位，以政治权力来体现的政治阶层地位，以文凭学历高低来反映的文化阶层地位，等等。正因为教师群体或个体自身并不能完全控制这些经济、政治、文化等符号性资源，教师身份带来的经济、政治、文化等地位在很大程度上是制度塑造的结

① 刘彦平. 关涉教师幸福：教师合理身份的伦理诉求[J]. 鸡西大学学报，2011(3)：8～10.

② 教师身份的社会性表现为社会需要促成了教师职业的产生，教师在社会政治、经济、文化及法律上的地位随社会发展不断变化，教师身份的认可与权益保障具有社会性等。比如，我国在封建社会，统治阶级对教师的尊重与利用并重，民间对教师的尊重与鄙夷同在；新中国成立后，教师被赋予"人民教师"的光荣称号，履行国家主人的职责、义务；"文化大革命"期间，教师的人格尊严被严重践踏；改革开放后，教师地位得以重新确立并逐步提高。这些都充分反映了教师身份与社会变化之间的密切关系，而社会的发展也不断影响着教师身份。从"长者为师""以吏为师""有知识者为师""受过师范教育者为师"到"拥有教师资格证者为师"，社会对教师职业的认识和要求在不断提高。"正是社会发展需要直接决定了教师职业的产生，给个体获得教师称号，拥有教师身份创造了条件，提供了可能性和提出了期望。同时，社会的发展变化也影响着教师身份的变化与社会地位和权益的保障。"（赵荷花. 谁使我们成为教师——论教师身份之特性[J]. 教育研究与实验，2010(4)：56～60.）

果，身份地位的高低是通过与他者间的客观性差异而体现出来的，因此，职业阶层身份首先具有结构性。另外，身份又具有文化建构性的特征，表现为身份存在于人为的价值预设中，正因为存在这种与经济、政治结构之间无直接联系的主观的价值预期，行动者的实践具有了某种被强制性或自我强制性，所谓"本分工作观"或"天职工作观"就是职业文化建构性的体现。处于文化建构中的身份内涵是通过价值的正当性（"合体统"）与非正当性（"有失体统"）之间的差异而体现出来的。① 此外，教师对自己身份的感知是教师于历经时空变化下在自我、人际群体及政策、制度对教师赋予的角色期待之间协商的结果，这个协商的过程亦是教师身份构建的过程。

此外，受工作环境、工作性质和社会需要等影响，教师身份还具有共生性、选择性、渐成性、延续性、稳定性、整体性等特征。②

二、不同学科视角的教师身份研究

作为一种职业群体和个体的标识，教师身份及身份认同成为近年来我国教师研究的热点之一，哲学、伦理学、心理学、社会学、历史学、经济学、法学等不同学科都从自己特有的学科视角出发，对教师身份、教师身份认同进行了深入研究。

（一）哲学、伦理学视角的教师身份研究

哲学集中于对教师进行本体性追问和反思，倾向于描述教师身份在个性与共性方面是如何体现的，对"教师是谁""为什么我是教师"进行"存在论逼近"。所谓"本体"，就是"事物存在之根源"；对教师身份的本体性追问就是追问"教师是谁"、寻求"教师之为教师"的理由或依据，是对教师存在依据的寻根，追问教师存在依据的生命性和精神性。这是人的深度价值所在，是对教师进行一切规范的理由和出发点。因此，哲学视角的教师身份研究关注的是"全人类意义上的'大写'的'人'"，聚焦的研究主题是"本体性自我（ontological self）"；问题意识是"教师作为'人'的本体存在状态是怎样"，即对"教师是谁"的本体性追问与反思；核心命题围绕"教师作为'人'的主体性（agency）"，诸如"师生间的

---

① 比如，在我国，由于受传统文化的影响，在人们心目中，教师是"道德的化身""知识的代表"，"知识分子、人民教师、教育家、人类灵魂的工程师、园丁、蜡烛、粉笔等，都是历史以来民间对教师的称谓，这些称谓表现出教师劳动的特点以及教师在人们的期望中具有的身份象征"。（伍雪辉.从"新型"教师称谓看教师身份的特征及其建构[J].教育发展研究，2011(2)：53～57.）

② 赵荷花.谁使我们成为教师——论教师身份之特性[J].教育研究与实验，2010(4)：56～60.伍雪辉.从"新型"教师称谓看教师身份的特征及其建构[J].教育发展研究，2011(2)：53～57.

'我—你'关系是教师存在之本""教育实践是教师安身立命之本""教育智慧是教师成长之本"等；主要研究方法为思辨性研究。[①]

教师身份的伦理学研究强调尊重教师作为普通人的需要，不能忽视教师的切身利益而谈精神追求，不能抽象地要求教师"安贫乐道""无私奉献"而无视教师的合理利益与合法权益以及作为一个人的真实生活；对教师的道德要求应该是人性化的，不能把教师当作不食人间烟火的圣徒，更不能因为少数教师的不良行为而对教师进行妖魔化报道。[②] 伦理学视角的教师身份研究关注的也是"全人类意义上的'大写'的'人'"，聚焦的研究主题则主要是"教师幸福"和对教师职业伦理进行规范性研究[③]；问题意识是"怎样的教师合理身份才真正关涉教师幸福""教师应该具有哪些职业伦理"等；核心命题围绕"教师幸福""教师职业伦理"以及强调尊重教师利益等；也以思辨性研究为主要研究方法。

(二)心理学、社会学、历史学视角的教师身份研究

心理学视角的身份研究侧重于"身份发展(identity development)"或"身份形成(identity formation)"。发展心理学理论将人的发展区分为不同阶段，沿袭这一问题意识和研究视角，个体教师对自己教师身份的感知亦被视为从对教师身份的感知不成熟或没有感知的阶段到最终形成自己教师身份感的过程。这类研究往往侧重了解师范生或新入职教师的"教师身份"是如何一步步发展起来的，以及对不同教师(如师范生、农村地区教师、不同学科尤其是"副科"教师、

---

① 例如，有研究者指出，现代性让教师的教育生活在外延性与意向性之间的不确定关系急速增长，经济全球化的诸多影响和个人素质的改变导致教师身份认同出现危机，使教师自我价值感和意义感的丧失成为根本性的教师心理问题；教师身份的各种外在规范导致教师身份表现出无根性，即教师被各种价值观念规范为实现国家利益和满足教育制度需要的工具，使教师对自我身份产生困惑与迷茫；学术研究的规范性研究取向导致的理论言说无据又进一步导致逐渐丧失身份根基的教师在教育实践中处于一种漂浮无据的精神状态。因此，必须以教师身份内在的合理、合法性去理解教师身份，不能以规范和制度自身的程序合理性为教师身份辩护；而教师身份的追问必须基于对教师的基本认识(教师是师生关系中的教师、教师是教育实践中的教师、教师是在其教育实践中追问教育智慧并作为教育者的教师)。(何菊玲.教师是谁？——关于教师身份的本体性追问[J].陕西师范大学学报(哲学社会科学版)，2013(2)：98~103.)

② 徐淑芹.中国教师身份的伦理分析[J].教学与管理，2007(7)：3~6.

③ 刘彦平.关涉教师幸福：教师合理身份的伦理诉求[J].鸡西大学学报，2011(3)：8~10.

少数民族教师等）的身份认同及其危机展开研究。① 现实中，教师们常常会因为没能获得充分的物质资源和心理资源的支持而对自己的教师身份产生怀疑甚至茫然，而使其教师身份感的发展和形成"一波三折"。为此很多研究者倾向于用"身份构建"一词来凸显教师身份形成和发展的复杂性。② 概括地说，心理学视角的教师身份研究关注的是"个体层面的'小写'的'人'或'我'（self/ego）"；聚焦的研究主题是"自我（身份）的发展（development）与形成（formation）"；问题意识是"教师的自我是如何形成和发展的""教师自我的形成与发展受到哪些因素的影响"等；主要研究方法为实证研究及发展性分析。

　　秉持"事实研究"的社会学对教师身份的研究重心在于教师所属社会地位及伴随社会变迁这种社会地位发生的改变，着重分析"教师事实上是谁"。2002年，由吴康宁教授发起的"教师是社会代表者吗""教师是公共知识分子吗"抑或"教师是半支配阶层代言人——半公共知识分子吗"的争论，将社会学视角的教师身份研究推向高潮，"教师具有半支配阶层代言人——半公共知识分子身份的悖论性"③这一结论似乎更具事实的解释力和论证的说服力。另外，在社会学的视野里，所有认同都可以说是被建构起来的，身份认同的背后一直都存在一些结构性因素，但也一直都关涉行动者的能动性。从社会学角度看，身份认同是行动者获取意义的源泉，行动者在某个社会结构下采取的行动，往往不是对于该结构的直接反应，而是经历了认同的中介作用。社会学的认同研究主要关注认同是如何、从何处、通过谁、为了谁而建构起来的。因此，社会学视角的教师身份研究更多地关注"群体意义上的'教师'"（教师群体的社会声望、权力、地位等身份要素）以及制度背景下教师身份的社会建构性（教师个体或群体究竟如何构建自己的教师身份）；研究主题聚焦于"社会地位（status）意涵上的教师身份"，如"教师的阶层地位（class）""被制度形塑的身份"等；问题意识则围绕"身份及身份认同的社会建构性"，诸如"教师如何看待自己被制度形塑

---

① 林一钢，等. 师范生教师身份认同的实证研究[J]. 教育发展研究，2013（10）：78～82. 林一钢，等. 师范生教师身份认同危机及其原因探析[J]. 全球教育展望，2011（8）：34～38. 容中逵. 他者规训异化与自我迷失下的乡村教师[J]. 教育学报，2009（5）：83～88. 李金奇，等. 义务教育阶段农村教师身份认同分析[J]. 教育发展研究，2012（22）：80～84. 邵雪梅. 当前我国中小学体育教师身份认同的困境及其出路[J]. 成都体育学院学报，2013（9）：46～49.

② 比如，课程改革、政权更替下的教育政策变迁导致社会对教师角色的规范和期待不断发生改写甚至被彻底颠覆，此时教师极有可能失去已形成的自我身份感，被迫重新构建教师身份，才能维系自我职业生存，具有从事教师工作的意义感.

③ 吴康宁. 教师：一种悖论性的社会角色——兼答郭兴举同志的"商榷"[J]. 教育研究与实验，2003（4）：1～8.

的身份""个体是如何构建(construct)自己的教师身份的"等;核心命题有"人的身份感知是一个动态的认同过程"等;主要研究方法为实证研究及关系性分析(侧重分析个体教师如何在自我、人际群体和制度/政策三者赋予的教师角色期待间进行协商及相应的影响因素,等等)。

历史学视角的教师身份研究关注的是"'与时俱进'的'人'",研究主题聚焦于"以历史的结构和轮廓呈现教师身份的变迁",侧重于分析不同政治环境、统治思想、经济条件、文化背景下,制度化或观念化教师身份的历史演变(例如,在我国高等教育发展历程中,学校组织类型经历了从官场型到剧场型再到单位型的转变,教师身份也因此经历了从学官到学人再到干部的变迁①);问题意识围绕"教师身份的历史变迁"②;核心命题概括地说就是"个体教师在其从教生涯中可能经历社会对教师角色共享期待的巨大变化";研究方法不仅仅局限于传统的史学研究方法,也越来越强调学科交融③。

(三)法学、经济学视角的教师身份研究

法学视角的教师身份研究倾向于在法学视角下为教师身份定位提供法律依据,对教师应该享有的法律权利和义务进行阐释,对《教师法》《教育法》《教师资格条例》等法律文本规定的"教师作为专业人员"的身份定位进行解读。概言之,法学视角的教师身份研究侧重阐述和论证教师职业应有的法律身份和地位,关注"特定制度环境下的'法人'",研究主题聚焦于"教师的法律身份(权利/义务)""教师的社会地位";问题意识则围绕"制度形塑的教师身份",从法律规范的维度对教师法律身份应该如何确定进行阐释和论证。

经济学视角的教师身份研究更多地关注"特定制度环境下的'经济人'",研究主题聚焦于"教师制度(institution)建设"(教师制度建设的成本、效率等)以及"教师人力资本(资源)";基于教师人力资本产权的特征来分析教师身份(例如,在我国社会转型中,教师身份从计划经济体制下的"单位人"到市场经济条件下的"契约人"的变迁如何导致教师身份危机)。④

当然,很多研究并非采用单一的学科视角,而是借鉴了多种学科视角而进行交叉、融合研究。例如,融合心理学微观视角和社会学宏观视角的研究,可以对教师个体如何对制度规范、社会规约的教师身份进行再认识和再建构给予

---

① 胡金平.从学校组织类型的变化看我国教师身份的变迁[J].高等教育研究,2007(11):38~43.

② 孙玲.教师身份的历史变迁[J].天津师范大学学报(基础教育版),2010(1):14~18.

③ 徐淑琴,等.教师身份的伦理思考[J].教育科学研究,2007(11):9~12.

④ 李玉栋,等.社会转型期教师身份变迁及危机应对研究[J].上海教育科研,2012(9):24~27.

细致的描摹和深刻的揭示。

三、教师法律身份

教师法律身份指以法律形式规定的、教师在教育法律关系中的主体资格及其相应的权利、义务和责任。教师的法律身份就是教师的权利、责任和义务的集中体现和根本标志，涉及教师在各种社会关系中的位置（教师的法律地位），具体体现为教师与政府、教师与学校的关系以及教师的权利行使和义务履行等。明确教师的法律身份是教师队伍建设中的前置性、根本性问题，对于加强教师队伍建设、提高教师地位、维护和保障教师合法权益具有重大意义。

（一）我国教师法律身份的现实状况[①]

我国中小学教师的法律身份归属一直没有得到清晰、明确的界说。比如，关于我国基础教育公立学校教师的法律身份，曾经先后出现过多种称谓，诸如计划经济时期的"国家干部"、20 世纪 80 年代的"事业单位人员"、20 世纪 90 年代的"专业人员"和"国家工作人员"等。1993 年颁布的《教师法》首次以法律条文的形式，提出教师是"履行教育教学职责的专业人员"，使得我国公立中小学教师的法律身份在政策和制度层面转变为"专业人员"，教师任用制度也开始由此前的行政任用制转变为职务聘任制。然而，《教师法》将教师身份定位为"专业人员"，还只是从文本意涵上明确了教师职业特定的社会性质和社会地位，在我国法制发展和人事制度改革的现实进程中，教师一直处于法律调整的空白地带。当前我国中小学（义务教育阶段和非义务教育阶段）教师的法律身份归属不明确仍是一个突出问题；教师在法律身份上既不是公务员，也不是《中华人民共和国劳动法》（以下简称《劳动法》）和《中华人民共和国劳动合同法》（以下简称《劳动合同法》）明确界定的劳动者（雇员），由此引发了诸多实践问题。

首先，中小学教师不属于公务员。《中华人民共和国公务员法》（以下简称《公务员法》）第二条规定："本法所称公务员是指依法履行公职、纳入国家行政编制、由国家财政负担工资福利的工作人员。"根据该条规定，中小学教师不占用国家行政编制，因此不属于公务员系列。

其次，教师也不是与学校结成劳动合同关系的雇佣劳动者。实行教师聘任制以来，相当一部分学者认为聘任制下的教师与学校的关系是建立劳动合同关系的劳动者与用人单位之间的劳动法律关系，适用于《劳动法》。然而，1994

---

① 本书着重介绍和分析我国中小学教师（特别是公立学校中小学教师）的法律身份，暂不讨论大学教师、民办中小学教师等其他教师群体的法律身份问题.

年 1 月 1 日起施行的《教师法》只规定了教师行政申诉救济制度，这仍然是将教师纳入传统的行政框架中考虑。因此，司法实践中才会出现劳动仲裁委员会以教师聘任纠纷不属于劳工纠纷为由、拒绝受理教师仲裁申请的现象。

最后，"专业人员"构不成对教师法律身份的完整表述。《教师法》第三条规定："教师是履行教育教学职责的专业人员。"这种表述虽然首次从立法上完整地阐释了教师职业的社会性质，确认了教师社会地位的专业性和神圣性，有助于促进我国教师专业发展和提高师资质量，也符合教师专业化的国际趋势；但"专业人员"的定位并不能解决实践中的各种聘任法律纠纷，也无法明确教师在各种教育法律关系中的地位、权利、义务和责任。

(二)关于我国中小学教师法律身份的不同观点

我国公立中小学校教师法律身份不明严重影响了教师权益保障和教师队伍建设。近年来，我国公立中小学校教师的法律身份问题成为理论探讨的热点，主要有以下几种不同观点。

第一，教师(特别是公立义务教育学校的教师)的法律身份应该是"国家公务员"或"国家教育公务员"[1]。持这一主张的研究者提出的论据有[2]：其一，义务教育是国家的一项公益性事业，其最大的受益者是国家和社会；其二，义务教育阶段公立中小学校是国家行政主体为实现国家教育权和公民受教育权的特定目的而设立的公益性机构；其三，教师的教育权利是为了保障学生的受教育权利而确认的教师职务上的必要权利，它来自于国家的授权。因此，我国普及义务教育事业的国家事业性质和举办这类教育属于政府行为决定了公立学校(特别是义务教育阶段的公立学校)教师具有为国家和社会负责的公共职责，他们实际上承担着与公务员性质相同的工作，其法律身份应该归属于公务员系列，并得到国家法律的确认和保护。将教师纳入公务员队伍，教育行政机关将按照《公务员法》对教师实行管理，教师可以依照《公务员法》行使权利和履行义务，教师的工资、待遇及身份将会在法律上得到保障，也有利于保证教师职业的稳定性，促使教师将精力放在教育上，而不是把心思放在担心下岗或辞退上。建立教育公务员制度、为教师的权益提供充分的保障，这既是当前我国义

---

[1] 教育公务员是一种不设具体行政级别的国家特殊公务人员，兼具专业人员和国家公务人员的双重身份，同时享受公务员待遇和教师待遇(如每年寒、暑假带薪休假，进修学习的权利等)，并履行相应的义务。(周洪宇.加强教师队伍建设的制度保障[J].教育研究，2008(5)：7~10.)

[2] 劳凯声.在义务教育阶段建立教育公务员制度的思考[N].中国教育报，2009-02-12.张灵，等.中小学教师教育公务员身份探析[J].教育探索，2009(12)：132~134.韩小雨，等.我国义务教育教师的国家教育公务员法律身份及其保障制度[J].教育学报，2010(2)：82~89.

务教育事业发展中迫切需要解决的深层次、根本性问题，充分体现党和政府对中国最大的教师群体的人文关怀，是极富人情味的重大举措。

第二，教师身份不宜公务员化。反对教师身份公务员化的研究者提出的论据主要是[①]：其一，虽然《教师法》和修订后的《义务教育法》都明确提出"教师的平均工资水平应当不低于国家公务员的平均工资水平"，国家领导人在公开场合的讲话中也多次强调要以公务员平均工资来确定教师工资水平并逐步提高教师待遇，但这些都只是在探讨教师工资水平的保障问题，旨在提高中小学教师的经济待遇及社会地位，并未涉及教师的法律身份，而教师法律身份涉及的是教师招录、聘用、晋升、待遇等一系列教师管理体制问题；其二，"公务员"和"教师"是本质特点和性质都截然不同的两种职业，两者在权力来源、任职资格、职业要求等方面都有着根本差别；其三，虽然教师工作具有公益性特征，但并不履行公共管理职责；其四，教师身份公务员化并不能解决教师队伍不稳定的现实问题，也不必然增强教师职业的稳定性，甚至会进一步加大政府统筹教师队伍和教育均衡发展的难度；其五，目前我国各地教师工资拖欠问题已基本解决，无须依靠教师身份公务员化来解决；其六，教师身份公务员化很可能会带来诸多消极影响（如削弱教师职业的专业性、加剧校园滋生官本位意识、误导社会对公务员职业的理解、造成教师队伍管理的混乱、对政府机构改革不利、违背学校的自主办学思想、不符合教师专业化的发展趋势、阻碍民办教育的发展等）。

第三，教师的法律身份应该定位为兼有公务员和雇员双重身份的"公务雇员"（或"公务劳动者"）。持这一主张的研究者提出的论据主要是[②]：其一，教师与学校存在公勤、劳动两重法律关系；其二，教师职业的特殊性在于教师不是一般的劳动者，而是特殊的公务劳动者；其三，将教师从公务员队伍中分出，同时打破干部、工人身份之别，将人事关系和劳动关系一并纳入人力资源统一管理，与我国事业单位人事制度改革走向相一致；其四，根据我国国情，如果将义务教育阶段教师的法律身份定位为公务员，则会导致教师人事管理中行政化、官本位的积弊更加严重，不利于教师资源的合理流动和优化配置；其五，公立中小学教师作为事业单位的专业人员，在一定意义上适用《劳动法》和

---

①　刘璞. 我国教师不宜纳入公务员序列[J]. 新西部，2009(12)：98～99. 刘波. 教师身份不宜公务员化[J]. 现代教育管理，2012(4)：66～70.

②　陈玺名. 公务雇员：我国义务教育教师法律身份的合理定位[J]. 上海教育科研，2009(6)：39～42. 石正义. 公立学校教师法律地位新探[J]. 湖北社会科学，2012(12)：141～144. 夏茂林，等. 关于义务教育教师法律身份的经济学思考[J]. 教师教育研究，2013(3)：27～31.

《劳动合同法》，从立法和司法实践的走向来看，教师在法律身份上逐渐成为适用《劳动法》和《劳动合同法》的雇员应是改革发展的趋势；其六，与企业雇员相比，公立中小学校教师需要较高程度的政府监管；其七，我国公立学校的法律地位是公法人（学校是公务法人），教师作为"公务劳动者"是与公立学校的法律地位相一致的；其八，美国、英国也是将公立学校教师定位为公务雇员的①。因此，我国公立中小学教师的法律身份不宜单纯定位为雇员，而应当兼有公务员的身份，这样才能够从根本上保障中小学教师（特别是经济欠发达地区和落后地区的中小学教师）的收入和地位，提高教师工作的积极性，并更好地发挥政府在公立中小学师资调配方面的作用，保证基础教育（特别是义务教育）公平、促进教育事业和谐发展。

第四，应在现行法律规定的教师职业性质基础上，分类确定教师的法律身份。具体地说，义务教育阶段公立学校的教师应定为公务员，非义务教育阶段公立学校的教师则定为教育雇员；高中阶段的混合制学校和要求取得合理回报的民办学校在教师法律身份上应实行"双轨制"，即原先有编制的教师属于教育公务员，新招聘的教师则属于教育雇员；公立大学教师确定为公务员，其他类别大学的教师则定为教育雇员。②

此外，还有研究者出于维护教师合法权益、杜绝随意解聘教师的行为，保护教师职业的神圣性、公务性、稳定性等，主张应该将中小学教师定位为"国家工作人员"③，但"国家工作人员"和"国家公务员"之间有何区别等问题，还需深入研究和探讨。

总之，教师的法律身份是关于教师与其他各类教育主体之间法律关系的规定，是建构教师权利、责任与义务体系的核心依据。教师制度改革的关键即在于如何处理好教师的工具性价值（作为资源的教师）和主体性价值（作为教育主体的教师）之间的矛盾。而处理这一矛盾的法理依据和根本体现就在于教师法律身份的确定。

四、教师身份的自我建构与认同

教师身份意味着教师的一种特定存在。有的人为成为教师而欣然快乐、无怨无悔（例如，全国特级教师斯霞老师耄耋之年还眷眷留恋教师岗位）；有的人

---

① 从西方国家的教育立法看，公立中小学教师法律身份定位主要有三种类型："公务员"（如德、法、日等大陆法系国家），"公务雇员"（如英、美等法系国家）及"雇员"（如新西兰等国家）.

② 吴郁芬. 对我国教师身份的再界定[J]. 天津市教科院学报，2009(6)：34～35.

③ 尹力. 重新确立中小学教师的身份：国家工作人员[J]. 教育研究与实验，2003(1)：1～5.

却为成为教师而茫然痛苦、悔之不迭(例如,那些在教师岗位没工作几年就心不在焉或在岗多年消极倦怠的人)。在同样的工作岗位上,为什么从业人员的心理反差如此之大呢?这就涉及教师身份的自我建构与认同问题。

身份的自我建构与认同主要关涉"我是谁"和"我与世界是什么关系"的问题,也关涉"可能自我(possible selves)"的问题("我会成为什么人""我想成为什么人""我怕成为什么人"等问题)。教师身份的自我建构与认同就是个体对"教师是谁"的回答和体认,表现为教师个体因"教师"这一职业而拥有的身份感、意义感和价值感,还涉及教师对教师职业及其生涯发展的看法、态度和观念等。① 从事教师职业的个体有没有形成稳定而一致的身份感、意义感和价值感及其稳定性、一致性程度如何,对教师个体明确职业定位和职业追求、优化职业行为和职业生存方式、实现专业自主发展和生命价值、在职业生存中体味人生意义和幸福等,都有着至关重要的影响。②

(一)教师身份建构是在师生互动关系中寻求个体意义

认同是现代人在现代社会中塑造的、以自我为轴心展开和运转的、对自我身份的确认。③ 身份认同是个体具有的自身是其所是的意识,这种意识的形成来自他人的反映,没有他人的反映就无法形成对自我的意识。身份不是独立存在的现象,人的身份确证是从其与自然、他人、自身的关系中获得的,总是在与其具有"反向身份(counter-identity)"的他者关系中建构起来的。人因"直立行走""主观能动性"等而与动物区别开来,"当下的我"因"更加意志坚定"而与"原来的我"相区别,等等。正如马克思所说:"……人起初是以别人来反映自己的。名叫彼得的人把自己当作人,只是由于他把名叫保罗的人看作是和自己

---

① 这是因为认同的核心是价值认同,是一种意义感和价值感的获得和确认过程。在教师身份认同中,教师的职业身份(或者说职业自我)认同就是教师在其职业生活中获得价值感和意义感的过程,确认自我能够在职业生活中获得幸福和尊严的过程。在职业生活的具体过程中,教师个体将职业认同与自我认同有机地融合在一起。换句话说,选择了教师职业的人将对自我的认同安放在了这一特殊的职业之中,职业认同成为教师自我认同的最核心部分.

② 教师身份建构与认同研究主要关注教师个体对教师职业身份、意义和价值的自我体认和理解,最核心的研究问题是"个体教师如何构建自己的教师身份"("教师的身份认同是如何被建构起来的")。沿着这个核心问题,以新入职教师或师范实习生为对象的研究重点考查的是,新入职教师或师范实习生初入教师岗位时究竟是如何构建自己的教师身份认同的;以对外汉语教师为对象的研究重点考查的是,面对文化差异背景,对外汉语教师是如何构建自己的教师身份认同的;以经历教师政策变化的教师为对象的研究则重点考查这些教师在政策变迁带来的角色变化下,究竟是如何构建自己的教师身份认同的;等等.

③ 王成兵.当代认同危机的人学解读[M].北京:中国社会科学出版社,2004:9.

相同的。"①马丁·布伯认为，人是通过"你"而成为"我"的，"我—你"关系是先于实体"我"的，实体"我"是由"我—你"关系而出的。② 对于教师来说，教师身份也绝非孤立存在的，单凭教师自己是无法获得和认同教师身份的；只有在与学生、家长、社会公众等他人的交往、互动关系中，特别是在师生间的共生、共存关系中和在师生之间的主体间性交往、对话关系中，才能够体察到教师的真实存在及其价值、意义。

(二)教师身份建构是在结构性场域中发生文化改变

拥有"教师"称谓显然并不意味着个体就自认为"是一位教师"了；那么，到底是谁(或者说是什么)使得一个人成为并认同自己"是一位教师"呢？是社会意志还是个人意志？教师何以能够真正地感到自己"是一位教师"？

如前所述，教师身份认同既受社会结构性因素的制约(个体教师是在自我、人际群体和制度/政策等构成的结构性场域中，通过自我与结构性因素赋予的教师角色期待间进行协商，从而建构出自我身份认同的)，又表现出文化建构性的特征。有研究者指出："教师对自己身份的感知，是其在自己从业生涯中不断协商自我、人际群体与政策/制度赋予的教师角色期待的产物。但这种不断建构和协商并不意味着教师身份是流动的、不稳定的和支离破碎的；实际上，身份作为个人解释和证立自己与他人、自己与世界之间的关系，并且对这种关系赋予意义的资源，如果个体教师的身份感知在不断变化，自己恐怕都难以适从，他人更无法辨识该教师究竟是怎样的人。一般而言，个体教师会努力在变化中建构出一个相对整合和一致的/自己是怎样的教师的身份感知。"③可见，教师身份究竟是稳定的还是破碎的，根本取决于教师有多大能量来应对不同层面的影响因素。

20世纪90年代以来，我国教师政策层面一直在着重突出和强调"教师是专业人员"的身份定位。由此，有研究者提出"从'专业人'到'文化人'"的教师身份更新问题，认为"专业人"的教师身份认同关注的是教师的职业生存状况(教师如何进入职业、巩固业内生存地位、增强业内生存能力)，表现出来的是教师为了实现业内生存而被迫去发展自身的相应教育资质、素养，强调的是教师群体在社会阶层中的地位以及教师个体在教师社群中的地位；"文化人"的教师身份重构则将关注视野聚焦于教师的生活样态(教师如何在教育活动中发展自己的文化，改变自身参与教育生活的方式)，教师由此表现出来的是面对教

---

① 马克思. 资本论(第1卷)[M]. 北京：人民出版社，1975：67.
② 马丁·布伯. 我与你[M]. 陈维纲，译. 北京：生活·读书·新知三联书店，1986：44.
③ 赵荷花. 谁使我们成为教师——论教师身份之特性[J]. 教育研究与实验，2010(4)：56~60.

育生活世界提出的要求而积极主动地谋求自身的发展和对自我生活方式的审视。"专业人"以职业社会化问题为纽带，将专业化问题扩散到教师职业生活的所有方面（如专业组织、资格制度、专业发展等）；"文化人"则以教师自身文化发展为视点，旨在揭示教师教育行为生成的逻辑和图式，致力于推动教师文化的创生与转变。"专业人"力图从教师素质结构提升（体现为专业标准）、解决教育问题的能力提高、教师教育制度建设等角度，来提升教师在市场化领域中的竞争力（职业市场力）；"文化人"则侧重从教师身体文化的生成、转变、互动等方面来说明教师教育行为变动的各种样式和现实依据，以及教师行为生成影响因素的复杂性、多元性等。"专业人"审视教师发展的路径是始于教师职场的压力，经由教育知能的学习，成于教师资格的获取，教师自身的发展被工具化、功利化；"文化人"审视教师发展的路径则是始于教师教育行为生成的复杂性，经由对教师文化图景、图式的分析，成于教师文化生态的建构，教师自身的发展始终处于观照的中心，教师得到了本体性的观照。[1]

也有研究者在批判"基于工具理性主义的教师专业发展消解了教师的文化身份和对教师人生的终极关怀，遮蔽了教师发展的内在价值，使教师发展从原本的主体性异化为客体性"时指出："教师专业发展的最终目标与结果是让教师获得一个特殊的职业身份。这种身份一方面为教师树立起一个掌握了丰富学科知识、教育知识、教育概念的'知识人'形象，另一方面也通过教师资格制度的构建赋予教师一种特殊的、常人无法代替的'专业人'资格。显然，对教师而言，这是一种源自他们教育生活之外的、'强加'于他们的一种身份，如果认为这种'专业人员'的资格、身份就是'教师之为教师'的根源的话，那么，这就无形中消解了'教师'这一身份的基质或原本的东西——文化性。由此，教师在教育生活中承负的职责与使命也随之被简约和表面化了。"[2]

总之，教师身份认同是在自我建构和制度形塑两种力量的竞争和妥协中获得的。虽然身份认同能够从支配性制度中产生，但对于教师个体来说，对教师职业形成稳固的意义感、价值感则涉及自我建构和个体化的过程。也就是说，只有在教师个体作为社会行动者，将外在的教师角色规范等加以内化，并围绕这种内化过程建构其意义时，才能够真正地建构起稳固的教师身份认同。

---

① 龙宝新.教师教育文化创新研究[M].北京：教育科学出版社，2009：38~39.
② 伍叶琴，等.教师发展的客体性异化与主体性回归[J].教育研究，2013(1)：119~125.

第三编

教师教育方法论

本编旨在从"教师教育主体""教师教育模式""教师教育课程与教学""教师教育评价""教师专业发展与学习""教师教育制度"和"教师教育政策与法规"等几方面来分析和阐述"教师教育怎么做"的问题。

第八章　教师教育主体

哲学上，"主体"是和"客体"相对的一个概念，指对客体有认识和实践能力的人，是实践活动和认识活动的承担者。本章将承担教师教育实践活动的组织（教师教育机构）和个人（教师教育者）视为教师教育的主体，分别加以阐述和分析。

一、教师教育机构

任何一种教育都不可能离开特定的教育机构而缥缈地存在，教师教育亦然。制度化的教师教育自诞生之日起，就是在以培养教师为任务的特定教育机构中进行的。教师教育机构即具体承担教师培养任务的组织机构；但教师教育机构并非固定不变，而是随着社会和教育的变革而变化、发展着。这是因为教师教育机构的形态、职能等往往与根植于特定社会历史条件的一整套教师教育制度、体系等紧密关联，而社会、政治、经济、文化制度变革以及科学技术进步、学校教育发展等因素又必然会对教师教育制度、体系提出新要求，从而推动教师教育机构的发展与变革。世界范围内，各国的教师教育机构都先后经历了从中等教育层次的师范学校（normal school）向高等教育层次的师范学院（教师学院，teacher college）的提升，再到教师教育全面进入高等教育（教师教育机构成为大学内的机构）（school of education/teacher college in university）的变革过程。这里着重介绍我国教师教育机构的历史变迁。

（一）传统的师范教育体系下的教师教育机构

我国教师教育虽然起步较晚，但教师教育体系在创立之初就体现出跳跃性发展；20 世纪初，参照日本教师教育体系而创立的、由中等教育和高等教育构成的、独立而且封闭的中国师范教育体系直到 20 世纪末才出现松动。[①]

新中国成立后，仿照苏联模式于 1951 年颁布实施了《关于改革学制的决定》，这是新中国第一个学制，确立了由初级师范学校、中等师范学校、师范专科和师范大学"四级师范"构成的我国师范教育体系；后于 20 世纪 50 年代中期取消了初级师范，由此形成了"教师职前教育的三级（师范）体系"。在三级师范体系中，办学主体清晰，培养目标明确（中等师范教育以培养小学教师为主，师

---

① 李学农．论我国教师教育机构改革的路径选择[J]．黑龙江高教研究，2007(9)：103～105.

范专科教育培养初中教师，师范本科教育则培养高中以上教师）；相应地就有了三级师范教育机构：中等师范学校、师范专科学校和师范学院及师范大学。

与此三级师范教育体系相对应，系统的在职中小学教师教育（进修）体系亦逐渐建立和形成。20 世纪 80 年代初，原国家教委将在职教师教育体系作为与三级师范教育体系同等重要的机构加以建设：省级教育学院或教师进修学院（对应于师范学院）、地（市）级教育学院或教师进修学院（对应于师范专科学校）和县级教师进修学校（对应于中等师范学校）。至此，三级师范教育（教师职前培养）体系与三级教师进修（教师在职进修和培训）体系共同构成了我国独立、封闭的教师教育体系；也由此出现两大类型的教师教育机构：职前教师教育机构（师范教育机构）和在职教师教育机构（教师进修培训机构）。

这种独立、封闭的教师教育体系具有两个明显特征：一是教师的职前培养和职后培训自成系统、相对封闭和缺乏沟通，从事职前培养的师范院校和从事职后培训的教育学院、进修学校无法了解教师教育中其他环节的内容、模式和方法等，造成教师教育缺乏整体性，难以对教师的成长进行系统规划；二是小学教师的培养、初中教师的培养以及高中教师的培养被固定在各级师范院校的职能范围内，三级师范院校分工明确，定向培养、定向分配，中等师范学校、师范专科学校以及师范学院及大学在目标定位、课程设置、教育实习等方面各成系统，缺少沟通和交流，培养的教师缺少对基础教育的整体视野和全程观念。

改革开放后，中国社会和中国教育进入新的发展时期。到 20 世纪末，随着九年义务教育的基本普及，基础教育对师资力量的要求也从数量满足型转向质量提高型，中国教师教育机构的发展也进入新的历史阶段。

（二）开放的教师教育背景下的教师教育机构

西方发达国家教师教育机构先后经历了取消传统师范学校、将师范院校并入综合性大学而成为大学教育组成部分的发展过程；但是，由于社会、经济及教育发展特点的不同，不同国家教师教育的这一发展历程不尽相同，共同的特点是教师教育机构成为大学组织中的一个部分。[①] 中国教师教育机构是从 20

---

① 以美国为例，19 世纪末、20 世纪初，大量中等师范学校升格为师范学院，不少师范学院并入综合大学，一些综合大学亦创设教师教育机构（例如，1890 年，纽约大学建立美国第一所具有研究生水平的教育学院；1898 年，纽约教师学院并入哥伦比亚大学；1904 年，芝加哥师范学院并入芝加哥大学；1920 年，哈佛大学成立教育研究生院）。到 20 世纪 60 年代，美国已没有师范学校，本科层次的师范学院也所剩无几。到 20 世纪六七十年代，美国教师教育机构转型基本完成，20 世纪 80 年代后，一个相对稳定、完全开放的教师培养体系基本定型，教师教育都由综合性大学承担。西方其他发达国家大都经历了相同的教师教育机构转型过程。（阎光才. 美国教师教育机构转型的历史经验及其启示[J]. 教师教育研究，2003(6)：73～77.）

世纪 90 年代末开始，伴随着高等师范院校的综合化及国家开放教师教育的政策认定①而进入新的历史时期，表现为独立、封闭的师范教育体系逐渐被打破，教师教育机构开始全面进入高等教育体系，并致力于通过机构转型等改革举措，探索和寻求以新的方式立足于现代大学体系之中。

　　一方面，我国高等师范院校在综合化的发展过程中开始重建自身的教师教育机构。中国教师教育机构变革中没有出现师范院校普遍并入综合性大学的情况是由中国高等教育发展特点决定的。中国的高等师范院校一直是中国高等教育的重要力量，在国家、省（自治区、直辖市）、市（地市）这三个不同层次上，一大批实力不凡的高等师范院校为我国基础教育师资培养都做出了巨大贡献。自 20 世纪 90 年代中期以后，特别是一些有着悠久历史和学术积淀的师范大学，在中国高等教育"跨越式"大发展的背景下，亦加速向高水平综合性大学的方向发展，致力于从单一的教师教育机构变为开展多样性学科专业教育活动的高等教育机构，随之便出现了自身作为教师教育机构的重建问题。另一方面，高等学校在合并过程中开始重建教师教育机构。自 20 世纪 90 年代中后期开始，我国各级各类高校在资源整合过程中掀起一股"合并""升格"之风，在这一潮流中，一批高等师范院校亦因此而成了综合性大学中的一个组成部分。②

　　中等师范学校在我国教师教育历史中也曾经发挥了十分巨大而重要的作用，直到 20 世纪 90 年代中期以前，中等师范学校对我国城乡优秀青年人才都有着相当大的吸引力。但是，随着我国高等教育的大众化发展，中等师范学校对优秀生源的吸引力越来越小，而基础教育的发展又使得我国小学及幼儿园对教师的素质及学历要求越来越高，这使得中等师范学校不得不重新寻找自己的生存之道，有些通过"升格"而成为高等学校的一部分，获得了合法开展高等教师教育的地位，有些则采取挂靠高校的过渡方式，等等。

　　早在 20 世纪 90 年代中期，少数以在职教师继续教育或学历补偿教育为主要任务的教育学院、教师进修学校等在职教师教育机构也开始通过"合并""升

---

　　①　1999 年 6 月，《关于深化教育改革，全面推进素质教育的决定》明确提出建立开放的教师教育体系的政策目标："调整院校的层次和布局，鼓励综合性高等学校和非师范类高等学校参与培养、培训中小学教师的工作，探索在有条件的综合性高等学校中试办师范学院。"

　　②　概括地说，我国师范教育体系的变革表现为：传统师范教育体系中的中等师范学校逐渐退出历史舞台，高等师范专科学校升格为师范学院，师范学院升格为师范大学，师范大学则从隐性的综合性大学转变为显性的综合性研究型大学。通过"并""转""撤"等途径，我国最终形成五种类型的教师教育机构：师范大学、师范学院、师专、综合性大学、综合性学院。同时，传统的非师范教育体系参与教师教育的力度也逐渐增强，综合性研究型大学纷纷成立教育学院（开展教育硕士、教育博士培养工作）.

格"等途径而成为高师院校的组成部分,在机构意义上实现了"职前、职后教师教育一体化"。

总之,世纪之交,中国的教师教育机构在悄然地发生着变化。综合性大学中出现了教师教育机构;师范院校在综合化发展程度越来越高的背景下,内部也出现了专门的教师教育机构;中等师范学校或转型为其他类型学校,或升格为高一级教师教育机构,或合并成为高等学校的一个组成部分。变化方式多种多样,机构名称也不尽一致,组建及运作方式更是差异甚大;但不可否认的是,我国封闭、独立的教师教育体系逐渐被打破,新的开放、多元的教师教育体系逐渐形成。教师教育活动不再是师范院校的专有领域,"非师范院校参与教师教育"得到国家的政策支持,而师范院校向非师范专业拓展、谋求综合化发展的积极性高涨;"教师教育大学化"的色彩和特征愈益明显,教师教育开始全面进入高等教育体系,教师教育体系由"老三级"(中等师范教育、高等师范专科教育和高等师范本科教育)向"新三级"(专科教育、本科教育和研究生教育)转变;而"教师教育专业化"的要求则越来越明确。

(三)新形势下的各类教师教育机构面临的发展困境

迄今为止,世界范围内,在不同社会的发展阶段,教师教育机构先后呈现出独立学校和综合大学的不同存在形态。独立学校形态是以师范学校为单位的社会组织,综合大学形态指教师教育机构是综合性大学内部设立的部门。我国由于特殊历史条件下的特定制度设计,还存在庞大的在职教师教育机构。然而,新的历史背景下,"教师教育机构"这个原本清晰的概念变得越来越边界模糊。① 各类教师教育机构(高师院校等职前教师教育机构和教育学院、教师进

---

① 在独立学校形态阶段,教师教育机构就是学校(师范学校);在综合大学形态阶段,当"教师教育机构"这一概念被指向"大学"时,问题其实不但没有变得清楚反而更加复杂了,因为教师教育机构不再是一个独立的社会组织,而只是大学这个社会组织中的某个或某些部门,但究竟是哪个或哪些部门,答案并不明确。在独立学校形态下,文理学科院系只承担教师教育任务;而在综合大学形态下,这些文理学科院系几乎将全部精力倾注到学科专业建设上而无暇顾及教师教育,教师教育机构形态的变迁又使得教育学院也不得不按照现代大学的学术评价制度集中资源进行教育学的学科建设而对教师培养重视不足。教师教育机构边界模糊的后果则是教师教育责任主体不明、教师教育资源分散以及教师教育者的"集体逃逸",甚至是教师教育质量下降。这恐怕是旨在提高教师教育质量和教师教育学术水平的"教师教育大学化"动议未曾料到的"意外后果"。顾明远先生曾痛心地指出,师范院校综合化的目的是提高师范专业的学术水平,但目前的事实是有多少转型的院校把力量加强在师范专业上?他们都热衷于扩大非师范专业、忙于升格、企图挤入高校名牌行列,不仅不是借用综合学科优势来加强师范专业,反而是抽调师范专业教师去充实其他新建学科,与改革宗旨背道而驰。(顾明远.我国教师教育改革的反思[J].教师教育研究,2006(6):3~6.)

修学校等在职教师教育机构）都面临着目标定位、生存方式等的重新定位和转型。

比如，高等师范院校中的师范大学（特别是各级重点师范大学）自 20 世纪 80 年代以来就开始面临日益严峻的生存和发展危机。教师职业缺乏吸引力导致生源庞杂，师范教育的属性决定其无法从市场上谋取经济利益，导致教师教育作为公益性、基础性的事业，与工商、医学等专业教育相比，缺乏商业潜力。在既无法获得市场资源也没有得到政府优先投资的历史条件下，在与综合性及理工科类高校的竞争过程中，师范大学不得不迈出综合化的发展步伐。而 20 世纪 90 年代后，面对高等教育扩张和教师教育体系开放化的双重压力，大多数师范院校纷纷转型为综合性高等院校，一些部属重点师范大学更是"升格"为"综合性研究型大学"。在高等教育大众化发展进程中，大学自身发展逻辑、社会经济需求逻辑和国家意志这三种力量深刻影响着师范大学的发展转型。"由于对政府和市场的资源依赖，师范大学的发展处于一种两难境地：既要保留师范大学原有的学科特色，维持其'师范教育'的市场领地；又要通过合并、扩招，实现结构调整与质量提高，探索综合化的发展道路。"[1]

又如，随着我国教师教育政策的调整和改革的不断推进，作为在教师教育中占主体地位和发挥主导作用的地方性高师院校，面临的困惑、困难也越来越明显（办学目标定位的困惑、生源质量的忧虑、教师队伍的参差不齐、毕业生就业渠道的不畅、政府财政支持的乏力等[2]），严重制约和影响着地方性高师院校的健康、稳定发展；甚至有研究者认为"开放的教师教育人才培养体制，新教师入职教育的缺失，不同层次师范院校教师教育人才培养'三分天下'的格局，地方师范院校在转型中特色的丢失，使得地方师范院校处于夹缝中生存和发展的窘境"[3]。地方师范院校需审时度势、合理定位，采取坚强有力、多管齐下的措施，突破窘境。

再如，作为我国教师教育体系的重要组成部分，长期承担广大中小学教师学历补偿教育、职后继续教育和教育行政干部培训等任务的省级教育学院，随着基础教育师资学历补偿任务的完成和我国高等教育的深化改革，也开始遭遇重重困境，谋求新的发展（有的改制为普通本科高校，有的直接并入普通本科

---

① 李梅，等．大众化背景下师范大学的发展路径选择[J]．教师教育研究，2010(5)：18~22．

② 王国良．地方性高师院校所面临问题及思考[J]．理论月刊，2009(7)：88~90．

③ 王桂艳，等．地方师范院校教师教育的窘境与发展思路[J]．沈阳师范大学学报(社会科学版)，2014(5)：142~144．

高校），而在本地政府大力支持下坚守教师在职培训任务的省级教育学院所剩无几，而且不同程度面临着生源萎缩、功能弱化、地位边缘化的窘境。如何科学定位、合理谋划，尽快走出发展困境，是摆在这些省级教育学院面前的迫切任务。①

同样，以教师进修学校为主体的县级在职教师培训机构，作为我国教师教育体系的重要组成部分，对农村义务教育的普及与发展和县域内中小学教师的专业成长与发展也曾经发挥过重要作用；然而，进入 21 世纪以来，县级教师培训机构的发展也面临严峻的挑战，甚至出现了严重萎缩现象（在有些地方已经名存实亡，很难承担起新形势下培训农村教师的任务），突出存在的问题有：职能定位不明确、基础办学条件薄弱、师资水平不高、培训课程体系不完善、培训教学方式相对单一、培训组织管理不规范等，造成这些问题的因素固然很多（如教育管理体制不完善、教育政策执行乏力、忽视培训者的专业发展和教师的主体地位等），但其根本是触及县级在职教师培训机构的建设。②

（四）新型教师教育机构的构建

有研究者将我国从封闭、独立的师范教育向开放的教师教育的转型称为"我国教师教育的第一次转型"，但这第一次转型并没有提高教师教育的质量甚至使得教师教育发展陷入困境；或者说，教师培养质量的下降是我国教师教育第一次转型未曾预料的事实。为此，我国提出了教师教育"二次转型"的议题，并就我国教师教育第一次转型的限度及其成因以及"二次转型"的意义和取向等进行了深入的探讨。③

当前，我国师范大学内部的教师教育机构主要出现四种模式：文理学院模式、教育学院模式、不完全教师教育学院模式和完全教师教育学院模式。第一，文理学院模式。这是传统模式，也是目前在全国高师院校中仍然居于主流地位的模式。师范生和学科教师教育者都归属于文理学院，教育学院（或称教

---

① 刘金海．对省级教育学院生存与发展问题的思考——基于危机管理理论的视角[J]．河南教育学院学报（哲学社会科学版），2011(3)：22～24.

② 苗培周，等．县级教师培训机构面临的发展困境及其对策建议[J]．江苏教育学院学报（社会科学），2011(6)：42～46.

③ 我国教师教育第一次转型的限度主要表现为一流综合大学参与教师教育的数量有限，综合化后的师范院校生源质量下降，教师教育从学术制度上没有得到合法的学科支撑，从而没有带来教师培养质量的提高；教师教育的第二次转型取决于教师教育学科制度的建立，具体从教师教育的院校性质、专业逻辑、组织体系与结构、教育学科定位、师资、课程设置与实施等方面进行转型。（朱旭东，等．论我国教师教育的二次转型[J]．教育学报，2014(5)：98～106.）

育科学学院)只提供教师教育课程中的教育学、心理学类基础理论课程，学科性的教师教育课程和实践课程由文理学院提供。该模式的缺点是教师教育力度不够。第二，教育学院模式。师范生仍然归属于各文理学院，学科教师教育者整合到教育学院(或称教育科学学院，或改名为教师教育学院)。但采取这种模式的院校中已经出现多所院校的学科教师教育者又返回各文理学院的情形。这是特别值得深思和探究的。第三，不完全教师教育学院模式。这种模式又有两种情形：一是师范生归属于各文理学院，学科教师教育者聚集在一起成立教师教育学院，他们的教学和研究工作在教师教育学院进行，但他们的编制和人事关系仍然在原来的文理学院。二是师范院校在已有教育科学学院的同时成立教师教育学院，学科教学论教师都归教师教育学院；师范生(除音、体、美专业)前2.5年在各文理学院，后1.5年(大三下学期)划转进入教师教育学院，教师教育学院负责划转后师范生的教学与管理，以及"学科教育类课程"(如学科教学论、基础教育课程标准研究、学科研究方法论、学科技能训练等)和教育实习，师范生的"教育类公共课"仍然由教科院负责(教科院自主安排，不受划转影响，相关师资目前也都不归教师教育学院)。在该模式中如何真正地、可持续地凝聚并发挥学科教师教育者的作用，以及增进教师教育学院与教科院的合力，是这种制度设计需要解答的难题。第四，完全教师教育学院模式。即成立实体化的教师教育学院，师范生及学科教师教育者都进入教师教育学院，教师教育学院在建制和功能上与其他文理学院一样，成为实体性的专业学院。该模式有利于实质性地强化教师教育，但也可能存在与文理学院模式相反的问题，即师范生的学科教育存在不足的可能。

要真正回答"教师教育机构应该如何转型"的问题，我们必须首先弄清楚"教师教育资源事实上是如何分布的""教师教育资源应该如何整合才能够真正保障和促进教师教育质量的提高"。事实上，教师教育资源不但分散在高等教育机构和在职教师教育机构之内，而且分散在大学之外的基础教育机构，甚至可以认为分散在全社会之中。

教师教育是一项极具实践性的人才培养事业，其培养目标、过程与组织形式都离不开与中小学课堂教学之间的紧密联系。基础教育学校也是重要的教师教育机构，中小学教师也是重要的教师教育者，中小学课堂也是重要的教师教育现场。因此，高等教师教育机构转型不仅要注重整合高校内部的教师教育资源，而且要发挥各方面力量，整合大学之外尤其是中小学校的教师教育资源。这也是世界教师教育发展的基本趋势，由此，"建设教师教育共同体"成为近年来教师教育研究和实践中的热点议题。

　　教师教育共同体是大学（高等教师教育机构）与地方政府、教育行政部门及中小学校合作建立的一种旨在促进职前教师专业成长和职后教师专业发展的专业性团体。教师教育共同体的具体形式有"教师专业发展学校（Professional Development School，PDS)""教育发展服务区""教师发展基地""教师发展论坛""教师实践共同体"等，虽然各种形式的教师教育共同体在名称及组织运作方式等方面不尽相同，但都致力于超越传统学校组织的束缚及师范院校师资培养模式的局限，促使教师教育成为大学、中小学和地方政府的共同责任，"从一定意义上说，它是一种更为根本、镶嵌在实践之中的教师教育多方参与者的命运共同体"①。还有研究者提出要重视中小学校以及中小学课堂之外的少年宫、博物馆、科技馆、学生家庭等中小学生活动场景中蕴藏的资源优势，充分发挥其教师教育职能；通过构建网络联盟形态的新型教师教育机构，加强大学与中小学间的合作，将职前教师教育、入职教育和教师持续的专业发展作为一个统一整体联系起来，在教师教育创新、教师专业发展和教育研究之间建立起更为密切的联系，将大学内外各种教师教育资源整合进教师教育网络联盟，形成由大学、中小学和其他社会教育机构组成的教师教育共同体。"教师教育共同体是转型中的教师教育机构的真正内涵。""教师教育机构转型的这一轨迹是对教师资源供求规律的因应。""教师教育机构不再是一个独立的学校组织，也不是综合大学中的特定部门，而是一个由多种组织机构或部门组成的网络联盟，综合大学中的教师教育学院是这个网络联盟中的关键节点，它应当发挥整合大学内部和外部教师教育资源的强大功能。"②

二、教师教育者

　　如果说教师教育的质量直接而深刻地影响着教师的素质状况；那么，从事教师教育的工作者——教师教育者无疑是影响教师教育质量的重要因素之一。教师教育者在教育生态系统中占据重要地位，他们对未来教师的素质养成起着关键作用，他们的素质影响着未来教师对教师职业的态度和知识、能力。

　　（一）教师教育者的内涵及其构成

　　作为一个"舶来品"，"教师教育者（teacher educator)"这一词语在中国大陆的出现是与"教师教育"概念的提出密切相关的。我国官方文件中正式使用"教师教育"这一概念后，"教师教育者"这一词语即逐渐融入教育研究和实践领域

的话语体系中，但作为学术话语进入教师教育领域也不过十多年。朱旭东教授在 2001 年提出要制定教师教育者的认可制度，这是中国大陆教师教育研究领域首次使用"教师教育者"的措辞。

在西方国家的教师教育研究中，"教师教育者"泛指所有参与教师培养或培训工作的人员，即"教师的教师"。从广义上来说，凡是有意识、有目的地促进教师发展的人都可以称之为"教师教育者"，包括教师教育机构和基础教育机构中参与培养或培训教师的人员，如学科专业领域课程的任课教师、教育专业课程的任课教师、实习和新手教师阶段的指导教师、各级教研部门的教研员等，甚至可以包括教师自身，因为通过反思性实践而获得专业发展也是教师成长的重要途径。这些教师教育者都不可或缺，他们在教师专业发展的不同生涯阶段开展教师教育工作。狭义的教师教育者仅指高等教师教育机构中的教师教育者。鲍勃·考斯特（Bob Koster）认为，教师教育者是"为未来教师提供教学、引导或实质性帮助，使其不断成长为胜任教师工作的人"。我国学者指出，"教师教育者是专注于教学和研究教师之为教师的专业素质发展的人，是教师专业发展的引领者或导师"[①]。

尽管学术界对"教师教育者"的内涵界定不一，但仔细梳理各家观点，也不难发现几点共识：第一，教师教育者是专门从事教师教育工作的人，他们以教师培养为专职，专门从事教师专业化发展活动，发挥教学和研究教师教育的专门职能，成为教师专业成长的重要引路人；由此可见教师教育者的专业身份与地位、专业责任与使命。第二，教师教育者是帮助教师（准教师和在职教师）实现职业社会化的人，帮助其成为社会期待的"职业人"——"教师"。本书在广义层面来分析教师教育者的人员构成，认为：教师教育者（teacher educator）即"教师的教师"（teacher of teachers），既包括高等或中等教师教育机构中的教师，也包括基础教育学校中承担指导"准教师（pre-service teacher）""实习教师（student teacher）""新手教师（novice teacher）"等任务的中小学教师，以及承担帮助和促进在职教师研修、发展的教师（如我国的教研员）等，主要包括以下两类教师教育者。

第一，基础教育机构中的教师教育者。基础教育机构中的教师教育者包括指导师范生教育实践或教育实习以及指导新手教师（novice teacher）成长的、有经验的中小学教师（school-based teacher educator, cooperating teacher, mentor）。基础教育机构中的教师教育者具有较强的教育实践能力和丰富的教育教学实践

---

① 李学农. 论教师教育者[J]. 当代教师教育，2008(1)：47～50.

经验，往往又被称为"实践的教师教育者"（与教师教育机构中的"理论的教师教育者"相对应）。他们人数众多，作为"教师教育者"的专业素质也参差不齐，对"教师教育者"的自我身份认同相对比较模糊、淡薄。

第二，教师教育机构中的教师教育者。教师教育机构中的教师教育者包括高等教师教育机构或中等教师教育机构中参与职前教师（师范生）培养工作和在职教师继续教育或进修研习工作的教师。广义地说，参与职前教师（师范生）培养工作和在职教师继续教育或进修研习工作的所有教师都是"教师教育者"，但狭义上，又常常只将担任教师教育专门课程（如传统上的"教育学""心理学""学科教学论"等课程）的教学和研究工作的教师视为"教师教育者"（university-based teacher educator, general educator, teacher education faculty）。然而，在传统意义上，教育学科专业背景的研究者也并不一定就是"教师教育者"或"教师教育研究者"，特别是随着教育学科的不断分化，有些教育学科分支已经与"教师教育"没有太多关系（比如，心理学中的消费心理学、工业心理学、犯罪心理学等，以及教育学科中的教育经济学等），因此，笼统地说"教育学""心理学"背景的大学教师是教师教育者，并不十分妥当。目前我们可以认为"将教师教育作为自己的研究对象、从事教师培养和培训工作的教育学科领域的教师"是"教师教育者"和"教师教育研究者"。

需要指出的是，虽然狭义上的教师教育者（包括教授学科教育类课程的教师和教授教育类课程的教师，前者被称为"学科教师教育者"，后者被称为"教育学/心理学教师教育者"）是教师教育者中的主力，是教师教育知识的主要生产和实践者，也最应该成为高素质的专业化教师教育者，但是，高等院校中站在师范生面前的学科专业课程任课教师和教育专业课程任课教师一样，也是重要的教师教育者，特别是在当前国内高水平师范大学纷纷向综合性大学转型的背景下更是如此，不容忽视。

（二）教师教育者的角色

《辞海》对"角色"一词的含义给出了两个解释：指戏剧、影视剧中人物；"社会角色"的简称，指"与人的社会地位相联系并按规定执行的行为模式"。有研究者基于西方学者的研究以及美国教师教育者协会颁布的教师教育者标准，阐释了教师教育者应该扮演的三种角色：教师教育知识的生产者、教师专业合作的引领者以及教师教育文化的推动者。澳大利亚莫纳什大学的约翰·洛克伦教授在《建构教师教育的教育学》（*Developing a Pedagogy of Teacher Education*）一书中提出一个重要的观点：理解"教'教'"和"学'教'"（understanding teaching and learning about teaching），清晰地阐明了教师教育的出发点是教师职业实践活动的"教"，教师教育活动的本质就是"教'教'"和"学'教'"。依据洛克伦的观点，教师教育者的专业性有三层意涵：第一，对教师职业实践——"教"的专门性知识把握；第二，对"教"教师职业实践专门性知识的把握；第三，对"学"教师职业实践专门性知识的把握。只有把握了教师职业实践的专门性知识体系，又能够把这一知识体系专业地教给学习者，才可算是专业的教师教育者。这里结合教师教育者的工作性质，从"教育教学者""学习者"和"研究者"三个方面阐释教师教育者的角色和职责。

1. 教师教育者是从事"教'教'"工作的模范教育者（教育示范者）

作为"教师的教师"，教师教育者从事的工作，归根到底就是"教别人学习如何当教师"，即"教'教'"（teach how to teach）和"教'学教'"（teach how to learn to teach）。

相对于其他专业教育，教师教育的特殊性十分明显。在诸如医学、法学、商学等专业教育中，专业教育的内容和方式是可分的，专业教育者主要通过专业教育的内容来影响受教育者，专业教育的方式在很多时候只是手段而已，在这些专业教育中，专业教育者通过"教育"使学生学会"非教育"的专业实践；然而，教师教育的专业教育内容和方式却天然地合一，同属"教育"，教师教育是教师教育者通过"教育"使师范生学会"教育"的专业实践。

教师教育的这种特性充分说明了教师教育者的劳动过程是复杂的。教师教育实践至少包括"教'教'"和"学'教'"两个过程。"教'教'"的过程要求教师教育者不仅要将外显的、如何教学的知识教给教师或准教师，更重要的是要能够将关于教学的内隐知识进行外化，让学习者感同身受。"学'教'"的过程则要求未来教师对这些只可意会不可言传的内隐知识或缄默知识进行理解、领会并能够在中小学中运用。这两个过程既相互独立，又相生相依；既是师生教学智慧、能力、情感等和谐互动的过程，又是科学性和艺术性相互统一的过程。这一过程是复杂的、困难的，也是极具创造性的。诸多研究表明，对于新任教师而言，其学生阶段所学知识对教学的影响十分有限，他们更多是按照自己被教的方式进行教学。这就要求教师教育者不仅要具有渊博的学识、高超的技艺和良好的师德，还要加强"示范"的意识、提高"示范"的能力，言传身教、率先垂范，从而使学生"亲其师，而信其道"。

因此，教师教育者在教师教育活动中不仅要"学高为师"，以系统的教育知识促进师范生专业发展，而且要"身正为范"，以先进的教育方式促进师范生专业发展，发挥"模范教育者""教育示范者"的作用。教师教育者不仅是先进教育理念的讲授者，更应是这种理念的践行者和示范者。这就是教师教育者角色的双重性。一方面，他们向未来教师传授知识并培养其所需能力；另一方面，他们的教育教学行为往往在无意间影响着学生成为教师后的教育教学行为，这就是教师教育者的教育示范者角色。教师教育者自身的教育教学活动本身就是一种"教师教育实践"，就在进行教育教学的示范。

要成为"模范教育者"和"教育示范者"，教师教育者必须在教师教育活动中有机地整合教育的内容和方式，通过渗透进真实教育教学活动中的先进的教育理念和灵活多样的教育教学方式，强化师范生的教育内容学习。美国的《教师教育者专业标准》明确提出，教师教育者要在课程内容、专业知识、专业技能、专业品格、反思性研究、熟练掌握技术和评估以及接受最佳实践方面做出教学表率，在开发具有缜密的、相关的、具有深厚理论基础的研究和实践方面扮演领导角色。当然，教师教育者扮演"学高为师，身正为范"的示范者角色不能被极端化，不能认为"教师怎么教学生，教师教育者就应该怎样教教师"，为此，有研究者进一步厘清了教师教育者"示范者"角色的含义、依据、实现方式和应用范围。[①]

2. 教师教育者是"如何教'教'""如何教'学教'"的终身学习者

在全民都需要终身学习的时代，教师显然应成为终身学习的榜样，教师教育者则更应成为终身学习的典范。教师教育者是特殊的成人学习者，这种特殊性即体现在其工作性质上，教师教育者从事的是一种极具创造性和发展性的工作，他们面临的是时时刻刻都在变化的"学生教师"和社会上不断更新的知识信息，面临着更多的选择和不确定性。教师教育者"教别人学'教'"的前提是自己主动地、持续不断地学习"如何教'教'""如何教'学教'"。教师教育者要成为广大中小学教师专业发展的引领者，必须积极地谋求自身的专业可持续发展，成为一名卓越的终身学习者，学习的核心内容便是"如何教'教'"和"如何教'学教'"。

教师专业发展是教师由非专业人员逐渐成为专业人员的过程，是教师内在专业结构不断更新、演进和丰富的过程，表现在观念、知识、能力、专业态度和动机、自我专业发展需要意识等不同层面，又有不同等级。教师教育者对教师专业发展的引领主要是教师教育者为教师的观念、知识、能力、专业态度和动机、自我专业发展需要意识等提供支持和帮助。因此，除了自觉地成为终身学习者，教师教育者还需要发挥教师学习的激发者、激励者的角色，教师教育者在教师教育过程中不仅要通过教育内容和教育方式影响师范生，而且要采用

① 王加强. 教师教育者的多元角色分析[J]. 当代教育科学，2011(23)：45～49.

合理的方式激发他们的教师职业认同、调动其专业学习和自主发展的积极性。

3. 教师教育者是"如何学'教'""如何教'学教'"的自觉研究者

教学、科研和社会服务是大学的三大功能，教师教育者作为大学教师队伍的一个特殊群体，教师教育知识的生产是其重要职能之一。教师教育者劳动过程的复杂性和创造性等特点要求教师教育者并非机械地传授教学知识，而是要以教学者和研究者的双重身份研究自身的教学实践。20 世纪 90 年代，西方教师教育界兴起的"自我研究（self-study）"热潮即以"关注自身教学反思、促进自我专业发展"为主题，旨在更好地理解"教"和"学"之间的关系，倡导教师教育者关注并研究自身的教学实践。教师教育者为了不断更新教学实践，应自觉检验自身教学信念和行动间的关系，在教学中自觉地与学生、同事等他人展开对话与合作，采用访谈、观察、自传等多种方法，共同对自身教学实践问题与困惑展开系列探究活动，从而促进自我专业发展和教师教育质量的提高。融合了教学与科研的教师教育者自我研究将教师教育者置于教与学的实践背景之中，在这一复杂背景中，教师和学生互动，教学与研究共生，教学是研究的起点也是研究的终点、又是新研究的起点，并将探究出的教学规律服务于教学实践。

总之，教师教育者是教师教育实践者和教师教育研究者的统一。教师教育工作首先是一项实践活动，教师教育者首先应成为实践者，通过向师范生传授"教"的知识，培养其未来职业发展所需的能力、信念与感情，并通过自身实践成为师范生教学的榜样（"教'教'"）；同时，教师教育又是一项复杂的、极具艺术性的工作，教师教育者还要成为教师教育的研究者。在开展教学实践的同时，我们要充分利用各种资源展开对教师教育的研究，教师教育者是实践者和研究者的统一，两者不可偏废。我们如果单独强调教师教育者作为实践者，容易导致技术主义的教师教育观，即把教师教育者看作传授教育教学知识的技术工人；如果单独强调教师教育者作为研究者，又容易使教师教育者脱离教师教育实践，成为书斋式的学者。只有将两者统一，才能彰显教师教育工作者的生命力和专业价值，才能体现研究性和反思性教师教育观。

（三）教师教育者的专业素养与专业发展

专业的教师教育者应当懂得"专业的教"，并能够"专业地'教'"和专业地"教学生'学教'"，教师教育者的专业素养及其自我专业发展就应把握"专业的教""专业地教'教'"和"专业地教'学教'"三个方面。

1. 教师教育者"专业的教"的素养及其发展

教师教育者只有充分地了解教师职业实践的"教"，才能够胜任"促进教师专业发展"的职责。把握"专业的教"要求教师教育者把自己的专业取向从单纯的"教育学"学理考量转向教师职业实践。为此，对教师教育机构中的教师教育者来说，他们专业发展的重心应该是到基础教育学校的教师职业实践中去，从而真切而深刻地把握"专业的教"；对基础教育学校中的教师教育者来说，他们作为"教师教育者"（而不仅仅是优秀的中小学教师）的专业发展重心则是在教育学术的帮助下把握"专业的教"，职业实践基础上的学理考量是基础教育学校中教师教育者自我专业发展的重要方面。

2. 教师教育者"专业地教'教'"的素养及其发展

专业地把握基础教育实践的"教"是教师教育者开展教师教育活动的基础，但"教'教'"正是教师教育者与一般教师的根本区别；"专业地教'教'"就是"专业的教师教育者"必须具备的专业素养，也是其自我专业发展的重心所在。概括地说，教师教育者的专业素养和专业发展表现在两个"教"上：基础教育实践的"教"和"对'教'的'教'"，要能够将具体的基础教育学校实践活动的"教"教给学习者，无论是教师教育机构还是基础教育机构中的教师教育者，都必须具有"专业地教'教'"的素养，既不是"学术化""抽象化"地"教'教'"，也不是"经验化""感性化"地"教'教'"。因此，建立"教'教'"的专门知识体系便是教师教育者自我专业发展的核心任务。

3. 教师教育者"教'学教'"的专业素养及其发展

教师教育活动中，教师教育者的"教"和学习者的"学'教'"是不可分割的，教师教育者不仅要研究"教'教'"，而且要研究"教'学教'"（把学做教师的方法教给学习者，以便学习者能够自主地"学'教'"和自主地获得专业发展）。这就要求教师教育者首先要能够深刻地洞察和把握学习者"学'教'"的内在机制（学习动力、有效学习方式等），进而研究和把握"如何教'学教'"。

为此，教师教育者合作、交流和反思的意识与能力就显得尤其重要。教师教育者劳动的复杂性、创造性以及个体经验的有限性等也显示出教师教育者的工作难以独立完成，教师教育者需要开阔视野，通过广泛的对话、交流与协作，进行多视角的思考和反思，但现实中教师教育者与"学生教师""中小学教师同僚""教师教育者同僚"以及"教育专业研究人员"之间的沟通、交流和协作都非常有限，教师教育者自身的反思能力以及促进学生提高反思意识和能力的能力也不尽如人意。能够清晰地表达自己的观点，能够评价自己的教学并能够进行相应的调整，能够评价自己的教学方式并找到更有效的新方法，能够和不同背景的学生交流并为学生间的交流提供优质的案例，能够与其他教育机构建立联系，能够在协调师范生、指导教师和大学教师教育者三者的关系方面做出表率，等等，这些都是教师教育者应该具备的专业素养。一位优秀的教师教育者不仅自己具备良好的交流能力和丰富的交流知识，还要能够有效地培养学生的交流和反思能力，因为中小学教师也必须是具备交流和反思能力的专业教育工作者，教学即信息交流，师生间的对话与交流是影响教学效果的重要因素之一，教师能否有效地与外界交流、是否具备良好的教学反思能力将影响教师的专业发展。教学反思能力的培养是教师教育的重要任务，具备指导师范生进行教学反思的能力就是教师教育者不可或缺的专业素养。

教师教育者还应该努力成为教师教育文化的推动者，为在教师教育领域实现公正、民主的价值观而努力，自觉提高自身的多元文化教育的胜任力，促进教师教育领域中的社会正义，并指导教师成为社会积极文化的倡导者、推动者和传播者。

（四）教师教育者的身份认同

"身份是社会成员在社会中的位置，其核心内容包括特定的权利、义务、责任、忠诚对象、认同和行事规则，还包括该权利、责任和忠诚存在的合法性理由。"[①]"认同说到底是对自我身份的寻找和确认。"[②]身份是教师生活和工作的组织原则，关涉其专业发展及应对改革的态度与能力；若一位担任教师教育之责的人对自我身份并未拥有归属感、稳定感和一致感，则难以认同和热爱教师教育，改革也很难真正成功，因为"身份认同具有政治上的重要性……任何社会运动如果想要蓬勃发展，就必须为其源源不断加入的个体提供某种共同的身份，唯有如此，人们才会一直参加下去"[③]。师范院校从事师范生培养工作的教师队伍包括纯学科背景者（他们会自谦"我不懂教育"）、纯教育背景者（他们会焦虑地表示"我没有学科背景"）以及"既有学科背景又懂教育者"，他们的身份认同状态及其表现各不相同。

比如，师范院校中的教育类课程教师大多是"没有学科背景"的纯教育专业背景者（其中有些人也有某一学科专业的学习或中小学教学经历）。近年来，教师教育课程改革强调教育理论与中小学教学实践相结合，这并非易事，他们"没有学科背景"的痛苦难以言表："每当拷问我自己'你是合格的教师教育者吗'之时，一种习得性无助感便将自己紧紧裹住，近乎窒息。""没有学科背景，

---

① 张静.身份认同研究：观念、态度、理据[M].上海：上海人民出版社，2006：4.

② 贾英健.认同的哲学意蕴与价值认同的本质[J].山东师范大学学报（人文社会科学版），2006（1）：10～16.

③ 迈克尔·阿普尔.被压迫者的声音[M].罗燕，等，译.上海：华东师范大学出版社，2008：99.

真的很难。""有学科背景真让人羡慕。""要不是年龄大了，真想再去读一个学科。"而"纯学科背景者"进入教育场域后同样也会"晕场"："毕业时在选择专业还是选择学校之间，我选择了后者，一个重要原因是想摆脱长期以来对于导师的依赖，想在学术上独立起来，想走一条和师兄、师姐们不一样的路。但后来真正进入教育学院这个新的场域后，我开始'晕场'，陌生感、边缘感、无力感和孤独感袭来，其实我根本没有准备好。"

又如，学科教学论教师（或称"学科教师教育者"）职业及教师养成的双学科专业性使"教师教育"这一知识领域近乎天然地具有了学科与教育、理论与实践、科研与教研等二元制度特征，对"既有学科背景又懂教育"的学科教学论教师来说，身份认同即对"我究竟姓什么""我的价值是什么""我到底应该干什么"等问题的回答。在既有的多重二元结构中，"夹缝生存"可谓他们真实而形象的身份隐喻。① 有研究者指出：教师教育者身份认同是在建构主义的路径下，通过个人建构和环境形塑的相互协商与博弈形成的；这个过程的基本结构是"教师个人偏好—制度形塑—结构重组后的再形塑—教师个人调整与发展"。研究发现，学科教师教育者的身份认同表现为生存性认同、成就性认同和自我实现性认同等不同形式，在学科教师教育者中，成就性认同占支配地位、生存性认同和自我实现性认同则比较少。② 从身份认同的具体内容和形成过程来看，学科教师教育者的身份认同又表现在学科认同③、教学认同和研究认同的不同维度上，这些认同之间具有紧密的内在关联。学科认同是基础性的，没有学科认同很难形成坚定、积极的教师教育者身份认同；但只有学科认同也不会形成教师教育者认同，教学认同是关键，教学信念更是教师认同形成的核心。④ 研究认同在教师教育者的身份认同中也发挥着重要的促进作用，会拓展教师教育者认同的内涵和边界，更会增加教师教育者认同的深度和坚定性。⑤ 对于教学认同和研究认同的形成来说，实践起着基础性的作用。总之，学科教师教育者的

---

① 杨跃．谁是教师教育者——教师教育改革主体身份建构的社会学分析[J]．南京师大学报（社会科学版），2011(6)：71～76.

② 赵明仁．师范大学中学科教师教育者的身份认同[J]．高等教育研究，2014(8)：61～67.

③ 同上．

④ 同上．

⑤ 如果缺乏研究认同，大学中的教师会认为自身不是完善的教师教育者，如果由于教学或社会服务任务太重而影响研究工作，会影响教师教育者的认同。与理论研究不同，学科教师教育者较高的研究认同表现出非常明显的实践性特征。"了解实践—研究实践—促进教学"是认同高的学科教师教育者身上一条清晰的专业发展和认同形成的路径。实践、研究和教学紧密联系在一起，共生共长。（赵明仁．师范大学中学科教师教育者的身份认同[J]．高等教育研究，2014(8)：61～67.）

身份不是单一的，往往由多种"次级身份"构成"主身份"。学科教师教育者的认同是学科、教学和研究认同的混合体，其中，学科认同是基础，教学认同是关键，研究认同是巩固和提升。对教师教育者来说，教学和研究不是对立而是相互促进的，教师教育者既是实践者又是研究者。

自我认同是个体在特定社会环境中通过与他人的互动和对自身经历的不断反思形成的自我认知，帮助个体清晰地了解自我的生活经历、个性倾向、社会期待及人生理想等，实现自我要求与社会期望的整合；既具有结构性、确定性又充满建构性、权变性。面临认同危机的个体则在充满变迁的外部环境中缺乏自我连续感，因对可能风险的忧虑而丧失自我意义与价值感，产生自我怀疑、焦虑、否定乃至恐惧等心理体验。教师教育者自我认同危机乃内部因素（如本体安全）与外部因素（如改革环境）共同作用的结果，"人们在日常沟通中，将微妙地、温和地从他人那里了解到哪种特定的身份是不恰当的"，当在现实生活中逾越了约定俗成的身份边界时就会遭遇"惩罚"（如特定情境下消极而痛苦的情感体验），逐渐产生适宜的心理防御机制以最大限度地逃避这种痛苦"惩罚"。①

影响教师教育者身份认同的因素主要来自个人维度和环境维度，前者包括兴趣、成就感和自我成长，后者包括结构重组和制度规训。② 比如，高师院校综合化改革进程中日益凸显的学科文化等级、大学学术惯习以及个人学术资本等都是造成教师教育者身份认同困境甚至危机的重要成因。促进教师教育者积极建构清晰、明确、稳定的身份感是教师教育改革取得实质性突破的关键，改革需重视认同的力量、支持进取性认同并营造和谐的教师教育文化，从而促进教师教育者建构稳定的自我身份认同。③

---

① 特纳·斯戴兹. 情感社会学[M]. 孙俊才，译. 上海：上海人民出版社，2007：96～99.
② 赵明仁. 师范大学中学科教师教育者的身份认同[J]. 高等教育研究，2014(8)：61～67.
③ 杨跃. 谁是教师教育者——教师教育改革主体身份建构的社会学分析[J]. 南京师大学报(社会科学版)，2011(6)：71～76.

第九章　教师教育模式

从19世纪末盛宣怀创办南洋公学师范院至今，我国专门培养教师的师范教育走过了一个多世纪的风雨历程。在不同年代，人们除了对"培养什么样的教师"这一关涉目的、价值的问题见仁见智外，更是对"谁来培养教师""怎样培养教师"等实践层面的问题有着不同的回答。这些问题的核心即"教师教育模式"。"模式"一词对应的英文单词是"mode"或"pattern"，指"做某事的方式"（the way in which something is done）；汉语中，人们常常将"模式"理解为某种事物的标准形式或使人可以照着做的标准样式。教师教育模式指教师教育的构成要素及其相互影响和运行的方式，即从事教师教育的管理者、教育者构建的教师教育理念、目标、政策及教育中介物等要素相互间形成的交互复杂的关系及其运行方式。这四大要素一旦形成特定的教师教育模式便具有比较稳定的结构。一个完整的教师教育模式包括：教师职前培养模式，教师入职教育模式，教师在职培训模式以及职前、职后一体化模式。

一、教师职前教育的不同模式及其特点

教师职前教育模式指以培养新入职教师为目标的教师教育在教师职前培养的理念、目标、政策及教育中介物等要素之间形成的交互复杂的关系及其运行方式。

我国教师职前教育模式在很长时间内都保持着相对稳定性，其显著特征是独立设置、定向培养，目标明确、层次分明，职前职后、分工明确；但是，随着我国高等教育事业的改革与发展，我国传统高师院校在办学理念、办学特色、人才培养战略目标与规格以及课程、教学与评价等诸多方面都发生了巨大变化，特别是师范院校的综合化发展进程明显，这些都对改革、探索新的教师职前教育模式产生了重大影响。教师人才培养模式改革本身就是师范院校本科人才培养模式改革创新的题中要义。

（一）教师教育机构意义上的模式

"教师教育机构意义上的教师职前教育模式"是指依据主要承担教师职前教育之责的教育机构是专门性的师范院校还是综合性的大学或学院，划分出封闭定向型、开放非定向型和混合型三种不同的教师职前教育模式。

封闭定向型教师职前教育模式指由专门性的师范院校对职前教师进行培养；开放非定向型教师职前教育模式则指通过综合性大学、文理学院为欲获取教师资格的本科或本科后学生提供教育。在我国，自师范教育肇始，直到20世纪90年代末，教师职前教育一直采取的是封闭定向模式，由专门性的师范院校负责招收、培养师范生，师范生毕业被分配或推荐到中小学校从事教育教学工作。21世纪以来，在国家鼓励综合性大学积极参与教师教育的政策导向下，出现了开放定向型教师职前教育模式，即在综合性大学内部，文理学院负责师范生的学科专业教育，教育学院（师范学院或教育系）负责师范生的教育专业养成（教育类课程的学习以及教育实践的训练等），师范生毕业后自谋出路。现阶段，处于重构中的我国教师教育体系的基本架构是"主渠道＋多元化"，即以现有师范院校为主体、其他高等学校共同参与，旨在既充分发挥师范院校的本体作用，又激发高水平综合大学举办教师教育的动力，建构一种新型的、充满活力的教师教育体制；这是一种在教师教育机构意义上的混合型教师职前教育模式。

其实，在我国，自20世纪80年代中后期以来，传统封闭定向模式下开展教师教育的高师院校一直致力于探索和改革教师职前教育模式。由于各类高师院校各自的发展目标及水平不尽相同，其教师职前教育模式的改革也各具特点，主要有以下三种不同情形。

第一类是少数办学历史悠久、学科综合、实力雄厚的部属师范大学，通过调整转型成为以教师教育为主要特色的综合性大学，走"研究型教师教育"发展道路，致力于培养高学历、高素质的研究型师资，近年来，着力探索了"4＋2""4＋3"①等模式改革，在我国教师教育改革中起着示范和引领作用，如北京师范大学、华东师范大学。第二类是办学水平较高、学科布局较合理的部属师范大学和省级重点师范大学，也先后转型成为综合性师范大学，走"教学与研究并重型教师教育"发展道路，重视各种学历层次师资培养的质量，引领地方基础教育改革与发展。近年来，这些大学在保持其原有教师教育特色的基础上，拓宽办学思路，为地方的经济和社会发展服务，着力探索了"2＋2"②"3＋3"③

---

①　"4＋2""4＋3"模式指在完成4年本科师范专业教育后继续接受2年或3年硕士研究生教育，合格者获得教育学硕士学位.

②　"2＋2"模式指4年本科教育中的前2年以接受文理学科专业教育为主、后2年以接受教师专业教育为主.

③　"3＋3"模式指采取本硕贯通方式，学生完成前3年本科教育后通过选拔获得推免硕士研究生资格，继续接受后3年教育，合格者获得教育学硕士学位.

"4＋2"①等学士及学士后教师教育模式改革，如东北师范大学、华中师范大学、陕西师范大学、西南大学、上海师范大学、南京师范大学、四川师范大学、湖南师范大学等。第三类是各地师范学院及师范专科学校等地方师范院校，强调面向基础教育的实际需求，提高未来师资的培养规格和质量，近年来，这些院校的改革重心在"2＋2""3＋1"②等双学科专业软分离模式上。

（二）大学内部教师教育亚环境意义上的模式

"大学内部教师教育亚环境意义上的教师职前教育模式"是指在大学内部，主要承担教师职前教育之责（师范生及教师教育者的管理、课程的设计与实施等）的教育机构的构成形态，依此划分出"传统"和"新型"两种不同模式。

传统模式指在大学内部，文理学院负责各文理学科方向师范生和学科教育领域教师教育者的管理，负责师范生的文理学科专业教育；教育院系则负责师范生的教育类课程与教学等，即"文理学院＋教育类课程"的模式。新型模式则以南京师范大学自 2010 年以来的"教师教育学院实体化"和师范生"共同培养、双向强化"的模式改革为代表，即除了音乐、体育、美术专业的师范生外，其余 10 个文理专业师范方向的师范生均由教师教育学院负责招生和管理，从事 10 个文理专业领域学科教育课程与教学研究的教师教育者（俗称"教学法教师"）也进入教师教育学院。这一教师职前教育模式的改革致力于打破"三个隔阂"，即打破教师教育与师范生日常生活的隔阂，打破师范生培养中的学科专业隔阂，打破高校教师教育与基础教育的隔阂；从而实现"三个转向"，即在教育目的上实现从注重教育知识的获得到注重提高教育实践能力的转向，在教育途径上实现从注重课堂教学到注重营造教师教育文化的转向，在教育策略上实现从注重听讲到注重教、学、做合一的转向。③

（三）双学科专业性关系意义上的模式

"双学科专业性关系意义上的教师职前教育模式"是指就教师教育的双学科专业性而言，双学科（文理学科与教育学科）领域的相关课程，在课程设置、实施（教学）、评价等环节上构成的形态，依此划分出"混合式"和"分离式"两种不同模式。

双学科专业混合模式是高师院校最普遍、最传统的一种模式，指在基于某

---

① "4＋2"模式指在完成 4 年本科师范专业教育后继续接受 2 年硕士研究生教育，合格者获得教育学硕士学位.

② "3＋1"模式指 4 年本科教育中的前 3 年以接受文理学科专业教育为主、后 1 年以接受教师专业教育为主.

③ 冯奕兢. 教师教育模式改革与探索[J]. 教育理论与实践，2012(1)：33～36.

一文理学科和教育学科的"双学科专业性"的教师职前教育过程中(本科层次教师培养大多是 4 年)，文理学科专业课程和教育学科专业课程及训练是混合、交叉地安排和实施的。这里的"文理学科专业"主要指与中小学分科课程相对应的文理学科专业，我国传统高师的专业设置就是与中小学分科课程完全一致的。

双学科专业分离模式指在教师职前教育过程中分离出两个学段，文理学科专业教育和教育专业教育在课程设置、教育教学管理等方面实行分离，第一个学段保证学生成为文理学科专业的合格人才，第二个学段则集中学习教育类课程、进行教师职业技能培训及教育实践锻炼等。这是国际上普遍采用的开放型教师职前培养模式。这种模式意味着愿意将来从事教育工作、当教师的大学生，在本科 4 年中是先与其他大学生一样接受各文理学科专业的教育后才实现分流的，即希望未来成为中小学教师的大学生继续在本校的教育学院等教育学科专业机构接受专门的教师教育(又称"教职教育")，学习教职类课程、进行从教技能训练和相关教育实践，修业合格者获得教师教育项目的修业合格证书(certification)。

西方国家的教师职前教育在本科层次上基本也不是严格的分离式，很多教师教育项目都允许尚未完成文理学科专业教育的大学生申请，但对其文理学科专业的课程学习成绩有一定的要求；而在学士后教师教育则绝大多数为分离式，然后经申请、考核或选拔进入教师教育项目，接受 1 年(或 2 年、3 年)教师专业教育。我国近年来一些师范院校也在本科层次的教师人才培养模式上探索"3＋1""2＋2""主辅修"等模式，但实际上并没有做到文理学科专业与教育专业的完全分离，实质上仍然属于混合型的"4＋0"模式①。我国上海师范大学在学士后教师教育中则探索了本硕连通的"3＋3"模式。此外，我国在中等专业教育和高等职业技术教育意义上的教师职前教育则主要为传统"三年制中等师范学校模式"及 20 世纪 90 年代后期出现的"五年制高等师范学校模式"。

(四)教师教育课程设置意义上的模式

"教师教育课程设置意义上的教师职前教育模式"是指文理学科专业和教育学科专业的课程设置形态，依此划分出"阶段式"和"模块式"两种不同模式。

"阶段式"教师教育课程设置旨在强调在教师职前教育中，对师范生的学术性和师范性进行分阶段、综合化养成，注重文理学科专业教育和教育专业教育分阶段进行。学生在第一阶段着重提高学科教育水准，在第二阶段着力促进教

---

① "4＋0"模式指教师专业教育贯穿在 4 年本科教育期间、与接受文理学科专业教育同时进行，而非在单独划分出来的 1 年或 2 年里只接受教师专业教育.

师专业发展和提高教育实践能力。这种模式的优势在于可以实现学术性与师范性在高层次上的整合，培养出高学历、高素质的中小学骨干教师。西方国家的学士后教师教育基本上都采取这一模式，我国近年来进行的"4＋X"教师教育模式探索部分地吸取了这一模式的特点，但并不完全相同。

"模块式"教师教育课程设置则旨在重新定位教师职前教育的学术性，充分重视和强化师范性，依靠高师院校内部资源的重组与整合等改革，通过调整课程结构、适当压缩学科课程的内容和教学时数，适当增加教育科学素养教育的内容和教学时数等，在课程设置、教学、评价等环节上进行改良，特别是注重教育实践能力的培养和锻炼，力求改变传统师范教育学术性和师范性双重滞后的局面，谋求高师院校教师教育特色的凸显。

此外，若以学制为标准，高师院校教师教育模式可以划分为两类：一类是"学士教师教育模式"（如"3＋1""2＋2""2.5＋1.5"①"主辅修"等不同模式），另一类则是"学士后教师教育模式"（如"4＋1""4＋2""4＋3""3＋3""3.5＋0.5＋2"②等不同模式）。根据培养目标的不同，教师教育模式又可分"小学教师教育""初中教师教育""高中教师教育"等不同模式。传统上，小学教师教育模式以中师模式为主③，初中教师教育模式以师专模式为主，高中教师教育模式以师大模式为主。但特别需要注意的是，自从1999年教育部颁布的《关于师范院校布局结构调整的几点意见》中提出"三级师范"向"二级师范"的过渡目标后，传统中等师范学校逐渐被取消，一些师范专科学校也合并或升格为本科院校（师范院校或综合类高校），师范院校传统格局被打破，近年来出现了小学教师教育、初中教师教育和高中教师教育相整合（"合三为一"）的发展趋势。小学教师、初中教师和高中教师的培养任务全部整合进一所大学。然而，这并不表明我国中小学教师职前培养在同一所教师教育机构已经实现了整合与贯通。如何实现真正的整合与贯通是我国教师教育改革与发展面临的又一个巨大挑战。

---

① "2.5＋1.5"模式指4年本科教育中的前2.5年以接受文理学科专业教育为主、后1.5年以接受教师专业教育为主.

② "3.5＋0.5＋2"模式指前3.5年为本科教育，第八学期即"0.5"为本硕衔接阶段，在继续完成本科学业的同时开始接受硕士教育，后2年继续接受硕士教育.

③ 有研究者专门介绍了21世纪以来我国小学教师的培养模式，特别是在提升小学教师学历层次上的几种探索模式，如将中师并入师范专科学校的"辽宁模式"，将中师并入教育学院的"苏州模式"，将传统中师改造为五年一贯制并挂靠教育学院、联合办学的"江苏模式"，撤销中师、并入师范大学的"上海模式"，师范大学教育（教育科学）学院独立创办小学教育本科专业的"师大模式"等。（周洪宇. 教师教育论[M]. 北京：北京师范大学出版社，2010：56～58.）

改革是一种有目的、有计划的人为行动；教师教育模式改革即教师教育诸要素自身及其相互间关系发生的变化，这种变化是在特定的教师教育理念、目标、为实现这种理念和目标而必须依托的政策、教育中介物等要素之间寻求新的平衡的过程，也是教师教育各方利益相关者之间博弈和妥协的产物。

二、教师入职教育的主要模式及其特点

入职培训（Orientation Training）最早出现在企业管理领域，主要指围绕岗位职责、岗位要求、企业的文化价值理念等内容而针对新员工进行的专门培训；被引入教育领域后主要指新任教师的入职教育，即新教师在正式进入工作岗位前、为适应教师角色和教育教学工作要接受的教育和培训，其目的在于帮助和促进新教师尽快适应岗位工作要求，熟悉工作情境及其管理制度，掌握相关教育教学方法和技能，并为新任教师的专业发展奠定基础，关注新教师伴随身份转换而产生的一系列心理和行为转变。

教师入职教育是促进新教师成长的重要环节，这已成为世界教师教育界的普遍共识。我国教师入职教育虽然起步较晚，但近年来越来越受到重视和关注，实践探索逐渐普及、推广，相关研究也逐渐增多。教师入职教育模式指在一定的教师入职教育理念支撑下，为实现特定的教育目标，选定合理的学习内容，组合优势教育资源，通过一定的教育策略，对刚入职的新任教师施加影响且不断扩大影响而形成的较为固定化的操作范式，主要有以下几种模式。

（一）岗前集中培训模式

岗前集中培训模式指在新任教师参加工作前（大多是在秋季新学期开学前的暑期中），利用一段时间（一般在1～4周），对他们进行一次性集中教育、培训（以集中听讲座、听报告等形式为主）。这种一次性集中进行的教育培训模式具有快速、便捷等优点，但也可能出现缺乏实践性、交互性、针对性和发展性等弊端，影响和制约新教师的专业成长。比如，这种模式的主要形式是听专家讲座和领导报告，依然属于理论讲解和政策、经验介绍。虽然"理论听着津津有味、经验也感人至深"，但是，新教师原本就十分缺乏的实践能力和教育教学技能却并不因"接受式学习"而得到提高。又如，这种"上面讲、下面听"的灌输式教学明显地缺乏交互性和针对性，呈现出"教""学"和"用"的脱节，不仅影响教育培训的效果，而且会挫伤新教师参加教育培训的积极性和主动性。

（二）分散培训模式

分散培训模式指将工作1～3年的新教师按照其专业发展阶段和水平，进一步分为"新手教师""熟练新手教师"而进行分阶段、连续性、发展性的新教师

入职教育的一种模式。

首先，对初次踏上讲台的新手教师，以"带教式校本培训"为主要形式开展入职教育。在这一阶段，新教师需要了解与教学有关的一些实际情况和具体的教学情境，经验积累比学习书本知识更重要，因此实行"带教式校本培训"。由新教师所在学校指定具有良好师德表现、具有中级或中级以上职称、具有新的教育观念和丰富实践经验的老教师作为新教师的指导教师，进行带教培训。带教内容主要为教学工作及班队管理等。指导教师在带教过程中对新教师培训的情况做较为具体的指导并给予评价记载。这种模式可以更好地结合每一位新教师的具体情况和实际需求，有针对性地进行教学技能的指导和培训；新教师也可以就教育教学中遇到的问题及时地向指导教师请教，更好地吸收和消化指导教师的丰富经验。

其次，对进入"熟练新手"阶段的教师，以"科研式校本培训"为主要形式深化入职教育。进入"熟练新手"阶段的教师大多已经掌握了一定的教学方法和教学技能，能够熟练运用教学技术并尝试运用所学理论分析教育问题，但他们会发现自己所学的教育教学理论不能适应自己的现实工作，解决不了工作中的实际问题。理论和实践的碰撞与冲突是新教师在这一阶段面临的最大问题，这种困惑、苦恼、迷茫如果得不到及时、有效的舒缓，将会产生严重的消极影响。因此，及时对这类"熟练新手教师"进行"科研式校本培训"，即通过科研意识、科研方法和科研技能的教育和锻炼，引导他们对遇到的问题、困惑等进行研究、探讨，帮助他们在探究中进一步澄清问题、困惑的实质，寻求解决的办法和途径，培养其科研素质。

最后，对经历了1~3年工作实践、教育教学技能和经验都得到一定发展和提高的、开始向胜任教师阶段发展的教师，进行"理论专题讲座式集中培训"。由教育培训机构和学校定期聘请教育理论专家、学者举办教育新理论、教育热点问题等方面的专题讲座，帮助这些教师进一步系统、深入地学习教育理论，把握教育理念和理论发展的前沿与最新动态，促使教师更好、更快地完成从熟练新手教师向胜任型教师的发展。

（三）"导师制（mentoring）"模式

"导师制"又称"师徒制"，是通过"师徒结对"的方式，由资深的优秀教师将自己的教育教学经验通过"传""帮""带"等方式传递给新任教师，形成"一对一"的"师徒关系"。与传统"学徒制"不同的是，作为新任教师入职教育最主要模式的"导师制"不仅注重对新任教师进行知识技能的传授，而且注重对新任教师职业生涯的指导，通过构建一种专业成长的良好氛围和机制，培养和满足新任教师职业长远发展的需要。

"导师制"教师入职教育模式有以下特点[①]：第一，"导师制"侧重于导师与新教师之间的互动关系。在实施指导过程的每个具体环节中，导师总是受到被指导教师个性、志趣及特长的制约，导师并不具有绝对的权威，两者相互影响、相互适应，从而促进这种师徒关系不断深化。第二，"导师制"侧重于导师及新教师对于吸收信息的开放性。这种开放性不仅体现在导师与新教师之间的沟通与交流，更强调两者与外界信息的循环互动。一方面，导师必须广泛吸收借鉴他人的优秀指导经验，给新教师更宽广的发展空间；另一方面，新教师也不能满足于导师提供的现成操作模式，而应充分发挥自身的特点与优势。第三，"导师制"侧重于指导过程中缄默知识的传递。导师在"一对一"的传教过程中，最主要的成效表现在帮助新教师获取缄默知识，从而对新教师产生潜移默化的影响，"徒弟"能够从与"师傅"的朝夕相处、耳濡目染中感触、体悟并习得宝贵的教育缄默知识。

"导师制"教师入职教育模式也可能存在一些局限，需要重视。比如，师徒之间的情感交流对新任教师入职教育成效的影响不容忽视。研究发现，在进行"导师制"入职教育时，需要指导教师与新任教师之间充分沟通、相互信任，若二人之间的信息沟通不全面、情感交流不到位，则会影响入职教育的成效。又如，新任教师可能会出于对导师的尊重和服从，而在参加"导师制"教育培训后却丢失掉自己原有的一些教学亮点，或者因单纯模仿指导教师的个人风格而削弱了自己的个人特色和风格。再如，在"导师制"实践中，缄默知识的传递效果并不理想。缄默知识的传递存在较多不确定因素，难以监控和评估。此外，导师与新教师之间"配对"是否成功也是影响入职教育效果的重要因素。因此，"导师制"教师入职教育模式的改进和完善需要注意以下几点：第一，以新任教师的个体职业发展为出发点。在入职教育过程中，一方面注意引导新任教师突破自身限制，既要传承导师的经验、风格，也要吸纳其他优秀教师的经验、风格，在此基础上使他们尽可能地发展个体的才能；另一方面又必须使新任教师的职业发展尽可能地实现可持续性，导师应在充分了解新教师的基础上，帮助新教师根据自身的个性特长确定发展方向，明确实现目标的方法与途径，形成独立探索、自主学习的能力。第二，重视协调、激励及过程管理。应建立、完善指导教师的选择和培养制度，实施形式多样的指导活动，并保证指导实施过

---

① 杨文颖 ."导师制"教师入职教育模式的实施效果与改进策略[J]. 赤峰学院学报（自然科学版），2012(8)：229～231.

程中必需的资源，从而保证指导关系的质量得到提高。组织方要着重关注导师与新任教师之间的情感沟通与信息交流方面，重视评价的监控作用，通过多种监督、评估形式，及时克服入职教育工作中的不足，确保教育效果。

（四）"校本研修"模式

教师入职教育的校本研修模式立足于"以学校为本""以教师为本"，旨在通过研修活动提高新入职教师的自我学习和自我发展能力，从而推动教师可持续、终身发展，并进而促进学校文化、特色的打造和学校的持续发展。研修内容以新教师在教育教学实践中遭遇的疑难、疑惑、问题为中心，多以教学实践技能和教、科研能力的培养为主。研修方式包括专家讲学、师徒结对、自学指定图书、课题研究、学术沙龙等。校本研修是基于新教师的自身需求，往往有着较强的学习内驱力；研修的内容、资源也大多源自于教师和学校。研修的针对性、激励性、全程性以及在职教师培训重心的前移、自主权的下放、教师内在需要的受关注等是这种模式的最主要特点。但是，校本研修模式也需要防范可能出现的问题。比如，充分的教育培训自主权、单一的教师教育培训环境等容易使教师入职教育滑入"庄园式"的封闭怪圈，当组织者和参与者心态失衡或心态疲软时，容易趋向急功近利或流于形式。

三、教师在职培训的主要模式及其特点

本书中，教师在职培训主要针对基础教育领域内的广大中小学在职教师。教师在职培训模式即指在中小学教师在职培训工作中，在一定的教师教育理论指导下，为达到特定的培训目标，培训者、受训者、培训内容、培训方式等诸要素之间形成的结构及其运作机制。教师在职培训模式的基本构成要素有：培训主体，培训理念，培训对象，培训目标，培训内容，培训手段（方式、方法）与培训管理（过程监控、考核评价）等。21世纪以来，我国中小学教师培训模式日渐多元化；培训内容更加注重教师专业发展需求与教学实践相结合；培训主体亦逐渐打破以高师院校、教育学院为主的局面，鼓励高校、中小学和教师培训机构等联合形成"教师在职培训共同体"，共同促进在职教师的专业发展。

（一）"院校为本"模式

"院校为本"在职教师培训模式指高等院校主导和负责教师职业发展的教师在职培训模式。这种模式的重心一般在高师院校（又被称为"高师院校模式"），也包括由教育学院、教师进修学校等院校主导和负责的在职教师培训活动。这种模式以高校为基地，利用高校教育资源对在职中小学教师进行继续教育。根据具体学习任务、学习目标、学习内容、学习组织形式等的不同，该模式又可

细分为：学历教育模式（以学历补偿教育为主要任务），短期研修模式（培训时间从一两天到 10 天、半个月不等），现代远程教育模式（在职教师主要通过现代教育技术进行远程学习而无须自始至终都身处高校物理环境之中）等。其共同特点是：第一，课程设置以理论类课程为主。该模式的课程设置多采用职前教师教育的课程模块（公共课、学科方向专业课、教育专业理论课等），不同的只是这三个模块的课时结构、比例等有所调整，课程门类较少，课时也较短。但在有限的课程学习时间内，理论类课程居多，而实践类课程受到严重限制。第二，教学方法以高校教育理论专家讲授为主。当前我国在职教师培训的行政命令性色彩仍较强，大规模的在职教师培训迫使高师院校采取大班教学，并以高校教育理论专家的讲授式为主。第三，在职教师作为学习者的主体地位尚未充分展现。理论类课程为主、专家讲授为主，使得在职教师作为学习者，只能根据预设的课程体系进行学习，"教什么、怎样教就学什么、怎样学"的单向教育模式在在职教师继续教育中仍有明显表现，师生之间仍然是单向、不平等的关系状态。

显然，这些特点导致这种模式存在很多不足，诸如培训目标不明、时效性不强；培训观念滞后、方法手段传统；培训面狭窄、培训过程间断；教学内容上缺少对学科前沿和学术动态的关注；对中小学教师需求的关注也较少，难以适应不同中小学校和不同教师的个性化需求，导致受训者期望值降低；课程结构普教化，忽视成人学习的特点，难以调动中小学教师参与培训的积极性；以政策性手段强制督促中小学教师参与培训；部分中小学校从学校的眼前利益出发，对教师参加培训并不支持；缺少针对不同发展阶段教师的不同培训等。其中，"重理论轻实践"甚至"理论脱离实践"被认为是这种模式的最大不足，大多数在职教师在参与这种模式的培训后都会发出"听起来激动，回来后不动"的感慨，普遍认为专家讲的理论与自己的教学实践差距甚大，不知道如何才能把培训课上专家讲的理念、理论，学习到的知识、技能等运用到自己的日常教学中，真正改善自己的日常教育教学工作。这也是在职教师在培训活动中主动性、积极性不高，培训工作满意度、实效性不高的根本原因。

造成这种状况的原因值得深思。有研究者指出，以理论为依托的在职教师培训指望教师们"听了就能懂，懂了就会用"是不现实的，真实的结果往往是"听了未必接受""接受了未必会用"；这是因为如传播学的认知不协调理论认为的那样，人们总是回避同自己原有认知要素对立的不协调信息，而积极接触与之协调的信息。[1] 教师对不协调信息较易排斥、扭曲，于是难以重构那些不断

① 顾泠沅，王洁. 教师在教育行动中成长[J]. 全球教育展望，2003(1)：1～9.

传播的新的信息；哲学认识论的缄默知识论则指出，专业人员具有的知识很多是缄默（不能解释）的、个性化的，而且镶嵌于情境活动之中，需要"做中学"才能学会。可见，在职教师培训要提高实效性，必须深入研究在职教师的学习性质、学习动机、有效学习方式等，依据在职教师的学习特点，明确培训目标、深化培训内容、丰富培训形式，实现理论知识与教育实践的整体融合，真正促进教师专业能力的提高。

（二）"学校本位"模式

"学校本位"在职教师培训模式指以教师任职学校为基地，依托学校现有的人、财、物、信息等资源，充分发挥学校在继续教育中的导向、计划、组织、管理、指导、辐射、监控、评估、激励等功能，根据学校需要和教师需求制订培训计划，通过多途径、多形式培养、提高教师综合素质的一种继续教育模式。具体模式又可分为：课题研究模式、案例研究模式、教师自主发展模式（主要通过教师自己的实践反思）、中小学名师网上授课模式等。

"学校本位"在职教师培训模式以中小学校为主导，基本特点是"立足本职、本岗、本校"，以学校最基本的教育教学实践活动为阵地，以提高在职教师的课堂教学能力和教育科研能力为主要目标，将教师个人素质的提高和学校教育与发展目标的实现有机统一起来，相互促进、相得益彰。相比于上述"院校为本"模式，"学校本位"模式更受中小学教师的欢迎。这种模式往往和在职教师的教育教学实践工作联系比较紧密，也多采取现场观摩的方式，将听课、评课、讲座、交流等环节结合起来，培训活动有一定的针对性和示范性。教师们感觉一部分培训活动对自己的教育教学能够起到一定程度的指导和促进作用，但也并非所有培训活动都有实效，特别是名师的讲授其实也很难"一学就会"，"名师也是无法复制的"。在让参培教师积极、主动地学习、交流方面，这种模式虽然比"院校为本"模式好，但也仍需要进一步为在职教师提供更多、更充分的切磋、讨论、交流的机会，帮助和促进他们在不断发现和开发资源的过程中进行选择学习，真正地将"学—教—研"三者合为一体。

（三）其他模式

随着在职教师培训工作的发展，越来越多的模式出现，如合作型模式、科研驱动型培训模式、网络培训模式[①]、基于教育问题解决的模式等。

第一，合作型模式。鉴于"院校为本"和"学校本位"在职教师培训模式各自的特点及不足，近年来合作型模式越来越受到重视，这是院校与中小学教师任

---

① 马效义. 近十年中小学教师培训模式研究述评[J]. 北京教育学院学报，2012(4)：32～36.

职学校以及当地教育行政部门或社区等多方联合起来进行在职教师培训的模式，又可具体分为"U—G—S合作"（院校、学校、政府三方合作）和"U—S—C合作"（院校、学校、社区三方合作）两种亚模式。合作型模式能够有效防止"院校为本"模式和"学校本位"模式都易于走向极端（"空洞、抽象的理论灌输"或"热闹、肤浅的实践观摩"）的弊端，是这两种模式的优化组合。

第二，科研驱动型培训模式。科研驱动型培训模式指通过科研推动教师整体素质提高的一种创新型继续教育模式。其根本特点是借助科研项目或科研活动来推动教师的学习和研究，在教师主动发现和解决问题的过程中促进教师综合素质和教育教学水平的提高。从20世纪70年代起，英国、美国、澳大利亚、日本等国就开始倡导以教师为主体的"行动研究"，鼓励中小学教师参加教育科研。20世纪90年代以来，我国很多中小学校在各省、市教育科学研究所的指导下，也纷纷设立教科研室，负责引领和指导中小学教师开展教育科研。这种模式受到中小学教师的欢迎，但能够申请到教育科研项目的教师毕竟是少数，所以，这种模式如何才能惠及更多的中小学教师，需要进一步研究。

第三，网络培训模式。网络培训模式是顺应信息化时代教师培训的发展趋势而出现的，着眼于利用现代化的教育教学手段，培养教师的自主定向学习能力和信息技术应用能力的培训模式。从近年来的网络培训实践看，人们对这一模式褒贬不一。一方面，权威、自主、公平、便捷是网络培训模式的特点和优势。比如，网络培训能够突破培训的时空限制，使教师培训更加灵活化和富有时代性；培训资源大多来自于专家和优秀教师的合作共建，全体教师可以公平共享；网络培训也能够快速传递各类教育信息，且形式多样。但另一方面，在目前的网络培训模式下，网络互动课堂尚不完善，大量的培训内容主要以文字、图片的形式出现，这种冰冷的人机交流方式因欠缺师生互动的生动性及亲和力而使得学习效果受到弱化。此外，网络培训模式的受制因素（如经济条件、信息技术应用能力、培训内容等）也相对较多。

第四，基于教育问题解决的教师培训模式。基于教育问题解决的教师培训是从教师的实际出发，完善和梳理教师的内在个体知识，将问题作为发展的起点，通过解决教育问题来获得教师实践性知识的增长与素养的提高，从而提高教师发展的速度。这种模式以情境学习理论、教师实践性知识和教师专业发展为理论支撑，将教师置于教育情境中，在问题解决中建构教师知识（而不是单方面的知识接受），彰显教师培训的情境性、主体参与性和实践性，具有"创设内蕴教育问题的情境""鼓励教师解决教育问题""在实践中检验培训效果"等特点，凸显培训目标、内容、途径和评价等方面的培训模式特色，最终促进教师的真实发展。①

总之，各种在职教师培训模式都有其优势和特点，也可能会出现不足或弊端，需要根据实际情况选择合适的培训模式。已有研究和经验表明，高效的在职教师培训模式应该注重教育理论与实践的结合，体现出"开放""互动""适恰""自主""探究""合作"等特点。"开放"指教育理念、课程体系、培训资源、教育技术、评价方式等多方位的开放，逐步创设教师自主发展的文化环境和学习条件；"互动"指培训过程是教育者与学习者之间的对话过程，双方主动投入、充分沟通、交流互补、共同提高；"适恰"指培训活动从实际出发，根据不同教师的学习需求，运用具有鲜明针对性的培训组织形式和教学方法（如系统讲授、微格训练、自学辅导、观摩交流等，只要运用恰当，都可能成为有效的培训方式），让不同个性、不同特质的教师都能取得进步和提高；"自主"指中小学教师出于自我发展的内心需要，完全自觉、自愿地投入学习活动，而不是迫于外部环境压力参加培训，培训活动也充分尊重教师的主体性，调动和发挥其自主性；"探究"指培训活动旨在促进学习者通过积极主动的参与，发展自己对教育问题的探究意识和能力，在培训活动中充分发挥学习者的主体性，积极引导他们投身教育实践反思和研究；"合作"指培训活动包括专业引领、同伴互助和个人反思等环节，充分发挥院校、学校、社区、教育行政部门以及专家、同伴、教师之间的合作。

针对当前我国中小学在职教师培训模式及其成效的现状，今后我国在职教师培训模式应更加注重培训的有效性、针对性、实用性，更多注重科研引领、教研指导与教学主体三者相结合。未来培训模式不仅需要在实践操作层面和培训形式上努力创新、力求多样化，更需要立足于教师的自主专业发展，让教师培训回归本真。

四、影响教师教育模式变革的因素分析

在世界教师教育的发展过程中，教师教育体系大多经历了由职前、职后分离逐步走向职前培养、入职指导和职后提高一体化的发展过程，充分体现出终身教育思想、教师职业生涯发展理论、教师教育资源优化配置原理等对教师教育实践的影响；教师教育模式也大都经历了从经验模仿型到一元封闭型再到多元开放型的演进过程，每一种模式的变更无不与一定社会的生产力发展水平、政治经济制度、文化历史传统、人口环境等因素密切相关。有研究

---

① 罗超，等．论基于教育问题解决的教师培训模式[J]．教育理论与实践，2013(5)：36～38.

者通过国际比较指出，影响教师教育模式的因素主要有中小学校对教师需求由数量为主转为质量为主、教师地位提高、从业素质要求提高、人生职业定向时间推延等。[①]

（一）中小学校教师的需求变化

教师职前教育模式与基础教育对教师数量和质量的需求变化紧密关联。从世界教师教育发展的历史看，各国对教师的需求均经历了一个主要以满足数量需求为主逐渐过渡到以追求质量为主的过程，教师职前教育模式也因之变化。封闭、独立的师范教育模式源于普及教育对师资的数量需求[②]，开放的教师职前教育模式则源于社会对高素质人才的需求[③]。

首先，义务教育延长至初中促使师范教育提升至高等教育层次。19世纪80年代至第二次世界大战前，现代资本主义教育制度逐步形成，发达资本主义国家普遍把义务教育纳入法制化轨道，逐渐将义务教育年限延长到初中甚至更长，导致初级中学迅速增加。中等师范学校显然不能满足需要，提高教师教育学历层次势在必行。[④]

其次，人才培养规格的变化也促使师范教育模式走向开放。师范学校的学

---

① 胡艳.从西方国家的经验看影响教师教育模式变革的因素[J].教师教育研究，2009(1)：72～76.

② 中世纪教会学校教师除了由信奉宗教的神职人员担任外，主要由教堂唱诗班的成员以及退役军人、旅馆的掌柜等临时担任。随着法国启蒙运动展开、资本主义的发展以及资本主义制度在欧美各国的确立，实行公共的、免费的、世俗的义务教育，从教会手中夺取教育管理控制权成为当时资产阶级的重要政治使命。从19世纪初开始，各国先后提出普及义务教育的目标、颁布义务教育法令。强制性的普及义务教育必然与师资的供给联系在一起。由于待遇低下，很少有人把教师作为长期职业。当时没有专门的训练机构，世俗小学的教师主要来自社会底层，素质普遍不高，师资匮乏严重，因此，建立专门培养师资的机构成为各国解决师资短缺问题的必然选择，师范学校随之蓬勃发展起来。例如，19世纪初，德国独立的教师职前教育模式基本确立，寄宿制封闭培养，以学科知识和宗教教义为主要内容，一定时间的教育实习，免费、强制义务服务，实行国家考试等成为这一模式的重要特征。1794年10月，法国临时议会在巴黎设立师范学校，专门培养小学教师；1833年，法国颁布《基佐法案》，规定教师必须接受职业训练，通过国家考试获得国家颁发的证书方可从教.

③ 19世纪末至今，西方国家教师教育经历了两次变革：一是19世纪末至第二次世界大战前的师范学校升格运动，二是第二次世界大战之后至今的教师教育综合化运动。这两次变革均源于义务教育年限的延长和社会对基础教育质量要求的提高.

④ 例如，德国早在1848年4月26日召开的柏林全体教师大会就提出"师范教育应成为大学教育的一部分"。1904年，德国教师协会做出决议，要求把国民学校教师的训练提高到大学水平；1920年，提出"所有教师都应有统一的职业水平，各类学校教师都应在大学培训，职业训练应包括师范教育、专业教育两部分"，从而拉开了德国师范教育高等教育化的序幕。又如，20世纪初以后，美国也出现了由专门的高等师范学院来代替中等师范学校的趋势，师范学校升格为教师学院（招收高中毕业生、学制为四年）；到20世纪30年代，美国的高等师范教育体制形成了.

历提升并未改变教师培养中学术水平低、师资质量不高的现实，增强教师培养的学术性，开阔教师的学术视野，提高教师的质量依然是各国追求的目标。第二次世界大战后，随着社会对人才培养规格要求的提高，教师质量问题更为突出。随着战后经济恢复和政治改革，不少发达国家的义务教育延长到高中阶段。社会发展对人才培养的规格要求也发生了变化，人的创造精神和能力成为教育目标中的一个重要指向，提高教师的综合素质和学术水平显得尤为重要。[①]

（二）教师地位提高的客观需要

教师职前教育模式的变化始终与教师地位的提高密切相关。现代社会，影响教师地位的主要因素是教师的待遇和教师拥有的知识和技能。而教师的待遇与教师的社会贡献又直接受教师素质的影响，而教师素质则与教师所受教育密不可分。为了提高教师职业的吸引力，就必须提高教师的地位；而要提高教师职业地位，则必须将教师的职业教育提高到成熟的专业教育水平，必须首先提高教师的培养标准，教师职前教育应保证能够将未来教师培养为成熟的专业人员。[②]

（三）提高教师职业素质的要求

教师职业的素质要求决定着教师培养模式。普及义务教育的早期，由于对

---

① 例如，英国早在1944年的《麦克纳尔报告》中就提出师范教育原有的课程和质量不能适应基础教育发展的要求，要加强其学术性课程，提高未来教师的素质。1963年后，英国开始设立四年制教育学士学位课程；20世纪70年代，又开始要求对独立的教师培养模式进行改造，通过对独立的教育（师范）学院整顿、改组，建立了由综合大学教育系或多科技术学院所承担的开放的教师职前教育模式。又如，美国的师范学校是在20世纪初完成了师范教育的高等教育化，但其师资水平、学术水平、设备条件和课程质量等都难以与文理学院、综合大学相提并论。20世纪五六十年代后，一些著名综合大学（如哈佛大学、斯坦福大学、芝加哥大学等）纷纷建立教育学院或教育系，开设本科、研究生课程；到20世纪60年代，综合性大学教育学院取代了单一的师范学院培养中小学教师．

② 例如，1763年，普鲁士发布《全国学校规程》，明确规定教师必须参加考试才能予以录用，取得教学执照方能从事教学活动。18世纪中后期到19世纪初，德国出台了一系列法案，明确规定了教师的资格及训练、考核办法，国家考试成为衡量教师教育质量、规范教师资格的重要手段并开始付诸实施，教师素质和待遇随之大大提高。又如，法国从严格教师资格标准和提高教师经济地位两个方面入手提高教师地位。再如，美国小学教师因其训练程度低、经济待遇差、社会地位低，其职业的专业性一直受到质疑；20世纪20年代后，面对各州降低教师标准解决师资短缺并未解决师资匮乏的现实，美国出现了中等师范学校升格为高等师范学校的运动，师范教育学术化明显提高，教师的地位和待遇也明显提高了；第二次世界大战后，虽然师范教育进入了高等教育行列，但美国的独立师范学校因其封闭性、专业和课程设置的狭隘性使得教师的训练水平远低于综合性大学和文理学院的教师训练水平，教师的专业素质并未得到社会认可，其待遇和社会地位也无法与医生、律师、建筑师等专业从业人员相比；而与此同时，由于普及义务教育延长到高中阶段，基础教育对奠定人生发展基础的作用凸显，对教师的综合素质、学术水平、学识、视野等提出了更高要求。要吸引高素质人才从教，就必须提高教师地位，而提高地位的基础则是教师的文理基础知识和专业知识不低于综合大学或文理学院相应的专业水平。在这种形势下，教师教育大学化浪潮出现，开放的教师职前教育模式逐渐形成．

师资素质要求低，一个教师只要拥有简单的读、写、算知识，能控制课堂即可，因而在培养内容和方式上，师范学校只要给予师范生简单的学科知识和粗浅的课堂管理知识和经验就能培养出一名合格的教师。随着义务教育年限的延长，特别是知识经济社会对人的素质要求的提高，人们对教师的素质要求已今非昔比。传统师范院校的培养模式已经很难培养当代社会需要的专家型教师。此外，教师职业又具有很强的在职发展的需求和可能。因此，一个高质量的教师职前教育模式不仅应提供合格教师所需的基本素质培养，还应为教师的未来专业发展奠定基础。于是，很多国家把教师教育分为两个阶段：第一个阶段是学术性训练阶段，主要由综合大学进行，给未来教师提供严格的学术专业训练和通识文化训练；第二个阶段则是在大学教育学院或其他教师教育机构进行，给已获得学士文凭的未来教师提供为期 1～2 年的教育理论和教育实践训练。虽然此种训练因学术专业与教育专业之间一定的隔膜而受到诟病，但各发达国家却不约而同地走上这条道路。建立综合大学和教师教育机构的密切合作关系，实施高层次开放的教师教育模式是目前各国提高教师素质的重要举措。

（四）人生职业定向时间推延的要求

独立的教师教育模式要求学生在接受教师职业训练之前就决定从教意向，并对有相应选择的人进行专门的职业训练，随后以强制性的教育服务确保教师教育投入的有效性，以保证基础教育师资的供给。但过早的职业定向使一些并不适合的从教者进入了教师队伍，其工作投入程度和教育效果大打折扣；过早的职业定向也很难吸纳不同背景的人进入教师职业，从而导致教师来源单一化，也使教学工作的创造性被遏制。开放的教师教育模式能够使教师来源多样化，已经在其他专业领域获得扎实训练的人进入教师职业也可以为中小学带来丰富多彩的外部经验，通过推迟人们对教师职业的选择而使更适合的人进入教学队伍，自主的职业选择能够带来高质量的工作投入，也更易适应学生的兴趣变化和劳动力市场条件的变化。

总之，从西方经验看，义务教育普及的早期，对师资的数量要求高于质量要求，教师社会和经济地位低下，教师严重短缺，教师教育模式就更具有封闭性、计划性，教师训练的学术性也明显不足；随着普及教育延长到高中，社会对基础教育的质量要求提高，教师供给相对充足，提高教师职业的吸引力，提高教师地位，教师教育的模式就会由封闭走向开放，给未来教师更充足、更灵活、更严格的双专业训练。未来教师培养模式的改革也需从一定的社会历史条件出发，积极而慎重地进行。

第十章 教师教育课程与教学

如果说，完整的教育过程至少包括三大环节：教育构建环节、教育实际展开环节和教育评估环节，那么很显然，"课程"属于教育构建环节，而属于教育构建环节的教育现象不只有课程，还有教育制度的构建、学习环境的构建、师资的构建等。在教育制度构建、学习环境构建、课程构建和师资构建这四大教育构建中，课程构建是核心环节，直接影响人才培养的质量和教育目标的实现。同样，教师教育课程与教学是教师教育制度与环境构建的重心，教师教育课程与教学改革亦是近年来我国教师教育改革中的"重中之重"。

一、课程概述

"课程"一词在我国始见于唐宋期间。[①] 在英语世界，英国著名教育家斯宾塞（H. Spencer）在其名著《什么知识最有价值》（1859）中最早使用"课程（curriculum）"一词，表示"教学内容的系统组织"。"curriculum"一词是从拉丁语"currere"一词派生出来的，原意是"跑马道"，后引申为"跑道（race-course）"，因此，很多英文词典都将"curriculum"解释为"学习的进程（course of study）"（简称"学程"）。但是，当代教育学研究不仅关注"currere"一词的名词形式（意为"跑道"），将"课程"理解成"为不同学生设计的不同轨道"，而且关注"currere"的动词形式（意指"奔跑"），将理解"课程"的着眼点置于个体认识的独特性和经验的自我建构上，从而形成不同的课程理论流派及其实践。许多研究者从不同

---

① 唐朝孔颖达为《诗经·小雅·巧言》中的"奕奕寝庙，君子作之"一句作疏："维护课程，必君子监之，乃依法制。"但此处"课程"一词的含义与今日之意相去甚远。宋代朱熹在《朱子全书·论学》中亦多次提及课程，如"宽着期限，紧着课程""小立课程，大作工夫"等，意指功课及其进程，即对学习内容及其安排次序等的规定，未涉及教学方面的要求，称"学程"更为准确。近代以来，班级授课制的施行和赫尔巴特学派"五段教学法"的引入促使国人逐渐关注教学的程序及设计，"课程"一词的含义也从"学程"转向"教程"。新中国成立后，受凯洛夫教育学体系影响，"课程"一词曾消失过相当长一段时间.

角度理解课程的内涵，给出不同的课程定义，各有其合理性与局限性。^① 我国教育学书籍中通常对"课程"给出的定义是："课程是指为实现学校教育目的而规定的教学科目及其目的、内容、形式、分量以及进程的总和。"这种理解固然正确，但随着课程理论研究的深入，教育工作者对"课程"内涵的理解既要全面，也要避免过度泛化，尽可能保持"课程"的清晰边界。

（一）课程的内涵及其要素

经验表明，课程是一种非常复杂的人为事物，并非纯粹的自然事物，具有人为构建的性质；课程并不是一种静态的存在，而是一个动态的生成过程，这种动态的生成过程既反映了客观规律（如学习规律、个体身心发展规律、社会文化发展规律等），又反映了人的主观意志。课程构建过程正是这样一种主观与客观相结合而逐渐生成的过程。

1. 课程的内涵

我们可以将"课程"理解为"为传承和发展文化、经系统化设计而提供给学生学习的所有材料的总和"^②。这一理解意在突出教育者对"课程"系统化、有意识的设计，既涵盖"体现着国家的教育目的""有计划、有组织地加以实施"的"显性课程（manifest curriculum）""正式课程（formal curriculum）""官方课程（official curriculum）"（一般以课程方案、课程标准、教材等形式明确陈述），

---

① 例如，《简明国际教育百科全书·课程》列举了如下对"课程"的界定。第一，学校建立一系列具有潜力的经验，目的是训练儿童和青年以群体方式思考和行动。这类经验被称为课程（史密斯等，1957）。第二，学习者在学校的指导下所学得的全部经验（福谢伊，1969）。第三，学校传授给学生的、意在使他们取得毕业、获得证书或进入职业领域的资格的教学内容和具体教材的总计划（古德，1959）。第四，我们坚持课程是一种对教师、学生、学科和环境等教材组成部分的范围的方法论的探究（韦斯特伯里和斯泰默，1971）。第五，课程是学校的生活和计划……一种指导生活的事业，是构成一代又一代人生活的生气勃勃的活动流（鲁格，1947）。第六，课程是一种学习计划（塔巴，1962）。第七，通过有组织地重建知识和经验而得到系统阐述的有计划、有指导的学习经验和预期的学习结果，在学校的帮助下，推动学习者个人的社会能力不断地、有目的地向前发展（坦纳和坦纳，1975）。第八，课程必须基本上由五种大范围的学科学习组成：a. 掌握母语，系统地学习语法、文学和写作，b. 数学，c. 科学，d. 历史，e. 外国语（贝斯特，1955）。第九，课程被看作有关人类经验——而不是结论的可能思维模式的不断扩大的范畴。但这种可以从中得出结论的模式，在那些结论和所谓真理的背景中是站得住脚和有依据的（贝尔思，1965）。（江山野. 简明国际教育百科全书·课程[Z]. 北京：教育科学出版社，1991：64.）

② 丁念金. 课程内涵之探讨[J]. 全球教育展望，2012(5)：8~14.

又与"隐性课程(hidden curriculum)"①(亦称潜在课程、潜课程、隐蔽课程或非正式课程)指涉的"非计划、非预期的学习经验"之意涵并不矛盾。比如，南京市第十三中学语文教师为学生精心设计的"作文本"。

除了常规的格式外，我在封面上加上一行醒目的字："表达生命的智慧，享受写作的快乐。"这是我们的教学理念，把它印在封面上，是告诉学生作文是怎么一回事，也是提醒教师去努力实践这个理念；作文本的封三，我请学生写了一页硬笔书法，抄录的是学生熟悉并且喜欢的《获得教养的途径》这篇课文，通过同龄人的示范，让学生重视书写，同时也提醒他们读书的意义和价值，努力提高语文素养；封底，则列出写作应该养成的七种优良习惯。

这些内容是我长期思考的心得，完全可以写成一篇文章，但是我更愿意用作文本的形式展示出来，让它介入学生的写作生活，成为我们的作文教学的一个载体和窗口。作文本印出来之后，师生都爱不释手。②

2. 课程的要素

美国著名课程理论专家、现代课程理论的重要奠基者和科学化课程开发理论的集大成者泰勒在《课程与教学基本原理》一书中指出，课程与教学的基本原理围绕的四个中心问题是：第一，学校应该达到哪些教育目标？第二，提供哪些教育经验才能实现这些目标？第三，怎样才能有效地组织这些教育经验？第四，怎样才能确定这些目标正在得到实现？这四个基本问题可进一步归纳为"确定教育目标""选择教育经验""组织教育经验""评价教育计划"，这是"泰勒原理"的基本内容。从"经过系统化设计而提供给学生学习的一切材料"这一意涵来理解"课程"，课程要素③至少包括：学习目标(在教育文件和日常话语中

---

① 美国著名教育学家杰克逊(P. W. Jackson)在1968年出版的《班级生活》一书中首次提出"隐性课程"，他指出，学生通过接受学校教育，除了在读、写、算或其他正式课程上取得进步外，还会从学校生活的经验中获得态度、动机、价值观及其他心理状态的发展，便用"隐性课程"一语指涉这种非正式的文化传递。作为一个范围极广的包容性概念，"隐性课程"的提出使"课程"的内涵和外延都得到了新的扩展，但也陷入过度泛化的窠臼，导致"课程"与"教学""学习"等概念间的边界模糊。学校教育对学生的影响确实是潜移默化的，学生在学校情境中确实会有意、无意地受到各种因素的影响，但从"课程"的角度来说，教育者显然应该加强课程设计的意识和能力，从而最大限度地发挥课程对学生的积极影响．

② 摘自南京市第十三中学语文特级教师曹勇军教授撰写的《让教科研推动我们的专业化发展》．

③ 当前国内关于课程要素的主流观点是认为课程要素有四个：课程目标、课程内容、课程实施和课程评价。但事实上，"目标"和"内容"可以作为静态的要素之一，但"实施"和"评价"显然更具有动态的运作意涵，而非静态的要素。准确地说，课程决策、课程编制、课程实施和课程评价是课程运作的四个基本环节，因此，课程实施和课程评价并不是和"目标""内容"并列的"课程要素"．

通常被表述为"课程目标"或"教学目标")、学习内容(在教育文件和日常话语中通常被表述成了"课程内容")、学习方式(在教育文件和日常话语中通常被表述成了"课程实施")和学习评价(在教育文件和日常话语中通常被表述成了"课程评价"①)。

(二)课程运作的基本环节

完整的课程运作指完成一项课程构建计划,即"课程开发(Curriculum Development)"的整个过程,包括课程决策、课程设计、课程实施和课程评价等几个基本环节。

1. 课程决策(Curriculum Decision-making)

课程决策是在课程开发过程中对教育目的与手段进行判断和选择,从而决定学生学习怎样的课程的过程,即要决定学生达到什么学习目标、学习什么内容、怎样学习、如何评价学生的学习等。② 这个在课程上做决定的决策过程是一个文化传递与创造并且对个体学习进行合法化社会控制的过程,具有文化性、政治性和教育性,具体体现在对学生的学习目标、内容、方式、评价等方面的系统引导。过去,课程决策者通常由教育行政部门、课程专家和学校管理者来担当;随着课程民主化的发展和课程权力的下移,教师、学生、家长、社区等也作为决策主体之一,平等地进入决策者行列,特别是教师的课程决策意识、能力、权力等议题越来越受到关注。教师课程决策就是教师在课程发展与实施过程中对形成课程的要素及条件做出判断并进行选择的过程,即教师从自身角度出发,判断、选择和决定课程所要达到的目标,为达成目标应该选择的教学内容,可以采取的有效教学策略和教学媒介与材料等以及如何来评价学生的学习过程与结果。

2. 课程设计(Curriculum Planning)

汉语中"设计"一词兼有动词和名词的意涵,作为动词的"课程设计"指对课程进行较长期的、全面的、系统的筹谋与规划;作为名词的"课程设计"即这一过程的结果,通常是形成一个或几个课程文本(在我国称为"课程方案""课程计划"或"教学计划")。课程设计的具体内容和任务包括:确定课程的学习目标、选择和组织课程的学习内容、选择和确定课程的学习方式以及如何对课程学习进行评价。教师是课程设计的重要承担者,需要确定课程的各级目标(goals,objectives,purpose)、课程的学习内容(content)、教材和资源(materials and

---

① 严格地说,学习评价(对学生学习结果的评价)和课程评价(对课程的评价)不是一回事.
② 丁念金. 论教师的课程决策权力[J]. 课程·教材·教法,2010(7):3~8.

resource)、学习活动和教学策略（teaching strategies）、评价方案（evaluation）、活动组织形式（activities）、分组（grouping）、时间和空间的安排（time and space arrangement）等。

3. 课程实施（Curriculum Implement）

课程实施指经课程规划与开发而确定的课程计划（方案）的执行过程；是将设计好的课程计划（方案）付诸实践的过程，包括对课程计划（方案）的落实，调适（因为课程方案并不是固定、不可变更的）等，是一个动态的过程。在课程实施过程中，人们因教育价值观的不同而对课程实施产生不同的认识、态度及不同的课程实施方式；研究发现，主要存在忠实取向、相互调适取向和课程创生取向三种课程实施取向。① 尽管人们对课程实施的认识还存在分歧，但至少在三个方面已形成共识：第一，课程实施是将编制好的课程计划付诸实践的过程，是实现预期课程理想、达到预期课程目的、实现预期教育结果的手段；第二，课程实施是通过教学活动将编制好的课程付诸实践；第三，课程实践的焦点是实践中发生改革的程度和影响课程实施的因素。在课程实施阶段，教师不是对课程设计的结果进行完全的复制，而是需要根据学生的学习情况以及教学现场的实际状况，对先前设计的方案进行合理调整，并即时生成新的设计。总之，课程实施是将规划的课程付诸实际教学行动的实践历程，这个教师自主设计、监控和调节自身工作的循环往复的经历推动着教师课程素养的形成与发展。

4. 课程评价（Curriculum Evaluation）

课程评价指检查课程目标、编订和实施是否实现了教育目的以及实现程度如何，从而判定课程设计的效果并据此做出改进课程的决策。我们可以从三个方面来理解课程评价的意涵：第一，课程评价是一个价值判断的过程。价值判

---

① 忠实取向即视课程实施为忠实地执行课程方案的过程，强调事前规划的课程方案的优先性、重要性和示范性，教师应当不折不扣地执行，将预定课程方案的实现程度视作衡量课程实施成功与否的基本标准。相互调适取向即将课程实施视为课程设计人员与课程实施者双方共同进行修正调整、采用最有效的方法确保课程实施成效的过程，强调课程实施不是单向传递、接受，而是双向互动、相互调适，这是必要也是必然的，课程方案有必要因学校教育的实际情境进行弹性调整从而适用于特定而变化的课堂情境，最终使学生的学习获得最大的效能。课程创生取向即将课程实施视为师生在具体课堂情境中共同合作、创造新的教育经验的过程，强调课程不是被传递的教材或课表，不是理所当然的命令与教条，而是需要加以质疑、批判、验证和改写的假设，真正的课程并不是在实施前就固定下来的，而是情境化、人格化的，课程实施本质上是在具体课堂情境中创生新的教育经验的过程，既有的课程方案只是经验创生的一种工具。上述三种取向从不同侧面揭示了课程实施的本质，各有其价值，也体现了课程变革从追求"技术理性"到追求"实践理性"，再到追求"解放理性"的发展方向。

断要求在事实描述的基础上体现评价者的价值观念和主观愿望，不同评价主体因其自身需要和观念的不同而对同一事物或活动会产生不同的判断。第二，课程评价的方式是多样的。人们既可以运用定量的方法也可以运用定性的方法，教育测试或测量只是其中的一种方法，并不代表课程评价的全部。第三，课程评价的对象包括课程计划、实施、结果等诸种课程要素，范围很广，广义上既包括课程计划、实施、结果（如学生和教师的发展）等，也包括参与课程实施的教师、学生、学校；狭义上则仅指"对课程的评价"，而不包括"对学生的评价""对教师的评价"。

总之，课程运作的上述四个基本环节分别从不同层面体现课程的四个基本要素；课程决策在宏观层次上，课程设计（特别是课程标准研制和学材编写等）在中观层次上，课程实施与评价则在微观层次上，均体现出学习目标、学习内容、学习方式和学习评价四个课程要素。

(三)影响课程的主要因素

课程决策、设计、实施及评价都不是主观随意而为的，而是必须依据社会生产力及科技发展水平，根据社会发展的水平和需要，根据学习者的身心发展特点，根据各级各类教育的目的及人才培养规格要求等，来进行系统化的选择和设计。影响课程要素及课程运作实务效能的因素主要表现在社会、知识和学习者三个方面。[①]

1. 社会的需求

课程是为人才培养目标和教育目的服务的，社会对特定人才的规格及素质要求便成为课程决策、规划与开发、实施与评价的重要影响因素；无论课程类型还是课程内容乃至课程实施与评价等，都应以培养社会需要的合格人才为旨归，致力于推动社会发展。例如，在学校教育旨在培养统治阶级所需的"治国之才"的古代社会，社会生产力和科技水平低下，教育与生产劳动相脱离，从而导致古代学校教育中古典人文课程占据主流，其他科目则居于次要地位；而伴随近代资本主义工业革命兴起及科学技术发展，社会需要大量具有读、写、算等基本能力的劳动者，分门别类的学科课程及大量的自然科学知识便进入学校课程体系中。

2. 学习者的特点

课程是促进教育对象发展的重要教育资源，因此，课程内容的深度、广度

---

① 中外教育发展史上先后出现过强调以学术性知识为中心的"学科结构课程"、强调以社会问题为中心的"社会改造课程"和强调以学生发展为中心的"学生中心课程".

及其逻辑结构、编排次序等，都必须适合该课程的学习者的年龄特征，符合其身心发展的一般规律，并且最大限度地发挥教育的发展性功能，促进学习者的身心和谐发展。

3. 知识的发展

作为被选择出来的"最有价值的知识"，课程知识代表了人类各学科领域研究成果的精华和人类文明的结晶，因此，知识的发展水平便直接影响课程的内容选择及组织。不同知识领域、不同层次要求及不同性质的课程，在选择和组织课程知识时，在知识体系的完整性、知识结构的逻辑性、知识发展的前沿性等方面会有不同侧重，但都必须保证科学性和系统性。

总之，各级各类教育设置的课程体系及其中每一门具体的教学科目，都必须既适合学习者身心发展特点，又切合社会和知识发展需要，能够最大限度地实现各级各类教育的人才培养目标，促进学习者思想品德、知识能力、身心素质、审美情操等人格各个层面的充分、自由、个性化的发展。课程决策、设计、实施与评价受社会、学习者、知识这三个因素的交互影响，任何单一因素都难以成为决定课程的唯一因素，过于强调某一因素则易走向极端，课程改革在弥补以往不足的同时，也要注意避免"走极端"。

二、教师教育课程概述

广义的教师教育课程（特别是教师学历教育课程）是包括公共基础课程、学科专业课程和教育专业课程在内的师资养成的全部课程。狭义的教师教育课程是指教师教育机构为培养和培训幼儿园、小学和中学教师开设的教育专业课程（习惯上也称教育类课程）。我国在教育部于 2004 年 10 月启动《教师教育课程标准》研制工作、2005 年 10 月决定组成《教师教育课程标准》研制专家工作组、2011 年 10 月正式颁发《教师教育课程标准（试行）》等一系列工作中的"教师教育课程"即指狭义的"教育类课程"。①

（一）影响教师教育课程的因素

社会文化及基础教育的改革与发展状况、对教师专业性的理想追求、教师面对的不同阶段学生的发展水平与学习方式的差异等是影响教师教育课程决

---

① 在职教师教育课程分为学历教育课程与非学历教育课程。我国的《教师教育课程标准（试行）》规定："学历教育课程方案的制定要以本标准为依据，考虑教师教育机构自身的培养目标、学习者的性质和特点，并参照在职教师教育课程设置框架；非学历教育课程方案的制定要针对教师在不同发展阶段的特殊需求，参照在职教师教育课程设置框架，提供灵活多样、新颖实用、针对性强的课程，确保教师持续而有效的专业学习。"

策、规划与开发、实施与评价的最主要因素。

1. 社会文化及基础教育变革的时代要求

信息技术革命、经济全球化等带来的社会经济、文化的发展以及学生的日益多样化必然深刻影响教师劳动的复杂程度，从而提高对教师劳动的创造性要求，进而对中小学教师的素质要求提出新的挑战。为顺应时代变革的要求，《国家中长期教育改革和发展规划纲要(2010—2020 年)》明确提出要"严格教师资质，提升教师素质，努力造就一支师德高尚、业务精湛、结构合理、充满活力的高素质专业化教师队伍"，并强调要"加强师德建设"和"提高教师业务水平"。我国 20 世纪 90 年代末开始启动的基础教育课程改革在深入推进过程中也日益迫切地需要教师教育为新课程实施培养高素质教师。可以说，当前社会与教育的变革要求教师教育培养师德高尚、业务精湛、实践能力强的教师，正如习近平总书记于 2014 年教师节前在北京师范大学师生代表座谈会上提出的"四有好教师"(有理想信念、有道德情操、有扎实学识、有仁爱之心)的要求。

2. 对教师专业性的理想追求

在全球范围内，伴随教师专业化运动的发展，对理想的教师专业素养已形成基本共识，即教师应该具有高尚的专业道德情操，尊重并重视学生的多样性，与家长、同事密切联系、共同努力，致力于专业发展，合理地分析、评价和提高自身的专业实践。教师应具备的专业知识包括以学科知识为主的本体性知识，以教育学、心理学原理性知识为主的条件性知识，在经验与反思基础上形成的个人实践性知识，以及通识、博雅的科学、人文知识。教师需要掌握自己所授学科的基本概念、原则、学科结构及学科信念等，需要了解本学科和其他学科的相互联系，知道如何有效地教授学科内容，清楚地知道学生是如何学习的，知道怎样促进学生的学习，并且了解学生的不同社会、文化背景，知道自己如何去影响学生的学习，等等。此外，教师还需要掌握制订合理教学计划、实施有效教学、对学生的学习进行有效评价、组织管理学生行为和营造良好学习环境等教学、评价的专业技能和策略，还应具备教育专业情意、专业性向、专业身份认同等。这些对理想教师专业素养的基本共识有助于人们思考教师教育课程。

3. 教育对象的发展特征

教师的工作对象是发展中的儿童，但他们在幼儿园、小学和中学各个阶段的发展水平、学习方式等都具有一定的阶段性和差异性，对任教不同阶段的教师的专业素质要求也不同。比如，针对幼儿教育"保教结合""以活动(尤其是游戏活动)为主"的特点，幼儿职前教师教育课程就应当帮助未来幼儿教师充分认识和尊重幼儿的身心特点、个体差异和发展潜能，重视"保教结合"的意义，理解幼儿在游戏中体验、学习和创造的特点，学会创设适宜的教育环境来激发幼儿的探索欲望，引导幼儿获得生动活泼的发展。又如，针对小学生在认知、思维、情感、意志、个性等方面的发展特点，以及小学教育的启蒙性、综合性、学科整合性等特点，小学职前教师教育课程则应当致力于为未来小学教师提供有关小学儿童认知、品德和行为发展特点的知识，帮助他们学会根据小学生身心发展特点来开发课程资源，设计、组织教育教学活动。再如，针对中学生的身心发展特点，以及中学教育内容的理论性、抽象性、选择性等都极大增强的特点，中学职前教师教育课程则应当为未来中学教师提供有关中学生身心发展特点、常见心理行为问题处理、任教学科及其教学设计等方面的知识、能力养成训练。

我国教师教育课程存在的问题由来已久而且屡遭诟病，特别是一线中小学教师对教师教育课程的总体满意度和价值认同度一直都很低。[1] 针对存在的不足和弊端[2]，21世纪以来，我国各级各类教师教育机构都不同程度地致力于教师教育课程改革，从课程目标定位、课程内容选择、课程实施及课程评价方式等方面探索、创新。

(二)教师教育课程目标

"生活没有目标，就像航海没有指南针"(大仲马)，课程实践亦然。教师教育课程目标既是理想教师形象的具体化呈现，又是教师教育课程编制(课程内容的选择与组织)、实施与评价的直接依据。我国的《教师教育课程标准(试行)》针对我国教师教育课程的弊端，立足改革开放以来的改革实践，并借鉴国际教师教育的经验，对职前教师教育课程目标进行了清晰、细致的界说，从"教育信念与责任""知识与能力""实践与体验"三个维度，分别对幼儿园、小学、中学职前教师教育课程的学习目标进行了设计和阐述，构成了一个完整的学习目标体系，体现并凸显了"育人为本""实践取向""终身学习"的课程理念及

---

① 无论是研究者经过实证研究发现"教师教育课程对教师专业发展帮助不大"(范良火.教师教学知识发展研究[M].上海：华东师范大学出版社，2003.)，还是实践者发现"有些师范毕业生并不比甚至还不如综合性大学毕业生更胜任教师工作"，"罪魁祸首"似乎都是"教师教育课程空而无用"。果真如此吗？或者说为什么会如此呢？这是教师教育课程改革必须面对和首先思考和回答的问题.

② 具体而言，教师教育课程存在的最突出问题表现在：课程体系封闭、结构僵化(特别是文理学科专业课程的比例过大、教师类课程比例太小)，内容陈旧、脱离实践(特别是课程内容抽象空泛、脱离基础教育实际)，实施方式单一、低效甚至无效(特别是以教育学、心理学、教学法为代表的"老三门"课程多以抽象呆板的概念和原则讲授为主，所谓"教师独白式理论灌输＋学生机械式死记硬背")，以及理应在教师教育课程中占据重要地位的教育实践类课程(教育见习、实习、研习等)不仅时间短而且流于形式等。(钟启泉，等.我国教师教育课程标准的建构.全球教育展望，2005(1)：37～40.)

改革目标，强调教师教育课程目标要从"教书匠"的训练走向"教育家"的成长，彰显当代理想教师应该是"反思性实践家"的专业属性，推动教师角色的转型和职业品格的提高。

我国的《教师教育课程标准（试行）》提出的教师教育课程的三大目标分别是：第一，育人为本。教师是学生发展的促进者，在研究和帮助学生健康成长的过程中实现专业发展。教师教育课程应反映社会主义核心价值观，吸收研究新成果，体现社会进步对学生发展的新要求；引导未来教师树立正确的儿童观、学生观、教师观与教育观，掌握必备的教育知识与能力，参与教育实践，丰富专业体验，学习因材施教，关心和帮助每个学生逐步树立正确的世界观、人生观、价值观，培养社会责任感、创新精神和实践能力。第二，实践取向。教师是反思性实践者，在研究自身经验和改进教育教学行为的过程中实现专业发展。教师教育课程应强化实践意识，关注现实问题，体现教育改革与发展对教师的新要求；引导未来教师参与和研究基础教育改革，主动建构教育知识，发展实践能力，发现和解决实际问题，创新教育教学模式，形成个人的教学风格和实践智慧。第三，终身学习。教师是终身学习者，在持续学习和不断完善自身素质的过程中实现专业发展。教师教育课程应增强适应性和开放性，体现学习型社会对个体的新要求；引导未来教师树立正确的专业理想，掌握必备的知识与技能，养成独立思考和自主学习的习惯，形成终身学习和应对挑战的能力。

此外，我国的《教师教育课程标准（试行）》中构建的职前教师教育课程目标还表现出三大特点。[①] 第一，统一的课程目标整体架构贯穿于不同学段，由目标领域、目标和基本要求三个层级共同构成，从抽象到具体，逐步深入。依据已经达成的专业共识和相关的政策文本，人们将"目标领域"细分为"教育信念与责任""教育知识与能力""教育实践与体验"三大领域，每个领域再分别提出三条目标；"基本要求"则将幼儿园、小学、中学三个学段的目标分别加以具体化；三个阶段既有共性也有差异。第二，课程基本理念贯穿于课程目标框架。在内容上，"教育信念与责任""教育知识与能力""教育实践与体验"三大目标领域相互支撑，充分展现了职前教师教育的核心范畴和关键特征，并将育人为本、实践取向和终身学习的课程理念贯彻其中。第三，课程目标框架体现出人们对不同学段教师素质要求的差异。一方面，结构化的课程目标框架体系为各级各类教师教育机构的课程工作者提供了清晰的目标图景和可资操作的基本要求，不同使用者可依据目标框架开展课程开发与实施、教学管理与评估以及相

① 崔允漷. 职前教师教育课程目标框架[J]. 教育发展研究，2012(10)：12～16.

关教育研究；学习者也能从中获悉自己的学习目标和学习方式。另一方面，我国职前教师教育课程目标也根据不同学段教师的工作对象和工作特点的不同及其对教师素质要求的差异，体现了其间的连续性和阶段性、重点性和层次性。在理解和掌握相关知识和技能的深度和广度上，在转化课程内容为教学内容的要求上，在课程开发能力上，在评价方法和技能上，在参与实践和体验上，以及在学生观、课堂管理能力、活动设计、语言和书写的规范与运用等方面，幼儿园、小学和中学教师教育课程目标存在差异。

（三）教师教育课程内容

我国的《教师教育课程标准（试行）》在"育人为本""实践取向"和"终身学习"理念下，将教师教育课程分为三大目标领域（"教育信念与责任""教育知识与能力""教育实践与体验"），并具体确立了六大学习领域，力争通过这些学习领域和相应课程模块的设定，基本实现教师教育课程的专业化、实践化，从而引起教师教育领域的深刻变化。

以"中学职前教师教育课程"为例，《教师教育课程标准（试行）》指出："中学职前教师教育课程要引导未来教师理解青春期的特点及其对中学生生活的影响，学习指导他们安全度过青春期；理解中学生的认知特点与学习方式，学会创建学习环境，鼓励独立思考，指导他们用多种方式探究学科知识；理解中学生的人格与文化特点，学会尊重他们的自我意识，指导他们规划自己的人生，在多样化的活动中发展社会实践能力。"（具体课程目标及课程设置见表 10-1 和表 10-2）

表 10-1　中学职前教师教育课程目标

目标领域	目标	基本要求
教育信念与责任	具有正确的学生观和相应的行为	理解中学阶段在人生发展中的独特地位和价值，认识积极主动的中学生活对中学生发展的意义； 尊重学生的学习和发展的权利，保护学生的学习自主性、独立性与选择性； 尊重学生的个体差异，相信学生具有发展的潜力，乐于为学生创造发展的条件和机会
	具有正确的教师观和相应的行为	理解教师是学生学习的促进者，相信教师工作的意义在于创造条件帮助学生自主发展； 了解中学教师的职业特点和专业要求，自觉提高自身的科学与人文素养，形成终身学习的意愿； 了解教师的权利与责任，遵守教师职业道德

目标领域	目标	基本要求
教育信念与责任	具有正确的教育观和相应的行为	理解教育对学生成长、教师自身发展和社会进步的重要意义，相信教育充满了创造的乐趣，愿意从事中学教育事业； 了解人类教育的历史、现状和发展趋势，认同素质教育理念，理解并参与教育改革； 形成正确的教育质量观，对与学校教育相关的现象进行专业思考与判断
教育知识与能力	具有理解学生的知识与技能	了解儿童发展的主要理论和最新研究成果； 了解儿童身心发展的一般规律和影响因素，熟悉中学生年龄特征和个体发展的差异性； 了解中学生的认知发展、学习方式的特点及影响因素，熟悉中学生建构知识和获得技能的过程； 了解中学生品德和行为习惯形成的过程，了解中学生交往的特点，理解同伴交往对中学生发展的影响； 掌握观察、谈话、倾听、作品分析等方法，理解中学生学习和发展的需要； 了解我国教育的政策法规，熟悉关于儿童权利的内容以及维护儿童合法权益的途径
	具有教育学生的知识和能力	了解中学教育的培养目标，熟悉任教学科的课程标准，学会依据课程标准制定教学目标或活动目标； 熟悉任教学科的教学内容和方法，学会联系并运用中学生生活经验和相关课程资源，设计教育活动，创设促进中学生学习的课堂环境； 了解课堂评价的理论与技术，学会通过评价改进教学与促进学生学习； 了解活动课程开发的知识，学会开发校本课程，设计与指导课外、校外活动； 了解班级管理的基本方法，学会引导中学生进行自我管理和形成集体观念； 了解中学生心理健康教育的基本知识，学会处理中学生特别是青春期常见的心理和行为问题； 掌握教师所必需的语言技能、沟通与合作技能、运用现代教育技术的技能
	具有发展自我的知识与能力	了解教师专业素养的核心内容，明确自身专业发展的重点； 了解教师专业发展的阶段与途径，熟悉教师专业发展规划的一般方法，学会理解和分享优秀教师的成长经验； 了解教师专业发展的影响因素，学会利用以课程学习为主的各种机会积累发展的经验

续表

目标领域	目标	基本要求
教育实践与体验	具有观摩教育实践的经历与体验	观摩中学课堂教学，了解中学课堂教学的规范与过程，感受不同的教学风格； 深入班级或其他学生组织，了解中学班级管理的内容和要求，获得与学生直接交往的体验； 深入中学，了解中学的组织结构与运作机制
	具有参与教育实践的经历与体验	在有指导的情况下，根据学生的特点，设计与实施教学方案，获得对学科教学的真实感受和初步经验； 在有指导的情况下，参与指导学习、管理班级和组织活动，获得与家庭、社区联系的经历； 参与各种教研活动，获得与其他教师直接对话或交流的机会
	具有研究教育实践的经历与体验	在日常学习和实践过程中积累所学所思所想，形成问题意识和一定的解决问题的能力； 了解研究教育实践的一般方法，经历和体验制订计划、开展活动、完成报告、分享结果的过程； 参与各种类型的科研活动，获得科学地研究学生的经历与体验

表 10-2　中学职前教师教育课程设置

学习领域	建议模块	学分要求	
		三年制专科	四年制本科
儿童发展与学习	儿童发展；中学生认知与学习等	最低必修学分8学分	最低必修学分10学分
中学教育基础	教育哲学；课程设计与评价；有效教学；学校教育发展；班级管理等		
中学学科教育与活动指导	中学学科课程标准与教材研究；中学学科教学设计；中学综合实践活动等		
心理健康与道德教育	中学生心理辅导；中学生品德发展与道德教育等		
职业道德与专业发展	教师职业道德；教师专业发展；教育研究方法；教师语言；现代教育技术应用等		

学习领域	建议模块	学分要求	
		三年制专科	四年制本科
教育实践	教育见习；教育实习	18 周	18 周
教师教育课程最低总学分数（含选修课程）		12学分＋18周	14学分＋18周

说明：
1 学分相当于学生在教师指导下进行课程学习 18 课时，并经考核合格；
学习领域是每个学习者都必修的；建议模块供教师教育机构或学习者选择或组合，可以
是必修也可以是选修；每个学习领域或模块的学分数由教师教育机构按相关规定自主
确定

（四）教师教育课程实施

西方国家在教师教育课程实施的取向上，由于对教师专业性的不同理解，先后出现了"重教学行为训练"和"重实践反思"两种不同的课程实施取向。在20 世纪 80 年代前，与占据主流的"教学的技术观"相对应，教师教育课程的实施主要关注的是如何训练教师外显的具体教学行为，采取诸如"微格教学法"等教学策略，而教师的思想、个人特质、内在价值观念等都未受到重视。20 世纪 80 年代以来，伴随对教师实践性知识的重视以及"教师成为反思性实践者"思想的传播，教师研究的关注点从教师行为转向教师的思维和认知，"如何教反思"成为教师教育研究的热点。①

传统教师教育课程实施的"教师独白式理论灌输＋学生机械式死记硬背"模式的弊端日益凸显，越来越多的教师教育者开始深刻地思考和探索旨在提高教师反思能力的教学策略，如传记、日志、案例教学法、行动研究、教学档案袋评价等，致力于通过课程教学培养和提高未来教师的教学判断与反思能力并发展其教学实践能力。我国的《教师教育课程标准（试行）》也明确提出"推进教师教育课程的教学变革"，强调教师教育课程的教学要凸显自主学习，引导学习者独立思考，主动建构专业知识；注重探究学习，鼓励学习者批判质疑、提问探寻，实现知识学习、专题研究和问题解决的有机整合；倡导对话教学，采用参与式研讨、经验分享和专题辩论等多种教学途径，促进学习者与教师教育者共同参与课程发展。教师要充分利用现代教育技术，探索模拟课堂、现场教

---

① 王艳玲. 教师教育课程论［M］. 上海：华东师范大学出版社，2011：144～145.

学、情境教学、案例教学、微格教学等多样化的教学模式。实践反思取向的教师教育课程实施中有两点特别值得重视：一是将"实践－体验－反思"贯穿于课程实施始终[①]；二是加强"生活史"作为重要教师教育课程资源的开发和利用。

1."不断线"的实践体验与反思

教师所需掌握的各类知识之间并非条块分割、泾渭分明的，而是需要通过精心的课程设计和实施来帮助学习者将公共的理论性知识与自身的实践体验相融合，最终形成一个整合的知识系统。师范生对教育实践的体验和反思并不只是在所有理论类课程学习即将结束时才被安排在专门的"教育实习"环节来进行，"教育实习"的任务也不是"应用理论"和"验证理论"，而是结合实践经验对理论性知识的理解、反思和深化。因此，"实践—体验—反思"应该成为教师教育课程体系的核心和支柱。

教师教育课程体系中每一门理论课程的实施都必须结合学生的实践经验来进行，而不是抽象、空洞、单纯的"独白式讲授"，都应该努力探索采取工作坊（workshop）、习明纳（seminar）等教学方式，通过联系实践经验的讨论、教师指导下对教育问题的反思等，充分挖掘和调动师范生的教育实践经验，为学习者提供体验和反思实践的学习机会，使实践体验在时间与空间上完全浸入教师教育的全过程之中，并且指导学习者"学会反思"、在理论学习与实践经验之间建立起有意义的联系，帮助师范生实现对理论性知识的有意义的深层学习和变革性学习（transformative learning），实现理论学习与实践体验相互支撑、螺旋上升发展，在理论与实践的互动中推进课程实施，不断激发学习者的反思意识、培养和提高其反思能力，促进课程学习者逐渐积累和建构自己的教师实践性知识，涵养教育实践智慧。

2."生活史"课程资源开发

课程资源指课程要素来源以及实施课程的必要而直接的条件。广义的课程资源包括有利于实现课程目标的各种因素，狭义的课程资源仅指教学内容的直接来源。[②]

---

① 王艳玲.教师教育课程论[M].上海：华东师范大学出版社，2011：164～172.

② 依据不同的分类角度，课程资源有：校内课程资源（如教科书，教师和学生的生活经验、教学策略、学习方式，各种学校活动等）和校外课程资源（如校外图书馆、科技馆、博物馆、网络资源、乡土资源、家庭资源等）；素材性课程资源（知识，技能，经验，活动方式与方法，情感、态度与价值观，培养目标等方面的因素）和条件性课程资源（直接决定课程实施范围和水平的人力、物力和财力，如时间、场地、媒介、设备、设施和环境等因素）；以及社会资源与自然资源；人力资源、物力资源与财力资源；纸质资源与电子声像资源；等等.

"生活史(life history)"①是一种特殊而重要的教师教育课程资源。

顾名思义，"生活史"是个人在一定社会、文化和历史情境中的生活经历及其体验。作为课程资源的"生活史"至少包含"教师生活史"和"学生生活史"。教师教育中的"学生"包括"师范生"(教师职前教育课程的学习者)和"在职中小学教师"(教师在职教育课程的学习者)。教师教育中的"教师"意涵更为丰富，固然包括"教师教育者"，但作为课程资源加以开发利用的"教师生活史"则包含师范生未来扮演的职业角色("中小学教师")全部的个人生活经历；这既包括其作为"学生"的"受教育史"，也包括作为"教师"的"职业史"即"教育实践史"，以及既作为"学生"又作为"准教师"的师范教育阶段的"生活史"。教师和学生在生活经历中遭遇的重大事件、重要他人、关键时期等，都是教师教育的课程资源。

不是所有的资源都是课程资源；同样，不是所有生活史都能自然地成为课程资源。只有真正进入课程、与"课程中的人"发生实质性联系并达成课程目标的生活史，才由"潜在的课程资源"变为"显现的课程资源"。

首先，叙说故事。"生活史"是通过"讲故事"进入课程而成为课程资源的。一是学生叙说自己的成长故事。师范生虽然缺乏教育实践经验，但头脑中并不缺乏"教育知识"，受教育史便是其审视教育的最直接的窗口。他们曾经遇到的教师、受到的教育对待、身处其中的学校文化等，都直接形塑了他们对"教育""教师""学生""学校""课程""教学"等教育知识的"前理解"，这又必将深刻影响其进入师范院校后对教师教育课程的理解和评价。教师教育的课堂不能是"教师表演、学生观看，教师独白、学生失语，教师生产知识、学生消费知识"；可以采取即兴发言、自由谈、课程作业甚至辩论、演讲等形式，让师范生讲述和书写自己的生活史故事，呈现成长中的喜怒哀乐，思考"如果我是教师/家长，我会怎么办"。二是教师叙说自己的课程故事。教师拥有独特而丰富的课程资源，这是一个远未充分开发的教育宝藏。教师自己的成长故事固然重要，但中小学教师的教育生活史是更有意义的课程资源。教师在职教育中，可以让教师梳理自己亲历亲为的教育生活经验和课程实施创生的过程与感受，讲述自己的"教育故事"和"课程故事"。这些生活史故事中必然蕴藏着大量生动鲜活、只属于教师自己的教育案例和独具个性风格的实践经验。讲述和书写这些故事

---

① "生活史"最早是作为一种新的人类学、社会学研究方法而出现的，通过运用各种技术和材料(如访谈、案例、日记、信件、文件、历史文献等)，阐述被研究者的生活故事，提供与其日常生活和职业生涯有关的重要信息而进行人种志研究。教育研究中，"教师生活史研究"被看作教师实践知识的重要来源和教师反思与自主发展的重要手段.

正是将教师自身丰富的教育生活经验转化成了课程资源，促进教育经验的可持续建构。

其次，交流故事。教师教育课程教学中，不仅通过"讲故事"呈现生活经验，更要通过交流，分享彼此的体验和感悟。否则，"为讲而讲"只是徒增课堂上的笑声而已。开发利用"生活史"这一"素材性课程资源"的目的即在于关注当事人的体验与感受，透过体验展示事件细节的教育意义，进而探究事件本身对教师成长的影响。因此，教师教育者要重视故事的动态生成，加强故事言说者与倾听者之间的交流、互动，重视多方的表达与沟通。一个好的生活史故事，其价值就在于能够得到许多人的认可，引起大家的关注甚至共鸣，而不再仅仅是一个私己性的个人故事。

最后，反思故事。"交流故事"亦非"为交流而交流"。与"接受"既成知识不同，"反思"重在探究批判与意义创造，旨在获取事物的本真意义。"故事本身就是实际理论的例证或主题"，故事"使我们有可能参与真实体验，同时又让我们在面对真实体验中蕴含的意义时陷入沉思"①。叙述故事、交流故事，终究为了反思故事，并从经验与体验中感受意义。"写得好的故事接近经验，因为它们是人类经验的表述，同时它们也接近理论，因为它们给出的叙事对参与者和读者有教育意义。"以经验叙事表述出来的生活史故事"承载着教育经验的理论意义，完全具有与其他教育理论话语方式平等的地位，并为教师在教育理论和教育实践之间展开对话搭建了一个平台"②。

因此，开发利用生活史故事作为教师教育课程资源，需把握两个基本原则：一是真实，二是挖掘教育意蕴。进入教师教育课程的"生活史故事"必须真实。学生的成长故事、教师的生涯故事或课程故事等，都不能编造和杜撰，也不能坐在书斋想象和推演。故事原型必须是当事人亲身遭遇的生活事实，体验和感悟也应真实、可信。此外，作为素材性课程资源进入教师教育的生活史故事还必须揭示鲜明深刻的教育意蕴，彰显教育的力量。故事的讲述者和聆听者在"叙说故事"呈现经验、"交流故事"分享体验及"反思故事"生成意义的互动中，进一步挖掘和提练经验，不仅体味故事的教育意蕴，而且将其中蕴含的教育真谛以理性化形式深刻揭示出来，完成教育理解的自主建构，这便是生活史的课程潜能所在。

---

① 马克斯·范梅南.生活体验研究——人文科学视野中的教育学[M].宋广文，等，译.北京：教育科学出版社，2003：159.

② 丁钢.教育经验的理论方式[J].教育研究，2003(2)：22～27.

（五）教师教育课程评价

长期以来，我国教师教育课程评价存在评价目的片面、评价范围狭窄、评价手段单一、评价主体局限等诸多不足，在实施评价的具体过程中也普遍存在简单化、唯量化等弊端。近年来，随着教师教育改革的深入，人们在批判过于单一地考核概念或理论记忆力的标准化考试为主要形式的传统教师教育课程评价方式的同时，也积极探索和开发新颖灵活的新型发展性多元评价方式，秉持"立足过程""强调多元""促进发展"的评价理念，强调评价取向的包容性、评价主体的多元性、评价标准的规范性、评价内容的全面性、评价方式的多样性，促进课程学习质量的提高。甚至可以说，教师教育课程评价出现了"范式革命"。

1. 评价范式的转换

长期以来，我国教师教育实践中一直潜隐着的认知模式将教师的专业能力看作受学科内容的专业知识和教育学、心理学的科学原理与技能制约，教师更多地被视为"知识灌输者"和"技术熟练者"，教师掌握的学科知识的深度、广度以及传授这些知识的熟练程度等被视为衡量教师专业化水平的重要标准，与此相对应的以纸笔测试、知识再现为主的教师教育课程评价可称为"基于知识的评价范式"。这种基于知识的评价的出发点是检测未来教师的知识掌握水平和知识的运用能力，其积极意义在于能够引导教师掌握扎实而丰厚的理论知识，但其消极意义则在于助长了未来教师的知识掌握与运用在低水平徘徊。

将教师定位为"反思性实践者"的教师教育理念强调教师借助行动中形成的经验及对经验的反思、融合广泛的理论知识形成的实践性知识是教师专业发展的关键；因此，教师教育课程评价理应基于未来教师在具体教学情境、教学行动中的表现来进行"基于表现的评价"（又可称"真实性评价""替代性评价""表现性评价"）。基于表现的评价要求学习者在真实的情境中执行任务和解决问题，通过对学习者在执行任务或解决问题过程中的表现的观察，或产生的创造性成果进行评价；具有"评价任务的真实性""基于评分规则的判断""评价主体的多元化""与学习活动的一体化"等几个显著特征。[①]

2. 评价方法的多元化

在"基于表现"的评价理念指引下，根据评价目的收集学习者表现出来的与评价目标相匹配的信息的方式、方法、手段，在教师教育课程教学中也越来越多元，主要有以下几种。

一是"档案袋评价法"（又称"成长记录袋评价"）。这是按照事先制定好的评

---

① 周文叶. 职前教师教育课程评价：范式、理念与方法[J]. 教师教育研究，2014(2)：72～77.

分规则，对有目的、有计划收集的学生的作品和表现做出评价的方法和过程。档案袋本身是一种收集、汇编相关产品和作品的工具，根据使用目的的不同可以开发不同的档案袋。用于职前教师教育课程评价的档案袋通常有两种：一种用于阶段性地汇集学习者的课程计划、作业、反思、教学实践表现记录等，用以作为形成性地评价学习者、促进其专业成长的资源；另一种用于总结性呈现学习者的最佳表现，常常用于对学习者做出最终评价或求职之用。档案袋评价法不仅能提供有关师范生动态、丰富的专业学习活动记录，还可以帮助师范生在档案袋材料的基础上展开个人或合作进行的反思，这对于培养未来教师的反思意识与能力大有裨益。

二是"微格教学评价法"。这是借鉴和采用微格教学的操作程序和方法，要求评价对象轮流上课5～10分钟，通过拍摄录像和重放录像，开展自评、互评和点评。微格教学评价法具有良好的促进发展的功能，能够加强理论与实践的联系，使学习者获得教学实践机会，这在职前教师教育中教育实践机会相对较少的情况下尤其具有现实意义。

三是课堂观察评价法（又称"观课研讨评价法""听评课法"）。它主要用于教师教育实践课程的评价，评价的参与性、合作性特点突出，主要包括以下步骤：首先，形成主要由实习学校指导教师、管理者、大学教师以及实习生同伴组成的观课研讨小组；其次，实施观课（观课前要有明确的目的，进而确定出观课重点，在观课重点明确的条件下，一些观课内容可由观课者和实习生共同商定，并围绕要观察的内容开发好观察工具，做好观课记录）；再次，观课后围绕重点进行研讨，由授课者和观课者双方共同做出结论，并提出建设性的改进建议；最后，提供后续活动和完善机会（比如，实习生在吸收观课研讨中的意见、建议、反思所得的基础上，重新设计、实施教学，将研讨中认识上的改进转化为教学行为的提高）。

四是开放性试题与小论文。人们将学习者在开放性试题、小论文中做出的应答也视作一种"表现"，从"基于表现的评价"角度进行创造性使用，从而考查出学习者的理解、应用、分析、综合、评价等高级认知能力，有助于教师教育课程评价的全面性；但需设计科学、规范的评价规则，否则，评分的主观随意性会削弱评价的信度和效度，也阻碍评价对促进发展的作用。

当然，任何评价方法都必须与课程性质和目标相匹配。比如，教育理论类课程以"模拟课堂教学＋教育小论文（或调研报告）"为主，教师技能类课程以"技能资质考证＋教师技能大赛等活动"为主，专题讲习类课程以"记录专题活动表现与成果的形成性档案袋评价＋模拟情境问题或任务解决的终结性评价"

为主，主题单元工作坊研习和教育现场见习、实习等课程则以"记录专题活动表现与成果的形成性档案袋评价＋实习过程的表现性评价"为主。

总之，研究教师教育课程评价的出发点是什么样的评价能真正检测我们期望的未来教师应知与能会的内容？什么样的评价又能促进教师专业可持续的发展？目前我国教师教育课程评价，在范式、目标、内容、主体、手段等方面都需要进一步改革、完善。评价范式力争体现"基于表现的评价"，评价目标力争体现教师教育课程体系中各学科间的整合，评价内容力争体现教育教学理论与实践的统合，评价主体力争体现教师教育课程参与主体间的合作，评价手段力争体现教师教育课程评价设计与实施的相互契合。

（六）教育实践课程

与"教育实践课程"相关联的一个概念是"教育实习（field experience，practicum）"（多指"准教师"在中小学校教育现场中的集中教育实践，包括听课、授课、批改作业、学生个别辅导及班级管理等①）；"教育实践课程"的内涵则比"教育实习"丰富得多。职前教师教育实践课程通常指在职前教师教育阶段设置和安排的、并且贯穿于职前培养全过程的一系列教育实践活动，一般包括微格教学、模拟教学、教育见习、教育实习等，或者可以分为教育见习、教育演习、教育实习和教育研习。教育实践课程主要涉及"实习教师（student teachers，practicing teachers）"（一种"非师非生""亦师亦生""半师半生"的特殊角色）和"指导教师"（高校指导教师（supervisor）和中小学指导教师（mentor，cooperating teachers））。

教育实践课程在教师教育课程体系中的地位非常特殊，它既是最古老的一门课程，又是最年轻的一门课程。说它"最古老"是因为教育实践课程的主要形式（如教育见习、模拟教学和教育实习等活动）从教师教育实践活动诞生开始就始终存在于教师教育的实践中；说它"最年轻"是因为将见习、实习等实践活动看作"课程"（甚至看作教师教育最重要的课程）、在"课程"视野中来思考这些实践活动，则处于起步阶段，有关实践的目标、内容、课时比例、时段、地点、参与者、行为类别、实践基地建设、对指导环节的规定、保障措施、与教师入职资格的衔接等问题，都远未达成学术共识。

---

① 在西方教师教育研究中，"教学实习（student teaching，practice teaching）"特指师范生以"实习教师（学生教师）"身份在中小学课堂的授课活动，"模拟教学（laboratory experience）"则特指师范生在微格教室或实验室的教学实践；在中小学现场和实验室的教育实践又被统称为"field and laboratory experience"。

1. 西方国家教育实践课程的发展历程

西方国家教师教育中的教育实践课程先后经历了四种模式的发展过程。

第一，艺徒（学徒制）模式（apprenticeship model）。起源于 19 世纪 20 年代的"艺徒模式"又称"工匠模式（craft model）"，可谓最古老的教育实践课程模式。这种模式中有三个基本要素："师傅"（责任是示范、临场指导、口耳相传），"徒弟"（任务是聆听、观察、严格模仿），以及"师徒关系"（表现为直观的、单向的关系，"师傅"具有绝对权威，对"徒弟"指示、监控、评判，"徒弟"则只能绝对服从）。这是一种低层次的技艺模仿，通过直觉、经验、常识而养成教学技能，无论"师傅"还是"徒弟"，都不需要去研究"教什么""怎么教"的原理性知识，实践中也不需要与这些原理性知识发生联系。该模式提供的专业实践情境是狭隘的、特殊的，师范生一旦进入变化的教育情境，往往会不知所措。

第二，实验模式（laboratory model）。这是杜威在 20 世纪初倡导的教育实践模式。杜威认为训练思维的最有效方法是从经验中、经由"个人的反省思考及实验"来解决问题，由此获得具体的知识；因此，教师专业知识也必须首先从各种教育实验中获得，再返回应用领域，通过引导师范生在示范学校和附属学校开展"教育实验"来掌握教育理论知识。这种受"实验—应用"思维影响的实验模式事实上也是一种"理论—实践二元论"框架下的静态模式，发展到 20 世纪 50 年代，这种模式进一步导致了教育理论与教育实践的割裂。

第三，临床模式（clinical model）。这种模式又称"应用科学模式（applied science model）"，是 20 世纪 50 年代，美国的"能力本位教师教育"理念的产物，旨在培养师范生对教学问题和学生行为进行分析、判断、诊断、开处方的能力，即培养"教育临床专家"。斯坦福大学的德瓦特·艾伦（Dwight Allen）开创的"微格教学"（microteaching）成为这种模式的主要手段，虽然在教育实践课程上取得一定的突破，但这种旨在高效率培养技术型教师的模式后来被批评为"反智（anti-intellectual）模式"（又称"后艺徒模式"）。

第四，反思模式（reflective model）。这是伴随 20 世纪 80 年代后美国"标准本位教师教育"的兴起而出现的一种模式，强调教师教育应基于"所有儿童都能够并且应该学习"的信念，致力于培养能够帮助和促进儿童学习的未来教师；教育实践课程则应致力于培养未来教师在真实情境中发现问题、分析问题和解决问题的判断、决策和评价能力，以及对教育的理论基础、社会价值、个人价值和教育教学过程开展反思和探究的能力，帮助"准教师"在"浸入"教育实践活动的过程中建构个性化的、可迁移的实践性知识和教学实践能力结构，为未来可持续发展做好准备。旨在为准教师提供临床学习经验和完整教学合作体验的"专业发展学校(Professional Development School，PDS)"成为这种模式的主要手段，将"大学为本(campus-based)"教师教育进一步推向"学校为本(school-based)"教师教育。

2. 我国职前教师教育实践课程的主要问题

长期以来，我国教师职前教育实践课程差强人意，不同程度地削弱了教师实践性知识的生成和教学实战能力训练的成效，存在的问题主要有：

第一，课时总量不足。教育实践课程窄化为仅仅 8～10 周的"教育实习"，其他教育实践活动(如中小学教学观摩、教育见习、教育研习等)更是形式单一、时间过短、次数过少，甚至微乎其微。比如，在一些高师院校，师范生只有 8 周左右的教育实习，除去第 1～2 周来"熟悉环境"和"听课"、最后 1 周来"整理实习材料"和"总结"，真正可以走上讲台体验教师授课经历的时间可想而知。在如此短暂的时间里，师范生充其量只能获得一些中小学教育教学工作的感性认识而无法深入认知教育教学，进而锻炼教育教学的实战能力，不仅不利于师范生初步掌握教学基本技能，而且这种一次性的时间安排因缺少强化和巩固环节而使得"理论学习与实践锻炼脱节"的问题更加严重。

第二，课程内容单一。一方面，教育实践课程以实习为主要形式，其他形式如教育见习、微格教学等作用有限；另一方面，在短暂的实习时间内，实践任务也大多只限于课堂教学和班主任工作，教研活动、家访、学校行政管理、社会教育调查、教育科研等其他教师职业生活的重要组成部分往往被忽视，师范生只是进行了一次"教学试水"，师范生根本无暇将教育理论与实践有机联系起来，更无力将显性教育知识转化为缄默教育知识，无法发现自身智能结构的优劣，也难以真正掌握和提高基本的教学技能、技巧，诸如教育科研能力、创新能力、自我学习与发展能力的提高更是无从谈起。

第三，课程安排呆板。受"理论指导实践"固有思维的影响，教育实习大多安排在学科专业课程和教育理论课程学完之后进行，实际上是将"实践"从整个教师教育中剥离出来，恰恰违背了教师知识的整合性特点。师范生在教育实习过程中会发现许多理论的问题和自己实际教学技能上的不足，但往往实习结束即意味着职前教师教育基本完结，不再需要也没有机会去再实践自己对教学的反思并弥补曾经的不足。这种将理论与实践二元对立起来的教育实践课程是一种封闭的单行线而非开放的自组织，很难取得实质性的成效。

第四，实习指导薄弱。一方面，中小学指导教师对师范实习生较少主动督促和指导；另一方面，高校指导教师则忙于自己的教学、科研任务，在指导师范实习生上的时间和精力投入都十分有限，甚至对实习生放任自流。实习生只能靠自己在实践中摸索。

总之，教育实践课程改革亟待重视对准教师专业社会化至关重要的教师科研、家访、科层关系、教育调查、教研活动等内容，重视实习教师的个性特征及各种教育实践活动的个体针对性（而不是不同个体均以相同内容进行教育实践），有效地帮助实习教师从容面对经历了新奇兴奋的开始阶段后、面对具体繁杂的"现实震撼"而产生的无所适从感，切实加强实习指导（而不是让实习教师在缺乏现实指导的情况下陷入孤军奋战的局面），帮助实习教师在最佳时间获得对实践问题的反思，克服实习教师在有限时间内只能了解中小学教育教学工作"皮毛"而无法深入认知教育教学特质的弊端。

3. 我国职前教师教育实践课程的重构

我国的《教师教育课程标准（试行）》凸显了"实践取向"教师教育新理念，强调教师作为"反思性实践者"，职前教师教育课程目标也设定了"教育实践与体验"这一维度，要求教师具有观摩、参与和研究教育实践的经历与体验，甚至提出教育实践课程不少于一个学期的要求。教育实践课程确实应该成为职前教师教育课程的"重中之重"，实践课程的改革更是迫在眉睫、势在必行。如前所述，长期以来，教师教育遵循"从理论到实践"的思维逻辑，职前教师教育实践只能以"实践环节""实践活动"的形态存在于职前教师教育课程框架中，即使近年来在如火如荼的教师教育课程改革中，实践课程也只是停留于实践方式的探索，如延长实习时间、改变实习形式（如顶岗支教实习）等。因此，我们需要将职前教师教育实践课程作为一种独立的课程形态来审视和重构，思考和回答教育实践课程的本质、定位、特点、价值、意义、目标、内容、实施、评价等一系列问题，特别是对于实践课程质量至关重要的"指导（mentoring）"质量如何保证的问题。

首先，丰富教育体验、锻炼实践能力、促进教师实践性知识的养成是教育实践课程目标的核心要义。教育实践课程旨在通过丰富教育体验，涵养教师专业品质，如对教育情境和学生文化的感受力（表现为对文化差异、学生差异、环境差异等的敏感性及调整能力），对教育专业工作的理解力（理解教育教学的本质，理解学生的发展规律，理解自己的教师胜任力水平及发展方向等），对教学价值和意义的反思力（主动反思自己的教学观、教学判断力，并将这种思考与自身的专业发展结合起来），等等。实践性知识是教师专业知识的核心，是教师形成实践能力与实践智慧的关键要素。教师实践性知识包括技术规则、经验、情境知识、判断力知识、实践化的学问知识五个方面内容。其中，技术规则是教师要掌握的基本教学技能，这是职前教师教育的重要内容，但仅此远远不够。经验、情境知识、判断力知识的养成更为重要，这恰恰是传统教育实习欠缺的。"经历"并不等同于"经验"，只有经历的积累尚不足以形成经验；只有在大量教育教学经历与体验中，通过反思才能产生经验；情境知识是在真实的教育情境中生成的知识；面对复杂、不确定的教育情境，教师要借助判断才能完成教学问题的解决与实践性知识的生成，技术规则、经验与情境知识的合理匹配需要判断力为中介，判断力知识是教师实践智慧的关键体现。通过教育实践课程，即师范生通过教育调查、模拟教学、学校教育现场观察，教学、教研和管理活动观摩，以及研讨等，丰富自己对学习教育生活的体验，发展自己教育教学的实践能力。

其次，学习和践行教育反思是教育实践课程的重要内容。无论是将师范生的生活史作为重要的教师教育课程资源加以开发，还是通过教育实践课程为师范生提供在学校现场获取实际经验的机会，获取经验仅仅是经验性学习的开始，只有通过对经验的反思才能发生真正的学习。唤醒职前教师的职业意识，使其产生自主学习动机，形成专业反思习惯，是职前教师因反思而踏上教师职业之旅的意义所在。因此，教育生活和教育实践经验的获得以及对经验的反思便构成职前教育实践课程的两大核心内容，提供反思机会并指导师范生学会反思便成为职前教师教育实践课程的重大任务。我们应在真实的实践情境中培养师范生的教育反思意识，帮助准教师在踏入专业成长的初始阶段即能有意识地锻炼和提高自己的反思能力并自觉养成反思习惯，为实现持续的专业成长奠定良好基础。这应该贯穿在职前教师教育实践课程的全程和各个领域，在分阶段、多形式的教育实践课程内容体系中，课程内容的安排由少到多、由简至繁，针对教师工作体验、现场学习与研究、教育见习、模拟（微格）教学、教育实习等不同实践活动，开发各自不同的学习项目与步骤，产生每一种实践活动的学习内容，形成模块化的课程内容，如"教师工作体验模块""现场学习与研究模块""教育见习模块""模拟（微格）教学模块"等，并逐渐形成相互衔接的"无缝式"教育实践课程体系，从而将师范生的经验获得及反思和教育实践行动有机地整合在一起。

再次，灵活采取多种形式、多方协同合作，切实提高对师范生学习反思的指导质量，是教育实践课程实施的关键。各级各类教师教育机构应根据自身教师人才培养的目标、定位、特点及当地基础教育师资状况，灵活采取多种形式的教育实践课程组织模式，如集中编队与分散编队，单科编队与多科编队，"沉浸式"实践（如实习支教、顶岗实习）与"半沉浸式"实践，定点实践与交替实践，大学主导式实践与大学、中小学联手合作式实践（如 PDS 模式）等。但无论采取哪种模式，大学与中小学、地方教育行政部门的新型合作制度是职前教师教育实践课程有效实施的基本条件和根本保障，应确保三方共同协商、通力合作；而大学与中小学教师的高质量指导则是职前教师教育课程实施的中心环节，也是教育实践课程有效实施的关键。指导的内容、时机、方法等对于师范生真正地"学会教学"都至关重要。事实表明，增加教育实践的学分、学时（从6～8 周延长到 10～14 周），将近乎放任自流的学生自行联系实习单位改变为学校有序组织、专业教师带队指导等改革举措并不一定能够有效地提高师范生的教育实践能力。"教育实习能否发挥教育功效并不在于其经验时间的长短，而是要问是什么样的经验，要用什么样的方式运用这些经验才可能使经验产生拓展教育智慧与引导合理的实施方法的价值。"①通过教育实践，师范生不仅需要学习如何对各种教育教学技能的有效性、策略使用的合理性等进行技术性反思以锻炼教学能力，而且需要学习如何缜密地审视和探究自身实践背后的个人信念以跳出可能存在的错误观念、价值观偏见及利益偏好等，更需要对学校教育现实与社会正义的关系持批判性反思的开放态度，致力于成为促进社会公正的教育变革行动者。因此，清晰阐释、明确要求、全面示范、切实指导师范生进行包括技术性反思、实践性反思和批判性反思在内的多层次教育反思，并加强对指导教师的选拔、培训和考核，是师范生教育实践能够得到优质、高效指导的重要保证，需要师范院校和中小学校共同努力。②

最后，确立评价标准、采取成长档案袋评价方式是突破传统教育实践评价模糊低效的重要策略。教育实践课程中的档案袋可以包括师范生的各方面学习材料，如一堂课或一个单元的教学计划，课堂或班级活动的照片、录像，教育教学日志与案例，对一堂课的细节描述或分析，对教学活动的反思笔记，指导教师的记录、建议，以及同伴反馈，等等。反思意识、反思习惯及反思能力应成为实践课程评价的重要内容之一。

总之，职前教师教育实践课程是职前教师在大学和中小学教师的指导下，通过亲身体验、参与、观摩、研修等实践活动，涵养实践性知识、磨炼实践能力、积淀实践智慧的活动课程，是师范生逐步实现由受教育者到教育者角色转

---

① 王秋绒. 教师专业社会化理论在教育实习设计上的蕴义[M]. 台北：师大书苑有限公司，1991：64. 转引自杨秀玉. 实践中的学习：教师教育实习理念探析[J]. 首都师范大学学报（社会科学版），2009(5)：57～61.

② 杨跃. 师范生教育实习反思[J]. 高等教育研究，2011(7)：63～67.

变的关键环节。职前教师教育实践课程改革需要克服课程目标定位的技术化倾向、内容安排的随意性倾向、实施过程的形式化倾向、评价考核的低效化倾向，在课程内容选择、课程模块设计与组织以及课程评价等方面，遵循教师专业成长的规律，特别是遵循职前教师专业成长的特殊性，尽可能有利于缓解新任教师在入职适应期通常都会遭遇的"现实休克（reality shock）"。当然，教育实践课程改革远非"教育实习多长时间适宜"或"集中实习与分散实习，孰优孰劣"那么简单，而是需要包括教育学、心理学、学科课程与教学论等教育类课程乃至学科类课程在内的整个职前教师教育课程体系的科学建构与有机配合，需要包括高师院校与中小学全体指导教师在内的教师教育者自身的卓越发展，需要全方位的制度建设乃至文化改造。这些都有待深入思考。

三、教师教育课程改革

如果说"课程"是回答"什么知识最有价值"以及"谁的知识最有价值"的问题，那么，教师教育课程便是思考和回答"什么知识最有教师教育价值"以及"谁的知识最有教师教育价值"。教师教育课程改革便至少触及知识重建和权力冲突的议题。

（一）教师教育课程改革的知识重建

正如在"教师专业的知识基础"中讨论的，教师知识的各个部分并不是条块分割、孤立存在的，而是相互支撑、密切整合在一起的；教师教学实践过程中运用和体现出来的知识本身就是融合了公共的理论性知识和个人的实践性知识的产物，同时又借助于实践经验的丰富和理论知识的检视和批判而不断发展。因此，能否以及如何以一种整体的视角来看待教师知识，并基于这种整合的视角来设计和实施教师教育课程，不啻为教师教育课程改革面临的巨大挑战。对教师教育课程改革的知识重建来说，我们需要思考和解决以下几个主要矛盾。

第一，教师知识生成的整合性与分科性大学课程设置之间的矛盾。教师工作具有情境性、实践性等特点，要求教师在实践情境中体现和运用的知识应该具有整合性、灵活性、联系性等特点，但是，传统大学知识观重视的是系统化、程序化、结构化甚至可量化的知识，这些知识特点固然重要，但在教师教育实践中，具有系统性、理论性的知识如何与实践联系起来？如何让学习者学习灵活运用这些系统性、理论性的知识于教育教学实践，并学习如何有效解决教育教学的实际问题？如何改变大学教师教育课程设置的分科化倾向并切实提高课程实施的有效性？只有对诸如此类的问题进行深入的研究和实践探索，教师教育课程改革才可能取得实质性的突破和成功，否则，很可能只是"从'老三门'到'新八门'"的表面化、泡沫化改革。比如,教师"学科教学法知识"的习得是需要运用教育学、心理学的相关理论视角和知识(还可以进一步细分出教育哲学、教育社会学、教育史学、教育心理学等众多教育学、心理学分支学科领域)去审视特定年龄学生学习的特定学科知识,需要从学生认知发展(甚至非认知的情意、个性、社会学发展)的年龄特点等去理解特定主题的学科内容知识,需要深入研究学科知识的多种表达和理解方式等。

第二,教师知识运用的实践反思性与单一性大学课程实施之间的矛盾。具有整合性的教师知识需要经过长期练习并综合运用多方面知识进而在实践中得以生成,即使理论性知识的习得也离不开学习者对教育情境(哪怕是曾经经历的既往教育生活)的体验才能真正达到有意义学习的状态,更何况以"学科教学法知识"为代表的"实践性知识"以及教学技能。没有任何固定的模式和技能、技巧可以套用于变动不居的实践情境,教育教学情境更是如此,教师必须凭借自己对教育教学的理解和领悟,对灵活多变的教育实践情境创造性地做出自主判断和选择。因此,大学分科化教师教育课程在实施环节存在的弊端屡遭诟病,"去情境化"的、以"听讲"为主要学习方式的理论性知识学习,显然无法让学习者真正地"学会像教师一样思考"。比如,教师课堂教学组织、学生管理与辅导等教育能力都需要教师将教育学、心理学、学科课程与教学论等理论性知识通过反思性实践而运用于课堂教学及师生互动等活动中才能逐渐习得。有研究者尖锐地指出:"传统的大学化教学模式是用学科性知识内容以灌输的方式来进行的,这种方式被极端使用后既培养不出研究型人才也培养不出应用型人才,实际上,当前的'应试教育'之所以有市场,与教师本身只会进行这种用学科知识化的内容、以灌输式方式教学的教育模式有一定关系,它已经从上到下形成了一整套人才培养、生产流水线。"①

第三,教师知识成效的情境性与纸笔式大学课程评价之间的矛盾。具有整合性的教师知识需要经过长期练习并综合运用多方面知识进而在实践中得以生成,即使理论性知识的习得也是离不开学习者对教育情境的累积性体验的,更何况教师知识中蕴含的大量身体化知识(embodied knowledge)、情境性知识(situated knowledge)、技艺性知识(craft knowledge)、缄默性知识(tacit knowledge)。这种复杂性不仅使得教师教育课程在设置上难以简单地运用概念化、程序化、系统化的知识框架去规整教师知识的生成,也使得教师教育课程

---

① 陈理宣,等.大学化教师教育模式与教师知识形成的矛盾及对策[J].教育学报,2012(2):29~33.

在实施中难以单纯地依靠灌输式、讲授式教学方法就能提高教师知识的反思性实践，更使得教师教育课程在评价环节上近乎"束手无策"、乏善可陈。如何有效地评价学习者对于这些身体化的情境性、缄默性知识的习得程度？这个问题能否得到根本解决，在某种意义上直接影响教师教育课程改革；改革大学课程的教学模式、考试评价模式等已经成为当前教师教育课程改革的关键。教师教育课程改革不仅需要在实施（教学）环节中注重加强实践性、情境性知识的内化，而且需要在考试评价环节中注重加强对这种知识内化能力水平的考查。

当然，教师教育课程改革的知识重建还需要依靠教师教育机构内部的"亚制度环境"的相应变革，因为长期以来，与分科化的教师教育课程设置相对应，师范院校内部的"亚制度环境"体现为承担教师教育课程任务的教学单位是分离的，即文理学院负责承担文理学科专业课程的实施和评价，教育学院/教师教育学院负责承担教育学科专业课程的实施和评价，即使近年来我国教师教育改革中出现了新型"教师教育学院模式"（教育学、心理学及学科课程与教学论研究者全部归入教师教育学院），这种教学单位分离的状况依然没有得到根本解决，甚至问题变得更严重。如前所述，教师知识具有整合性，特别是"学科教学法知识"的提出使人们在理论上更加清晰地认识到，教师专业知识的核心既不是孤立的学科知识，也不是孤立的教育理论知识，而恰恰是融合了某一文理学科、教育学、心理学等理论性知识而生成的具有教师个体性、实践性、情境性等特点的整合性知识，理想的教师教育课程应该是能够整合学科知识和特定学生学习特定主题学科知识的特点后而形成的综合知识。显然，在我国大学严格按照学科系统划分教学单位的现实场景中，这种理想的课程状况似乎还遥不可及。

固然，针对我国传统教师教育课程中的教育类课程只是点缀的弊端，而加大教育类课程的门类、比例等改革举措非常必要，但如果仅仅是从"老三门"变成"新八门"，教育学、心理学理论知识仍然与学科知识相分裂，师范生还是难以很好地习得和生成理应具有不可替代性的"学科教学法知识"。

（二）教师教育课程改革的权力冲突

课程改革是教师教育改革的核心所在。沿着斯宾塞"什么知识最有价值"的设问，教师教育课程改革也必须首先回答"什么知识最有教师教育的价值"；然而，"一个社会如何选择、分类、分配、传递和评价它认为具有公共性的知识，反映了权力的分配和社会控制的原则"①。"应该教什么"却远非价值中立的客观性问题，而是价值负载的主观性乃至政治性问题，实质上体现了上至国家政治权力、下至阶层、群体乃至个人权力意志在内的社会权力对教育的宰制。因此，沿着阿普尔(Michael W. Apple)"谁的知识最有价值"的设问，教师教育课程改革则自然触及教师教育课程改革的权力冲突问题。

虽然我国已经颁布了《教师教育课程标准(试行)》，但该标准更多的是发挥专业引领的作用，各级各类教师教育机构在院校层面进行的课程改革仍然无法避免在课程结构、课程内容、课程类型等诸多方面的知识困境和权力冲突，特别是在高师院校战略转型及教师教育资源重新整合的背景下，课程改革背后的权力冲突主要体现在以下几个方面。

1. 行政权力与学术权力的冲突

中国现代大学采取严密的科层制行政运作逻辑。在马克斯·韦伯看来，科层制注重组织稳定与明确分工，追求行政管理绩效，实行权力的级别配置与管理，强调约束与服从。学术权力则追求学术自由，以学术成就和修养为基础，崇尚沟通与对话。对于大学的功能和使命而言，两者缺一不可，但本质上是冲突的。目前，中国高师院校和其他公立高校一样，是按"校—系"二级结构或"校—学院—系"三级结构再加上各种职能部门进行权力的级别配置，既有"显性权力关系"(有意生成的、为人所知的领导关系，如行政级别上的权力上下级关系)，也有"隐性权力关系"(本来没有级别配置上的等级差异，却在实际工作中无意生成的权力关系，如大学里的教务处、科研处等职能部门与二级院系在行政上是同一级别设置，但实际工作中，这些职能部门往往对二级院系行使着领导、管理、评价等权力)。中国的大学内部权力模式是典型的行政权力主导型，学术权力处于相对有限和弱化的境地，这已经成为一个人所共知的"社会事实"。

在教师教育课程改革中，即便细微改变也会触及已成惯习的原有运作节奏和模式，给管理部门带来不便。在传统封闭意义上的高师院校运行机制中，一切与人才培养及教学工作有关的事务都由"教务处"统一领导和指挥。但在师范院校综合化进程中，很多院校新建或重建了"教师教育学院"或"教育学院"，但作为二级学院，由于"隐性权力关系"的制约，往往难以独立行使课程权力，履行"统筹、协调全校教师教育资源"的使命也举步维艰。这恰恰涉及"隐性权力"

---

① 麦克·F·D·扬. 知识与控制——教育社会学新探[M]. 谢维和，等，译. 上海：华东师范大学出版社，2002：61.

的合法性。"合法性"即强调人们能否接受的"正当性""正统性",不同于法律意义上的"合法"(指是否符合已经制定的法律,不管这项法律是否合理、能否被人接受)。虽然大学内部行政管理职能部门拥有的"隐性权力"已显现出合法性危机(例如,人事部门的隐性权力限制了人力资源开发与流动等、教务部门的隐性权力窒息了教师的思维创新与学术活力、科研部门制定的条条框框阻碍了学术主体自由充分地发展等),但职能部门拥有巨大的隐性权力仍然是"社会事实"。

2. 学科专业与教育专业的权力较量

由于教师职业的"双专业性",教育学院(或教师教育学院)与其他文理学院之间围绕课程改革引发的争议体现出学科专业权力与教育专业权力的冲突,这是学科知识地位分等的必然结果。在传统单一封闭的师范教育体系内,高师院校全校人员都可谓从事教师教育工作;但伴随师范院校的综合化前进步伐,文理学科与教育专业日渐疏远,而"教育学"的"次等学科"[①]地位导致教育学院(或教师教育学院)的"次等学院"命运。比如,在教师教育课程结构调整中,学科专业权力与教育专业权力的冲突便显而易见。教师教育课程结构包括通识类课程、学科专业课程、教育专业课程三大板块,人们对此少有争议;争议往往集中在其间的比重。我国教师教育课程的学科本位色彩浓重、教育专业性特征不明显。20世纪90年代以来,人们认为必须增加教育专业课程门类和学时、加强实践,强化学科课程、深化学科知识、提高学科探究能力、削减教育类课程。

"学术性"与"师范性"之争这个"真实的假问题"在教师教育课程改革实践中依然顽固对峙,并且与权力有着不可分割的关联。比如,争论双方对各自课程容量的"斤斤计较",并不完全出于个人利益("课时工作量")的算计,而是出于对自身学科知识地位的捍卫,因为"'课时享有'并不是一个可有可无的指标,因为'课程分配'并不是一个盲目的行为,而是课程计划制订者根据自己对各门学科知识之重要性进行价值判断并进行相应的地位分等的一个自然结果"[②]。再如,教师教育课程要实现富有成效的课程整合,必须依靠学科专业与教育专业携手,突破现有制度框架;然而,正是由于两者的长期疏离,造成了分科课程一直占据主导、教师教育课程综合化明显滞后于基础教育而难有实质更新的

---

① 华勒斯坦,等.学科·知识·权力[M].刘健芝,等,译.北京:生活·读书·新知三联书店,1999:43.

② 吴康宁.课程社会学研究[M].南京:江苏教育出版社,2004:96.

现实困境。

此外，教师教育课程改革的权力之争不仅表现在课程结构及其比例上，而且表现在具体课程内容上。面对当代科学知识（包括学科知识）的急剧爆炸和"教育科学大家庭"的迅速发展，众多分支学科组成的学科群是否都需要以必修课的面目出现在"课程体系"中？在有限的必修课程时限之外，还可以何种"面目"出现？教师教育课程改革无法回避这些问题。

3. 高师院校与中小学的权力失衡

教师教育课程改革中，高师院校与基础教育（中小学校）之间也存在力量失衡，中小学在教师教育课程决策中基本处于"失语"状态。我国高等教育人才培养方案的制订权一直由高校独享，教师教育课程方案也一直是高师院校独具决策权。"正规教育知识的传递能够通过三种信息系统得到实现：课程、教学和评价。"[①]同样，谁有权评价教师教育课程也一直没有获得制度的合法性确认。

高师院校对教师教育课程设置的合理性当然不容置疑；但中小学教师作为被培养的"人才"、中小学作为这些人才的"消费者"、地方教育行政部门作为人才的"管理者"，是否具有参与人才培养方案制订和课程设置的权力与权利？一旦中小学拥有了教师教育课程决策的发言权，在教师教育课程结构、内容、类型等方面的倾重显然会不同于高师院校的决策立场，例如，中小学极其强调教师语言、书写等"师范性"素养，与大学学术文化侧重"学术性"素养、"研究性"素养会产生冲突。在有限的教育时空下，这又成为一个"剪不断理还乱"的难题。

（三）教师教育课程改革的实践智慧

课程改革是教师教育追求内涵式发展的关键。然而，作为一种社会实践活动，课程改革必然受社会利益关系的影响和支配；而社会利益关系即一种受权力关系制约的资源配置与占有的关系，权力的存在方式决定着课程的真实面貌和生存样态。课程改革的核心即权力和利益关系的调整[②]，因此，改革要取得成效，固然需要加强课程决策的科学化、民主化，这是课程改革良性运行的前提，但更需要在创设科学、民主的课程改革文化氛围和制度保障过程中彰显改革的实践智慧，才能真正走向多元协商的课程改革。

第一，清醒认识课程改革的权力冲突。与基础教育课程改革不同，我国教师教育课程改革，由于缺少官方决策层的顶层设计，在高师院校内部实际上在

---

① 麦克·F·D·扬. 知识与控制——教育社会学新探[M]. 谢维和，等，译. 上海：华东师范大学出版社，2002：61.

② 胡定荣. 课程改革的文化研究[M]. 北京：教育科学出版社，2005：48.

并非都是基于理性生发出的多种话语的紧张、争斗下推进实施着。因此，运用圆通的智慧，寻求可能的平衡，不啻是推进课程改革的稳妥之策；盲目冒进或强行推进，都不会带来课程改革的成功。

第二，防止行政权力与学术权力的滥用。任何决策都需要合理使用权力。权力的运用必须以理性方式而非独断方式，才能既保证课程改革公共利益的实现，又能使参与课程改革的各方就课程改革本身达成共识。事实证明，总是充满压迫性权力欲求的"权力-压制性"课程改革策略是难以成功的，专家的理论逻辑不能统治、控制与征服教师的实践逻辑。

第三，赋予基础教育机构相应的课程决策权。地方教育行政部门以及中小学作为高师院校人才培养活动的最终"消费者"，应享有教师教育课程参与权，全面介入教师教育课程（学科专业课程和教育专业课程）的结构确立、内容选择、类型定位以及实施、评价等一系列课程决策，并做出课程质量评价。闭门造车式的教师教育课程决策与评价是不合时宜的。

第四，加强课程领导与评鉴。有效的课程领导在课程发展过程中，对课程设计、课程实施和课程评鉴等都能够提供支持与引导，帮助教师有效教学、提升学生学习效果，是以行政力量和资源来支持课程革新与教学改进。面对诸多权力纷争，教师教育课程改革尤其需要卓越的课程领导。因为课程从规划到落实，牵涉不同层级课程决策间的沟通、协调，依赖承上启下的有效课程领导。这需要主管教学和教师教育的校长及其领导团队具有教师教育课程发展的洞察力和有效领导力。除课程决策外，课程领导还应介入课程质量评鉴，而不是借口"大学学术与教学自由"而使课程评价形同虚设。

总之，在教师教育课程结构、内容、类型、决策主体等领域存在深刻分歧的现实面前，我们应清醒认识纷争背后的权力冲突，创设公共空间，引导理性辩论，谋求不同权力之间的有效平衡和沟通理性。这是教师教育课程改革走向科学、合理的必然选择。任何课程改革都是艰难的，受限于教师教育机制本身固有的内循环性以及由此造成的功能内隐性，建立具有中国特色的教师教育课程体系的难度更是可想而知。教师教育课程改革既不是在现有课程安排上做"加、减法"，也不能满足于对某些环节的"修修补补"，而是需要通过理念更新和课程内容体系与实施、评价方式的整体重构，实现课程目标、内容、实施和评价等所有领域和环节的转型性变革，这注定是一个需要不断调整和批判反思的艰难历程，既需要通透把握中国教师教育课程的历史沿革，更需要立足本土文化并具有改革智慧。

第十一章 教师教育评价

教育评价是对教育活动提供评价信息并进行价值判断的过程。[①] 教师教育评价(Evaluation of Teacher Education)是在对教师教育进行事实判断的基础上进行的价值判断活动,是通过教师教育属性的外显对教师教育活动进行价值判断。教师素质的提高是教育改革能够得以深入推进的基础和前提,而提高教师职前培养、入职教育和职后培训质量的一个重要环节即对教师教育进行科学、合理、准确、公正的评价。教师教育评价是教育(特别是高等教育)评价的一个分支,是教育评价在教师教育中的运用,具有一般高等教育评价的共同点和教师教育自身特点[②],应遵循教师教育规律,发挥对教师教育发展的导向、激励和推动、保障作用。

教师教育评价的核心问题有两个:一是根据什么来评价教师教育是否达到了预期目标和目的,这就需要严格制定和确立以教师专业标准为核心的教师教育标准体系(教师专业标准、教师教育课程标准、教师教育机构资质认证标准等);二是根据标准如何进行评价,这就需要建立、健全教师教育评价机制(质

---

① 20世纪60年代,美国学者克龙巴赫(L. Cronbach)认为"教育评价是指为获取教育活动的决策资料,对参与教育活动的各个部分的状态、机能、成果等的情况进行收集、整理和提供相关信息的过程";斯塔弗尔比姆(D. L. Stufflebeam)提出"评价最重要的意图不是为了证明,而是为了改进",评价是"为决策提供有用信息的过程"。如今,"教育评价是价值判断"的观点已成为学术界的共识。例如,日本学者认为"教育评价是对全部与教育活动有直接或间接关系的各种实态把握和价值判断";我国教育研究者认为"教育评价就是依据一定的教育目标,利用科学的手段收集信息,在此基础上进行价值判断的过程""教育评价从本质上是一种价值判断的活动,是对教育活动现实的(已经取得的)或潜在的(还未取得,但有可能取得的)价值做出判断的过程"。(刘志军.教育评价的反思和建构[J].教育研究,2004(2):59~64.)

② 美国评价标准联合会指出"评价就是为了做决策而对某个事物的价值(worth)和效用(merit)进行系统的调研"。加卢佐(Galluzzo)和格雷格(Graig)认为评价是以决策为主要目的的数据搜集过程,研究对象是教育项目对其服务对象具有的价值;就教师教育而言,价值(worth)是指雇佣新教师的学校行政当局对培养这些新教师的教师教育项目的满意程度,效用(merit)是指教师教育项目的学生和教师对他们在这个教育过程中的经历的评价;因此,教师教育评价对这种外在价值和内在效用的评价以及对评价的设计和运用都非常重要。(G. R. Galluzzo, J. R. Graig. Evaluation of pre-service teacher education programs//W. R. Houseton, et al.. Handbook of Research on Teacher Education[M]. New York: Macmillan Publishing Company, 1990. 转引自李明华,等.信息时代教师教育评价思想、方法和制度的变革[J].开放教育研究,2008(4):33~40.)

量认证框架、权责机构、实施程序等一系列政策法规在内的教师教育认证制度等）。构建以教师教育标准体系为核心的教师教育评价制度已成为当前我国教师教育改革的重要议题，为此，亟待加强教师教育评价的理论研究与实践探索，为建构适合中国国情的教师教育评价体系并建立、健全相关制度提供科学参考。

一、教师教育标准体系

"标准"即衡量事物的准则，具有规范、样板、尺度等意涵。[①] 标准的内在规定性主要体现在两个方面：一方面，标准必须具有衡量的功能（规范性），可以用来判断某种活动是否符合一定的要求和规范、是否达到了规定的水平和目标；另一方面，标准又必须具有引导和促进事物和活动发展的功能（前瞻性和引领性）。此外，标准还应该具有可操作性。因此，建立兼具规范性、引领性及可操作性的教师教育标准体系是进行教师教育评价的前提。

纵观西方国家 20 世纪 90 年代以来的教师教育改革实践，不难发现，以陆续出台教师教育专业标准为标志的"标准本位教师教育"已成为世界教师教育改革的主旋律。我国新一轮以"强教必先强师"为指导思想的教师教育改革也是以《教师教育课程标准（试行）》的颁布为正式启动标志。在教师教育的完整体系中，每一个阶段都具有不同的目标和任务；因此，作为一个有机连续的综合体系，教师教育标准体系应覆盖教师专业成长的整个过程，是一个包含多个子标准的"标准群"，涉及教师质量建设中的各个环节（如招生、培养、入职以及持续专业发展等众多环节），如教师教育计划的准入标准（师范专业招生标准）、教师专业标准、教师教育课程标准、教师教学能力标准、师范生实习的实践标准、教师教育机构资质标准、教师教育者标准、教师教育质量评估标准、教师资格认证及更新标准、教师职称与荣誉标准、教师绩效工资标准等，最终通过一系列教师教育标准建立起完整的教师教育质量保障体系。[②] 下面重点介绍"教师专业标准""教师教育课程标准"和"教师教育机构资质标准"[③]。

---

① 《辞海》对"标准"一词有两点解释："衡量事物的准则"和"引申为榜样、规范"；中国国家标准委员会对"标准"下的定义则是"指在一定范围内获得的最佳秩序，对活动或其结果规定共同的和重复使用的规则、导则或特定的文件，该文件经协商一致并经一个公认机构的批准".

② 朱旭东. 教师教育标准体系的建立：未来教师教育的方向[J]. 教育研究，2010(6)：30～36.

③ 有研究者将教师资格制度法规（如我国的《教师资格条例》）比喻为"轮船的船舱"（"把的是教师入职环节的关"），将《教师教育课程标准》《教师教育机构资质标准》《教师教育质量评估标准》比喻为"轮船的动力系统"（"是关于教师教育课程设置与实施的规定性文件，把的是教师教育与培训环节的关"），将《教师专业标准》比喻为"轮船航行的航标"，"它们的出台将构成一个完整的体系，共同促进我国教师专业的发展"。（王强. 国外教师专业标准体系构建的经验与启示[J]. 全球教育展望，2008(7)：38～41.）

（一）教师专业标准

教师的专业发展是一项贯穿于教师职前、入职、职后整个职业生涯的专业成长活动。教师专业标准指国家为宏观规范教师教育发展走向，彰显教师行业的个性，引导教师专业持续发展而制定的，专门用于衡量教师专业发展状态的多层次质量规格体系。20 世纪 80 年代以来，世界各国纷纷从国家战略高度构建教师质量保障体系以促进教师教育改革、提高教师质量；其中，教师专业标准体系构建成为各国促进教师发展的重要制度保障和推进教师教育改革的关键举措。三十多年来，西方国家先后制定、颁布、实施、修订、完善教师专业标准，作为教师队伍建设及教师专业发展评价的测量、考评依据和准则。

例如，美国在教师专业标准的研制与实施上，不仅有全国性的教师专业标准，还有州级范围的教师专业标准；不仅研制了核心教师专业标准，还在此基础上研制了各学科的教师专业标准。1954 年成立的国家教师教育认证委员会（National Council for Accreditation of Teacher Education，NCATE）制定了职前教师的 6 条标准，依据这 6 条标准制定了 22 套学科教师专业标准，并根据教育研究最新成果和社会发展需要，每 7 年对标准进行修订。1987 年成立的州际新教师评价与支持联盟（Interstate New Teacher Assessment and Support Consortium，INTASC）和国家专业教学标准委员会（National Board for Professional Teaching Standards，NBPTS）分别制定了全国通用的教师入职标准和教师在职标准。前者包括 10 条核心标准，并据此制定了艺术教育、小学教育、英语教育、外语教育、数学教育、科学、社会科学和特殊教学标准；后者包括 5 项核心主张，并根据 5 项核心主张制定了 23 套标准；由此形成了职前、入职和在职教师教育三级标准体系。[①] 1995 年，美国最大的非营利性专业协会组织"全国教师发展委员会（the National Staff Development Council，NSDC）"制定、颁布了第一套教职员工的专业发展标准"《教师发展标准》（*Standards for Staff Development*）"，开启了用专业标准规范教师行业从而促进其专业发展的探索之路；2001 年修订、2003 年发布了《标准评价详细目录》（*Standards Assessment Inventory*）。该标准的指导思想在于将教师发展和学生学习结合在一起，分情境标准、过程标准和内容标准三个维度；其中，情境标准涉及学习共同体、领导、资源方面的指标，过程标准涉及数据驱动、评价、研究本位、设计、学习、合作方面的指标，内容标准涉及公平、优质教学、家庭参与

---

① 周文叶，等. 何为教师之专业：教师专业标准比较的视角[J]. 全球教育展望，2012(4)：31～37.

方面的指标。① 2004 年，美国马里兰州教育发展咨询委员会、教育局、高等教育机构及一些教育专家、教师代表等在该标准的基础上共同起草了《马里兰州教师专业发展标准》②，适用范围更广，推动了该地区教师在职业生涯过程中持续累积知识和提高技能的专业发展进程，为各国研究制定教师专业标准及发展路径提供了案例参考。2010 年，州际新教师评价与支持联盟（INTASC）印发了《核心教学标准征求意见稿》，这一标准是在对之前提出的 10 条核心标准进行修订的基础上完成的，于 2011 年颁布。此外，美国还有优质教师证书委员会（American Board for Certification of Teacher Excellence，ABCTE）为美国高素质的教师提出了严格的高质量标准，以及各州自己的教师专业标准。③

又如，英国从 20 世纪 80 年代末开始教师专业标准的研制工作，经过 20 多年的努力，形成了一套包括职前、入职和职后等不同教师专业生涯发展阶段的教师专业标准。1988 年，英国教育与科学部公布了《合格教师身份》咨询文件，并于 1989 年确立了合格教师标准。1993 年，英国教育与科学部对 1989 年的合格教师标准进行修订，强调教师实践能力和问题处理能力。2002 年，英国教育与技能部和英国教师培训署（Teacher Training Agency，TTA）共同颁布了《英国合格教师专业标准与教师职前培训要求》，合格教师专业标准的领域涉及专业价值与实践、知识与理解、教学。2005 年 9 月 1 日，教师培训署（TTA）更名为"学校培训与发展署（Training and Development Agency for Schools，TDA）"，主要职责是负责英格兰地区的职前教师教育、教师在职培训以及其他学校事务，以强化政府对教师教育和教师专业发展的管理与支持作用。2006 年，学校培训与发展署着手对教师专业发展进行全程规划，并启动教师专业标准的修订工作，2007 年 1 月颁布了《英格兰教师专业标准修正案（草案）》，将中小学教师的各个专业标准形成一个连贯的框架，于 2007 年 9 月正式实施并被用作支付教师薪水和职位晋升的依据。该教师专业标准包括合格

---

① 谌启标．教师教育改革政策的国际比较研究[M]．北京：法律出版社，2014：168～169．
② 李俊．教师专业标准与高校师范生培养研究综述[J]．广东第二师范学院学报，2013(6)：13～17．
③ 目前在美国，有两套国家层面上的教师专业标准：一是"州际新教师评价与支持联盟"发布的《新教师资格和发展模型标准》，适用于初任教师，主要用于指导职前教师教育（师范生培养）；二是"全国专业教学标准委员会"发布的《教学专业标准》，适用于从事教学工作 5 年以上的资深教师，主要用于指导教师职后培训及教师终身学习。两套标准针对不同发展阶段的教师群体，前者重点从教师职业准入的角度指导和规范师范生的培养，后者重点从促进教师专业成长的角度指导和规范教师的职后培训和学习、成长，体现出对不同发展阶段教师的专业素质、教师资格准入、继续学习和发展的要求，从岗位需求角度对教师职前培养和职后培训提供了重要的指导与引领作用．

教师专业标准(qualified standards)、入职教师专业标准(induction standards)、成熟教师专业标准(post threshold standards)、优秀教师专业标准(standards for the excellent teacher)和专家教师专业标准(standards for the advanced skills teacher),分别从专业品质、专业知识和理解、专业技能三个维度规定不同水平教师的专业标准。[①] 2012 年撤销学校培训与发展署和英格兰普通教学委员会(the General Teaching Council for England,GTCE)这两大半官方组织,成立隶属于教育部的"教学署(Teaching Agency)"来专门负责教师教育和教师资格认证等方面的所有事务;教育部又颁布新的《教师标准》(*Teachers' Standards*)(2012 年 9 月 1 日开始生效),突出特点在于政府意志更加得到体现,政府对教育的干预力度进一步加大。[②]

再如,澳大利亚政府于 20 世纪 80 年代后亦重视教师专业能力问题。1996 年,澳大利亚教学委员会发布了由国家教学质量规划部开发的初任教师能力框架;1998 年,澳大利亚教育部长委员会出台了《全国入职教师教育标准与指南》建议书,建议澳大利亚教育部实施相关标准。2003 年 11 月,澳大利亚教育部正式颁布第一个全国性教师专业标准(《全国教师专业标准框架》)。随后,政府在《澳大利亚 2020》规划纲要中承诺,让每个儿童都能接受最优质的教育,并将提高教师质量作为基础教育改革的优先领域。为践行这一承诺,澳大利亚政府在 2009 年开始了新的教师标准的制定工作,新的《全国教师专业标准》于 2011 年 2 月颁布,该标准的基本理念是提高教师的职业期望和专业成就,促进统一的教师认证与注册体系建立等。[③]

此外,北欧、法国、日本、新西兰、我国台湾和香港地区等国家和地区也先后制定、颁布并不断修改、完善了本国或本地区的各类教师专业标准框架与实施措施。[④]

总之,为促进教师专业发展和教育教学质量提高,世界各国和地区纷纷研制、修订教师专业标准,并在以下方面达成了高度共识:第一,关于教师专业

---

① 周文叶,等.何为教师之专业:教师专业标准比较的视角[J].全球教育展望,2012(4):31~37.

② 许明.英国教师专业新标准述评[J].福建师范大学学报(哲学社会科学版),2012(4):150~155.傅树京.英国教师资格标准的演变及其价值取向[J].外国教育研究,2008(2):1~6.

③ 唐科莉.澳大利亚颁布全国统一教师专业标准[N].中国教育报,2010-09-30.

④ 汪凌.法国中小学教师专业能力标准述评[J].全球教育展望,2006(2):18~22.郭宝仙.新西兰教师资格与专业标准及其启示[J].外国教育研究,2008(9):25~30.朱欣欣,等.国内外教师专业发展标准研究评析[J].国家教育行政学院学报,2008(12):45~50.

标准的范畴与领域——专业知识(应知[①])、专业技能/实践(应会[②])和专业品质(应愿[③]);第二,关于教师专业发展阶段的划分与要求——根据教师专业发展各阶段的特点,为各个层次和水平的教师制定相应的标准;第三,关于教师专业发展的核心领域——学会理解、尊重学生,致力于每一位学生的学习与成长,提高学生有效学习的教学实践技能,具有专业反思与终身学习的能力,养成专业合作的品质。[④] 当前,国际教师专业标准日益体现出国家化、综合化、全面性、绩效性等趋势。[⑤]

表 11-1 西方发达国家教师专业标准的范畴与领域比较

国家	范畴	领域
澳大利亚	专业知识	了解学生及其学习方式,知道学科内容及其教学方式
	专业实践	能为实施有效教与学做好规划;营造并维持安全的、支持性的学习环境;评价、报告学生的学习,并为其提供反馈
	专业承诺	参与专业学习,与同事、家长和社区建立专业关系
英国	专业品质	与儿童和青少年的关系,职责与规章,与他人的交流与合作,个人专业发展
	专业知识与理解	教与学,评价和管理,学科与课程,读、写、算能力和信息通信技术,成绩和差异性,促进学生身心健康发展
	专业技能	教学设计,教学,评价,监督与反馈,教学反思,创设学习环境,团队合作

① "应知"即教师应该掌握自己所授学科的基本概念、原则以及学科结构;应该了解本学科和其他学科的相互联系,知道如何有效地教授学科内容;应该清楚地知道学生是如何学习的、怎样促进学生的学习;应该了解学生的不同社会、文化背景,并且知道自己该如何影响学生的学习;等等.

② "应会"即教师必须具备的教学技能和教学策略;能制订合理的教学计划、有效地实施教学,并对学生的学习进行有效的评价;应该能够组织管理学生行为、营造良好学习环境;等等.

③ "应愿"即教师应该具有高尚的专业道德情操,能够尊重学生并重视学生的多样性;能够与家长、同事和社区密切联系、共同努力、积极有效地合作;能够理解自身工作的复杂性和情境性;能够合理地分析、评价并且提高自身的专业实践,致力于自身的专业发展;等等.

④ 周文叶,等. 何为教师之专业:教师专业标准比较的视角[J]. 全球教育展望,2012(4):31~37.

⑤ 谌启标. 教师教育改革政策的国际比较研究[M]. 北京:法律出版社,2014:198~202.

续表

国家	范畴	领域
新西兰	专业知识	知道教什么，了解学习者及其学习方式，了解情境因素影响教与学的方式
	专业实践	应用专业知识规划安全、高质的教与学的环境，利用证据促进学习
	专业价值观与专业关系	与学习者和学习社区的成员发展积极的关系，忠诚于本职业
美国	美国州际新教师评价与支持联盟制定的教师专业标准	学科知识，学生学习，学生的多样性，教学策略，学习环境，交流手段，教学计划，评价策略，教师的反思与专业发展，合作关系
	美国国家教师专业标准委员会制定的教师专业标准	致力于学生的学习，学科知识及其教学方法，管理和调控学生学习，反思自己的实践，学习共同体

[相关链接 11-1]　美国威斯康星州的与威斯康星-麦迪逊大学的教师教育标准比较

作为规定教师素质要求的权威文本，教师教育标准（teacher education standards）是建立成熟有效的教师资格认证制度、保障选拔优秀人才进入教职、树立教职专业权威（professional authority of teaching）的重要前提。西方国家教师教育标准致力于在内容上体现丰富性、全面性和严格性。例如，美国威斯康星州在教师资格认证制度中明确提出"教学（teaching）是复杂而精细的专业性职业（profession）"，教师资格的评判标准必须以深刻而全面的专业素质为基础，对申请人专业素养提出的底线要求（10 条教师教育标准）已十分严格，各个教师教育机构还可在此基础上制定本机构的教师教育标准。威斯康星-麦迪逊大学（University of Wisconsin-Madison）即在此底线要求基础上提出了更高、更全面的教师专业标准。（见表 11-2）

表 11-2　威斯康星州的与威斯康星-麦迪逊大学的教师专业标准比较

教师素养	威斯康星州的教师专业标准	威斯康星-麦迪逊大学的教师专业标准
学科素养	标准 1：理解任教学科的核心概念、探究工具、学科结构等，为学生创设有意义的学习经验	标准 3：展示精湛的课程知识——理解任教学科核心概念、假设、探究工具、推理方法、充满争议的研究领域等

续表

教师素养	威斯康星州的教师专业标准	威斯康星-麦迪逊大学的教师专业标准
教育素养1——理解学生	标准2：理解学生具有广泛学习能力，为促进学生智识、社会性和个性发展提供有力教学； 标准3：理解学生学习取向的个体差异及学习障碍，为满足学生不同需要（包括学习能力有障碍者和学习能力超常者）而调整教学； 标准5：通过理解学生个体、群体行为及其动机，创设学习环境，鼓励学生积极地社会交往、投入学习、自我激励	标准1：深刻理解人类学习与发展，利用研究人类发展与学习的相关学科的概念知识和解释框架，创设学习环境、设计教学活动； 标准7：理解并适应多种交流方式，理解和适应学生经验、观念、情感的多种表达和接受方式； 标准12：面向所有学生而教（包容所有学生）；针对所有学生的不同成就水平、优点与弱点、兴趣爱好、学习风格等，设计教学环境、开展教学实践
教育素养2——理解社会		标准2：理解学校教育所处的社会情境，理解当地、州、国家以及全球性的社会、政治情境如何影响学校教育
教育素养3——理解自我		标准15：理解教师的法律权利和义务，理解专业教育工作者应享有的合法权利、义务和责任，熟悉教育法律
教育素养4——学科教学知识		标准4：展示特定学科领域的教学知识，从容应对学生提出的问题和挑战
教育素养5——运用教学策略	标准4：理解和使用教学策略，运用现代教育技术，鼓励学生的批判性思维、问题解决能力及操作能力的发展； 标准6：有效运用言语及非言语沟通技巧和教学媒介技术，培养学生在学习中积极探究、合作	标准10：运用各种教学策略，理解和使用一系列教学策略，促进学生的学习
教育素养6——管理学习环境	标准7：根据学科知识、学生、社区、课程目标等方面的特点，组织、计划系统的教学	标准9：管理学习环境，建设和维持一种有利于激发学生投身于学习的环境，促进学生身心健康成长

续表

教师素养	威斯康星州的教师专业标准	威斯康星-麦迪逊大学的教师专业标准
教育素养7——进行教学评价	标准8：理解和使用各种正式、非正式的评价策略，评价和保证学生持续性的智识发展、社会性发展和生理发展等	标准8：使用各种评价方法，理解和自如使用各种正式、非正式的评价策略来评价学生的成就、优点、面临的挑战以及学习风格等，促进学生的可持续发展
教育素养8——成为反思性实践者	标准9：成为反思性实践者，持续地对自己的教育选择、行动等对学生、家长、学习共同体中的专业人士及其他人员的影响进行评估，积极地谋求专业成长的机会	标准5：解释和确证教育做出的选择，解释和捍卫自己在课程和教学中做出的决定，给出恰当的伦理和教育学理据； 标准13：成为反思性实践者，自觉评估自己的教育行动，谋求专业成长机会，检验自己在生活、工作、思维和文化实践中的潜隐假设
教育素养9——成为专业共同体成员	标准10：积极培养和学校同事、家长、更广阔社区机构的良好关系，以整合、公正及伦理的方式共同行动，支持学生的学习及身心健康发展	标准6：联系学校与社区，与学校和社区内部的个体、团体、机构等合作，在理解课程目标、学科知识及社区的基础上开展教育工作，帮助学生在社区生活知识与学校教育知识之间建立紧密关联； 标准14：与学生、家庭、社区等友好相处、相互尊重，建立良好关系
教育素养10——运用技术并理解其社会意义		标准11：运用现代教育技术，合理整合现代教育技术与课程教学实践，理解在运用现代教育技术时伴随的社会、文化和经济议题

可见，威斯康星州的教师专业标准非常强调教育教学工作的复杂性、实践性、交互性乃至道德引领性（威斯康星-麦迪逊大学的标准还特别强调教师应具有社会正义、文化多元等价值立场），要求教师以充分理解学生的学习和发展为基准，具有教学创造、自我反省、批判探究、道德引领等专业能力。威斯康星州教师资格认证制度重视包括通识素养、学科专业素养和教学专业素养在内的教师全面素质培养，在此亦可见一斑。

我国有研究者在 1999 年即提出师范生应具备的质量标准包括思想道德、教学能力、组织管理能力、科研能力、运用现代教育技术的能力、社会能力和身心素质等几个维度，并设置了具体指标，对我国师范生质量标准制定进行了有意义的探索[①]；随后，教育学界的相关探讨逐渐增多[②]。2012 年，教育部在广泛调研并征求意见的基础上，首次颁布、试行幼儿园、小学、中学教师的专业标准[③]，三个标准秉承"学生为本""师德为先""能力为重""终身学习"的基本理念，从"专业理念与师德""专业知识""专业能力"三个维度规定了中小学、幼儿园教师在培养、准入、培训、考核等方面的明确要求。（见表 11-3）

表 11-3　我国现行教师专业标准的主要内容

		幼儿园教师专业标准（试行）	小学教师专业标准（试行）	中学教师专业标准（试行）
理念		师德为先，幼儿为本，能力为重，终身学习	师德为先，学生为本，能力为重，终身学习	师德为先，学生为本，能力为重，终身学习
基本内容	专业理念与师德	职业理解与认识，对幼儿的态度与行为，幼儿保育和教育的态度和行为，个人修养与行为	职业理解与认识，对小学生的态度与行为，教育教学的态度与行为，个人修养与行为	职业理解与认识，对中学生的态度与行为，教育教学的态度与行为，个人修养与行为
	专业知识	幼儿发展知识，幼儿保育和教育知识，通识性知识	小学生发展知识，学科知识，教育教学知识，通识性知识	教育知识，学科知识，学科教学知识，通识性知识

① 梁文明，等．我国师范生质量标准制定初探[J]．哈尔滨学院学报，2009(5)：131～134．
② 何晓芳，等．对教师专业标准体系的若干思考[J]．中小学教师培训，2007(2)：5～8．胡定荣．教师专业标准的反思[J]．高等师范教育研究，2003(1)：38～41．檀传宝．建立教师专业标准应当考虑的三个问题[J]．教育科学，2004(2)：26～27．王传金．教师教育标准：维度与主体[J]．河北师范大学学报(教育科学版)，2010(4)：100～104．
③ 2012 年 2 月 10 日，教育部印发我国教师专业标准，包括《幼儿园教师专业标准（试行）》《小学教师专业标准（试行）》和《中学教师专业标准（试行）》，指出"教师专业标准是国家对幼儿园、小学和中学合格教师专业素质的基本要求，是教师实施教育教学行为的基本规范，是引领教师专业发展的基本准则，是教师培养、准入、培训、考核等工作的重要依据"；并且要求依据专业标准调整教师培养方案，编写教育教学课程教材，作为教师教育类课程的重要内容；专业标准作为"国培计划""省培计划"等各级培训的重要内容，依据专业标准制定教师培训课程指南；专业标准作为中小学和幼儿园教师考核的重要依据，进一步细化考核的内容和指标。随后，教育部组织有关专家编写了《专业标准解读》，赴部分师范院校进行宣讲，并结合教师资格考试改革试点工作，修改、完善了教师资格考试标准和考试大纲。

续表

		幼儿园教师专业标准(试行)	小学教师专业标准(试行)	中学教师专业标准(试行)
基本内容	专业能力	环境的创设与利用,一日生活的组织与保育,游戏活动的支持与引导,教育活动的设计与实施,激励与评价,沟通与合作,反思与发展	教育教学设计,组织与实施,激励与评价,沟通与合作,反思与发展	教学设计,教学实施,班级管理与教育活动,教育教学评价,沟通与合作,反思与发展

　　教师专业标准应覆盖教师生涯的全过程,既有教师入职标准(合格教师专业标准),又有骨干教师、优秀教师等不同发展水平的教师专业标准,真正发挥"标准"对于教师专业发展的引导作用,为教师专业发展提供服务。"(我们)制定专业标准既应当建立静态的专业目标,又应当为教师的终身学习提供制度上的保证。"①目前我国教师资格证书制度正在修正、完善之中,尚难以一步到位。许多西方国家将教师专业标准和教师资格证书制度建立在帮助教师不断实现专业发展的基础上,要求教师终身学习,以更新教师资格证书的方式完善教师的教育观念、提高知识和能力;提出的分层级专业标准都非常注重兼顾教师成长的阶段差异和层级差异,细分每个阶段需达到的基本要求,既关注职前教师教育(初任教师标准),又关注教师终身专业发展,严格执行规范的资格证书管理制度,统一规定民间教育机构、教师组织、教育团体的资格认证及教师入职选拔,并配套相应的教师进修制度,保障教师终身学习的广度、深度;既确立了教师专业性与可发展性的基本要求,有效地促进了教师整体队伍的专业成长和发展,也为教师培养和培训体系的变革指明了方向。② 目前我国各地虽然也进行骨干教师、优秀教师评选,但评选标准不一、缺乏统一规范,选评结果

---

　　① 檀传宝. 建立教师专业标准应当考虑的三个问题[J]. 教育科学,2004(2):26～27.
　　② 美国教学专业标准委员会自1987年成立以来积极推进全国性优秀教师认定和相关的教育改革,以提高教师专业化水平。该委员会提出"五项核心主张"作为优秀教师评定的基本标准,其中蕴含"以学生为本""以知识和技能为本""以合作为本"等理念;以此为基础,该委员会制定了严谨的认定标准和工具,执行客观公正的实施办法和评价体系,已颁布的标准涉及基础教育阶段的十几个学科领域,每一个领域又根据学生的发展阶段、教学科目和特殊需要进一步细分标准。这种"以业绩为本"的评价强调教师从事教学需要的知识、技能和专业判断能力。(袁锐锷,易轶. 试析NBPTS优秀教师认定的标准与程序[J]. 比较教育研究,2004(12):71～75.)

也更多的是一种荣誉称号（如中小学特级教师）；教师职称系列的评聘工作也存在问题。是否有必要取消教师职称评聘？若保留职称评聘，那如何结合职称评聘制定优秀教师及卓越教师的专业标准？这些问题都是我国教师专业标准发展、完善过程中需要面对和解决的。

（二）教师教育课程标准

教师教育课程标准是制订教师教育课程方案、编写教材、开发课程资源、开展教学、评价和管理活动以及政府部门促进和评估教师教育机构工作的重要依据，既体现了国家对教师教育课程的基本要求、规范着教师教育的大方向，也是指导教师教育课程实践、促进教师专业发展的有力保障；既是国家管理和评价教师教育课程的基础，也是整个教师教育改革系统工程的重要枢纽，在整个教师教育体系中的重要地位不言而喻。21 世纪以来，我国有关教师教育课程标准的研究越来越多；教育部于 2011 年 10 月公布《教师教育课程标准（试行）》后，研究者们对教师教育课程标准的关注度更高；研究主要集中于教师教育课程标准的功能，教师教育课程的理念、目标、结构体系等理论问题以及教师教育课程标准实施的实践问题。

1. 教师教育课程标准的功能

长期以来，教育界对我国教师教育课程的批评之声不绝于耳。[①] 教师教育课程标准即承担着衡量教师教育课程活动是否符合一定要求和规定的引领性功能。[②]

第一，教师教育课程标准有助于规范教师教育课程。教师教育课程标准的最主要功能就是规范各级各类教师教育机构的课程设置及实施。教师教育课程是教师教育的重要载体，教师教育课程的不合理是造成教师教育质量低下的一个重要原因；没有明确的课程标准便不能明确课程的质量评判（效果好坏、影

---

　　① 　例如，基础教育课程相对薄弱，教育类课程比例偏低，实践课程明显不足，学科课程有待精化；多数承担在职教师培养任务的教育学院或教师进修学校往往照搬职前教育的办学模式，在课程体系、内容、实施、评价等方面没有形成自身的体系，职前教育与在职教育存在着重复或断档的现象；片面强调教师的定向和计划培养，缺乏开放和竞争，突出教师的职前教育、忽视教师的职后培训和终身教育，教学学科课程内容陈旧、实践教学环节薄弱、远离教师实践能力的培养等。"我国高师教育类课程教学一直走的是技术理性主义培养路线，即教育学课程侧重于对师范生理论知识的灌输，学科教学论则侧重于对师范生行为规范、教学技能的训练，其结果是：教师的视野被狭隘地限定于科目内容及传授方式上，因而既不能透彻地了解这些科目内容背后的目的，也不能了解教学活动在学生身上产生的实际效果。"（杜静. 我国教师教育课程存在的问题与改革路向[J]. 教育研究，2007(9)：77～80，85.）

　　② 　汪明帅. 制定教师教育课程标准：意义与价值[J]. 现代教育管理，2012(2)：74～78.

响大小等），单纯由教师教育机构自身来确定教师教育课程，有可能出现课程随意、无序、混乱等状况。教师教育课程标准以宏观的视野，对如何调整课程的结构与内容、如何改革课程的教学与评价、如何建立与基础教育课程改革接轨的教师教育课程开放体系等，发挥规范、指引和监督的作用。

第二，教师教育课程标准有益于提高教师教育质量。通过教师教育课程标准规范教师教育课程可以有助于从课程的角度为教师教育质量把关，从而有力地规范教师教育课程、提高教师教育质量、促进教师在其职业生涯中不断以阶梯式前进。

第三，教师教育课程标准有利于促进教师专业发展。教师的专业发展需要专业的教师教育来予以保证，专业的教师教育课程是专业的教师教育的最终落脚点，教师教育课程标准以教师专业发展目标为本位，从教师教育活动的最基本要素出发，反映教师担任其职的最基本需求，并通过明确教师专业发展各阶段任务及目标引领教师专业素质水平的提升方向。

总之，教师教育课程标准不但能够体现国家对教师教育课程的基本规定、对教师教育的根本要求，而且能够体现对教师资格、教师专业发展的要求和教师成长的内在规律。我国的《教师教育课程标准（试行）》中明确指出，教师教育课程标准"是实现教师教育目标的基本保证，是教师教育机构人才培养的指南和衡量教师教育机构教育质量好坏的标准，是确定一定学段的教师教育课程科目、课程结构及课程水平的纲领性文件，规定着教师教育的目标、任务、功能、原则、过程和方法"。

2. 教师教育课程的理念与目标

课程理念是制定课程标准需要首先解决的问题，课程目标则是直接指导课程体系及内容建构的重要依据。近年来，国内研究者通过综合分析现代教育新理论、结合社会与教育发展趋势以及学习、比较西方国家的教师教育课程理念，探讨了我国教师教育课程应该秉持的理念。

第一，师范性与学术性融合。研究者们强调教师教育课程应该在理论与实践之间取得平衡，并加强课程师范性与学术性的融合。例如，《教师教育课程标准》专家组通过比较研究发现，各国教师教育课程标准都非常注重结合实践的教学和教育实践本身，各国都通过强调实践来纠正过去过于理论化的课程，力图实现理论与实践的平衡[1]；有研究者通过系统分析美国教师教育课程一百

---

① 《教师教育课程标准》专家组．教师教育课程标准的国际比较研究[J]．全球教育展望，2008（9）：25～36.

多年来的思想流变，指出美国教师教育课程的演变过程是在课程设置的学术性与师范性之间不断抉择的过程，20世纪80年代以来逐渐形成了"以教师认知为中心""专业取向与实践取向相互融合""师范性与学术性相互融合"的教师教育课程理念[①]。

第二，体现多元文化特色。有研究者指出，随着经济全球化视域下多元文化教育的凸显，中小学教育更需要擅长多元文化教育的教师；因此，教师教育课程理念应尊重多元文化，致力于培养具有多元文化意识和多元文化教育能力的中小学教师。例如，美国教师教育研究者针对现实中教师教育课程设置缺少多元文化视野或者多元文化课程实施低效等问题，提倡多元文化教师教育课程应在经济全球化视野下致力于培养教师的跨文化能力，使教师具有广泛的多元文化知识基础、态度并培养能够开展跨文化教育教学活动的可持续发展能力。[②]

第三，尊重学生差异，增加课程的包容性。有研究者通过考察英国教师教育课程指出，满足学生的不同发展需要、尊重学生不同的文化背景、为学生身心发展和多样化学习诉求提供服务是英国教师教育课程的核心理念。[③]

此外，我国教师教育课程应确立怎样的目标也成为近年来研究者探讨的热点议题。[④] 研究者们从教师素养和专业化发展需求出发，指出确立教师教育课程目标应坚持专业化导向、能力导向、实践导向以及全面性等原则，教师教育课程设置必须多层面、多领域，致力于促进教师学科专业知识与教育教学知识的整合。

3. 教师教育课程结构体系

课程结构体系是课程标准要解决的核心问题。我国教师教育课程存在课时不足、地位不高、类型单一、实践薄弱、专业信念与责任关注不够、专业技能课程欠缺等结构性问题，特别是因教育类课程学分比例得不到保障、师范特色不强而无法体现教师教育的专业性。因此，在教师教育课程理念与目标导向下，调整课程结构体系势在必行。比如，丰富课程类型、增加课程的选择性，重视教育实践环节、增加实践教学的课时数，重视教师道德与心理教育、设置必要的职业道德和职业心理健康课程，增设特色课程、通过课程内容整合优化

---

① 戴伟芬. 学术性与师范性的抉择与融合[J]. 教师教育研究，2012(1)：92，93～96.
② 戴伟芬. 美国跨文化模式的多元文化教师教育课程分析[J]. 比较教育研究，2012(5)：72～76.
③ 孔繁成. 中英两国教师教育课程标准比较及其启示[J]. 中国教育学刊，2012(9)：67～70.
④ 崔允漷. 职前教师教育课程目标框架[J]. 教育发展研究，2012(10)：12～16.

教育类课程，保证专业技能课程的课时数、建立相应考评制度，等等。

我国的《教师教育课程标准（试行）》坚持"育人为本""实践取向""终身学习"三大课程理念，将教师教育课程分为三大目标领域："教育信念与责任""教育知识与能力""教育实践与体验"，确立了教师教育的六大学习领域及其相应的课程模块，基本实现了教师教育课程学术性与师范性、学科化与专业化、理论性与实践性的融合。

4. 教师教育课程标准实施

我国的《教师教育课程标准（试行）》及其"实施意见"中不乏亮点[①]，教师教育学界对教师教育课程达成理智层面的共识似乎也并非难事[②]。事实上，近年来在如火如荼的教师教育改革中，旨在凸显"教学是一项专业实践"的专业化教育改革尤其令人瞩目，其中教师教育课程改革是重心，而实践性课程（含教育见习、实习）改革则可谓"重中之重"，各级各类师范院校在教育实践课程的目标、形式、内容、资源、实施、评价等方面积极探索[③]，彰显"学术提升与实践强化并举"的改革走向，取得可喜成效。但毋庸讳言，长期困扰本科师范生教育实践的一些根本问题尚未完全解决，经费和时间不足、形式和内容单一、

---

① 比如，将《中小学教师职业道德规范》列为必修课程，明确规定教育实践课程不少于一个学期，将优秀中小学教学案例作为教师教育课程的重要内容，倡导实行"双导师制"（聘任中小学名师为兼职教师以形成高校与中小学教师共同指导师范生的机制）以及开展"教师教育国家精品课程建设计划"等.

② 比如，近年来国内教师教育学界越来越认识到，为培养和提高教师的教育实践能力，教师教育课程应着力于强化教师教育课程的实践教学环节、改善实践教学条件、加强实践教学管理、建立多元化的实践教学评价体系等，从思想、观念、模式、操作等层面来促使教育实践体系的完善；特别是将师范生的教育实践贯穿于教师教育的全程，通过有计划的课程安排，引导师范生循序渐进地介入教育实践的各个场景之中，使这种"全程全景"式的教育实践课程模式有效地促进师范生教育实践素质的生成。（吴剑峰. 研究性教育实践课程的构建[J]. 教育发展研究，2012(6)：45～53. 王艳玲，等. 教师教育课程改革：一种整合的观点[J]. 教育理论与实践，2012(7)：36～39. 等）又如，在教师教育课程标准理念的指导下，师范院校的教师教育课程改革应明确教师教育目标，重视教师教育课程资源（系列新课标教材、教师教育精品课程等）建设，强化课程实施（加强教师教育者队伍、实施平台等建设），创新课程评价等。（吴锋民. 国家课标视野下的师范院校教师教育课程改革[J]. 浙江师范大学学报（社会科学版），2012(2)：1～5.）再如，教师教育课程设计应着眼于建构与积累实践性知识，课程实施应强调探究取向并采取多种方式加强与教育实践的联系，比如，课程内容应以主题（专题）式来组织，内容选择上坚持基础性、实践性和开放性的原则，课程内容的组织逻辑应从具体到抽象；课程实施应联系学习者的经验，并综合运用多种探究取向的教学策略；等等。（王艳玲，等. 基于《教师教育课程标准（试行）》的高师教育学课程开发[J]. 课程·教材·教法，2013(3)：111～116. 单玲. 从教师教育课程标准（试行）看教师教育课程改革[J]. 当代教师教育，2012(3)：61～63，93.）

③ 比如，延长实习时间，将近乎放任自流的学生自行联系实习单位改变为学校有序组织、专业教师带队指导，采取"分散实习与集中实习相结合""教育见习—实习—研习一体化""双向互动、四位一体""混合编队"及"顶岗支教、置换培训"等多种模式.

指导和评价不力、组织和管理松懈等现象仍不同程度地存在，实践课程质量依然难尽如人意。[1]

很显然，教师教育课程标准颁布之后，全国各级各类教师教育机构究竟是如何将课程标准落到实处的，这是一个亟待深入研究的问题。比如，"育人为本""实践取向""终身学习"等教师教育课程理念如何转变为真实的课程行为？教师教育者应该具备哪些素养？教师教育专业建设需要哪些政策保障和支持条件？如何切实转变教师教育课程的教学模式、评价体系以及师范生的学习方式？等等。当前，就教师教育课程研究而言，诸如此类有关教师教育课程标准的实施状况、成就、困境等问题，都还有待深入探究。只有科学、细致、客观、真实的实证研究结果和课程标准实施的经验总结[2]或教训分析，才能有助于教师教育课程标准的修订，也才能真正有利于教师教育课程实施的改进，最终促进教师教育质量的提高。

(三)教师教育机构资质标准

制定教师教育机构资质标准、对教师教育机构资质进行严格认证是教师教育专业化进程较早、程度也相对较高的国家在教师教育机构开放化、多元化、综合化的发展进程中应运而生的做法，并成为各国教师教育标准体系和质量保障制度的重要内容。

例如，美国中小学教师的培养机构主要是普通高等学校的教育学院或教育系，以"教师教育项目(teacher education program)"的形式进行教师人才培养，但它们必须接受资质认证和评价，被认可合格者才有资格实施教师教育项目、开展教师人才培养活动。在美国教师教育发展史上，比较完备的教师教育机构认证制度为促进美国教师教育机构不断提高教学水平、保证中小学教师质量发挥了重要作用。早在1946年，全美教育协会既组织、成立了"全美教师教育专业标准委员会"，旨在提高并执行教师教育机构的专业标准。各州也先后建立了教师教育项目的认证机构，进而在全国范围内建立了教师教育认证机构，如"美国教师教育学院联合会(AACTE)""美国州立学院和大学联合会(AAS-

---

① 面对发达国家教师教育的成功经验，我们需要反思"他山之石"为何难以"攻玉"。制约本科师范生教育实践课程质量的因素主要有：延长教育实践时间与有限学制间的矛盾，教育课程整合与教师情感认同间的矛盾，教育实践中对开展多层次教育反思关注不力、指导不足，以及深层次的制度与文化瓶颈等。亟待认真探寻教育实践课程的本土困境、对症下药，切实推进改革。(杨跃.制约本科师范生教育实践课程质量的因素分析[J].黑龙江高教研究，2012(5)：12～15.)

② 罗晓杰，等.职前教师教育研习类课程开发与实施的探索与反思[J].教师教育研究，2011(3)：40～43.

CU）""全国教师教育机构认证委员会（NCATE）"①和"教师教育机构认证委员会（TEAC）"等。特别是1954年，全国教师教育机构认证委员会成立后，负责对全美教师教育机构的办学资质进行认证和评价②，并且随着社会经济发展及其对教师素质要求的提高，多次主持教师教育机构认证标准的修订工作，逐渐形成了一套比较成熟、科学的教师教育机构认证制度，有效地保证了美国教师教育机构的教师人才培养质量。1997年成立的教师教育机构认证委员会则又开辟出一种新的教师教育机构认证模式，即教师教育机构认证委员会并不制定或采用任何详细的标准，而是由教师教育机构自己选择采用什么标准实施教师教育项目，教师教育机构认证委员会要认证的是教师教育项目是否完成了它自己制定的标准（目标）。这一认证模式极大地丰富和发展了美国教师教育机构认证制度，既可以确保教师教育机构拥有一定的办学自主权，又可以专业认可的方式避免行政性认可可能产生的弊端。③

[相关链接 11-2] **"全国教师教育机构认证委员会（NCATE）"认证标准简介**

全国教师教育机构认证委员会认证标准分两部分：针对教育工作者候选人行为的认证标准（标准1和标准2）和针对教师教育机构运作能力的认证标准（标准3到标准6）。（见表11-4）在六项认证标准中，每个认证标准包含三部分内容：标准简述、标准具体内容及其三个能力等级的详细说明、标准补充说明。认证标准同时应用于初级教师教育项目和高级教师教育项目。

教育工作者候选人行为表现认证标准主要考查学习效果，促使教师教育项目开展自我评估并不断改进；要求教师教育机构提供实际证据，说明教育工作者候选人正在或已经获得教学专业必需的知识、技能和品德，能够引导中小学生的学习与发展。教师教育机构能力认证标准则主要针对教师教育项目的内容；提倡大学教育学院和中小学校在项目设计和实施教学实习方面进行合作，要求教学内容和教学实习能够促进教师候选人了解中小学生的多元文化背景，突出强调教师教育机构中的优秀教师在教学中对未来教师产生的潜移默化影响。

---

① 全国教师教育机构认证委员会是一个民间专业性组织，是经美国中学后教育机构认可委员会授权并被美国联邦教育部承认的唯一的全国性教师教育专业标准组织，其主要职能是对教师教育机构进行全面评估和鉴定.

② 1954年后，美国教师教育机构必须得到6个地区性专业组织的认定，合格者由州教育厅颁发合格证书，然后经全国教师教育机构认证委员会认可，才有资格实施教师教育项目.

③ 刘雪飞.NCATE与美国教师教育机构评估及其启示[J].教育探索，2007(5)：121~122.

表 11-4 "全国教师教育机构认证委员会(NCATE)"认证标准

一级指标	二级指标	指标具体内容
教育工作者候选人行为表现	教育工作者候选人的知识、技能以及品德	准备在学校担任教师或校内其他专业工作人员的教育工作者候选人,了解并展现帮助学生,学习所需的学科知识、教学法、相关专业知识、技能与工作品德。评估指出教育工作者候选人符合行业标准、州和教师教育机构的标准
	评估系统和教师教育机构评价	教师教育机构具有一个评估系统,收集并分析项目申请人的资格、教育工作者候选人及毕业生行为表现和机构运作情况,不断改进培训项目,提高教师教育机构办学水准
教师教育机构办学能力	实地考察和教学实习	教师教育机构和实习与合作学校共同设计、实施并评估实地考察和教学实习,保证教育工作者候选人在实践中进一步发展并展现帮助全体学生必须具备的知识、技能和品德
	多样化	教师教育机构设置、实施和评估专门的课程与实习,使候选教师掌握并应用所学知识、技能和品德帮助所有学生学习。这些经历包括和不同民族文化背景的高校和中小学教师、候选教师和 K-12 年级学生共同工作
	教师教育者的资格、行为表现及专业发展	称职的教师教育者在学术成就、教学服务、教学以及自身教学效果评估方面已经摸索出最佳的实际做法,对学生起着潜移默化的影响,他们与高校同行和中小学的教师进行合作。教师教育机构对教师教育者的行为表现进行系统评估,主要是针对他们的专业发展
	教师教育机构的管理及资源	教师教育机构涉及领导力、权利、经费预算、人事、教学设备以及信息技术资源,服务于教育工作者候选人,帮助他们达到行业、州和教师教育机构的认证标准

[相关链接 11-3] "教师教育机构认证委员会(TEAC)"认证标准简介

教师教育机构认证委员会主要依据三条质量指标进行教师教育机构认证(申请认证的教师教育机构必须提供证据以证明其符合质量指标):第一,学员学习情况的证据。被认证机构必须提供确凿证据表明其学员的教育课程学习情况和理解程度,特别是他们的学科知识、教育知识、教学技能和关怀受教育者的专业态度。第二,学员知识水平的有效评价。教师教育机构必须提供有关学员评定技术的合理说明(教师教育机构对自身使用的评价方法做出解释,使评价与专业目标、对学员知识水平的检查和专业特色之间建立合理、可靠的联系)以及有关评价信度和效度的证据(教师教育机构要拿出事实证据,证明自己使用的评价方法具有真实性、可信性和有效性)。第三,机构的学习。教师教育机构应不断完善自身的课程安排、评估系统、教学方法和人员结构等,不断提高专业教育质量,并纳入质量监控系统。(见表11-5)

教师教育机构认证标准中还包括对教师教育课程、教师教育者、资源配置、财务管理、学员服务、日程安排、出版物、学员反馈等方面的具体要求。比如,课程应包括学科知识、教育学知识和教学技能等方面的内容,不能偏离教师教育机构的总体标准和要求等;教师教育者必须具有相关的资格证书;资源配置要合理,并且有质量监控系统来监督和促进资源的有效使用;教师教育机构必须具有一定的财政能力,为支持专业发展做出的财务决定必须合理;定期为学员提供就业辅导、经济资助、健康关怀等方面服务;让学员清晰了解实习安排、课程安排等内容;专业的出版物要准确、严谨,并且制定相关规章制度;提供学员反馈专栏,学员有权对专业相关问题提出意见;等等。

表11-5 "教师教育机构认证委员会(TEAC)"认证标准

一级指标	二级指标	指标具体内容
学员学习情况	学科知识	学员必须学习并掌握他们将要教授的学科知识
学员知识水平	教育学知识	学员要掌握一定的教育学知识,能够用学生理解的方式来表述和传递学科知识
	关怀与教学技能	学员不但要掌握学科知识和教育学知识,还要能够有效地进行教学,掌握一定的教学技能和关怀伦理
	关于学员评定技术的合理、可靠的解释说明	要求教师教育机构为自身使用的评价方法做出解释,使评价与专业目标、对学员知识水平的检查和专业特色之间建立合理、可靠的联系
	有关评价信度和效度的证据	被认证机构要拿出事实证据,证明自己使用的评价方法具有真实性、可信性和有效性
机构	课程	课程应包括学科知识、教育学知识和教学技能等方面的内容,以及州专业资格证书要求的内容;内容安排不能偏离教师教育机构的总体标准和要求
	教职人员	教职人员必须把培养优秀、有爱心、合格的教师作为其专业目标,并且对专业相关原则有准确的认识。任课教师必须有相关的资格证书
	资源配置	资源配置要合理,并且有质量监控系统监督和促进资源的有效使用

续表

一级指标	二级指标	指标具体内容
机构	财务管理	教师教育机构必须具有一定的财政能力，为支持专业发展做出的财务决定必须合理
	学员服务	要定期为学员提供就业辅导、经济资助、健康关怀等方面的服务
	日程安排	要让学员清晰了解实习安排、课程安排等内容
	出版物	专业的出版物要准确、严谨，并且制定相关规章制度
	学员反馈	要提供一个学员反馈专栏，学员有权对专业相关问题提出意见

又如，英国负责各种教师培训机构资质认证的机构是"英国教师培训管理局(TTA)"，1992 年，英国教师培训管理局成立的"教育标准办公室"负责对教师教育机构的教师人才培养质量进行检查、评估，英国教师培训管理局根据评估的等级向教师教育机构分配资金。

再如，日本中小学教师的职前培养一般由文部省认可的高等教育机构负责，主要是国立教育大学、综合性大学的教育学部、短期大学或研究生院；而且教师教育机构的资格标准以及文部省的审定职权都首先要通过立法的形式来确认。①

随着我国教师教育的发展，教师的培养从封闭走向开放，从一元走向多元，综合型大学已经开始培养教师，其他培养师资的院校向综合型大学转变，非师范专业毕业生也可以申请教师职位；同时我国教育发展和义务教育普及对教师素质和水平提出了更高的要求。然而，21 世纪以来，我国在积极调整教师教育布局结构、整合优化教师教育资源、提高教师教育办学层次、构建开放灵活的现代教师教育体系的过程中，却出现了不具备教师教育资质的学校或机构举办教师教育的情况。为此，有必要尽快制定和实施教师教育机构资质标准，建立和完善我国教师教育机构认证制度②，对教师教育机构实施定期评价，规范教师教育

---

① 华东师范大学课题组．对实施教师教育机构资质认证和评价的思考[J]．高等师范教育研究，2003(5)：13～18，24．

② 目前我国还没有教师教育机构认可制度，这是因为我国把对高等教育机构的授权等同于对教师教育培养机构的授权和认可。早在 2003 年就有研究者指出，伴随我国开放灵活的教师教育体系建设，构建教师教育机构资质认证制度应成为研究重点；提出了我国教师教育机构资质认证标准的基本构想，以规范教师教育机构的办学、确保教师教育质量；并在此基础上构建了我国教师教育机构评价指标体系框架。(华东师范大学课题组．对实施教师教育机构资质认证和评价的思考[J]．高等师范教育研究，2003(5)：13～18，24．)2014 年，教育部教师司下发了《关于开展师范类专业认证试点工作的通知》和《师范类专业认证标准(试行)》，江苏省教育厅随即决定从 2015 年开始对全省有关高校的师范类专业进行认证，目前此项工作正在进行中．

机构办学(只有通过资质认证的教师教育机构才有资格开展教师培养和培训工作),确保教师教育质量不断提高。国内教育学界越来越多的研究者借鉴发达国家的教师教育机构认证制度,提出了我国教师教育机构认证标准的设计或设想。例如,有研究者根据教师教育目标、任务,结合教师教育发展规律,提出教师教育机构认证标准体系及其 17 项具体指标和相关要求[①];还有研究者构建了我国教师教育机构认证标准及评价指标体系的指导思想,原则(导向性、连续性、开放性、可操作性)和 7 个一级指标(规划与方案、基础条件、教师队伍、课程设置、教学实施、机构管理和质量保障、实绩和特色创新),17 个二级指标和 47 个三级指标[②]。

此外,西方国家教师教育标准体系还包括其他标准,如"教师入职标准"[③]"教师注册标准"[④]"教师绩效评价标准(或教师问责标准)"[⑤]"教师专业发展评价

---

① 王保华,等.国际教师教育机构认证制度研究[M].武汉:华中师范大学出版社,2007.

② 汪建华.教师教育机构认证制度构建的探析[J].教师教育研究,2012(2):6~10.

③ 教师入职标准即教师职业资格标准,指教师候选人符合教师职业从业者的一系列资格条件。西方国家在教师入职条件方面,对申请人的通识素养和学科专业素养方面提出了严格要求。比如,美国威斯康星州教师资格认证对申请人的通识素养和学科专业素养均有明确要求,除必须具备相应学科专业领域的本科文凭和学士学位外,申请人还必须通过"普瑞克西斯考试系列Ⅰ(Praxis I)"和"普瑞克西斯考试系列Ⅱ(Praxis II)"两次测试。普瑞克西斯系列考试是美国教育考试服务中心(ETS)设计推广、用于初任教师资格认定的专门测试。普瑞克西斯考试系列Ⅰ是以读、写、算为主要内容的基础能力测试(又称"入学鉴定测试"),任何人都必须通过该项测试后才有资格申请修读教师教育项目(teacher education program)。普瑞克西斯考试系列Ⅱ有四类测试:全美教师核心综合测试(一般知识、沟通技巧、专业知识等),教育学原理测试(以案例研究的形式考查教学内容组织、学习环境建立、有效教学执行和教师专业知识等),学科领域知识测试(内容涉及申请任教学科及其相关学科的知识和相关教学知识),多元学科评估测试(测试小学教师申请者在语言与文学、数学、历史与社会科学、科学、视觉与表演艺术、人类发展、体育共 7 个领域的知识以及高级思维能力等)。威斯康星州教师资格制度规定,教师教育项目修读者在进入中小学校开展教学实践(student teaching)前必须通过第三类以学科知识为主的普瑞克西斯考试系列Ⅱ测试,而测试涉及的学科其实非常全面。比如,修读"科学(science)"方向的师范生(未来申请担任中小学科学课教师)参加的普瑞克西斯考试系列Ⅱ测试内容及其分值权重是:科学方法论、技术与历史(10%),物理科学(40%),生命科学(20%),地球科学(20%),科学、技术与社会(10%);修读"社会研究(social studies)"方向的师范生(未来申请成为中小学社会研究课教师)参加的普瑞克西斯考试系列Ⅱ测试内容及其分值权重是:美国历史(20%),世界历史(20%),公民与政治科学(20%),地理(15%),经济(15%),行为科学(含社会学、心理学、人类学等)(10%)。可见,普瑞克西斯考试系列Ⅱ测试对大学生修读通识教育(或称博雅教育)课程的量和质都要求颇高.

④ 许多西方国家还有不同于教师入职标准的教师注册标准,主要是指教师在完全准入职业之前还需要达到的有关条件和要求,是针对入职教育的指导和评价标准,比如,要求教师候选人必须完成一定时间的入职指导教育计划或者必须经历一段"试用期"才可以成为正式教师,故又称"教师试用期标准".

⑤ 该标准通常针对在职教师履行职责情况进行定期评价,大多运用教师基本胜任力标准,基于学校与教师之间签署的合同中规定的教师履职情况来进行评价,从而决定对教师是继续留任还是予以清退.

标准"①"教师晋升标准"②"教师教育者专业标准"③"教师教育质量标准"④等。

总之，教师教育标准是由多个维度构成的一个系统整体，各个维度及内容互为条件、相互制约。在某种意义上，"标准"是底线要求和规范，但标准不是静态不变的，没有一成不变的标准，标准一定会随着时代和教育的发展而动态变化。如果说，"教师专业"是一个历史文化的概念，那么，很显然，教师教育标准也一定是特定历史、文化和社会的产物。任何合理的专业标准总是植根于特定时代背景之中，没有跨越时空的、普适的专业标准，只有适应特定时代要求的、具体的专业标准，这是认识和建构教师教育标准体系的重要前提。

二、国际教师教育评价经验及其启示

西方国家的教师教育评价在评价体系、目的、主体、内容、方法等方面的经验及发展趋势对于建设、改进和完善我国教师教育评价体系具有深刻的启迪价值。

（一）国际教师教育评价经验

西方国家教师教育评价在目的、主体、内容、过程等方面的有益经验值得我国学习、借鉴。

1. 评价目的多元化

在西方国家，为问责（accountability）而进行评价是教师教育评价最主要的目的。除"问责"之外，教师教育评价的目的还有"改善（improvement）""理解（understanding）"和"知识创造（knowledge production）"。⑤

"为问责而进行评价"即指对教师教育项目达到外在认证标准（external ac-

---

① 该标准基于高水平的教师专业知识、专业实践和专业研究，明确规定教师应该发展到更高水准，从而促进教师的专业研究与实践.

② 该标准是对教师职业生涯进阶或晋升条件提出的明确规定，也有的国家将这一标准与教师资格证书更新标准整合在一起.

③ 该标准是针对从事教师教育工作的各类人员（教师教育者）的职业资格标准。例如，美国1992年成立了一个旨在制定教师教育者标准的工作小组，该小组受美国教师教育者协会的委托，于1996年完成并公布了《教师教育者专业标准》。荷兰教师教育者协会在1998年年会上就教师教育者标准涉及的一系列问题进行了广泛讨论，并形成了教师教育者标准的基本框架；1999年又专门召开了一次研讨会，草拟了第一份《荷兰教师教育者专业标准（草案）》，后经多次修订，于2000年公布实施.

④ 该标准针对教师培养与培训质量等级的要求，用以规范教师教育行为、监控教师教育的全过程，是形成教师教育质量保障机制的重要支撑.

⑤ G. R. Galluzzo, J. R. Graig. Evaluation of pre-service teacher education programs//W. R. Houseton, et al.. Handbook of Research on Teacher Education[M]. New York: Macmillan Publishing Company, 1990. 转引自李明华，等. 信息时代教师教育评价思想、方法和制度的变革[J]. 开放教育研究，2008(4)：33～40.

creation standards)的程度认定，如美国国家教师教育认证委员会（NCATE）对教师教育项目的评价标准。"为改善而进行的评价"旨在向教师教育项目的参与者提供关于项目优势和弱势的信息，主要是运用差异评价法，将教师教育项目的实际状况与应有状况进行比较，从而发现需要改进之处。"为理解而进行的评价"更倾向于教师教育评价的内在价值，旨在促进教师教育项目的各方利益相关者通过共同参与评价过程，增进对项目的了解，从而为如何改进项目达成更大程度的共识。"为创造知识而进行的评价"则主要用于教育科学研究。

2. 评价主体多元化

当前，西方国家的教师教育评价大多既有教师教育机构内部的自我评价，也有来自包括专业组织协会在内的"第三方"的外部评价；特别是在一些教师教育专业化程度相对较高的国家，都设有专门的教师教育认证机构，负责依据相关标准对教师教育机构实施鉴定和认证。只有获得认可的教师教育机构才有资格承担培养教师的任务。

例如，目前在美国，存在不止一个和教师教育机构资质标准制定和认证工作相关的组织，包括"全美教师教育认证委员会（NCATE）""全国专业教学标准委员会（NBPTS）""州际新教师评价与支持联盟（INTASC）"等教师教育认证机构。

又如，德国教师教育机构评价过程一般由机构或项目内部自身进行的内部（自我）评价和由来自机构或项目以外的人员进行的外部评价两个环节组成。1994 年以来，德国就开始实行两者相结合的教师教育机构资质评价。内部评价是强制要求的，外部评价则是推荐的。外部评价主要由同行专家进行，由评价机构（或评价委员会）以及代表主管行政部门的独立机构负责实施。评价依据的标准主要是高等教育法规、教师教育规范、纲要以及未来教师资格标准等的相关规定。评价周期一般没有硬性规定，主要根据不同教师教育机构或项目决定评价的时间间隔。内部评价主要由管理者、学术人员和学生参与，代表校长和理事会的评价专家以及提供学术支持的专家自愿参与；评价标准主要以官方文件为主（包括高等教育法规和教师教育规范、纲要，未来教师的资格标准是推荐使用的，也可参考外部评价的标准）；周期大多为一年，也可机动。目前，德国还没有对在职教师教育机构进行认证的统一外部机构（部分由专业认证委员会进行，部分由代表主管行政部门的独立机构进行，部分由学校教育督导进行）；认证周期也没有具体规定，往往根据实际需要进行改变。[①]

① 王利敏. 从完善走向优化：德国教师教育评价制度述评[J]. 现代教育论丛，2009(4)：50～54.

3. 评价内容多样化

西方国家的教师教育评价在评价内容方面也表现出多样化的特点。例如，在美国，全美教师教育认证委员会（NCATE）对教师教育机构办学水平的认证主要包括：对教师教育机构实施基础培养计划和高级培养计划的质量认证（包括各种单项培养计划的质量认证）；对教师教育机构实施这两类教师培养计划的办学能力进行的综合认证（前者主要通过学生和毕业生的学习质量来反映，后者主要通过综合大学为保证教师培养计划的质量提供的课程设置、师资队伍、专业设置、管理状况、资金状况以及办学条件等来反映）。此外，教师教育的质量评估往往与求职教师的学习过程紧密相关。大学教育学院大多会与伙伴中小学校一起，合作研究、开发"评估与改进管理系统（The Assessment and Improvement Management System，AIMS)"，这个评估系统具有双重目的：根据该单位的概念框架和国家专业项目标准来评估师范生的发展水平；提供并分析有关求职者、资源和作业方面的数据，以促进方案自身的改进。

4. 评价过程持续化

20 世纪 90 年代以来，西方发达国家教师教育通过反思传统教师评价的弊端，提出"发展性教师评价"的理念，在教师资格认证中注重过程性评价和发展性评价，大多通过对教师资格证书定期审查及更新等制度设计，激励教师不断进取、推动教师专业成长。美国威斯康星州教师资格认证制度即具有这一鲜明特点，通过设置不同级别的资格证书，为教师专业发展和晋升铺设阶梯。

首先，威斯康星州教师资格证书类型划分细致、多样，主要表现在以下两个方面。

一方面，根据持证者的工作性质，设置了三类证书（licensure categories）：教学资格证书（teaching license）、行政人员资格证书（administrator license）和学校服务人员资格证书（school service license）三类。在中小学校承担课程教学任务的教师（我们通常说的学科教师）应持有明确注明了任教学科的教学资格证书（如"数学教师资格证书"），在中小学校从事行政管理事务的人员应持有行政人员资格证书（又细分为校长资格证书、教学主任资格证书等），在中小学校从事学生服务工作的人员（如学校辅导教师等）则必须持有学校服务人员资格证书。

另一方面，根据持证者的工作对象，设置了针对不同年龄学生的四种证书（licensure levels）："早期儿童（early childhood）""早期儿童到中期儿童（early childhood through middle childhood）""中期儿童到早期青少年（middle childhood through early adolescence）"以及"早期青少年到青少年期（early adolescence through adolescence)"。持有"早期儿童教育资格证书"的教师可以从事面向 0～8 岁儿童的教育工作，持有"早期儿童到中期儿童教育资格证书"的教师可以从事面向 0～11 岁儿童的教育工作，持有"中期儿童到早期青少年教育资格证书"的教师可以从事面向 6～13 岁学生的教育工作，持有"早期青少年到青少年期教育资格证书"的教师则可以从事面向 10～21 岁学生的教育工作。上述不同类别证书的申请者必须在经州认证的、相对应的教师教育项目中修读合格，而且这一新的证书类别比其之前的类别划分体系更具灵活性。例如，"早期儿童到中期儿童教育资格证书"的申请者同样必须修读合格大学或学院的"小学教师教育项目(elementary teacher education program)"，还必须完成一个辅修专业(minor)的学习(辅修专业领域广泛，英语、数学、科学、社会研究、艺术、舞蹈等均可)，但获得这一证书则意味着教师既可以在小学(elementary school)担任"全能型"的"包班教师"，又可以根据辅修专业，在初中(middle school)任教语言艺术、数学、科学、社会研究或健康等不同课程。又如，"早期青少年到青少年期教育资格证书"申请者必须修读合格大学或学院的"中学教师教育项目(secondary teacher education program)"，而且必须完成至少一个主修专业(major)的学习(中学教师教育项目中的"社会研究"方向的师范生必须在下列专业中选择一个作为主修专业：地理、历史、政治科学与公民、经济学、心理学、社会学；"科学"方向的师范生则必须在下列专业中选择一个作为主修专业：物理、化学、生物、地球科学；"语言文学方向"和"数学"方向的师范生则必须分别主修语言文学和数学)。获得此证的教师则既可以在初中(middle school)又可以在高中(high school)任教。

其次，威斯康星州教师资格证书等级(licensure stages)清晰、明确，设置了初始教育者(initial educator)、专业教育者(professional educator)和成熟教育者(master educator)三个等级。各级资格证书的获得都必须满足规定的相应资格条件，在各自的有效期内必须接受定期审查，在有效期结束时必须申请更新，才能获得上一级证书。例如，初始教育者资格证书的获得条件是：在州公共教学部(DPI)认证许可的、大学或学院的教师教育项目中，修读合格，有效期为 5 年。获得该证书者走上教学工作岗位后，任教学校必须立即为其组建一个"3 人审查小组(review team)"，负责追踪和考察其专业成长。3 位审查小组成员分别是持证者任教学校的另一位教师、学校行政人员(通常是校长或教学主任)以及来自大学或学院的代表。持证者必须向审查小组提交符合州教师标准的"专业发展计划(Professional Development Plan, PDP)"，阐述明确的专业发展目标、为实现专业发展目标采取的专业成长行动，以及未来接受验收审查时必须提交的证据（evidence）内容（如教师专业知识、能力的增进，自己的教学工作对学生学业成就的积极影响等）。专业发展计划必须经审查小组批准方可执行。在开始执行后的3～5年内，持证者呈交的自我专业成长证据得到审查小组的认可后，持证者即可申请"专业教育者资格证书"；若未能得到审查小组的许可，则需要根据审查小组的意见加以改进。和初始教育者资格证书一样，专业教育者资格证书持有者也必须在其自我设计的专业发展计划（PDP）得到审查小组的许可后，才能申请"成熟教育者资格证书"。不同的是，专业教育者资格证书持有者的审查小组成员中，至少有3位是拥有同行评议资格和教育者资格证书、并且工作在教学第一线的教师（peer-approved and licensed class-room teacher）。成熟教育者资格证书则是自愿申请的，有效期为10年，获得条件是：已获得硕士学位和学历证书，拥有连续5年的成功教学经历，有证据证明对教学专业和学生学业成就进步做出了贡献；或者已获得全国教师专业组织认定的国家教师资格证书。申请材料由一个3人评价小组（assessment team）负责鉴定，这3位成员中必须包括一位学校董事会成员，评价和鉴定过程包括面试、客观性测试、档案袋评价以及其他评价方式，申请者必须接受评价小组对其课堂教学工作的评价，可以通过课堂观察、也可以通过视频录像进行。

可见，威斯康星州教师资格制度的根本立场既不是单纯学科化的学术取向和成绩导向，也不是单纯专业化的教育课程取向，而是特别突出教师在实际工作中的反思性实践，赋权于教师和学校，虽然不再要求在职教师必须修读大学教育学院开设的相关教育课程，但强调教师在复杂多元教育环境中，将自己学习和拥有的教育知识系统、综合、有效地运用于教育实践，创造性地调用各种知识、能力、策略去解决具体的实践问题，并自觉反思、自我规划，从而提高理性认识水平和教育实践能力。

（二）国际教师教育评价经验对中国教师教育评价的启迪

西方发达国家的教师教育评价经验有助于我们深入思考和建设我国教师教育评价体系。

1. 建立规范的教师教育评价体系

目前，我国教师教育评价体系侧重于对教师和"准教师"的个体评价（是否符合教师资格标准、是否合格），而对教师教育机构的评估则往往隶属于普通高等学校评估体系（对教师教育机构的评估是与对其他高校的评估同时进行的），评价中较少顾及教师教育的性质和特点，把对教师教育机构的评估等同于对高等教育机构的评估。也就是说，我国对教师教育还没有统一、规范的评价体系，对教师教育机构的认证和评估体系还很不完善。随着教师教育体系的开放，参与教师教育的机构越来越多，亟待建立、健全规范的教师教育评价体系，尤其是亟待加强对教师教育机构的评价，从而确保教师教育的质量。

为此，我们应加强对教师教育评价的理论研究，将对教师教育评价体系的研究作为教师教育研究的重要内容；根据教师教育的规律及特点，并结合我国教师教育模式的实际情况，系统研究、制定相应的评价标准，并尽快建立相应的规范及评价措施；组织专门的认证机构或专家团体对教师教育机构的课程设置、授课范围、考试程序、考试结果等进行监控和评价，以保证教师教育评价的客观性、有效性、公正性，从而提高教师教育机构的办学质量。①

2. 发挥教师教育评价的改进作用

我国教育评价更多地重视评价的结果和评价的判断功能，而忽视评价的改进功能。比如，"大学排名""中小学校评估、评比"等活动并不缺少，学校的自我评价也几乎每年都进行，甚至很热闹，但是，对评价结果的运用却往往简单而浅显，并没有挖掘出教育评价的诊断和改进作用。这种情形在教师教育评价中同样存在。

其实，我们更应该重视的是对评价过程和结果的运用，发现教师教育存在的问题并提出改进的策略、措施等，以帮助教师教育质量的改善。只有这样，才能真正发挥教师教育机构和教师评价的作用，真正促进教师教育的发展。

3. 重视独立的教师教育评价机构

目前我国的教师教育评价基本上是教师教育内部的事，是"自己评价自己"；评价主体单一，缺乏专门的外部评价认证机构；"既是运动员又是裁判员"的评价方式缺乏外在监督和制约机制。借鉴西方国家经验，我国教师教育评价应引进独立的"第三方评价"，即独立于教师教育机构及其主管行政部门之外的评价（又称"社会评价"）。

首先，要建立一个结构合理、能确保评价质量的评价主体。在教师教育评价中，教育专家、学科专家、基础教育相关部门以及教师教育毕业生等都应是评价主体。其次，在评价各主体之间建立教育信息沟通网络，以满足教师教育

---

① 国内有研究者通过对师生的访谈和调研，建构并检验了我国职前教师教育质量评价因子的结构方程模型。研究发现：办学思路、资源管理（含师资条件）、课程教学、教育实践、学生收获是影响我国职前教师教育质量的五个核心要素；师范院校办学思路（办学目标、战略规划、办学定位等）的质量水准具有"源"评价的重要作用；我国职前教师教育质量评价在"教育实践"与"课程教学"的关联上呈现一定的冲突性，反映出我国教师教育质量评价受到现有人才培养模式在时间、空间、资源和理念上的制约和束缚，寻求二者的内在契合并通过理论与实践的有效结合来提高教师教育质量。（张炜. 教师教育职前培养质量评价的指标因子探析[J]. 中国高教研究，2012(9)：67~71.）

评估指标和程序设计的需要，例如，为教师教育制订相关发展计划、为教师教育自我评估开发评估程序，等等。最后，要确定第三方评价的目标和内容，做到有的放矢，提高第三方评价的有效性，例如，通过对教师教育毕业生的追踪调研，获得学校在管理、课程、教学等方面的反馈信息以及在工作中的适用情况，就能获得较全面、系统的毕业生职后发展情况，从而为教师教育课程与教学改革提供有价值的信息，促进教师教育课程教学与管理体系的完善。①

①　赵传兵. 从唯量化走向多维优化[J]. 黑龙江高教研究，2014(7)：7～9.

第十二章　教师专业发展与学习

如今，"教师专业发展"早已成为耳熟能详的日常语言，在学校管理和教师教育中更是常常被人们挂在嘴边。但究竟何为"教师专业发展"，一直以来都是众说纷纭、见仁见智。与之相似或相近的词汇至少还有"教师专业化""教师社会化""教师成长""教师改变（teacher change）""教师学习（teacher learning）"等。本章的学习即着重了解不同学科在理解和阐释"教师专业发展"内涵时的独特视角①及其体现出的不同理论取向（不同的"教师专业观"）以及新兴的"教师学习"研究。

一、不同学科视野中的"教师专业发展"

在人文、社会科学中，不同学科视角触及"教师专业发展"议题时生发的问题意识是不同的，对"教师需要获得怎样的专业发展""教师专业又究竟需要发

---

① 不同学科拥有不同的研究范式。"范式"概念来自库恩 1962 年出版的著作《科学革命的结构》，指某一特定学科的科学家共有的基本世界观。"学科范式"即由特定学科特有的观察角度、基本假设、概念体系和研究方式等构成，作为该学科共同体成员看待和解释世界的基本方式。其中，"学科视角"源起于研究者对社会生活世界的某一方面的无限疑问，即来自特定学科的"元问题"，在解决这个元问题时，独特的深层逻辑假设就构成了独特的研究视角。这种深层逻辑假设对于科学共同体内的科学家来说，是具有自明性的常识性知识。例如：人类学的元问题是"人何以为人"，人类学家解决这一问题的深层逻辑假设是"文化"（"人是文化的动物"）；基于文化的视角，人类学家开展了一系列研究，"文化"就成为人类学的研究视角。社会学的元问题是"人如何为人"，社会学家解决这个问题的原始假设是"社会"（"群""社""会"）；社会学研究"人如何为人"是通过研究"人怎样为群"实现的，即研究个人如何结成群体系统或社会共同体的规律性：不同的群体各有何结构性特征？不同的群体包括从最小、最基本的家庭群体，到结构复杂的组织群体、社区、阶级、阶层直到最大的群体——国家，如何保持一种有序状态而成为一个系统？社会如何运行？社会秩序何以可能？……研究社会的秩序化要求，从微观的角度即从构成社会的个体出发，研究个人与社会的互动关系，即一个"生物人"如何教化成为"社会人"、实现个体社会化；从宏观的角度即从社会整体出发，研究社会结构、社会关系、社会制度以及社会动态运行机制、社会变迁等。心理学的元问题则是"我如何为我"。除非出于强烈的政治或社会因素的干预，学科是循着其自身发展的规律推进的。学科发展的内在逻辑规定性造就了研究视角的稳定性，从而也造就了学科的相对独立性。研究视角具有相对的稳定性，但又不是永远不变的，会随着学科内部科学共同体普遍认同的思维范式的转变而转变；但在这种思维范式没有发生革命性变化之前，短时期内具体研究内容、研究方法发生变化时，研究视角仍然保持其相对稳定性，成为科学分科的重要标志。这也是当一门学科不断地分化出新的分支时，并不影响其原始学科的独立性，而只能表现为其研究领域的扩展、研究方法的创新等的原因，因为学科的研究视角没有发生变化.

展什么""教师或教师专业又如何才能获得真正的发展"等问题的回答不尽相同。[①]

（一）哲学视野中的"教师专业发展"

在哲学视野中，"教师主体性""教师需要""教师生命""教师信念"等是"教师专业发展"的题中要义。

例如，有研究者聚焦于教师专业发展中的主体性问题，认为教师主体性集中体现在"独立自主性""自觉能动性""创造超越性"和"独特性"四个方面，并具有"发展的主体意识""主体能力""主体人格"和"主体价值"四个层次。[②] 也有研究者借鉴哈贝马斯在其批判理论中提出的人的三种认识兴趣（"技术兴趣""实践兴趣"和"解放兴趣"），指出教师专业发展要从持有操作主义教学观、以技能熟练为基本模式的"技术兴趣"走向视教学为反思性实践活动、突出教师主体意识、以反思性实践为基本模式的"解放兴趣"。[③]

又如，有研究者聚焦于"教师需要"，认为教师作为主体，其需要是多向度的：生存需要是最基本和低级的需要，仅仅满足生存需要并不能推动教师的专业发展，只有认知、道德、情感需要表现出来的真、善、美的追求才是教师专业发展的目标；而教师的潜在需要即自我实现和自我超越的需要才是教师专业发展的真正的原动力。[④]

再如，从生命哲学出发进行的教师专业发展研究，关注教师生命的质量和意义，强调学校教育及课堂教学生活质量是教师个体生命的意义所在，教师专业发展的理想境界在于教师生命价值的实现，这是自在与自为的统一。[⑤]

此外，有关"教师实践性知识（缄默知识、个人知识）""教师信念""教师成为反思型实践者""实践智慧"等的研究，都可以归于哲学视野中的教师专业发展研究，而且是近年来的研究热点，甚至"言教师专业发展必言'实践''反思''智慧'等"。

（二）社会学视野中的"教师专业发展"

"教师社会化""教师角色""教师身份认同"等概念是社会学视野中教师专业发展研究的关键词。在社会学视野中，"教师专业发展"几乎等同于"教师（专业）社会化"，对教师社会化的研究至少可以区分出功能主义、解释主义和批判

① 朱旭东，周钧. 教师专业发展研究述评[J]. 中国教育学刊，2007(1)：68～73.
② 李骏骑. 关于教师专业发展中的主体性思考[J]. 教育理论与实践，2005(9)：33～34.
③ 刘曙峰. 教师专业发展：从技术兴趣到解放兴趣[J]. 教师教育研究，2005(6)：15～19.
④ 孙芳明. 教师需要与教师专业发展[J]. 当代教育科学，2003(2)：22～30.
⑤ 叶澜. 教师角色与教师发展新探[M]. 北京：教育科学出版社，2001：14.

理论等几种不同的研究范式。

功能主义研究范式受实证主义传统影响，重社会结构(structure)、轻个体能动性(agency)，关注社会秩序、社会整合；因此，功能主义视角下的教师社会化是一种被动的社会化模式，教师身处学校组织和法令规定的一系列制度制约中，为了达到学校的整体目标和履行教学的功能，而在强迫性的学习氛围和复杂而多变的环境中经历的正式和非正式学习，教师习得教育的专业知识、技能、道德、情感遵循既有的社会规范和期望，最终教师在科层制组织结构中通过学习而完成社会化、实现自我质量提高。

解释主义研究范式强调对社会行动进行解释性理解，将教师专业化视为教师个体成为教学专业成员并能够有效履行其角色的变化过程(这种变化包括认知、情感和行为的变化)，倡导教师社会化过程中个体能动性的发挥以及通过情境调适而实现教师个体的变化。符号互动理论家即强调教师专业化过程中"重要他人"的作用，教师是在所处环境中与他人不断互动的过程中不断发展和调整其专业角色表现的。

批判理论研究范式则强调阶级、社会性别、种族等因素对教师社会化过程的宰制性影响，倡导公正、平等、自由和人格尊严，强调教师专业化过程中教师的自主性和能动性，教师不是知识和技能的受容器，教师是一支强大的变革力量。

我国有研究者借鉴社会学结构功能论、符号互动论和冲突论，研究了高校教师社会化过程中个体与社会、制度的关系。[①]

[相关链接 12-1]"教师专业化"和"教师专业发展"的概念辨析

由于"专业"意义上的职业能够垄断性地从事具有重大社会职能的工作，其从业人员经过长期的专业培养和训练、达到基本从业素质要求后能够为社会大众提供高质量的专业服务，从而能够体现出较高的劳动价值并享有较高的报酬待遇和社会地位等。因此，教师专业化运动在初期的目标直指教师职业的专业地位提高，并随着人们对教师专业化理解的深入，先后采取了群体和个体两种不同的专业化策略，经历了两个发展阶段：面向教师群体的职业专业化阶段和面向教师个体的专业发展阶段。[②] 因此，准确地说，"专业化"一词更多地使用于宏观层面，用以指涉特定职业致力于成为"专门职业(专业)"所做的努力("专业化运动")；"专业发展"一词则更多地使用于微观层面，用以指涉个体致力于

---

① 周艳，等．社会意义的高校教师专业发展[J]．广西师范学院学报(哲学社会科学版)，2004(2)：79～83．

② 教育部师范教育司．教师专业化的理论与实践[M]．北京：人民教育出版社，2001：44～50．

成为"专业人员（professional）"所做的努力。相应地，"教师专业化"一词多在群体意义上，指教师（teacher）这个职业群体从事的教学工作（teaching）在社会职业分工及其阶梯中获得"专业（profession）"社会地位的过程，强调的是教师群体的社会地位、劳动报酬等；"教师专业发展"一词则多在个体意义上，指教师个体通过系统努力从而改变自己的专业实践、信念以及对学校、学生等的理解的成长过程，强调的是教师个体知识、技能的获得以及教师生命质量的提高等。简而言之，教师专业发展就是教师通过专业学习和专业实践，获得自身专业品质的提高。这似乎并不难理解，然而，不同学科的教师专业发展研究中存在的分歧最主要表现为对"谁主导教师的发展""教师需要（或者说应该）发展哪些专业品质""如何发展和提高这些专业品质""获得专业发展的目的何在"等问题的理解和回答不同。

（三）心理学视野中的"教师专业发展"

"教师职业生涯发展""教师焦虑""教师倦怠""教师学习"等概念是心理学视野中教师专业发展研究的关键词。

比如，有关"专家型教师"和"新手教师"专业能力差异的研究是教师专业发展心理学研究的经典主题，建立在认知心理学、教育心理学研究基础上的"专长发展理论"即关注从新手到专家的纵向发展过程及其特点。季（Chi）等人最早于1981年通过比较物理学领域专家和新手对问题的识别、判断及解决的差别，指出专家优异的问题解决能力取决于其对相关问题建立的图式表征，特定领域的知识是图式表征的基础；知识的类别、形式、深度、广度等是决定"专长（specialty）"的重要特质。受此启发，大批研究者通过纵向追踪研究试图揭开决定教师有效教学知识基础的神秘面纱，其中尤以舒尔曼等人在斯坦福大学发起的"教学中的知识增长"研究最为著名。我国研究者在研究操作技能形成过程时即发现新教师教学能力的发展及其专业成长一般会经历四个阶段：始发阶段、速发阶段、高原阶段和再发展阶段；而高原阶段中的"高原现象"会直接制约教师今后的专业发展[①]。这种知识主导的教学专长研究通过对教师教育政策的影响（如以颁布专业标准的方式订立教师专业发展的坐标）以及开展大规模的教师培训活动，成为盛行的教师专业发展实践模式。

又如，心理学视野对教师专业发展的研究逐渐聚焦于"教师焦虑""教师倦怠"等心理现象。西方学者将教师焦虑分为身份—结果焦虑、投入或努力焦虑、专业能力焦虑、影响焦虑、公平焦虑；我国学者由此提出降低教师焦虑程度、

---

① 苏虹. 新教师专业成长中的"高原现象"分析与对策[J]. 现代教育论丛，2003(4)：48～53.

促进教师专业发展的政策建议[①]。

再如，20 世纪 90 年代以来，教师学习的心理学特征亦成为教师专业发展研究的重要主题。在西方学者关于教师学习特征研究的基础上，我国学者关于教师学习的研究内容主要涉及"教师学习"的内涵、意义、性质、特征、内容、方式、内部机制、外部支持等，以及不同发展阶段教师（如实习教师、新任教师等）学习的机制及有效方式等。[②]

在教师压力和心理健康关系的研究中，社会支持系统作为一个重要因素也引起研究者的兴趣。有研究者从社会联系、社会网络、社会纽带等角度研究了教师专业发展的社会支持系统，揭示了教师专业发展需求与社会支持系统之间的紧密联系，为更加深刻地认识教师专业发展的外在条件提供了新的启迪。[③]

此外，还有研究者从个性心理学视角研究教师专业发展，揭示了教师个性心理在其专业发展中的特殊作用。[④]

（四）教育学视野中的"教师专业发展"

教育学对教师专业发展的研究主要集中在"教师专业素养""教师与课程的关系"等主题，以及在成人教育学的视野中研究教师专业发展和教师教育。

关于教师专业素养的研究，自从 20 世纪 90 年代我国教育界明确提出教师专业发展问题并加以介绍和研究开始，逐渐成为我国教师研究和教师教育研究探讨最多的议题之一。在社会和教育迅猛发展的时代背景下，越来越多的研究者围绕教师应该具备什么样的素质、教师专业素质的内容和结构等问题，展开了深入研讨。林崇德等人最先在国外认知心理学研究成果的基础上，通过实验对教师观念、教师知识、教师监控能力等的形成过程与结构进行了深入研究，形成了教师素质结构理论，为教师专业发展研究提供了心理学基础。随后，大批教育学者探讨了 21 世纪教师专业素养，提出教师应具有与时代精神相通的教育理念作为自己专业行为的基本理性支点，教师的知识、能力素养也应与时俱进、不断提高，才能应对时代和教育发展的要求和期望。教师专业素养提高的方法和途径等问题也日趋受到关注。[⑤]

关于教师与课程的关系及教师的课程取向等问题，当代课程研究经历了从认为"教师外在于课程""教师忠实于课程"到主张"教师与课程良性互动""教师

① 孟宪宾，等. 变革中的教师焦虑与教师专业发展[J]. 外国教育研究，2004(11)：47～50.
② 肖正德，等. 近年来国内教师学习研究：盘点与梳理[J]. 全球教育展望，2011(7)：54～59.
③ 李金钊. 论教师专业发展的社会支持系统[J]. 思想理论教育，2005(9)：56～59.
④ 庄锦英. 从个性特点看教师的专业发展[J]. 当代教育科学，2005(19)：52～53.
⑤ 叶澜，等. 教师角色与教师发展新探[M]. 北京：教育科学出版社，2001.

创生课程"的学术发展。教师对课程的忠实取向即将教师视为外在于课程的客体，将课程知识视为客观的、固定不变的、可以标准化的、纯粹理性思辨的，要求教师适应课程，教师只是课程的执行者和实施者，是"依照课程蓝图进行施工的工具"；教师创生课程取向则将教师视为课程改革的主体，强调课程知识的复杂多变性及其在实践中的不确定性，教师是课程改革的积极参与者而不是"旁观者"，教师在与课程的良性互动中彰显个人的实践智慧并获得专业发展。

随着我国成人教育学研究的蓬勃发展，从成人教育学的理论、方法出发，对在职教师教育和教师专业发展进行的研究也日趋增多。例如，有研究者将教师教育根植于成人教育、成人学习的视域中，选取质变学习理论为切入点，运用哲学解释学的观点解构教师发展的叙事，在突破教师专业发展局限和对教师文化身份考量的基础上，提出教师"蝶化发展"是比"专业发展"更为宽泛、也更适宜教师文化身份的发展理念；认为过去教育学术界仅仅注意教师作为一种职业的专业发展，而专业发展专注的是职业知识、技能的获得与提高，呈现的是获得性发展的特征（"更为专业"），蝶化发展关注的则是教师作为人的发展的改变，凸显的是教师发展的质变（生命的"蝶化"）。①

（五）文化学视野中的"教师专业发展"

文化学对教师专业发展的理解主要体现在教师文化研究中。教师文化研究先后经历了三个阶段：20世纪30～60年代，研究者提出教育管理科层制形成了伪善、权势、卑屈和狭隘的非人性的教师文化；20世纪七八十年代，研究者批判学校官僚制度以唤起对教师专业文化的关注，强调教学具有情境性和不确定性；20世纪80年代以来，形成以教师反思性实践为基础的教师专业文化，指出理想的教师专业发展应该是一个文化建设的过程，教学文化的意义在于为教师工作提供意义、支援和身份认同，最终提升教师的专业发展水平。

文化学视野下，教师身份建构、现存教师文化改变等成为研究的核心问题。有研究者提出教师文化必须实现"从孤立到协作""从霸权到民主""从竞争到关怀"等转变，建立基于合作的教师文化，才能真正促进教师的专业发展以及学生的发展；赋权则是教师身份建构的关键所在，应从心理、行动、政治等向度赋权于教师。②

（六）生态学视野中的"教师专业发展

英国教育学者哈格里夫斯（A. Hargreaves）在教师文化研究基础上，进一

① 伍叶琴. 教师蝶化发展论——基于文化身份的考量[M]. 北京：教育科学出版社，2014.
② 于泽元. 自我统整的教师[M]. 北京：教育科学出版社，2012.

217
JIAOSHIJIAOYUXUE

步提出了生态取向的教师专业发展理论，认为教师专业发展也是一种生态现象，是以促进教师专业的、学术的、人格的发展为目的的生态进化过程，教师专业发展的环境是由自然、社会、规范、生理和心理等多种环境相互交叉渗透形成的复合生态环境，强调教师合作文化是最重要的、能够真正促进教师专业发展的学校生态环境。我国有研究者从花盆效应、耐受定律、整体效应、生态位分化、限制因子定律等基本生态学规律出发，探讨了教师专业发展的有效运行机制①；也有研究者指出，目前我国教师专业发展的外部生态环境存在不合理之处，内部生态环境的现状也堪忧，改善教育生态环境迫在眉睫；适宜的自然环境、丰富的物质条件、良好的教育环境是教师专业发展的外部保障，"教—学—研"同期互动系统则是促进教师专业发展的内部动力，只有外部生态环境和内部生态环境共同作用才能更好地促进教师的专业发展②。

（七）其他学科视野中的"教师专业发展"

有研究者借鉴复杂科学的方法、概念及理论来研究教师专业发展，特别对名师的成长及成功经验进行了多维视角的解读，指出名师的成长过程体现出复杂系统具有的明显特性，如不确定性、非线性、协同性、非平衡性等，教师专业发展同样是一个具有不确定性、非线性、协同性、非平衡性等特点的复杂系统。

还有研究者借鉴"学习型组织""知识管理"等管理学理论进行的教师专业发展研究也具有一定的指导意义。例如，有研究者运用彼德·圣吉提出的"五项修炼"理论，从自我超越、改善心智模式、建立共同愿景、团队学习和系统思考等方面揭示了影响教师专业发展的原因，并提出相应策略。又如，有研究者将教师拥有的知识作为组织资本和组织管理对象，通过鉴别、获取、利用、共享、创新、组织、存储的循环过程使得知识在组织中获得增值和精练，从而促进教师专业发展。③

（八）不同的教师专业发展取向及其理论基础

上述从不同学科视角出发进行的教师专业发展研究，概括起来又体现出至少两种截然不同的理论取向，对教师专业发展实践发挥了不同的导向作用。这两种理论取向是现代主义和后现代主义的教师专业发展理论，即新、旧两种

---

① 古立新．教师专业发展的生态学思考[J]．当代教育科学，2004(11)：43～47.

② 马瑞娟．教育生态学视阈下的教师专业发展[J]．教育理论与实践，2013(3)：36～38.

③ 张兆芹，等．学习型组织理论视角下的教师专业发展[J]．课程·教材·教法，2005(11)：72～77．周建军．知识管理视角下的教师专业发展[J]．漳州师范学院学报(哲学社会科学版)，2008(2)：128～130.

"教师专业主义（teacher professionalism）"倾向。作为教师专业发展不同理论基础的新、旧"教师专业主义"，在认识论、教师专业观、教师教育观、教师专业发展动力观及有效方式观等方面主要有以下区别。

第一，认识论基础不同。现代专业主义主张知识是一种纯理性抽象的产物，强调教师知识具有普遍性、确定性、客观性、权威性和标准化的特征，表现出技术理性倾向。后现代专业主义秉持舍恩倡导的实践理性认识论，强调教师知识具有情境性、复杂性、不确定性和个体性，教师在实践中建构、形成的实践性知识是最重要的教师知识。

第二，教师专业观不同。对于教师的专业伦理道德，现代专业主义更突出专业的服务取向、利他性和自律；后现代专业主义则从关怀伦理学出发，强调教师作为"关怀者"，不仅仅是用专业知识服务于学生，更重要的是教师应该具有介入专业事务和社会变革的参与意识。对于教师的专业自主性，现代专业主义认为一种专业是通过对专业知识和教育的垄断、通过对市场的垄断而形成韦伯所说的"专业闭合"才能最终形成专业自治，表现出一种自我保护的专业主义；后现代专业主义则倡导和鼓励教师通过参与社会变革、寻求自主专业发展目标和行动而彰显专业的自主性。

第三，教师教育观不同。认识论以及教师专业观的不同直接导致了新旧专业主义对教师培养、培训模式等的认识差异。现代专业主义主张对教师灌输理性知识、权威知识和标准化知识，依赖于"基于大学的（university-based）"教师培养模式，认为教师专业发展就是教师将习得的理论性知识运用于教育教学实践的过程，结果却导致人们对理论与实践的关系产生二元对立的思维定势，并在实际的教师教育中造成理论与实践的脱离和割裂；后现代专业主义则提倡教师在行动中反思、对行动进行反思，进而形成教师的个人知识和实践智慧，主张"基于学校的（school-based）"教师培养模式。

第四，教师专业发展动力观不同。现代专业主义将教师专业发展视为教师在国家、学校等外在制度要求下被动进行的发展；后现代专业主义则在批判这种"外铄论"的基础上提出教师内在发展的思想，强调教师专业发展应该是一个激发社会大多数成员创造力的唤醒过程，而不是一个由计划者和学者通过外部施压来解决问题的过程，教师发展的本质是教师作为主体自觉、主动、能动、可持续的自主建构和发展。

第五，教师专业发展有效方式观不同。现代专业主义倾向于通过专家讲座式的培训来促进教师的专业发展；后现代专业主义则基于"内在发展论"，主张教师专业发展是一种自我的主动发展，谋求通过教师个人指导的专业发展、观察、介入课程设计或学习改进活动、探究、互助式教学研讨、行动研究等方式实现教师自主专业发展，强调自主专业发展的意识激发、能力提高和外在关怀，教师专业发展过程即教师专业自我的建构过程。

此外，教师专业发展研究也形成了其他分类形式的不同理论取向。例如，根据教师专业发展的目的，研究者区分出"补短"取向、成长取向、变革取向、解决问题取向的教师专业发展；根据教师专业发展的内容，区分出理智取向、实践—反思取向和生态取向的教师专业发展；根据教师专业发展阶段，区分出关注阶段论、职业生命周期阶段论、心理发展阶段论、教师社会化发展阶段论、职业生命周期阶段论；还有研究从教师在专业发展中的作用出发，提出"自我更新取向的教师专业发展理论"。[①]

上述不同学科视角和不同理论取向的教师专业发展研究，虽然关注点不同，但很明显，在对教师专业发展的理解上，视野越来越广阔，既关注教师专业发展的结果（获得履行教学功能的知识、能力和品性），又重视教师专业发展的过程（教师专业发展是终身学习的过程），还强调教师专业发展的目的（发挥教师的自主意识并鼓励教师参与社会变革）。我们可以将"教师专业发展"概括地理解为：教师通过不断学习、反思和探究来拓宽其专业内涵、提高其专业素质从而达到专业成熟的境界的终身成长过程。教师专业发展是教师终身学习和成长的过程，并且与学校、社会等更广阔的政治、道德情境紧密关联在一起；全面关注教师的专业知识能力发展、精神文化发展乃至生命"蝶化发展"[②]的教

[①] 有研究者从三个维度概括了教师专业发展的取向：从技术理性维度透析了教师专业发展的知识技能化、教学效率最大化和教学生活的理性化，旨在让读者深入思考技术理性对教师及其生活的影响，以及造成的后果；从情意信念维度阐述教师信念的内涵、教师信念对教学活动和教师自身专业发展的影响、教师信念的形成及发展、专家型教师信念系统的特征，旨在让读者思考教师专业发展的核心；从实践智慧维度阐明教师实践智慧的含义、特征及教师实践智慧的形成，旨在让读者认识实践智慧是教师专业发展必不可少的重要组成部分。（赵昌木．教师专业发展[M]．济南：山东人民出版社，2011．）

[②] 伍叶琴．教师蝶化发展论——基于文化身份的考量[M]．北京：教育科学出版社，2014：74．作者在此书中提出了"教师蝶化发展"概念，"蝶化发展是人在终身教育引导下，在学习的基础上形成的旨在实现生命历程完美的持续上升的运动历程"，意指教师发展是一个不断变化与完善的过程，是一个追求最终的人生理想的过程，是一个无止境的学习过程。蝶化发展观认为：个体发展是整个人生的过程，包括成长、保持和调节。发展是延续一生的，成年不是发展的终结而且不存在发展的优势阶段；发展也是多维度的，包括生理、心理、社会性等；发展是多方向的，成长与衰退都是发展；发展更是可塑的，成长与衰退都能够采取一定的策略加以控制；发展也具有情境性，历史、社会、文化都构成发展的情境因素；发展不是简单地变化，而是朝着功能增长的方向螺旋式地运动。教师蝶化发展的外在体系包括教师生物生命的发展、职业发展和专业发展，内在体系则主要表现为教师的精神成长和文化品性的拥有．

师教育才能真正"发现"教师，使教师的精神属性、丰富品性和完整形貌得以充分彰显。

二、教师学习

在西方教师教育界，"教师学习"概念是适应"终身学习时代"并针对"教师专业发展"被窄化为在"教师专业发展日（Teacher Professional Development Day）"进行的自上而下的"被培训""被发展"而提出的。[①] 国内学者在论述教师学习研究意义时也指出：当代教师教育大致经历了从"教师培训"到"教师教育"再到"教师学习"的脉络演进，教师学习是当代教师教育发展的逻辑走向，从强调"教师培训"到"教师教育"再到关注"教师学习"，研究领域的横向转换不只是名称的变换，更是理念的转换和研究重心的转移。[②] 总之，"教师的专业发展是一个终身学习的过程"已成为基本共识。

（一）教师学习的内涵

从语词本身的内涵来说，教师学习和教师专业发展是彼此统一的。教师学习是教师可持续专业发展的基础和前提，对此，教育学界几乎没有异议。但在对"教师学习"内涵的理解上人们还是存在一些细微的差别，比如，有研究者认为教师学习是经验性学习，分为自发的经验性学习和自觉的经验性学习，教师经验性学习的目的在于通过经验建构个人教育知识、学会教学[③]；也有研究者将教师学习界定为"教师在外部环境支持下主动寻求自身整体素质的提高，持续追求专业发展和个人发展相互统一的整体性活动""教师学习是基于教师自我发展的需要和意识下获得的个体专业经验的自我更新""主要指在一定人为努力或外部干预下的教师专业知识、能力的生长变化"[④]；还有研究者强调教师学习并不只是简单意义上的独立学习或者自学，教育活动中的教师学习应该具有文化意涵，意味着教师群体中学习文化的建构和发展，意味着教师具有学习的精神、态度、方法和行为，教师学习本质上是合作的、共同的、探究的、基于组织的、自发与自主的学习行动[⑤]。

"教师学习"是一个涵盖性术语，不仅针对在职教师，也指涉"准教师（未来教师）"；强调教师作为学习者在谋求自身专业发展中的主动性、能动性和创造

① 毛齐明. 国外"教师学习"研究领域的兴起与发展[J]. 全球教育展望，2010(1)：63～67.
② 樊香兰，等. 逻辑与走向：当代教师教育道路的演变[J]. 教育研究，2009(10)：80～84.
③ 陈振华. 论教师的经验性学习[J]. 华东师范大学学报(教育科学版)，2003(3)：17～24，35.
④ 刘学惠，等. 教师学习的分析维度与研究现状[J]. 全球教育展望，2006(8)：54～59.
⑤ 王丽华. 教师学习的内涵及对教师教育的启示[J]. 浙江教育学院学报，2007(3)：14～18.

性，即意识到自身专业发展的需要而进行的，在专业知识、能力、观念、态度、情意、伦理道德等品质方面的自我更新。教师学习是一个主动参与的自我更新过程，从"教师教育"转向"教师学习"的意义即在于突出教师学习的日常性、教师知识的内生性和教师发展的主动性。教师学习研究的意义在于重新认识教师持续学习的重要性，探索新形势下教师专业学习的内容、方式、途径等；探讨与深化教师自主学习理论，了解教师学习需求和动机，激发教师作为学习者的学习热情；为营造教师学习文化，为教师专业学习创造良好的环境和条件，以及为建立和优化教师学习制度，形成良好的学习机制提供建议。

（二）教师学习的特点

目前学术界对教师学习特点的分析更多的是从成人学习[①]的角度，关注作为成人的在职教师在学习过程中表现出的特点。教师学习的特点主要表现在以下几个方面。

第一，教师学习是以问题解决为基点的行动学习。教师的学习是在日常的教育教学过程当中进行的，其主要的目的不是系统掌握某个方面的知识、形成完整的体系，而是要解决自己在教学过程中遇到的种种不确定的、鲜活的、复杂的问题。因此，教师学习必须是以教学实践中的问题为基点进行的行动学习，将学习和实践结合起来、融为一体，实践中的诸多问题才可能在学习当中得到解决。

第二，教师学习是基于专业成长的自我导向学习。教师作为成年人，在生理、心理上都已成熟，有较强的自主意识，能够自我控制、自我管理，能够对自己的生活负责；教师具有学习的需要，这些需要与改变自我的社会角色密切相关，教师学习是在内部动机的驱动下发生的，而非外在因素胁迫；教师具有独立的自我概念，能够指导自己的学习。因此，强加于教师的学习是没有效果的，甚至会反其道而行之，只有教师自己感受到学习的需要，主动制订学习计

---

① 成人学习的特点主要表现为：第一，成人学习是自我导向的，学习动机来源多样、结构复杂，但很明确。成人学习动机主要有职业进展性动机（掌握职业技能、提高职业能力、获得职业资格、取得职业晋升、实现职业转换），外界期望性动机（顺应他人要求、实现外界期望、遵从权威人士意见），社交关系性动机（结交朋友、寻求友谊），逃避性动机（逃避烦恼、追求刺激），社会服务性动机（服务社会、社区、他人等），认知兴趣性动机（获取新知、增进技能、充实和完善自我）。第二，成人倾向于问题解决的学习，对问题发现及解决的学习有效性期盼更高。成人希望学习的实用性更强，学习后要能够有立竿见影的效果，最好能直接作用于情境并解决问题。第三，成人的元认知能力较强，可以较好地进行自我监控.

划，依照计划来进行以专业成长为目的的学习，才能够收到令人满意的效果。

第三，教师学习是在实践经验基础上的反思学习。波斯纳提出"教师成长＝经验＋反思"，没有反思的经验是狭隘的经验，至多只能形成肤浅的知识，反思对于教师专业成长具有重要作用，教师能够从经验中获取知识和技能，但是教师不能仅仅满足于获得经验，而不对经验进行深入的思考，那么其经验的发展就会大受限制；教师已经积累了丰富的生活经验，这些经验是其后续学习的资源。因此，教师学习必须建立在对实践经验进行反思的基础之上。

第四，教师学习是以教师群体为基础的合作学习。独立学习有利于独立思考，也可以避免一些外部因素的干扰，但同时也限制着教师获取信息的途径和扩展视野的机会；教师群体之间面临相似的教学问题，有着共同的目标，不同教师的风格不同，以教师群体为基础的合作学习有助于取长补短、完善自我。

第五，教师学习是一个即学即用、持续不断的过程。教师学习是以问题为中心的，教师希望能立即运用自己所学的知识；教师从事的又是一种极具创造性的工作，它要求教师不断面对和处理不同的复杂问题，教师要想获得可持续发展的动力和能力，就必须不断学习与探究，教师必须是终身学习的典范；教师学习是永无止境、不断超越自我的过程。

当然，教师又是特殊的成人学习者，这种特殊性体现在其工作性质上：教师从事的是一种创造性和发展性的工作，他们面临的是时时刻刻都在变化的学生和社会上不断更新的知识信息，面临着更多的选择和不确定性。因此，教师在"教别人学"的同时更需要"教自己学"。而缄默的、情境性的教育实践知识究竟如何学习？教师教育者如何在成人教师中树立专业权威、建立专业信任？诸如此类的问题始终是教师教育面临的巨大挑战。

（三）教师学习的内容与方式

有研究者总结了教师学习的五种实然取向及其主要学习内容：第一，备课取向，主要学习内容是教材和教参；第二，考试取向，主要学习内容为与学历升级和在职培训相关的知识；第三，问题取向，从关心和所要了解的问题出发，收集资料、观摩课堂、"做课题"；第四，读书取向，学习内容宽泛、广博；第五，写作取向，学习内容围绕着要撰写的论文或著作。[①] 更多的研究则是分析、阐释教师应该学习的内容。例如，有研究者提出，教师应努力成为

---

① 李政涛. 论教师的有效学习[J]. 教育发展研究，2008(5/6)：63～67.

"通才"，教师学习就是要学习、通晓乃至掌握与人沟通、数字应用、信息处理、与人合作、解决问题、自我提高、革新创新和外语应用 8 项"通用能力"，教师应该学习的主要内容则是学科内容及其教法，学生发展，学习者的个体差异，多元化的教学策略、动机和管理，沟通技巧，教学设计，评估或评价，反思性实践和专业化发展以及学校和社区的参与。①

关于教师学习的方式，不同学者基于不同视角提出不同方式，如实践反思学习、观摩学习、拜师学艺、同伴交流对话学习、短期培训学习、文本阅读学习、网络学习、研究生课程学习、观摩课学习、问题中心学习、读书讨论汇报学习、教研组研讨、教师行动研究、正式职业之外的学习、批判性思维，等等。②

（四）教师学习的内部机制与外部支持

教师学习的内部机制主要包括教师学习的态度、动力、调节方式等。教师的学习态度是指教师对学习活动的基本看法及其在学习活动中的言行表现，是在学习活动中习得的一种内部状态，它直接影响学习的效果和效率，是教师学习过程当中不容忽视的内部因素之一。教师学习动力是指教师为促进学生和自身发展而不断进行学习的能量，包括教师学习的能力和教师学习的主观愿望。理论上分析教师学习动力的结构，可以在一定程度上丰富教师学习的理论；实践上提出增加教师学习动力的具体策略，能够对在职教师的学习实践提供一定的指导。教师学习调节方式是指教师对于自身工作情境中学习过程的意识、计划和监控的状态和形式，反映了教师学习可能存在的动机类型，体现教师学习目的性、计划性、主动性和调控性的差异。教师学习调节方式与教师适应性绩效、工作满意感之间存在一定的关系。

国内学者大多运用实证研究方法，探究教师学习机制的现状并提出改进意见，以及教师专业发展中有关教师合作学习的文化、方式、机制等问题，并主要从教师学习的管理以及学习共同体的构建两个方面，探讨教师学习所需的外部支持。教师学习的管理涉及学校领导管理理念的更新、教师学习环境的创设、学习保障机制的建设、教师学习资源中心的建设、学校学习文化的构建等，多是从学校管理层面理应具备的功效说起，落脚于真正有益于教师学习的实际；教师学习共同体的构建则涉及网络教师学习共同体、教师实践共同体、

---

① 徐文彬. 教师的学习及其内容与特征[J]. 湖南第一师范学院学报，2010(1)：1～4.

② 张敏. 教师学习策略结构研究[J]. 教育研究，2008(6)：84～90. 周冬祥，等. 论教师的研修学习方式[J]. 教育研究与实验，2009(1)：61～65.

教师学习群体、教师学习团体、教师学习型组织、教师专业共同体等，其主旨在于创设基于教师合作学习的团体，为教师的自主学习、协作学习提供平台，使其成为教师自主发展的有效模式。①

（五）教师学习的研究展望

有研究者在对近年来国内教师学习研究所做的述评中指出：已有研究虽然取得丰硕的成果，但尚存教师学习概念模糊、混杂，研究内容分散，关注在职教师学习的研究较多，关注职前教师学习的研究较少，关注城市教师学习的研究较多，关注农村教师学习的研究较少，研究视角与方法单一等不足之处，今后相关研究要厘清基本概念、明确研究范围、拓宽研究视角、丰富研究内涵、进行多种方法的整合研究，如何建立教师学习共同体促进教师有效学习和实现共同专业发展将是一个重要的研究议题。② 此外，国内教师教育研究中，有关职前教师的学习③、新手教师的学习④、

---

① 林一钢．教师专业发展：知识与动机理论的启示[J]．江西教育科研，2004(11)：3～5．王红艳．新手教师学习的内在机制研究[J]．教育发展研究，2014(12)：72～76．等．

② 肖正德，等．近年来国内教师学习研究：盘点与梳理[J]．全球教育展望，2011(7)：54～59．薄艳玲．我国教师学习研究二十年回顾与反思[J]．河北师范大学学报（教育科学版），2014(3)：108～113．

③ 例如，很多研究者指出，职前教师经历了从小学到大学的各种教育过程，这些过程在他们记忆中留下的印象是他们专业发展的前提，通过让职前教师写学习叙事、描述自己经历的学习过程、回忆不同教师的教学特点、用已经学习过的教育理论审视教师的教学表现、表达自己对教师教学的感觉和理解等，可以促进他们的专业发展。（陈庆明．职前教师的学习叙事与专业发展[J]．当代教育科学，2008(13)：34～36．）又如，有研究者指出，在师范大学教育实习过程中，实习教师的学习现状看似喜人实则堪忧，实习教师自发地从观察学校指导教师的教育行为入手而逐渐走向外在模仿，在狭隘封闭的日常教学环境中，每一位实习教师对教学经验和技巧、教学习俗和礼仪等的习得基本上是通过对指导教师的行为自然模仿而实现的，体现出实习教师在学校现场的艺徒式学习与在大学的理论学习之间的非相关性。（欧璐莎，等．实习教师学习的意义重构与价值取向[J]．中国高等教育，2012(6)：58～59．）

④ 例如，经验表明，新手教师是教师群体中的特殊群体，新手阶段的发展对教师整个职业生涯而言具有奠基性意义，更关键的是新手教师有着不同发展阶段的问题与需求（如教学方面的经验欠缺、技巧不熟练、对教育意义的理解及情感认知较初级、自我的定位不够准确等），诸多问题都需要他们以"投身水中学会游泳"的方式自己琢磨解决，在试误中摸爬滚打，学习如何"教"和"育"。有研究者通过对新手教师学习的研究提出包括"内层学习""中间层学习"和"外层学习"在内的新手教师学习"洋葱圈"模型："内层学习"即学习如何"教的知识和技能"（机智、智慧）；"中间层学习"即领悟教的意义，对教师职业和教育事业形成（或发展）新的态度和理解，其中包括对学生的合理感知与理解；"外层学习"即把握和重新把握"在教的自我"，对自己是否适合或胜任教师工作有更直接和深入的认识，形成自我同一性。（王红艳．新手教师学习的内在机制研究[J]．教育发展研究，2014(12)：72～76．）

处于生涯发展"高原期"教师的学习①、"专家型教师"的学习②等主题的专门研究，都相对薄弱，亟待加强。

近年来，"质变学习"成为理解教师学习的一个新的视角，而现实中的教师学习状况恰恰是"质变学习严重缺席"。研究者指出，质变学习是连接教师学习的过去、现在和未来的一种学习范式，质变需要经由一个复杂的、艰辛的、反复的学习过程，质变学习是一种改变性学习，是学习者通过学习意义的追寻去检视、质疑和修正看待自己与世界的方式并使心灵与行为发生改变的过程。③教师质变学习的本质是基于先前理念"悬置"的，检视、质疑和修正原有的世界观、人生观或价值观，在寻求精神价值的过程中对生命的批判性重塑以使自己发生不同于以往的改变，是一个理性、情感和精神同时参与的过程。为了生活而不是生存的质变学习在精神意义上，能够把教师从狭隘的功利观念中解脱出来，形成丰富人的情感的血肉，构成支撑教师一生的骨骼，破开教师内心冰冻的海洋。质变学习可以帮助教师积极创造和勇于开拓，使教师成为一个自省的人，帮助教师走向自我实现。因此，教师质变学习的结构要素包括："悬置"（这是质变学习的前提）、"精神养成"（这是质变学习的核心）、"生命的批判性

---

① 教师职业高原现象指教师在其职业生涯发展的某一阶段中出现的、由进一步增加工作责任与挑战有关的职业进步，如晋升、流动等的缺失引发的心理与行为状态。处于"高原期"的教师对教师职业的认同度不高，教师角色认知力下降，工作缺乏激情，专业学习缺乏主动，对自身的权利、义务和责任缺乏清晰认识，在教育教学中容易墨守成规、缺乏创新甚至无所适从，也不愿意尝试新的教育理念和教学方法。（董静. 基于职业生涯发展阶段的中小学教师职业规划[J]. 现代教育论丛，2011(3)：49～52.）

② 美国教育心理学学者温斯坦等人指出，专家型学习者能够机智灵活地运用四种不同类型的知识促使自己的学习更为有效，这四种类型的知识分别是：对于学习者本人学习基础以及学习风格的自我知觉、关于学习任务类型的知识、关于多种学习策略及其使用条件的知识和关于学习内容或学习结果的知识。而且专家型学习者之所以能够获得一个综合全面的知识结构，关键在于他们的知识不是相关领域的事实知识或公式的简单罗列，而是围绕着核心概念或"大观点"组织起来的结构性模块。（何善亮. 专家型学习：专家型教师成长的理想路径[J]. 教育理论与实践，2013(10)：40～44.）

③ 例如，教师需要产生适应新课程要求的变化，但教师的变化不可能通过几次动员会议或者培训活动就能实现；事实上，教师的改变是一个复杂、艰辛的系统工程，需要全面考虑教师的知识、信念、观点、态度、行为和兴趣等多种因素。教学材料、教学手段的变革容易，而教师信念、价值观和思想的改变则非常困难，需要经历一个长期、反复的过程。基础教育新课程改革出现"穿新鞋、走老路"现象的根本原因就在于仅仅通过合作探究、自主学习等形式上的变化只能带来表层的变革，真正的变革需要教师走出自己的"舒适地带"，勇于挑战自己的教育理念、教学信念和价值观，从而产生真正的深层变革。常见的"接受了新教育理念熏陶的教师回到原有教育教学环境中依然如故"的现象并不意味着观念的变革不能带来行为的变化，但这时还只是一种量的积累，并没有产生质变。只有通过质变，教师才能改变自己的原有信念和态度，进而持久地、由衷地改进自己的教育教学行为和实践，最终提高教学质量和学生的学习成效。

重塑"(这是质变学习的价值)和"理性、情感与精神的参与"(这是质变学习的保障条件)以及"个体的改变"(这是质变学习的结果)①;要创设安全、开放和信任的理想情境,鼓励教师批判性反思、反思性对话和解放自我,积极反思社会和个人存在的问题,改进自己的教育教学行为,进而促进教师产生质变。

　　总之,教学是一个学习的专业(a learning profession),站在这个立场上讨论教师的学习和专业发展,研究关注点是多维度的,既需要关注教师的教学知识与技能,也需要聚焦教师实践经验的积累与反思;既可以关注教师在与日常工作环境的互动中生成的认知与理解,也可以聚焦教师在与专业群体的互动中养成的习性与规范。这些都是教师学习和专业发展的重要内容。特别是持续不断的教育改革情境更是为教师的学习和专业发展赋予了新的任务与含义,这些也都是未来教师学习研究应进一步思考和回答的问题,诸如,如何通过继续学习与专业发展帮助教师适应新的改革要求?如何将新的改革意念落实于教师的日常教学情境?如何通过不同领域专业人员的合作,共同探索出更具实践意义的问题解决策略?具有一定传统的校本教研的独特究竟体现在哪里?学校如何创设空间、提供机会及资源让教师们通过社会性互动以批判、审视和反思自己的教学实践,提升对实践的理解和认识?学校的制度和文化情境如何涵养教师的专业品性,并尽可能促使教师通过不断探索发现以解决新的教学问题?等等。这些问题都向教师学习和专业发展提出了新的要求,也为思考教师教育提供了有益的启迪。正如国际教师教育学界倡导的,越是扎根教师内在需求的教师教育越是有效,越是扎根教师鲜活经验的教师教育越是有效,越是扎根教师实践反思的教师教育越是有效;教师教育研究需要对"教师如何产生变化""如何促进教师产生变化""如何挖掘教师真实的内在学习需求"等极具挑战性的议题展开深入的研究。

第十三章 教师教育制度

伴随人类社会的发展，各种社会制度（如经济制度、政治制度、家庭制度等）应运而生，构成人类社会有序运行和良性发展的重要基石。各种社会制度是分层次的[①]，教育制度也是有层次的[②]，教师教育制度即特定社会和国家在教师教育领域形成的制度。制度现代化是我国教师教育治理体系现代化的核心和本质，也是我国教师教育改革面临的重大时代课题。

一、制度概述

"制度"一词在使用中常常和"体制""机制"等语词联系在一起，有必要首先澄清这些概念间的关联。

（一）何为"制度"[③]

作为社会的结构性特征，制度是一系列正式或非正式的程序、规则、规范和惯例，是出于人的社会性需要而被制定出来的约束、激励人们行为的一系列稳定的规则体系。在一定时间内保持稳定的制度一定会影响个人的行为，也是共同体成员共享某种价值和意义的体现；制度具有约束行为，确定活动边界的功能（使人明确能够做什么、不能做什么、该怎样做、不该怎样做），确立规范，保证秩序，节约交易费用，降低社会运行成本的功能，还具有塑造个人选

[①] 社会制度一般可以分为三个层次：一是宏观层面上的总体社会制度（或社会形态），如资本主义制度、社会主义制度等；二是中观层面上的社会不同领域的制度，如政治、经济、文化、外交、金融、税收、政党、军事、司法、教育、科技制度等；三是微观层面上的具体的行为规则，即要求特定社会系统（共同体）成员共同遵守的办事规程和行为准则，如教育领域的招生制度、学术制度.

[②] 宏观教育制度指国民教育制度，包括公民教育制度、学校教育制度（学制）和学校教育行政管理制度等；中观教育制度指各级各类学校教育（各级各类人才培养）的相关制度；微观教育制度指各级各类学校内部的教育教学和管理制度（如招生、入学、专业与课程设置、考试与评价、毕业与学位授予等）.

[③] 学术界对"制度"内涵的阐释并不一致。比如，在凡勃伦看来，制度是个人或社会对有关某种关系或某种作用的一般思想习惯；在康芒斯眼里，制度即集体行动对个人行动的控制；而新制度主义学者道格拉斯·诺斯则认为，"制度是一个社会的游戏规则，更规范地说，它们是为决定人们的相互关系而人为设定的一些制约"。（道格拉斯·C.诺斯.制度、制度变迁与经济绩效[M].刘守英，译.上海：格致出版社，上海人民出版社，三联书店，1994：3.）

择偏好，提供行为预期的激励功能①，决定着实现个人利益的难易程度和方式。

新制度经济学认为，制度提供的一系列规则主要是由社会认可的非正式约束和国家规定的正式约束构成。正式约束（又称外在制度）是由行为主体（国家机关或特定组织机构）建立的、旨在调整交往活动主体之间社会关系的、具有正式形式和强制性的规范体系。非正式约束（又称内在制度）指人类在长期交往中形成的价值观念、伦理规范、道德观念、风俗习惯、意识形态等，其中，意识形态占主导地位，对社会发展具有深层次的影响作用。②

（二）何为"体制""机制"

"制度""体制""机制""体系"等概念既彼此联系又相互区别，但又非常容易混淆，需要澄清这些概念的内涵并厘清其相互之间的逻辑关系。

1. 何为"体制"

按照《辞海》的解释，"体制"指国家机关、企事业单位在机制设置、领导隶属关系和管理权限划分等方面的体系、制度、方法、形式等的总称。《现代汉语词典》将"体制"解释为国家机关、企业、事业单位等的组织制度，如学校体制、领导体制、政治体制、经济体制、军事体制、教育体制、科技体制，等等。概括而言，体制是关于国家或社会某一系统中组织结构、权力配置和利益分配格局的制度，它规定系统中各个运行主体的地位、权利和责任、权力和作用，决定各个主体之间的相互关系。

体制是制度形之于外的具体表现和实施形式，是管理经济、政治、文化等社会生活各个方面事务的规范体系。制度决定体制内容并由体制表现出来，体制的形成和发展又要受制度的制约。一种制度可以通过不同的体制表现出来。例如，社会主义经济制度既可以采取计划经济体制的运作规则，也可以采取市场经济体制的运作规则。

---

① "制度激励（motivation of institution）是指通过社会的结构性安排，按设定的标准与程序将社会资源分配给社会成员或集团，以引导社会成员或集团的行为方式与价值观念向设定的价值标准方向发展。"（高兆明.制度公正论[M].上海：上海文艺出版社，2001：107.）

② 从制度起源来看，先有风俗习惯、伦理道德等，然后在此基础上形成正式法律规章等各种社会制度，所以非正式制度是正式制度产生的前提和基础。尽管非正式制度不具有国家强制性，不能像正式制度那样对社会行为进行强制性约束，但由于非正式制度作为社会运行中不可或缺的重要组成部分，对社会成员的规范作用经常以无形的方式表现出来，对社会经济、政治、文化等各个方面产生间接的作用。换句话说，正式制度是"死"的，是由行为主体去遵守的一种约定框架，而行为主体是"活"的，"死"的正式制度即使再全面（所谓"健全的制度"），也不可能预见到"活"的行为主体的全部行为并起到规范、约束作用（所谓"上有政策，下有对策"），很多情况下非正式制度对行为主体有规范和约束作用.

2. 何为"机制"

在英语世界，"机制（mechanism）"一词原本指机械系统中各个部件之间结构组合的方式及其相互关联、相互作用的机理，指机器的构造和工作原理；后被引入生物学、医学等领域中，用以说明生物有机体各器官之间相互联系、相互作用、相互制约的方式和机理。随后，这一概念被引入社会领域，泛指社会系统或社会有机体的内在结构、功能特性及其要素之间相互联系和相互作用（运作方式）的机理。可见，"机制"一词包含构造、功能、工作原理（或机理）等几个核心要素，本质上是客观事物（或称"系统"）的结构（系统内部的子系统或组织内部的子结构），但更强调系统内部诸要素间的组织联结方式和功能发挥方式，即系统运作方式，更强调在实现系统功能目标上的系统运转的效率、效益；只有具备明确的功能定位和实现该功能的工作原理的系统内部构造才能称之为"机制"。

从表面上看，制度是一系列的规则，但这些规则并不是随意拼凑起来的，而是以某种机制为内在线索有机地组织起来的。任何制度存在的目的都在于能够对实践产生直接的效力，但这种效力的获得不仅需要外在公共权力的介入，更需要其内在凭依的一种有效机制。从某种意义上来说，制度与机制是内在统一的，制度是机制的一个环节、一系列网点和扭结，机制在制度的"空场"外运行，制度在机制的关节上存在。

3. "体制"与"机制"的区别

首先，"体制"和"机制"这两个语词的中心语不同，其指涉对象及使用范围也不一样。"体制"侧重有关系统组织形式的制度，更多地指涉系统内部具有层级关系的结构特征；"机制"侧重系统（事物）内部各部分（构成要素）的相互关系（工作机理），更多地指涉系统运作的效率特征，而机制运行的规则本身是人为设定的，是"应该"按照系统（事物）规律而设定的工作规则。但由于人的理性认识的有限性、主客观条件的有限性等，实际运行的机制本身往往具有强烈的社会性，因此，某种特定的系统机制是否发挥出系统应有的功能以及功能发挥的效率和效益（经济效益和社会效益等）如何等，往往与理想（理念）并不是一回事。

其次，某一系统的"体制"和"机制"的形成、确立和完善过程不同。体制的形成和确立具有即时性的特点，机制的形成和确立则更具有过程性的特点。① 两者的完善方式也不同。体制的完善需要通过改革、创新来实现，革除不合理、不完善的因素，创生合理的、完善的因素；机制的完善则需要系统所有要素的优化、协调、耦合来实现，既包括主体素质的提高，也包括规则性要素的完善。而在规则性要素的完善中，首先就是体制的完善，体制是否合理、是否完善对机制运行具有主导性意义。如果某一社会系统的体制不合理，在该系统的体制未改变之前，系统内的权利、权力、利益结构仍然保持不变，那么，即使其他方面做出具有一定合理性的微观性、细节性的改革或调整，结果也往往很难使机制的总体运行状况得到根本改善。所以说，机制的完善在很大程度上取决于体制的改革和完善。

（三）"制度"与"体制""机制"的关系

在一定程度上，某系统领域中的特定制度往往制约着该系统内部形成的体制、机制；而系统内部的体制、机制又往往制约着制度的作用发挥，特别是制度的实施机制，对于制度绩效至关重要。判断某个制度是否有效，除了看其正式制度和非正式制度是否完善、是否契合外，还要看这个制度是否有健全的实施机制。② 通常情况下，在谈及制度时人们总是会触及体制、机制；同样，人们谈及体制、机制时也总是离不开制度。一般而言，体制是关于组织机构设置、隶属关系和权限划分等方面的体系和规定的总称，反映制度的静态层面；机制则是系统内各构

---

① 例如，构成市场经济运行机制的要素包括：有关市场经济运行的理念（主体独立、公平竞争、等价交换等），市场经济运行的主体（市场活动主体、市场管理者等），市场经济运行的规则（有关产权、生产、交换、分配等内容的法律法规、制度规范），市场经济运行的目标（使资源达到有效最佳配置、实现经济效率提高和效益的最大化）。市场经济机制是市场经济运行主体在市场经济理念指导下，按照市场经济规则，趋向市场经济特定目标进行的实践活动的方式，以及这种方式体现的整体功能。市场经济规则即有关市场经济运行的制度体系，包括所有关于市场经济运行的法律法规、制度规范。市场经济体制则是关于产权关系以及由此决定的分配关系的制度。在我国，人们常常将"经济运行机制"直接称为"经济体制"，如"计划经济体制""完善市场经济体制""由计划经济体制向市场经济体制转轨"等。其实，"完善市场经济体制"实际上是指"完善市场经济运行机制"，"由计划经济体制向市场经济体制转轨"实际上是指"由计划经济运行机制向市场经济运行机制转轨"。我国"由计划经济体制向市场经济体制转轨"的标志性事件及文件是党的"十四大"做出"建立社会主义市场经济体制"的决定及其后十四届三中全会通过的《中共中央关于建立社会主义市场经济体制若干问题的决定》。这一决定一经生效，经济体制就改变了，也就是说市场经济体制就确立了；但是，市场经济制度体系的建立和完善则需要经历较长过程，完善的市场经济机制的形成及其良性、稳定、高效的运行则更有待于整个市场经济制度体系的完善以及市场主体的素质提高.

② 缺乏完备的制度实施机制，任何制度（尤其是正式制度）就可能丧失对人的行为的约束力。"有法不依"比"无法可依"的结果更糟糕，原因就在于此。制度的实施机制健全与否主要取决于制度"违约成本"的大小（制度的违约成本指个体或群体因违反制度而受到惩罚和付出代价的大小，包括违反制度的行为被发现和追究的可能性大小以及对违反制度的行为的惩罚措施的严厉程度）。只有当违规者感到违规行为支付的成本过高、选择违规会得不偿失时，制度的尊严才能真正确立，制度的实施机制才是有效的.

成要素之间的相互关系、作用和调节方式，反映制度的动态层面。

二、教师教育制度概述

教师教育制度是作为社会实践活动的教师教育在其整个实践活动过程即所有工作环节（教师的培养与培训、选拔与录用、发展与晋升、评价与激励等）中应遵守的一整套行为规则，并不是只有一个单一的规章制度，亦可称为教师教育制度体系。教师教育制度包括根据国家性质制定的教师教育目的、方针及各级各类教师教育的目的、方针等；由各级各类、各种形式的教师教育构成的学制系统和网络；教师教育的设施和组织机构系统；有关教师教育的法令、政策①、规章、决定等。教师教育制度包括教师教育经费投入与管理制度，教师教育标准体系（教师专业标准、教师教育课程标准、教师教育机构资质标准与认证制度等），教师身份与资格制度，教师选拔、录用、聘任制度，教师在职培训制度，教师职务晋升制度，教师轮岗流动制度，教师评价制度，教师退出与淘汰制度，等等。

概括而言，在宏观层面上，教师教育制度包括国家层面的教师教育办学体制、教师教育经费投入与管理体制等；在微观层面上，教师教育制度则包括教师教育机构的组织结构、体系及运行机制等。这些体制、机制都是维系教师教育正常运行和功能发挥的重要保障。我们也可以将教师教育体制理解为一个国家的教师教育组织制度和管理制度的总和。其中，教师教育组织制度体现教师教育的基本组织形态，是对教师教育的体系、结构模式的基本规定；教师教育管理制度则是既定形态的组织运行秩序，主要包括教师教育的行政管理体制、学校内部管理体制、教师教育课程与教学管理制度等。教师教育机制则指教师教育系统内部各个构成要素（如理念、主体、规则、目标等）之间相互联系、相互作用以及由此产生的内在运作方式和整体功能发挥的工作原理（机理）。②

---

① "制度"是比"政策"意涵更广的上位概念，"政策"在"制度"的框架下生成和践行。教育制度相对更为抽象，教育政策则相对更具有操作性、动态性等明显的行为特征。本章重点阐述教师教育制度，第十四章重点阐述教师教育政策、法规.

② 从层次上，教师教育机制可以分为：宏观教师教育机制（指国家协调整个教师教育各要素间关系的运作方式）、中观教师教育机制（指国家协调某一方面或某一层次教师教育的运作方式）和微观教师教育机制（指教师教育机构协调内部各种关系的运作方式）。根据机制运作的形式，教师教育机制可以分为：计划—行政式教师教育机制（指以计划、行政的手段将教师教育的各个部分统一起来，使整个教师教育得以运作），指导—服务式教师教育机制（指以指导、服务的方式协调教师教育各个部分之间的相互关系）和监督—指导式教师教育机制（指以监督、指导的方式协调教师教育各个部分之间的关系）。根据机制的功能，教师教育机制可以分为：激励机制（指调动教师教育活动主体积极性的一种机制）和制约机制（指保证教师教育活动有序化、规范化的机制）。（周洪宇. 教师教育论[M]. 北京：北京师范大学出版社，2010：70～71.）

特定时代和国家的高等教育意义上的教师教育体制、机制往往受限于该国的高等教育管理体制，即高等教育系统内部的领导分工、机构设置、隶属关系、管理权限和管理内容以及与之相适应的各种制度、法规等的构成状态及作用方式。我国现行的教师教育管理体制是中央和省(直辖市、自治区)两级管理体制，中央一级为教育部"教师工作司"(原名"师范教育司")代表中央政府对部属师范院校和地方教育行政部门的有关管理机构实施管理；地方教育行政部门的"教师工作处"(或名为"师资处")代表地方政府对本省所属师范院校和承担教师教育的非师范院校实施管理。

教师教育制度是一个复杂的体系，特定时代、特定国家的教师教育制度不仅与时代特质以及该国的政治、经济、文化、科技制度紧密关联，而且与该国的教师供需状况、学校教育制度(基础教育和高等教育制度)具有更加密切的关系。

三、我国教师教育的制度变迁

教师教育制度不是固定不变的，会随着社会政治、经济、文化、科技、教育等制度环境的发展而发生变化，即发生制度变迁(或制度变革)。

（一）制度变迁的内涵及类型

因制度内部或外部的因素而导致现行制度断裂并最终发生变化或变革即制度变迁。[①] 我国经济学家林毅夫区分过"诱致性制度变迁"和"强制性制度变迁"两种不同的制度变迁模式。诱致性制度变迁指个体或群体为响应获利机会，自发倡导、组织和实行新制度，引发原有制度发生变化的制度变迁过程；这往往主要是一个自然的、自发的制度创新过程，但容易出现"溢出效应"或"搭便车"现象。强制性制度变迁指由政府通过颁布命令和运用法律而强力推进的制度变迁；这往往主要是由人有目的、有计划地运用行政或法律手段，以新制度取代旧制度的过程，优势在于能够用最短的时间和最快的速度推进制度变迁，以政府的强制力作为后盾，降低制度变迁的成本，但容易受到政府有限理性、意识

---

① 在制度经济学看来，制度变迁首先从制度的非均衡开始。制度均衡是人们对特定制度安排或制度结构的一种满足或满意状态。当一项制度的净收益大于零，且在各种可供选择的制度中净收益最大时，人们不会产生变革这一制度的动机和行为，从而形成制度均衡；否则，就出现制度非均衡。制度非均衡可能持续相当长的时间而不发生制度变革，只有形成了有效的制度需求和供给，制度变革、创新才会出现，从而使制度从不均衡走向新的均衡.

形态性及官僚政治、利益集团冲突等问题的困扰。[1]

制度创新是在特定目的的观照下，用新制度取代旧制度的活动。新制度既可以沿着原有制度的路径前行，也可以摆脱原有路径的束缚、另辟蹊径；但无论是哪一种方式，制度创新都会受到原有路径的制约。"一旦一条发展路线沿着一条具体进程行进时，系统的外部性、组织的学习过程以及历史上关于这些问题派生的主观主义模型就会增强这一进程。"[2]初始的制度选择会强化现存制度的惯性，沿着原有制度的路径和既定方向前进，总比另辟蹊径要来得方便和容易一些。制度变迁或制度创新过程中存在的这种报酬递增和自我强化的机制即"路径依赖"。这种机制使得制度变迁一旦走上某一路径，它的既定方向就会在以后的发展中得到自我强化。路径依赖意味着历史在制度变迁中的重要性，过去做出的选择决定了现在可能的选择。文化传统、价值观念、伦理道德、风俗习惯、信仰体系、利益集团等都可能是导致制度产生路径依赖的原因。

(二)我国师范教育向教师教育的制度变迁

从教师教育的产生和发展来看，先有教师教育实践活动再有教师教育制度。教师教育实践在初始阶段，因为没有专门培养教师的机构，也就无所谓教师教育制度、体系、体制、机制等。教师教育实践活动发展到一定的规模并具有较高的组织化程度时，就自然产生对能够促使和保证实践活动有序化、规范化的制度的需要，这种制度、体制、机制等相对于初始状态的教师教育而言，是一种相对独立的、组织化程度较高的形态，但其自身仍然需要不断地发展和完善，由此出现制度变迁与变革。

西方国家的教师教育先后经历了从中等教育水平的师范学校(normal school)到高等教育程度的教师学院(teacher college)，再到文理学院(college)或综合性大学(university)内部的"教育系"或"教育学院"[3]的发展，逐步形成了教育学士、教育硕士、教育博士的教师教育体系。我国教师教育制度体系在一个多世纪的沧桑巨变中大致经历了"移日""仿美""师苏"和"自我制度创新"四个阶段。

---

① 强制性制度变迁方式往往出现在一个强权力中心的框架内，推进的速度快、效率高，但经常会出现非有效供给；特别是在社会转型期的制度变迁，很多来自于对国外经验的移植，容易忽视制度实施的具体环境，与本土的其他制度尤其是非正式规则出现不相容的现象；而且，制度实施是自上而下的，这中间可能还存在一些过渡层，各层级之间都存在差异，很容易出现选择性执行甚至扭曲性执行等问题.

② 道格拉斯·C. 诺斯. 制度、制度变迁与经济绩效[M]. 上海：上海三联书店，1994：132.

③ 美国大学内部的教师教育机构常被统称为"SCDE(School, College and Department of Education)".

新中国建立后相当长的一段时期内，教师教育制度建设主要是借鉴苏联的经验，以尽快培养符合发展社会主义教育需要的师资为目标，在改造旧的师范教育体系、制度基础上，着眼于更好地规范师范教育发展与师范院校的师资培训工作，从而逐步构建起了社会主义师范教育制度。制度建设的首要任务是明确师范教育机构、管理、组织与实施者应遵循的规则、惯例以保证其正常的运行秩序。由于此时在中国政治体制构建中占据主导的是国家主义、权威主义，主导国民经济的则是计划经济（甚至教育也被纳入国民经济并被视为劳动力供给部门），师范教育制度主要是在中央政府的一系列政策文件的主导下逐步建立的，因此在这一时期内，政府在师范教育发展与制度建设上被赋予绝对的权威。[①]

20世纪90年代后，我国教师教育制度发生重大变迁，以《教师法》《中国教育改革与发展纲要》的颁布为起点，我国逐渐开始与"师范教育向教师教育转轨"相适应的制度重构。一方面，高等师范院校在高校扩张背景下迅速地整体性扩张，教师教育快速步入可授予学位的专业教育行列，首先在学历层次上实现了师资培养质量的突破；另一方面，在政策引导、鼓励下，综合性院校（其中一部分是由师范院校升格或合并了师范院校后形成的综合性院校）开始参与师资培养，教师教育走向开放，再加上"自主就业、择优聘用"的教师市场概念的出现及教师资格证书制度的实施，中小学师资供给呈现多样化格局。以资格认证、质量评估等外部控制和以专业教育培养师资、教师教育机构为教师专业发展提供全过程支持等为核心的内部质量控制为特征的新型教师教育制度体系逐步建立。

到20世纪末，中国义务教育基本普及，教师供应数量不足的矛盾基本解决，教育发展的核心主题从以规模扩张为主的外延式增长向以质量提高为主的内涵式发展转变，教师教育自身具备了制度变迁的内在要求。引发我国教师教育制度变迁的压力，既来自中国教师教育、基础教育改革内部（主要表现为对提高师资质量的要求），也来自外部（主要表现为专业教育、终身教育、教师专业化等理论在国内的引介和兴起）。比如，师范生公费制、毕业分配制等原有制度相继被废止，基于教师教育走向专业教育、开放化和一体化的趋势，并借鉴欧美国家教师教育变革经验的教师资格证书制度等新的制度得以诞生和发展。因而，从制度变迁的角度看，在新旧教师教育制度之间就存在着一定程度上的断裂；政府的角色也从传统的政策主导者转变为教师教育改革的引导者，

---

① 荀渊.1949年以来我国教师教育的制度变迁[J]. 教师教育研究，2013(5)：1～5.

政策也更多地倾向于鼓励教师教育机构的自主发展与其内部制度的自主建构；但以政府为主导的强制性制度变迁特点十分明显。

由于政府在社会政治、经济、教育改革中仍处于主导地位，主要依靠政府颁布与实施一系列法律、法规或政策性文件来推进教师教育制度的转向与重构。自20世纪末以来，我国政府陆续出台了一系列政策，奠定了开放化教师教育的基本体系，包括《中国教育改革和发展纲要》(1993)、《教师法》(1993)、《教育法》(1995)、《面向21世纪教育振兴行动计划》(1999)、《关于深化教育改革，全面推进素质教育的决定》(1999)、《国务院关于基础教育改革与发展的决定》(2001)、《国家中长期教育改革和发展规划纲要(2010—2020年)》(2010)等。政府借助这些法律、法规或政策性文件，一方面确定并延续了教师教育改革与发展核心的目标，另一方面则为教师教育制度转向与重构构筑了必要的法律、法规基础。

总之，在诱致性制度变迁和强制性制度变迁两种方式的共同作用下，我国已初步建立起开放的教师教育体系，中等师范学校基本退出历史舞台，高师院校综合化水平显著提高，不少综合性大学也通过各种方式介入教师教育领域。[①] 在教师教育机构从独立学校形态转向综合大学形态后，教师教育的所有改革都是在综合性大学制度框架下的探索。

四、教师职业资格制度

职业资格制度(occupational licensure)是国家根据经济发展水平和社会发展需要，为加强对社会职业活动及其从业者的规范管理，而依据职业性质、活动方式、技术要求等，明确规定从业者的素质要求、聘任标准、任免与晋升条

---

① 如今，有学者开始对我国20世纪90年代以来的教师教育制度变迁进行深刻反思。例如，2015年6月，国家教育咨询委员会委员顾明远教授在首都师范大学举办的"深化首都基础教育和教师教育综合改革高层论坛"上的演讲中指出，我国在教师教育改革中，在"提高小学教师学历"要求下停办一大批地方中等师范学校导致农村学校得不到高质量的新鲜师资力量补充、师资短缺和师资质量下滑，以及我国教师教育由封闭型走向开放型的过程中，许多师范院校变成了综合大学，但很多综合大学并没有设置师范专业，导致师范教育资源流失更加严重等，并且提出"要重建师范教育体系"。(李新玲. 顾明远历数师范教育改革犯下的错[N]. 中国青年报，2015-06-29.) 又如，有研究者将我国从封闭、独立的师范教育向开放的教师教育的转型称为"我国教师教育的第一次转型"，认为这次转型并没有提高教师教育的质量甚至使得教师教育发展陷入困境(主要表现为一流综合大学参与教师教育的数量有限，综合化后的师范院校生源质量下降，教师教育从学术制度上没有得到合法的学科支撑，并没有带来教师培养质量的提高)，提出我国教师教育亟待通过教师教育学科制度的建立而实现"二次转型"(从教师教育的院校性质、专业逻辑、组织体系与结构、教育学科定位、师资、课程设置与实施等方面进行转型)。(朱旭东，李琼. 论我国教师教育的二次转型[J]. 教育学报，2014(5)：98～106.)

件等的一整套制度，具有时代性、地域性、强制性等特点。教师资格是国家对从事教育教学工作的专业人员的基本要求，规定了从事教师职业必须具备的基本条件(道德素质、身体素质、教育文化素质等)。教师职业资格制度(又称"教师职业资格证书制度")是国家为保障教育从业人员具备基本资质而实行的一整套职业许可制度(标准规定、资质鉴定、证书颁发等)，是国家对教师实行的一种特定的职业资格认定制度。

教师职业资格制度是推进教师专业化的重要标志。在实施教师资格证书制度的国家和地区，是否持有合法、有效的教师资格证书(teacher license)是能否选聘、任用、晋升和解聘教师时的重要依据。教师资格证书是持证人具有国家认定的教师资格的法定凭证。在各级各类学校和其他教育机构中从事教师工作的人员，必须依法取得教师资格，并持有相应的教师资格证书。[①] 只有依法取得教师资格证书者才有可能被教育行政部门依法批准举办的各级各类学校和其他教育机构聘任为教师；具有教师资格的人员依照法定聘任程序被学校或者其他教育机构正式聘任后才能享有教师的权利和义务。

(一)西方国家教师职业资格制度的发展简介

现代社会，职业资格证书几乎遍及各行各业。教师职业资格制度自19世纪开始在西方国家出现以来，历经两个多世纪的发展，对世界各国的教育发展一直发挥着重要的作用。美国早在1825年即开始实施教师资格认证制度[②]，教师资格证书的认证要求体现在各州相关法律之中，20世纪80年代开始实施志愿性的全国教师资格认证制度。英国也于20世纪80年代规定只有符合国家教育和科学部认可标准的合格教师才能在公立中小学任教。日本分别于1998年、2000年和2002年修订《教师资格证法》。韩国教育部2000年颁布了《教师

---

① 在我国，教师资格证书由国务院教育行政部门统一印制；教师资格认定机构认定申请人相应的教师资格后，在规定的期限内向申请人颁发教师资格证书。教师资格证书上除注有持证人姓名、性别、出生年月、民族、身份证号码等个人基本信息外，还有认定的教师资格种类和任教学科以及教师资格证书号码、教师资格认定机构公章和认定时间等。比如，目前我国教师资格证书使用全国统一的编号方法。编号共17位，其含义为：证书编号的前4位为年度代码，为认定教师资格年度编号；第5、6位为省级行政区代码，代表发证机关所在省(自治区、直辖市)，采用国家颁布的《中华人民共和国行政区划代码》中的"省、自治区、直辖市代码"标准；第7～9位是教师资格认定机构代码，代码数字由各省级教育行政部门统一规定；第10位是教师资格类型代码(例如，"1"代表幼儿园教师资格、"2"代表小学教师资格、"3"代表初级中学教师资格、"4"代表高级中学教师资格)；第11位是性别代码；第12～17位是序号代码，由教师资格认定机构对本年度内发放的所有教师资格证书按办理的时间顺序不间断递增统一编号.

② 陈振华. 美国教师资格证书制度透视[J]. 高等师范教育研究，1996(2)：19，75～80.

职业发展综合方案(试行)》，提出要建立连续性的资格证制度。

世界发达国家的教师职业资格制度都有一套全国统一的教师资格标准及规范的教师资格考试。参加教师资格考试的申请者除了学历要求严格外，且大多要通过严格的教师资格考试，还需通过一系列的专门培训，并经过专门机构的严格审查后才能取得正式教师资格；教师资格证书也具有多种类型，申请者可以按需求选择参加相关考试；证书大多有时间限制，必须实行定期考核注册，并不是"一证在手，终身有效"；还会对申请者进行教师专业性向测验，检验其是否具备合适的教师人格特质，及时鉴别出不适合担任教职的人；等等。① 比如，美国的教师职业资格制度中，除了有国家级的新教师资格标准外，各州亦可制定自己的教师资格标准，但大多以教师专业素质为基础，注重对教师的发展性评价，在政策指导上更加关注标准与测试②之间的关系，也越来越注重对申请者教育教学实践能力的考核。当前，美国教师资格认证制度改革的重要趋势之一就是将提高教师职业能力与教师资格认证相结合，认为教师发展是一个连续过程，教师资格需要定期重新认定，以确保教师素质不断提高。

在新教师试用制度方面，国际上很多国家对要求申请教师资格的人员都要有一至两年的试用期。例如，美国将新教师安排在富有经验的教育专家指导下，试用期不超过 3 年。英国的新教师由督学、校长、学科组长帮助从事实际教育教学工作，试用期为一到两年，若试用合格，指导者写出鉴定意见，才能发给教师许可证书，然后再委托其为正式教师。德国的教师试用制度更为严格，具有大学毕业文凭后要经过两年的中小学试用期，再通过第二次国家考试，成绩合格者，并被教育行政部门聘用，才能被任命为正式教师。

---

① 朱炜. 日本教师资格考试制度述评[J]. 上海师范大学学报(哲学社会科学·教育版)，2002(6)：95～99。龚兴英，等. 日本的教师资格认定考试[J]. 外国中小学教育，2003(9)：39～41，21. 傅树京. 英国教师资格标准的演变及其价值取向[J]. 外国教育研究，2008(2)：1～6. 刘惠芳，等. 国外部分发达国家中小学教师资格认定制度及启示[J]. 当代教育科学，2009(8)：59～60. 段晓明. 国际教师专业发展标准改革的新趋势[J]. 教育发展研究，2011(2)：81～83.

② 国内研究者对美国的"全国教师考试(National Teacher Examinations)"和"普瑞克西斯考试系列(Praxis Series)"做过介绍(考试的适用范围、参考对象、内容、形式和组织与管理等)。(缪苗，等. 美国初任教师资格标准与考试制度述评[J]. 外国教育研究，2007(5)：34～39. 程家富. 美国普瑞克西斯考试体系对我国教师资格认定的借鉴[J]. 现代教育论丛，2008(5)：87～91. 胡卓敏. 美国教师资格普瑞克西斯考试系列述评[J]. 教育测量与评价，2009(8)：56～58. 黄建辉，等. 美国全国教师资格考试制度探析[J]. 福建师范大学学报(哲学社会科学版)，2014(3)：167～172.)

（二）我国教师职业资格制度的发展简介

一个完善的教师职业资格制度一般包含入职学历要求，教师资格考试，教师试用以及教师资格证书的管理、鉴定和发放等内容的规定。新中国成立以来，我国教师职业资格制度从无到有，经历了确立、发展的阶段而逐渐走向成熟；其中，教师资格考试制度是教师职业资格制度的重要内容，对于选拔合格教师、提高教师整体素质具有重大作用，是我国教师队伍建设的重要保障制度。

1. 我国教师资格考试制度的发展阶段

我国教师资格考试制度主要经历了三个阶段的历史变迁：初步确立阶段（1986－1995）、逐步实施阶段（1995－2011）和"国考"（全国统考）试点及推广阶段（2011 年至今）。

首先，教师资格考试制度初步确立。新中国成立后，我国中小学教育发展令人瞩目，基础教育事业的落后状况获得很大程度的改观，但是，直至 20 世纪 80 年代，我国基础教育整体上仍然比较薄弱。为进一步改善我国基础教育落后状况，1986 年 4 月 12 日，第六届全国人民代表大会第四次会议通过了《义务教育法》，开始了教师资格的法治化进程。《义务教育法》的颁布和贯彻执行标志着我国普及基础教育工作进入新的阶段。实施义务教育的关键是建设一支合格的教师队伍。为此，《义务教育法》第十三条规定："国家采取措施加强和发展师范教育，加速培养、培训师资，有计划地实现小学教师具有中等师范学校毕业以上水平，初级中等学校的教师具有高等师范专科学校毕业以上水平。国家建立教师资格考核制度，对合格教师颁发资格证书。"该法首次以国家法律的形式确定了以教师资格证书制度作为我国的教师职业许可制度，也为以后出台的有关教师资格方面的一系列政策、法规、条例等提供了法律依据，我国教师职业资格制度初步确立。

其次，教师资格考试制度逐步实施。随着素质教育改革的不断深入以及对教师质量要求的逐渐提高，1993 年，我国第八届全国人民代表大会第四次会议通过了《教师法》，在我国历史上第一次以法律的形式确认了教师的专业地位，并明确提出只有具备教师资格的人员方可在各级各类学校和其他教育机构中从事教育教学工作。1995 年通过的《教育法》再次以国家法律形式明确规定国家实行教师资格制度；随后，《教师资格条例》《〈教师资格条例〉实施办法》等政策文本陆续颁布、实施，教师资格制度规范体系逐渐建立。

随着社会和教育的发展，我国基础教育教师队伍建设逐渐地从数量需求向质量需求转变，在教师数量基本得到满足的情况下，提高教师质量成为教师教育改革和发展的重点。加强教师职业资格制度建设遂成为我国提高教师质量的重要途径。《教师资格条例》出台后，原国家教委于1996年1月颁发了关于实施《教师资格认定的过渡办法》的通知，规定"凡属于过渡范围的在职教师，连续两年考核合格，即可取得相应的教师资格"。虽然《义务教育法》已规定"国家建立教师资格考核制度，对合格教师颁发资格证书"，但直到1997年才正式开始颁发教师资格证书（还是针对1993年12月31日以后在岗的在职教师的）。由于任何一级教师职务的条件和要求都比相应教师资格的条件和要求要高，所以凡属于过渡范围的在职教师，连续两年考核合格，即可取得相应的教师资格。

为了推进教师资格证书制度的实施，从1998年4月开始，教育部在上海、江苏、湖北、广西、四川、云南六省（自治区、直辖市）部分地、市进行了教师资格认定试点工作，年底试点工作基本结束。1999年，教育部先后制定颁布了《面向21世纪教育振兴行动计划》和《关于深化教育改革，全面推进素质教育的决定》等重要文件，再次强调提高教师队伍整体素质的重要性。在总结教师资格过渡和面向社会认定教师资格试点工作经验的基础上，2000年6月，教育部又制定、颁布了《〈教师资格条例〉实施办法》，它和《教师法》《教师资格条例》共同构成我国教师资格证书制度体系。直至2001年4月，全国首次面向社会认定教师资格工作才进入实际操作阶段。自此，我国教师资格制度开始全面实施，每年春、秋两次正常认定。

最后，教师资格"国考"开始试点及推广。多年来，国内研究者在对世界各国教师职业资格制度、教师资格标准及考试体系的研究中，特别关注发达国家教师资格标准的统一性、科学性，认为教师资格证书制度是保证教师专业发展及专业地位、确保国家教育质量的重要举措，发达国家及很多发展中国家都普遍实行了教师资格制度，国际经验主要表现在：教师资格证书的立法规定明确；教师资格证书的认定严格；教师资格证书的标准较高；教师资格证书的种类翔实；以及要求教师候选人通过专门的严格考试才能具有教师资格，定期还需要重新认证，其前提是必须完成一定数量和质量的专业发展任务并达到更高的专业能力，而非仅仅完成课程学习或培训活动。在比较研究的基础上，研究者们普遍认为我国教师资格考试应参照发达国家的相关制度加以改革。比如，应面向所有申请人员实行全国统考，而不应对师范生区别对待；应丰富考试内容和形式，对申请人员进行更全面的评价；应建立不受政府干扰的学术性、群众性教师资格考试服务主体，体现教师资格国家考试的权威性和学术性等。总之，我国应建立、健全一整套教师职业资格制度，包括建立国家统一的教师资格考试标准、进一步提高入职教师的学历要求，建立以法律做后盾的教师资格考试制度及激励导向机制等。

2011年9月，我国开始推进国家教师资格考试制度，打破教师资格证书分省考试认证的局面。先是在湖北、浙江两省进行"国考"试点；2012年起在河北、上海、浙江、湖北、海南、广西六个地区进一步试点，通过试点了解实行教师资格考试全国统考的可行性；2013年，教育部宣布，自2015年起，教师资格认证考试不再由地方组织而实现全国统考；从2015级师范生开始，师范生也必须参加全国统考。教师资格考试由此进入全面实施"国考"的新阶段。

教师资格认证制度的逐步建立，既是教师教育系统逐步走向开放化、一体化和高等教育化的客观要求，也进一步为不断提高教师质量提供了制度保障。以教师资格证书认证的全面实施为起点，与教师教育质量控制紧密关联的一系列标准（主要包括教师专业标准、教师教育课程标准、教师教育机构认证标准和教师教育质量评估标准等）也陆续研制、颁布。2011年11月，教育部召开全国教师教育课程改革工作会议，下发了《关于大力推进教师教育课程改革的意见》和历时7年研究与论证通过的《教师教育课程标准（试行）》；2012年2月，教育部下发通知，印发了《幼儿园教师专业标准（试行）》《小学教师专业标准（试行）》和《中学教师专业标准（试行）》构成的《教师专业标准（试行）》。这些标准的颁行成为新时期教师教育制度建设的又一项重要进展。随后，教育部于2012年8月颁布的《国务院关于加强教师队伍建设的意见》明确提出要"完善教师专业发展标准体系"，尤其是要"制定师范类专业认证标准，开展专业认证和评估，规范师范类专业办学，建立教师培养质量评估制度"。

总之，自教师资格证书制度实施以来，我国教师教育一直在探索建立基于标准的新型教师教育制度体系：教师资格证书制度意味着一种基于教师市场准入并由各级教育行政部门负责组织、实施的外部质量控制手段，教师专业标准与教师教育课程标准则更着眼于从教师教育内部的制度建设来实施质量控制。目前，我国教师教育制度变迁呈现出明显的混杂性特征：一方面，整个教师教育系统仍以独立设置的师范院校为主体，仍然部分地沿用传统师范教育制度，一些在师范教育发展历程中积累的经验、形成的惯例、非制度性的规则也依然发挥着作用，并影响着新制度的构建；另一方面，伴随师范教育向教师教育转型而建立的一些新制度正日益渗透在教师教育实践活动的组织与实施过程中，新的制度范式正在逐步显现。[①]

①　荀渊.1949年以来我国教师教育的制度变迁[J].教师教育研究，2013(5)：1～5.

2. 我国教师资格证书管理、鉴定和发放制度

目前，在我国，各级教育行政部门负责管理、鉴定和发放教师资格证书。我国的《〈教师资格条例〉实施办法》规定，教师资格证书作为持证人具备国家认定的教师资格的法定凭证，由国务院教育行政部门统一印刷，各级人民政府教育行政部门及其教师资格认定机构负责建立教师资格管理数据库，对取得教师资格者的材料归档保存，加强对教师资格证书的管理。教师资格分为七类：幼儿园教师资格、小学教师资格、初级中学教师资格、高级中学教师资格、中等职业学校教师资格、中等职业学校实习指导教师资格、高等学校教师资格。

教师资格证书鉴定工作主要包含以下几方面内容：第一，能力与学历要求。根据《教师法》的规定，幼儿园教师要具备幼儿师范学校毕业及其以上的学历；小学教师资格要具备中等师范学校毕业及其以上学历；取得初级中学教师资格和初级职业学校文化、专业课教师资格要有高等师范专科学校或其他大学专科毕业及其以上学历；取得高级中学教师资格、中等职业学校实习指导教师资格要具备高等师范院校本科或者其他大学本科毕业及其学历等。事实上，近年来全国各地特别是教育发达地区对幼儿园和中小学教师的学历要求都普遍提高了，《教师法》规定的学历要求明显偏低，已不能适应我国基础教育发展对师资学历素质的要求。第二，资格证书考试制度。如前所述，一直以来，面向社会（针对想要进入教师行业的非师范类专业人员）的教师资格考试都是各省教育行政部门负责考题编制等工作，考试内容主要分为笔试（有关教育学、教育心理学等教育理论知识的书面考试）和面试（重在考查申请者教育教学能力的测试，如俗称的"说课"或"试讲"）；而师范生则实行自然资格直接申请获得教师资格证书。2013年开始，这种教师资格"双轨制"开始发生变化。第三，新教师试用制度。我国的《教师法》规定取得教师资格的人员首次任教时，应当有试用期。在实践中，新教师经过一年的试用，经考核合格才能被正式聘任为三级教师。但这种试用制度与教师资格证书制度没有任何关系，因为一直以来我国教师资格证书是终身有效的。2014年4月，教育部颁布了《中小学教师资格定期注册暂行办法》，规定中小学教师资格每5年注册一次，注册条件以师德表现、年度考核和培训情况为主要依据。教师资格证书不再终身有效。

此外，我国现行教师资格制度规定，教师资格证书由教育行政部门负责对符合教师资格条件的申请者颁发，具体情况是：幼儿园、小学和初级中学教师资格证书由县级人民政府教育行政部门颁发；高级中学教师资格、中等职业学校教师资格和中等职业学校实习指导教师资格由县级人民政府教育行政部门审

查后，由上一级教育行政部门认定并颁发证书。

(三)我国现行教师资格制度存在的问题

显而易见，实施教师资格制度有助于教师管理的科学化、规范化和法制化，有利于促进教师来源多样化、提高教师队伍素质，也有利于推动教师专业化、提高教师社会地位。我国教师资格制度的实施有效地促进了教师队伍建设，但是，随着我国教师教育体系从封闭走向开放，教师队伍学历普遍达标，社会和教育的发展对教师专业化素质的要求明显提高，现行教师资格制度存在的痼疾亦愈发显现，直接制约着教师专业素质的持续发展，也影响到教师职业资格制度本身的有效性和公信力。如何进一步加强和完善教师职业资格制度是关系国家前途和命运的大事。近年来，教育研究者分析指出我国现行教师资格制度在认定对象、条件、标准、证书设置及其时效性、融通性等方面存在"门槛过低""操作性差""导向不明""适用范围笼统""终身有效"等不足[①]，具体来说主要存在以下几方面问题。

第一，教师资格认定条件和标准明显偏低。过去，由于缺乏全国统一的教育教学能力标准，教师职业资格认定的"门槛"非常低，程序也简单，认证机构的资质有待提高，控制手段也不完善，几乎无法真正通过教师职业资格证书实现"择优上岗"；特别是对师范专业毕业生实行直接认定(在就读学校获得学业成绩合格的师范专业毕业生即可自动获得教师资格证书而无须另外进行考核和鉴定)，面向社会人员(对非师范专业学生)的教师资格认定仅仅通过理论性知识的笔试和简单的面试，缺乏对其实际教育教学能力的考核、测试以及有力的监督，并且缺乏全国统一的考试标准，各地标准参差不齐，师德方面的要求较低。职业学校教师资格更多的是参照普通教育相同层级的教师资格，缺少与职业教育特点相适应，体现职业教育内涵的职业学校教师资格制度，缺少对职业学校教师专业技术和技能以及相关职业经验的规定。

第二，教师资格时效性问题。如前所述，"一次认定，终身有效"的教师资格终身制与时代发展对教师素质的需要是不相适应的，不利于形成教师终身学习的有效激励机制，影响教师队伍长远建设效果，与当今职业资格制度的基本规范和国际惯例不符，与世界教师资格制度难以接轨。如果没有后续的再认证，现在的制度就难以将不具备基本从业条件的人清理出教师队伍。

第三，教师资格融通性问题。现行教师资格制度中允许教师资格证书可以

① 查吉德. 我国教师资格制度研究述评[J]. 江苏技术师范学院学报，2011(1)：64~70.

向下融通的规定存在严重不足。教师资格的简单向下融通只顾及学科专业水平能够"高就低"，却忽视了各类教师的教育教学能力要求是各有专长的，不同年龄阶段的学生有不同的身心发育特征和学习特点，不同级别的学校有不同的培养目标和教学要求，不同类别的教师有不同的教学方式和教学艺术，它们之间并不是简单递增或递减的层次关系。比如，职业学校教师与高中教师无论是来源上还是任职条件要求上都有明显区别，显然不能一概通用。教师资格适用范围的规定模糊，对于不同种类、不同学科的教师资格之间是否可以融通、如何融通等问题都没有明确规定，导致教师漠视资格证书使用范围，随意跨学科授课现象屡见不鲜。

第四，教师资格分类过于笼统、等级单一。目前，我国的教师资格类别划分简单，没有按学校或学科类型进行细分，也没有根据教师任教年限或年级进行分级设置，教师资格认证中采用的是较为单一的合格制，教师资格认证的重点放在了初任教师的资格认证上，只为教师从业确定了最基础的准入要求，主要解决教师队伍的录用（"入口"）问题，缺乏从专业发展和知识更新的角度考虑，教师资格的认定没有与继续教育以及从业人员专业水平的不断提高结合起来，缺乏对教师职业发展的有效激励，不能很好地适应学校对不同水平、层次教师的需求，难以保证行业质量，也不利于教师的专业发展。此外，现有教师资格分类使得教学管理人员、生活辅导人员、心理咨询人员、学校服务人员没有得到应得的教师资格证书。

第五，教师资格认定对象只限定于中国公民（香港、澳门、台湾公民以及华侨除外）。从法理上，香港、澳门、台湾公民以及华侨属于中国公民，应有权申请我国的教师资格，但由于其身份上的特殊性，又未必完全能够适合我国现行标准，在认定程序操作上也有明显困难，从而限制了他们申请教师资格，在实际的教师资格认定操作中，具有一定的局限性。另外，随着我国教育国际化的发展，在我国各级各类教育机构中任教的外籍教师也日益增多，成为我国教师队伍的必要和有益补充，但在现行制度框架内，外籍教师无法获取教师资格，这不仅影响外籍教师个人的工作积极性，而且事实上允许外籍教师无证上岗也削弱了我国教师资格制度的严肃性。

第六，教师资格证书使用范围的问题。目前我国教师资格证书是可以在全国范围内使用的，这里就存在一个教师资格认证的地区差异问题。我国幼儿园、小学和初中教师的资格认证机构是教师所在的县级教育行政部门，而一个县级教育行政部门认定的教师资格证书，其效力是否可能达到在全国范围内有效？在美国等西方国家，一般都同时存在地方性教师资格证书（如全州范围内有效的教师资格证书)和全国性教师资格证书(在全国范围内都有效的教师资格证书),通常全国性教师资格证书的考核要求更高。

第七,教师资格认定缺乏专业性。目前我国的教师资格认定制度是一种由国家制定标准并对教师素质进行测量、评定的制度,教师群体没有形成自治的专业组织。在这种制度中,教师失去了自主确定自我个性化发展目标的权利,丧失积极参与评价指标构建的热情。因此,有研究者认为,教师是否能够按照教师行业文化的要求来自主调整自己的发展方向、发展路线,能否在主流教育话语面前使自己表现得更"像"一个教师,能否让自己的教育行为和周围的教育惯例相协调,将成为教师实现自己的职业身份、确立自己职业地位的一个标杆。换言之,教师能否成为教师,首先在于其个体文化发展状况以及主流教师文化、象征文化、教育惯例对他的接纳程度;因此,"文化认同比资格认同更根本,更能为教师的发展提供真实而又全面、兼顾自然与自由的发展性衡量尺度""改变这种由资格认定组织对教师资质进行专门的一次性评估,并授予其资格证书的教师任选机制,实现资格认定与文化认同的并重与统一,将成为变革教师资格标准的新方向"①。

总之,针对现行教师资格考试制度在实践中的诸多问题,国家教师资格考试制度作为重要解决对策之一被推上了历史舞台;然而,我国教师资格考试制度进入"国考"推广阶段后,也可能产生新的问题,已经存在和可能出现的问题亦为研究提供了新的思考点。② 因此,围绕教师资格考试制度的相关研究亟待加强和深化,研究内容涉及:新制度设计的科学性、合理性考量;新制度的目标、内容、形式、时效性、组织与管理等;实施和完善新制度的相关配套规范、法律及机制保障等;以及新制度与教师教育的衔接问题等。

(四)教师职业资格制度改革的复杂性

任何制度变革都不会是一帆风顺的。"一直以来,美国的教师教育都是在

---

① 龙宝新.教师教育文化创新研究[M].北京:教育科学出版社,2009:219.

② "国考"教师资格证书制度体现对报考者学历条件要求更高、考试内容和科目增加、难度增大以及取消师范生免试资格和打破教师资格终身制等特点,提高了对教师职业资格准入的要求,有利于教师整体素质的提升,打破教师资格终身制也有利于树立教师职业危机意识;但是,很可能会随之出现国家统考与地方适用的矛盾、教师教育体系开放与准入难度增大造成对优秀教师资源排斥的矛盾、因取消师范生免试资格带来的师范院校招生被动,以及教师资格定期注册制度灵活度不够且易流于形式等新问题。(王世存,等.国家教师资格考试:必要性、导向及问题思考[J].教师教育研究,2012(7):32~37,18.刘信阳,等.试论"国考"教师资格证书制度改革的问题与出路[J].教师教育论坛,2014(9):5~10.)

内外部的矛盾冲突中妥协前进的"①，教师资格制度的变革亦不例外。美国教师资格制度自 1825 年诞生以来，在 190 年的发展历程中，几乎每一个制度方案都会受到质疑和批判。下面即以美国威斯康星州的教师资格制度改革为例，展开对教师职业资格制度改革纷争的剖析。

早在 1861 年，威斯康星州即成立了县督学办公室（Office of County Superintendent），从 1862 年开始，负责发放教师资格证书，重点考查申请人的品德及学与教的能力，实行三级证书。1868 年，威斯康星州成立了州教师资格审查委员会，实行"双轨制"教师资格证书，区分了城市教师和乡村教师的执业资格条件。城市教师申请者必须在威斯康星州师范学校（normal school）修读相关课程，农村教师申请者则只需参加教师教育机构开展的 6 周或少于 6 周的正规教育学训练（training of pedagogy）。伴随全国范围内教师专业化运动的蓬勃发展，"教学（teaching）不是任何一个成年人都可以从事的工作"的教师专业理念逐渐深入人心，威斯康星州也于 20 世纪早期，通过立法建立了等级性教师资格认证系统，不再由当地权力机构（local authorities）来控制教师资格认证，并且开始要求"所有教师都必须接受教师教育机构开展的教师教育项目的专门培养和训练"。1925 年，各地师范学校均改名为"教师学院（teachers colleges）"并将学习年限延长为 4 年、修读合格者可获"教育学士学位（EdB）"后，"双轨制"教师资格证书由来已久的矛盾更加激化，农村教师执业资格条件的低标准被认为有损于教师专业形象（image of teacher professionalism）。1909 年时仅规定申请者参加所有测验的前提条件是在专业的教师教育机构中进行至少6 周的专业学习；1930 年时要求申请者必须在八年级毕业后进入专业的教师教育机构进行两年的专业学习。1939 年，全州各地教师资格认证的权力全部收归州督学（state superintendent）所有。随后很快，几乎所有科目的教学资格认证（teaching licensure）都要求申请者必须毕业于威斯康星大学或该州的教师学院等符合州的要求、获得州的认证、具备开展教师教育资格的教师教育机构（teacher institutes）。

从此，威斯康星州对教师执业资格的要求越来越高。1960 年开始执行教师资格认证规定（PI3）和教师教育项目认证规定（PI4）的新规定，对申请者在教师教育机构中修读的课程内容、形式及学分等都有明确、具体的要求。1962年 7 月 1 日开始，原先"一旦持有、终身有效"的教师资格证书（life license）被

---

① 栗洪武，等．美国在制定教师资格标准过程中对相关问题的探索［J］．全球教育展望，2007（10）：71～75．

修改为：在获得教师资格证书后的 5 年内，持证者必须每学年至少任教 90 天，否则证书将失效；要重新获得资格证书，则必须在申请证书恢复效用之前的 5 年内，修读完成 6 学分的课程（只能修读春季学期或秋季学期的课程，而不能修读夏季学期的课程）。1964 年开始，所有的教师资格证书都必须在获得 3 年后进行更新（a three-year renewable license），持证者完成 6 个学期的成功教学则可以申请"终身证书（life license）"，由校长或督学出具申请人教学成功的证明。20 世纪 70 年代后，教师专业发展受到重视。1974 年，州督学芭芭拉·汤普森（Barbara Thompson）任命、成立了"教师教育和资格证书研究委员会（the Commission to Study Teacher Education and Certification）"，负责审查教师资格认证程序并提出改进建议。1983 年 7 月 1 日开始，威斯康星州公共教学部（Department of Public Instruction，DPI）不再发放终身证书，全面执行教师资格证书更新制度，教师在证书 5 年有效期内必须修读 6 个学分的课程，合格后所持证书才能继续有效。

20 世纪 90 年代后，社会各界对教师资格认证规定（PI3）和教师教育项目认证规定（PI4）的批评不断，认为它们存在三个主要缺陷：第一，成本高，全州的纳税人每年要为教师资格认证及新教师入职选拔工作支付大笔费用；第二，教师资格认证和教师教育表现出明显的"管制文化（regulatory culture）"特点，培养和认证合格的教师有更多顺从性（compliance）而缺少创新性（innovation）；第三，这种管制体系（regulatory regime）只规定了"输入（inputs）"，却没有对"结果（results）"即"表现（performance）"做出实质性规定，可信赖度低。1994 年，威斯康星州督学约翰·本森（John Benson）任命了"威斯康星重建教师教育和教师认证特别工作组（the Restructuring Teacher Education and Licensure in Wisconsin Task Force）"，负责确立新的教师教育和教师资格认证体系。1995 年 4 月，工作组提交了建议书，经历一系列听证会（hearings）及修改、完善工作后，新的教师资格认证制度（PI34）在州立法人士、州长、州公共教学部以及全国知名教师教育专家的一片喝彩声中，于 2000 年获得了州立法批准，相关行政执行法规（administrative rules）亦随后出台。2000 年和 2004 年，教师资格认证制度（PI34）先后取代了教师教育项目认证规定（PI4）和教师资格认证规定（PI3），威斯康星州进入教师教育和教师资格认证新时代。

从威斯康星州现行的教师教育标准和教师资格证书类型、性质、申请程序及条件等方面看，不难发现其教师资格制度具有教师入职条件严格、教师教育标准内容丰富、教师资格认证注重过程性和发展性评价等特点。然而，尽管当年教师资格认证制度受到了社会各界的好评，但对教师资格认证制度的批评也从未终结，批评观点主要有以下几点。

第一，低估了学科专业知识的重要性。虽然教师资格认证制度要求所有教师资格申请者都必须参加第三类以学科知识为主的普瑞克西斯考试系列Ⅱ测试（Praxis II），但批评者仍然认为这一测试的难度其实并不高，甚至相比于之前对教师申请者的学科知识素养要求，这一改革的实质性突破微乎其微。此外，虽然为了获得初始教育资格证书，申请者必须参加学科专业知识测试，教师资格认证制度也对教师提出继续学习的要求、规定教师资格证书必须进行更新，但是，在证书更新方面却没有对申请者学科专业知识提出进一步的考核要求，只要求持有初始教育资格证书的教师自我制订"专业发展计划"，然后由三人审查小组对其持证3～5年内的教学工作进行考核和评定。这种评定方式的弊端明显，其弊端和可能带来的舞弊行为（如付费雇佣他人代为撰写专业发展计划、为获得审查小组成员的认可及签名而向其行贿等）的危害都不难想象。

第二，强调"输入（inputs）"、忽视"结果（results）"和"表现（performance）"。批评者认为，目前的制度并不是根据申请者的教学胜任力（competence）来决定颁发教师资格证书；在证书更新方面，对个人专业发展计划（PDP）也没有提出可客观测量的明确要求，绝大多数都只是模糊的语言叙述，而且对这种语义含糊的"专业发展计划"能否真正实现（如"我将观摩我校有效教师的课堂教学"等）也没有明确、细致的测评。审查小组成员（中小学教师、行政人员、大学代表）的工作动机也不明确。"他们为什么要阻碍一位新教师的资格证书更新呢？如果他们确实出于严格要求而判定某位教师不能获得证书更新，那他们此举的报酬是什么呢？他们为什么非要和那些新教师过不去而让他们丢掉工作呢？仅仅为了使自己能够赢得'一位严格的执行者'的声誉而破坏了一位年轻教师的职业生涯，值得和应该吗？很显然，绝大多数人不愿意也不会这么做。所有参与者都不过是和这一体制进行博弈（game the system）。毫不夸张地说，教师资格认证制度只是一个一眼就能够识破的'烟幕弹'，仅仅保护了那些经不起严格考核的教师，而且会因'劣币驱逐良币'的客观存在而打击真正胜任的有效教师（effective teacher），造成任人唯亲、弄虚作假、趋炎附会等恶劣结果。"①

第三，教师资格证书的效用值得怀疑。虽然教师资格认证制度对申请者的受教育背景有明确要求（必须参加经认证的教师教育项目的专门培养）并通过学

---

① Mark C. Schug, M. Scott Niederjohn. Teacher Licensure in Wisconsin[R]. Wisconsin Policy Research Institute (WPRI) Report, 2010: 18.

科专业知识测试，但批评者认为，"当前通过考查学生的学业进步来评判教师的教学有效性的相关研究充分证明，教师拥有资格证书与其能够在课堂教学中成为'有效教师'之间并没有关系，也就是说，拥有资格证书的教师（certified teacher）未必就是课堂中的有效教师（effective teacher）"①。很多中小学校长也强烈表达对教师资格认证制度的不满，认为这一制度阻碍了他们招聘最适合和最能胜任的教师。

第四，只考虑了普适性的教师资格要求，却没有顾及地方性的差异。比如，公立学校教育薄弱的城市地区（urban areas）对胜任教师的素质要求有着很明显的特殊性。事实证明，很多获得资格证书的教师并不能胜任城市社区学校的教育教学工作；相反，很多中小学校长认为能非常胜任城市学校工作（特别是数学教学）的教师，却由于不符合教师资格认证制度的要求而无法获得资格证书，不得不离开中小学校，这让很多校长痛心，也增加了校长们对教师资格认证制度的不满。

第五，没有明确的证书撤销细则。目前威斯康星州教师资格认证制度，对如何撤销不能胜任的在职教师持有的资格证书并没有做出明确规定，只是极其宽泛地规定了"对严重犯罪的教师，可以撤销其教师资格证书"；即使州督学也无权撤销不能胜任教师持有的有效资格证书。批评者认为这种与持证者能力毫无关系的教师资格制度是教师资格认证的控制权从地方（local）向州一级（state）集中（centralized）的过程中才出现的异化现象。

表面上看，威斯康星州教师资格制度改革纷争的焦点在于"标准本位教师评价"与"表现本位教师评价"的对峙，是对"教师什么知识（素质）最有价值"这一问题的不同回答；然而，实质上不啻为由对"谁的教师知识（标准）更有价值"这一问题的不同回答引发的、"谁"更有权控制和影响教师资格认证和教师教育的一场战争。在多元利益相关者共同作用下，任何制度最终都只能是妥协的产物，任何改革也都会遭遇多方指责。比如，当前威斯康星州教师资格制度的支持者认为其最大优点即"专业教育意识强""对教师专业素质要求高"，批评者则认为这种对专业教育的过度强调提高了进入教师职业的门槛，进入教师职业的单一途径（要求申请者必须修读至少2年的全日制教师教育项目）带有浓重的利益保护性质，不仅使一部分想转换职业的人畏而却步，不利于中小学选拔最能胜任的教师，而且这一强加的管制系统（regulatory system）使教师资格认证的

① Mark C. Schug, M. Scott Niederjohn. Teacher Licensure in Wisconsin[R]. Wisconsin Policy Research Institute (WPRI) Report，2010：19.

权力全部被控制在"教育生产者(producer of education)"手中。"教育生产者"主要指公共教学部官员、威斯康星教育协会理事会(Wisconsin Education Association Council，WEAC)领导以及全州范围内 33 所教师教育机构。特别是威斯康星教育协会理事会下设的"专业标准委员会(Professional Standard Council)"权力过大，其成员基本上就是威斯康星教育协会理事会和威斯康星州教师工会(teacher union)的成员(因为威斯康星教育协会理事会被授权推荐该委员会成员，该委员会中来自威斯康星教育协会理事会的成员越多则越显示威斯康星教育协会理事会的胜利)。"从该委员会的工作纪要等文本中可以发现，它根本上只是公共教学部和威斯康星教育协会理事会的一个'橡皮图章'，由此产生的教师资格认证制度又怎么会对自身存在的不足严加审视和批判呢?"[1]而校长、家长及学生等在评判教师是否具有任教资格上却完全丧失了权力(至少是被边缘化了)，其权益也受到极大损害;为此，批评者强烈要求加强学校(或学区)为本的教师资格认证(school or district-based certification process)，但在受到猛烈抨击的"教育生产者"看来，现行教师资格制度已经赋予了中小学校长、教师很大权力，"以前的教师资格认证规定至少还要求在职教师必须到大学教育学院修读一定学分的课程，其资格证书才能获得更新，现在则连这样的要求都没有了，只要求一个个人专业发展计划，这非常令人不安"[2]。

总之，教师教育标准以及教师资格条件的设立都不可能完全植根于教育"真空"，必然会受到政府、教师教育机构、教师专业组织、中小学校长以及学生及其家长、社区成员等多方面力量的制约。诚如我国学者指出的，围绕教师资格制度构建现代教师教育制度，根本上取决于教师教育的行政权力与学术权力彼此协调、相互制衡，需要建立利益分担(或共享)机制。近年来，我国包括教师资格制度建设在内的教师教育改革稳步深化，我们应该认识到，教师资格认证制度建设是一项复杂而艰巨的实践工作，绕不开教育研究、教育政策与教育实践三者关系的问题及其所处社会、政治、经济、文化的情境特征，"他山之石"常常难以"攻玉"恐怕正缘于此。教育学术研究要能够真正为教育实践提供指导、为教育政策提供服务，还需要经历很多复杂而曲折的中间转化环节，

---

① Mark C. Schug, M. Scott Niederjohn. Teacher Licensure in Wisconsin[R]. Wisconsin Policy Research Institute (WPRI) Report，2010：22.

② Mark C. Schug, M. Scott Niederjohn. Teacher Licensure in Wisconsin[R]. Wisconsin Policy Research Institute (WPRI) Report，2010：23.

甚至难以被直接应用到实践之中。教师资格制度建设注定必须创造性地应对无数个悖论，诸如普遍性与特殊性、入门性与发展性、全国统一性与地方差异性、静态性与动态性、公平性与效率性、客观中立性与价值有涉性、技术规范性与艺术创造性，等等。

因此，建构多元主体、民主决策、相互制衡的教师教育治理范式是完善教师资格制度的前提。设计教师资格制度不仅需要依靠教育研究成果，而且需要教师教育各方利益相关者(教育行政部门、教师教育机构、中小学校长、教师、家长、学生、社区等)平等对话、相互协商，通过多主体、多地点、超学科、共同参与、关注社会实效、强调公共问责的知识生产方式，创生出吉本斯(Michael Gibbons)等人指出的、不同于"I 型知识"的"II 型知识"。① 在此基础上形成的教师教育政策及教师资格制度才可能更加具有现实针对性、专业权威性、大众支持性、操作可行性、管理变通性、结果高效(益)性，更加贴近教师实践及其专业发展需求，也才可能使教师资格制度真正成为激励教师积极、主动、创造性地工作和终身学习、持续发展的动力机制，而不是限制教师主体性和自主权的规训机制，实现促进教师专业发展、提高基础教育质量的制度愿景。

五、教师教育质量保障制度

教师教育质量保障制度是保障教师教育质量的一系列正式或非正式的程序、规则、规范和惯例。② 其中，与教师教育质量保障相关联的相互制约的各种基本要素构成了有机的教师教育质量保障体系；而教师教育质量保障体系作为一个有机整体，其内在结构、功能特性以及各个要素之间相互联系和作用的机理即为教师教育质量保障机制。

近年来，国内有关教师教育质量保障制度的研究逐渐增多，有的认为"应

---

① M. Gibbons, et al.. The New Production of Knowledge: The Dynamics of Science and Research in Contemporary Societies[M]. London: Sage Publications, 1994: 179.

② 国内有研究者指出"质量保障"和"质量保证"有本质区别，不能混为一谈。"保证"的意涵是"确保既定的要求和标准，不打折扣"，"保障"的意涵是"保护(生命、财产、权利等)使不受侵犯和破坏"。"教师教育质量保证"是指以教师教育机构为核心的包括政府、教师教育评估(或监控)机构乃至整个社会大众在内的各机构团体或个人，能根据教师教育培养目标确保培养合格的教师以满足社会发展、教育发展的需要；"教师教育质量保障"则指包括教师教育机构在内的政府、教师教育评估(或监控)机构乃至整个社会大众在内的各机构团体或个人为教师教育的发展提供全方位的服务、支持和保护，以使教师教育不受消极因素的影响或破坏并得以健康发展。(周立群，等. 当前我国教师教育质量保证体系构建的理念[J]. 华南师范大学学报(社会科学版)，2009(5): 21~25.)本书在这里不做严格区分，统一使用"保障"一词.

该从教师教育质量保证的主体、教师教育质量保证的内容、教师教育质量保证的动力和教师教育质量保证的价值观等方面来建设、完善教师教育质量保证体系"①；也有的指出，"教师教育质量保证涉及的因素很多，但从过程上看，可归纳为四项基本因素，即机构的、师资的、过程的和结果的因素。由此而引申的制度建设便有教师教育机构的资格认可和质量认证制度、教育学院或师范院校教师的专业管理制度、教师教育课程审定及淘汰制度、教育临床实习制度"②；还有研究者综合欧美国家的教师教育经验和我国百年师范教育的曲折发展历程，认为"教师教育质量保障体系的基本内涵包括质量保障的标准、质量保障的主体和质量保障的过程三个部分"③；也有研究者从监控教师教育过程与效果、确保教师培养培训质量符合标准的目的出发，提出从教师教育外部评估体系和内部评估体系两个方面出发进行教师教育质量保障制度建设的设想（制定国家教师教育标准、建立教师教育认可和质量评估机构、建立教师教育机构认可制度、进一步确立和完善教师资格制度和建立教师教育课程鉴定制度等）④。朱旭东教授从教师质量建设的各个环节出发，指出"招生环节是保障教师培养质量的一个重要前提；从培养环节来看，教师教育课程标准、教师教学能力标准、师范生实习的实践标准都可以起到培养环节的质量保障的作用，同时还可以通过教师教育机构认证标准和教师教育质量评估标准保障条件与结果的质量；从入职环节来看，通过教师资格考试、教师资格执照证书保障教师入职质量；从持续专业发展角度来看，把教师职称标准、荣誉标准、教师绩效工资标准、教师资格标准更新等融合为一体，保障教师持续专业发展的质量，从而使教师教育的每个环节都有质量保障，最终以教师教育标准建立完整的教师教育质量保障体系"⑤，全面构建了教师教育质量保障制度体系。

（一）影响教师教育质量的因素分析

政府、教师教育机构、教师教育师资和学生、中小学校等用人单位都会对教师教育质量产生影响，可以将影响教师教育质量的这些因素分为外部因素和内部因素两大类。影响教师教育质量的外部因素主要有国家政策（教师教育经费、招生、就业以及教师专业化等政策），基础教育改革背景及全社会的教师

---

① 周立群，等. 当前我国教师教育质量保证体系构建的理念[J]. 华南师范大学学报（社会科学版），2009(5)：21～25.

② 洪成文. 国际教师教育质量保证制度的最新发展[J]. 比较教育研究，2003(11)：32～36.

③ 魏茂全. 教师教育质量保障体系的探索与研究[J]. 潍坊学院学报，2007(5)：131～132.

④ 穆岚. 建立我国教师教育认可与质量评估制度的思考[J]. 教育与现代化，2009(3)：3～6，40.

⑤ 朱旭东. 教师教育标准体系的建立：未来教师教育的方向[J]. 教育研究，2010(6)：30～36.

人才观(基础教育改革以及社会文化对教师素质的要求)等。影响教师教育质量的内部因素则主要表现在人、财、物等方面:"财"是指举办教师教育的经费(分国家拨款和自筹经费等不同形式),"物"包括教师教育机构的校舍、图书资料、仪器设备、课程与教材等,"人"的因素中最重要的是从事教师教育的师资以及将要成为未来教师的学生。[①] 因此,在教师教育系统日益多元化的时代背景下,完善的教师教育质量保障制度主要包括围绕质量保障标准[②]、质量保障主体和质量保障过程而建构的制度。

(二)当前我国教师教育质量保障制度建设的主要任务

任何政策实施都远比理论构建要复杂得多。在借鉴国外经验的同时,必须考虑到我国的国情。当前,我国教师教育质量保障制度建设主要面临如何构建多元化的质量保障标准、多层次的质量保障主体和全方位的质量保障过程。

1. 多元化的质量保障标准

我国目前不存在多种标准并存的现象,国家颁布的教师专业标准只是针对任教于不同学段的教师提出的、统一的专业标准;然而,我国幅员辽阔、人口众多,在经济、文化、社会诸多方面差异很大,不同地区、不同层次、不同类型的教师教育机构及其内部不同学科方向的教师教育专业,在培养目标、培养任务、培养规格等方面均有所差异,不可能靠研制一套标准就一劳永逸,但又很难在短时间内制定、出台更加具体、细分的教师专业标准。

由此,我国需要全盘考虑各地间存在的经济、文化差异以及教师数量和质量差异,兼顾我国不同地区的不同教师素质要求、不同层次和类型教师教育机构的不同培养目标、不同学科领域教师的不同专业实践特点等,在制定具有中国特色、灵活开放的国家教师专业标准的同时,鼓励各地、各级各类教师教育机构根据本地、本校的实际情况,充实国家标准,或者根据国家标准精神制定相适宜的实施办法,建立和实施区别化的教师教育质量保障标准,而不是单一和不变的质量保障标准。

2. 多层次的质量保障主体

由于价值取向的不同,高等院校(教师教育机构)、政府部门和社会市场(中小学校)对教师教育质量的理解往往不尽相同。从高等院校自身发展的角度看,知识的传承与发展是决定教师教育质量的核心要素;从政府部门的角度看,教师教育培养的人才("准教师")、产生的科研成果及直接对地方经济建

---

① 张丽娟. 以人为本建构教师教育质量保障体系[J]. 教育理论与实践,2009(7):37~39.

② 本书已在第十一章"教师教育评价"中有所阐述,在此不再赘述.

设做出的服务与贡献是决定教师教育质量的核心要素；从社会市场的角度看，满足和适应中小学校对师资质量和数量的需要则是考查教师教育质量的核心要素。随着教师需求由数量转向质量以及大学化教师教育日益走向社会的中心，这三种力量已逐渐交织在一起，彼此依赖、相互促进和制约。由此，兼顾多方面的教师素质要求进而保障教师教育质量将是教师教育发展的必然要求。

3. 全方位的质量保障过程

教师教育的质量保障体系必须涵盖与质量有关的全部过程。从教师教育活动进行的全过程分析，教师教育的输入、过程和产出都与教师教育的质量密切相关，教师教育的质量保障不能轻视任何一个环节。完整的教师教育质量保障必须兼顾输入保障、过程保障和输出保障三个环节。特别是要做好"资金保障系统""上下沟通协调机制""实施配套措施"及"标准评估体系"的建设。比如，推动标准立法，设立标准实施专用资金，通过上下沟通机制与配套措施用好资金；定期针对标准实施情况（地方教育行政部门、学校、教师教育培训机构及教师）进行全国性的调研与评估；注重教师专业标准与教师教育课程标准的相互协调、教师教育改革与中小学课程改革的相互协调；还需要不断完善教师收入分配制度、教师评价制度、教研与培训制度、教师教育者人才引进制度、师范专业选择、就读及考核制度等一系列制度建设；甚至还需要不断地提高教师的社会地位。

总之，教师教育质量保障制度体系是一个由内部和外部质量保障子系统构成的复杂系统，只有树立"以人为本"的教师教育质量观，坚持"以教师为本"和"以学生为本"的教育理念，使教师教育质量保障体系建立在科学的基础上；在实践上确保教师教育内、外部质量保障制度的有机结合①，形成强有力的质量保障合力，并在实践中不断改进和完善，最大限度地强化薄弱环节，才能真正地从根本上激发出教师内在的专业发展动机和热情，实现教师教育质量保障体系的良性循环②。

---

① 比如，政府（教育行政部门）作为外部质量保障体系中的重要主体之一，通过督导评估、政策指导等手段，规范教师教育机构的教育行为，通过经费保障、学校评估等手段，督促教师教育机构积极、有效地提高教师人才培养质量；教师教育机构作为内部质量保障体系的核心，及时向政府（教育行政机构）反馈有关信息、为教师教育事业规划提供详尽、真实的第一手数据、材料，同时"苦练内功"、完善各项人才培养质量保证制度；社会文化的主体作用则表现为创造对教师专业化的认同和尊重氛围.

② 王强．国外教师专业标准体系构建的经验与启示[J]．全球教育展望，2008(7)：38～41. 张丽娟．以人为本建构教师教育质量保障体系[J]．教育理论与实践，2009(7)：37～39.

六、教师教育制度研究的两个重要议题

建立和完善教师教育制度的根本目的在于提高中小学教师素质进而提高基础教育质量。面对教师教育现实，我们如何理解特定历史条件下，某种制度的正当性和合理性？在教师教育改革进程中，当社会发生变化，某种制度曾经拥有的正当性、合理性逐渐失去，又该如何建立具有新的正当性和合理性的制度？在新的制度设计中需要和应该关涉哪些议题？这些都将是我国教师教育制度重建中必须思考和研究的问题。

（一）制度成本

作为约束人类行为的一种规范，"制度"这一人类社会基本现象一直是社会学、经济学、政治学等学科的重要研究对象。但有关制度起源、变迁等问题的系统研究却始于 20 世纪，特别是随着新制度经济学、新制度政治学、新制度社会学的兴起，在经济学"交易成本"研究的启发下，"制度成本"的概念才被提出并成为多学科领域的研究热点。研究者们指出，要深刻地解释人类社会的各种制度现象（无论是研究制度起源、制度变迁还是研究制度比较），制度成本都是一个不可或缺的基本概念。① 同一种制度在不同国家（地区）为何成本不同？一个国家在技术、劳动力素质等条件基本不变的情形下，制度变革如何才能使得制度收益大于制度成本？在社会转型期，制度成本又表现出哪些新特点？环境、利益博弈、非正式制度等因素是怎样影响制度成本的？诸如此类的问题成为制度研究新的关注点和生长点。

1. 制度成本的内涵

制度作为规范和约束人们行为的规则，只有投入经济、政治、社会、心理等各种形式的资源才可能发挥作用，这些资源就是需要支付的制度成本。制度成本指投入在制度各个环节中的相关资源，即在以制度设计为起点、以制度变迁为终点的整个制度周期中产生的一切耗费；其表现形式多种多样，包括经济成本、政治成本、社会成本、文化心理成本等。

"制度成本"概念的提出有助于我们深刻理解"制度"的基本特征。第一，任何制度的形成、执行、变迁等都需要消耗一定的社会资源（需要相应的人力、物力和财力的投入），各种社会制度产生的最终目的是取得相应的制度绩效（制

---

① 因为选择一种制度意味着必须放弃另一种可能的制度，因此，对制度的任何选择都是有机会成本的。制度成本只不过是某个实现了的博弈均衡对每一个参与博弈的主体的主观价值而言的机会成本，而这个机会成本是由他放弃了的那些经由他个人影响可能实现的博弈均衡的最高主观价值决定的。

度收益大于制度成本)。第二,任何制度都是利益主体之间较量和博弈的产物。个人、组织(正式组织和非正式组织)都是具有不同利益诉求的利益主体,彼此间难免出现利益冲突;制度正是利益主体之间的一种博弈均衡,制度成本就是由不同主体间的利益博弈而产生的成本,是为实现不同主体间的博弈均衡而付出的成本。

2. 制度成本的构成

在一个完整的制度周期中,从制度的形成、执行、监督到制度的变革,其中的每一个阶段都需要支付相应的成本,共同构成制度成本。因此,制度成本包括:第一,制度形成成本。这是制度在制定过程中产生的各种耗费。例如,在制度形成过程中收集、加工信息所需花费的信息成本、决策成本(无论集权式还是民主式决策)等。第二,制度执行成本。任何制度的建立都旨在通过制度执行而实现制度目标、发挥制度功能,因此,制度的执行和运作尤为关键,而制度在执行过程中,除了必要的资源投入外,还往往会因为遭遇社会潜规则的强大力量而不得不增加额外的执行成本;为数众多的利益主体之间的相互博弈也必然影响制度的执行成本。第三,制度监督成本。为了有效防止"上有政策、下有对策"的现象发生,保证制度得到有效运行,就必须进行监督。制度监督成本即设立监管部门及实施监管过程中所需的硬件设施、组织运作、监管人才培训等相关费用,受监督者素质、监督机制完善程度和监督对象数量等因素的影响,监督者素质越高、监督机制越完善、监督对象越少,则监督成本越小。第四,制度变迁成本。无论渐进式还是激进式制度变迁,都需要付出一定的成本。比如,渐进式制度变迁的过程相对稳定,一般不会引起大的社会动荡,但所需时间较长,需要支付较高的时间成本;激进式制度变迁则是在较短时间内采取果断措施进行的制度变迁,时间成本虽然相对较小,但社会风险较高甚至可能引起社会动荡,若处理不善则需付出更高成本。制度变迁(利益格局的重新调整)过程往往会遇到来自旧制度既得利益者的阻力,新旧制度之间的对抗成为制度变迁的摩擦成本。

总之,制度形成成本、制度执行成本、制度监督成本和制度变迁成本共同构成一个完整制度周期中的制度成本。很显然,各阶段的制度成本并非彼此孤立,而是相互关联和影响的。

3. 制度成本的主要影响因素

当今社会,以较小的制度成本争取较大的制度成效成为制度竞争的重要内容,而制度成本是由多种因素共同决定的。

第一,环境因素。经济、政治、文化等环境因素都会影响到制度成本。例如，西方发达国家市场经济体制发展充分，社会运行机制相对完善，社会成熟度也较高，其法律法规、政策规章在经过较长时期的运作修改后往往比较健全，制度成本就相对较低；而在很多发展中国家，由于法律、法规不够健全，人们的法制观念和意识也比较淡薄，市场经济体制尚未建立或尚未充分发展，制度成本就往往比较高。①

　　第二，主体因素。不同主体之间的利益博弈是影响制度成本的另一个重要因素。制度作为被制定出来的一系列规则，本质上是利益博弈的产物，不同利益主体在不断较量和重复博弈中走向均衡。② 在利益博弈过程中，制度制定者应当坚守超越性与公正性的立场，积极创造和疏通多种合法表达渠道，了解并协调不同利益主体的利益诉求，建立利益博弈的合理规则，保障利益博弈能够健康有序地进行，促进相对和谐的利益格局的形成。然而，制度制定者本身也是一个利益主体，同样会追求自身的利益。制度执行者是制度得以有效运行的关键，但制度执行者亦具有利益最大化的冲动，在与制度制定者、承受者的博弈中，会通过各种方法谋取本部门的利益。因此，制度执行者的执行权力必须受到相应的监督。相比之下，制度承受者处于相对弱势的地位，可能因为制度而产生利益获得或利益受损。随着社会的进步，这一群体的权利意识逐渐觉醒，民主意识不断提高，往往会通过各种手段和途径来影响制度的制定，或是减少制度执行过程中对自身利益的损害，在与制度制定者、执行者的利益博弈中争取应有的话语权。总之，利益博弈现象是普遍的，不仅存在于制度制定者、执行者、承受者之间，而且发生于他们各自内部之间。恰当的利益博弈是不同利益主体之间在合理范围内进行的博弈，有利于减少制度成本；

----

　　①　在环境因素中特别需要认识到即使在同一个国家的不同历史时期，制度成本也可能发生变化。比如，我国 20 世纪 80 年代开始的从计划经济体制向市场经济体制转变的重大经济制度变迁，在较短时间内即取得举世瞩目的经济发展成就，制度收益明显高于制度成本；但随着改革的深入，社会制度不健全、消极传统文化根深蒂固等因素使得社会转型期的制度成本大为增加，各种制度漏洞又增加了制度的监督成本。可以说，正是普遍存在的各种形式的制度成本成为我国现阶段综合改革的巨大阻力.

　　②　如果说现代大学制度的建立过程是一个大学的利益相关者不断博弈的过程，同时也是大学的利益相关者不断增加的过程，先后经历了与宗教、政府和市场的博弈的过程；那么，存在于现代大学制度内的现代教师教育制度也是在大学利益相关者博弈中获得发展的。在当代，大学的利益相关者主要表现为三个主体：大学、政府、市场，其中，市场的力量不断增长，大学与市场的矛盾日益突出，现代大学制度博弈中的市场力量日渐壮大，这种博弈对现代教师教育亦产生了重要影响，现代教师教育制度也卷入这种博弈。(朱旭东. 我国现代教师教育制度构建[J]. 北京师范大学学报(社会科学版)，2007(4)：15～20.)

而不恰当的利益博弈则会增加制度成本。

第三，非正式制度因素。包括意识形态、道德习俗在内的非正式制度是影响制度成本的又一重要因素。正式制度的制定、执行、监督等都不可能脱离社会实际生活，必然受到道德伦理、风俗习惯等非正式制度的影响，制度的社会成本、文化心理成本受非正式制度的影响尤为明显。在制度周期中，人无论作为制度的制定者、执行者还是承受者，对制度的内容和形式、结构和功能等都起着决定性作用，制度成本的高低归根到底取决于人；价值观念、伦理规范、风俗习惯等非正式制度可以内化为人的思想和行为，从而影响制度成本。

（二）制度伦理

任何制度背后都有一个伦理取向，有什么样的价值观就有什么样的制度建设。制度功能的发挥、成效的取得都并非自然而然，不仅需要一定的支持保障系统以确保制度的高效执行，还要求制度本身必须是正义而符合伦理道德原则的，即制度本身应该具有合法性、合理性以及道德性。

制度伦理指制度的合法性，既包括制度本身蕴含的实质性价值追求，也包括人们对制度的合理性、正当性进行的道德、价值评价。[①] 制度是否具有道德性及其道德性的程度又被称为制度德性。制度伦理和制度德性都是对制度是否具有合理性、正当性的认识和判断；两者紧密关联，制度本身的道德合理性问题乃是制度伦理的焦点和要害所在。现代社会，正义是制度得以维系的第一要件，对正义的追求是制度本身的德性要求；如果制度本身缺乏正义，民众就会产生抗拒和排斥心理，若迫于压力则很可能采取阳奉阴违的消极行为。

教育制度伦理指教育制度本身蕴含的伦理价值和人们对教育制度蕴含的价值观念以及价值标准的认识和评价。存在于教育机构系统和教育规范系统中的伦理原则也是教育机构系统和教育规范系统本身遵循的伦理规范，因为"教育制度就是政治地安排教育的政策、方案""包括政治地分配教育机会和资源的方式，教育建制的基础原则，对受过教育的人的期望等""教育制度是政治的、价值的、伦理的抉择""教育制度在很大程度上影响着社会成员的自我实现，限制着人们的道德抱负和人生希望""所以，一个社会的各种制度是否为每个人的生活前景开辟了最大的可能性，是否为每个人的独特自我的成长创造了多样性，

---

① 刘复兴．教育改革的制度伦理：教育公平与政府责任[J]．人民教育，2007(11)：2～5．

是否尊重个人的道德自我的发展的自主性，都影响着道德自我的成长"①。同样，公正和正义是教育制度的根本性价值；我国教育界也普遍认同，从制度伦理的角度看，正义原则应该成为我国分配公共教育资源的首要原则。②

早在 20 世纪 80 年代就有学者质疑我国基础教育阶段的重点学校制度，近年来越来越多的教育研究者从公共立场出发，以知识分子的情怀对当前我国各个领域的教育制度进行了独立、清醒的反思与批判，涉及农村教育、义务教育经费及均衡发展、进城务工人员随迁子女就读升学、高等教育成本分担及学费等问题。教师教育领域同样面临制度伦理的考量，单就教师职业资格制度而言，在制度设计中就必须创造性地应对大量的两难困局（如入门性与发展性的关系问题③，全国统一性与地方差异性的关系问题④，制度的规范性与灵活性

---

① 金生鈜.教育正义作为道德教育的必要条件[C]//金生鈜.教育：思想与对话（第 2 辑）.北京：教育科学出版社，2007：59.

② 教育制度设计必须遵循教育公正原则已经成为全社会的基本共识，但是要具体落实这一原则仍有很长的路要走。特别是对于一个教育制度究竟应满足何种价值标准才能达到合理、正当与公正的问题，由于教育主体的多样性，多层次性和主体需要、利益的差异性，不同教育主体对于合理、正当和公正的理解是不同的，自然会提出各种各样的标准。有学者从意大利经济学家费里多·帕累托提出的"帕累托标准"出发，认为一项善的制度应该使所有人的利益受到保障，至少不能损害哪怕部分人的利益。（郅庭瑾.教育管理制度伦理问题研究[J].华东师范大学学报（教育科学版），2006（12）：32～36.）也有的学者从教育公正角度出发，认为教育制度伦理应达到以下标准：第一，增加全社会的教育总量和每个人的受教育量；第二，不减少一人受教育量而增加全社会的教育总量；第三，增加一个人的受教育量而不减少别人的受教育量。（段治乾.试论教育制度伦理公正[J].中州学刊，2004（2）：148～150.）还有学者认为教育制度之善或伦理化的标准是通过形式公正原则和实质公正原则两个方面形成的，教育制度的形式公正原则指的是一种程序公正或规则公正，其首要原则是制度面前人人平等，即一个教育制度对所有的人做到不偏不倚。教育制度的实质公正原则应包括几方面具体内容：第一，个体的基本权利的保证；第二，学习或发展机会的平等；第三，对弱势群体必要的制度跟进与补偿措施；第四，制度评价的育人标准。（郅庭瑾.教育制度分析的伦理视角[J].全球教育展望，2006（11）：50～53.）

③ 教师资格证书若定位为入门性资格，将易于操作并保证制度实施的效率，但只规定教师准入的最低门槛则会降低制度的有效性，一次认定、终身有效的单一合格证书模式并不利于促进教师的专业发展；若定位为发展性资格，能够有助于促进教师的专业发展，但会增加制度实施成本，与制度效率产生冲突.

④ 全国统一的教师资格证书有利于教师的合理流动，能够增强证书的权威性，但会忽视各地教育发展水平的差异性，有违制度公平；若顾及地区差异，则很可能不利于教师流动并降低制度的权威性.

的关系问题①，如何协调教师资格证书的更新速度、要求等与教师个体身心健康及专业认同的关系问题②，以及普遍性与特殊性、静态性与动态性、公平性与效率性、客观中立性与价值有涉性、技术规范性与艺术创造性，等等）。

---

① 根据什么来辨别和评定教师资质？仅仅通过制度规定中的标准和指标吗？有没有情境化、开放灵活的教师资质鉴别和培养机制？我们既需要通过教师资格制度来促进教师专业发展和教育教学水平提高，也需要更加贴近教师实践的支持系统和辅助措施(如开放、平等、进取的学校文化环境，教师相互支持的实践共同体，校本行动研究等).

② 在日本等较早实施教师资格更新制度的国家，过于频繁的证书更新和过于繁重的继续教育加大了教师的专业压力和工作负荷，引发教师不满、教师反抗事件频发，导致制度实效与其初衷适得其反.

第十四章　教师教育政策与法规

　　教育政策与法规①是维系教育生命的关键因素。教师教育是教育事业的
"工作母机"，是我国教育体系的重要组成部分之一；教师教育政策与法规作为
我国教育政策与法规的有机组成部分，在教育政策与法规体系中的地位显而易
见，不仅关涉每位教师的职业生活与专业发展，而且对国家教育事业的发展具
有举足轻重的作用。

一、教师教育政策概述

　　日常生活中，人们频繁地接触各种政策并受到政策的约束、规范，往往将
政府发布的条文、规章、措施等都约定俗成地理解为"政策"。虽然各国对"政
策"的言说古已有之，但将"政策"作为科学研究对象则始于 20 世纪 50 年代兴
起的政策科学。②

（一）政策的内涵、要素与特点

1. 政策的内涵

　　伴随政策科学的蓬勃发展，政策科学界对"政策"一词也出现多元化的理
解。政策科学的创立者拉斯韦尔认为政策是"一种含有目标、价值与策略的大
型计划"，公共行政学的倡导者伍德罗·威尔逊（Woodrow Wilson）认为"政策
是由政治家即具有立法权者制定的而由行政人员执行的法律和法规"③，美籍
加拿大学者戴维·伊斯顿（David Easton）认为"公共政策是对全社会的价值做

----

① "广义的教育政策包含教育法规。狭义的教育法规则是相对于一般教育政策而言的，通常是指
教育法律、法令、条例、规定等的总称……教育政策与教育法规存在着深刻的内在联系，它们之间有
着诸多的一致性和相似性、同时又存在一定的区别。"（张乐天．教育政策法规的理论与实践［M］．上海：
华东师范大学出版社，2002；21～22．）本章取"教育政策"的广义意涵，重点阐述广义的"教师教育政
策"的相关议题．

② 被公认为首先创立政策科学基本范式的奠基性人物、美国著名学者拉斯韦尔（Harold
D. Lasswell）主编的《政策科学：范围和方法的新近发展》一书被公认为政策科学诞生的标志。在拉斯韦
尔看来，政策科学具有跨学科的特性，需要依靠政治学、社会学、心理学等学科知识来确立自己崭新
的学术体系，是需要学者和政府官员共同研究的学问。（陈振明．政策科学［M］．北京：中国人民大学
出版社，1998；5～8．）

③ 伍启元．公共政策［M］．香港：商务印书馆，1989；4．

有权威的分配"①，罗伯特·艾斯顿（Robert Eyestone）认为公共政策是"政府机构和它周围环境之间的关系"②，托马斯·戴伊（Thomas R. Dye）认为"凡是政府决定做的或不做的事情就是公共政策"③。

中国大陆学者对政策（公共政策）的理解不同于国外学者的一个鲜明之处在于强调政党和政府作为政策主体在公共政策中的决定性、主导性地位。例如，《辞海》对"政策"的规范性定义即"政策是国家、政党为实现一定历史时期的路线和任务而规定的行动准则"④。陈振明在其主编的《政策科学》一书中亦将"政策"定义为"国家机关、政党及其他政治团体在特定时期为实现或服务于一定社会政治、经济、文化目标所采取的政治行为或规定的行为准则""是一系列谋略、法令、措施、办法、方法、条例等的总称"⑤。这一定义在强调政党、政府及政治团体作为政策主体的同时，也强调了政策特有的时限性及其构成要素。

在人们的日常观念中，作为政府用以规范、引导和协调有关团体和个人行动的准则或指南的"政策"往往体现为"红头文件"一类的具体文本。"一般的文献总是表面化地把政策定义为规则、社会目标、方案、政府决策、计划、项目，甚至法则、法案等具体文件化的范本……实际上，政策具有不同的深层形态：首先，它是一种政治行动，政策是政府意志的体现。它表征政府想干什么，怎么干，不想干什么，为什么不想干。政策还是一种过程概念，这种过程性表现在政策是政府为达到某一既定目标而采取的一系列可操作的活动。因而它是动态的，并与历史的过去和未来有关。政策还可视为一种权威性的社会价值分配方案。对某一具体政策而言，这种价值分配将在与政策相关的目标群体范围内进行。"⑥

据此，我们可以将"政策"（又称"公共政策"）全面地理解为："从广义上讲，指的是行政决策与法律规定，它是国家政权机关、政党组织及其他社会政治集团为了实现自身所代表的阶级或阶层的利益与意志，以权威形式标准化地对在一定的历史时期内，政府应该达到的奋斗目标、遵循的行动原则、完成的明确

① 张乐天. 教育政策法规的理论与实践[M]. 上海：华东师范大学出版社，2002：19.
② 陈振明. 政策科学[M]. 北京：中国人民大学出版社，1998：57.
③ 袁振国. 教育政策学[M]. 南京：江苏教育出版社，1996：139～140.
④ 辞海编辑委员会. 辞海[Z]. 上海：上海辞书出版社，1980：1465.
⑤ 陈振明. 政策科学[M]. 北京：中国人民大学出版社，1998：59.
⑥ 张金马. 政策科学译丛总序[M]//叶海卡·德罗尔. 逆境中的政策制定. 王满传，等，译. 上海：上海远东出版社，1996：2～7.

任务、实行的工作方式、采取的一般步骤和具体措施所做出的明确规定。从狭义上看，它是除法律条文以外的行政决定，是指国家或者政党为了实现一定历史时期的路线和任务而制定的国家机关或者政党组织的行动准则。"①具体地说，政策是以政府和政党为代表的公共权力机构为了解决公共问题，实现特定政治、经济、文化目标，通过一定程序制定的行动方针、准则等；包括方针、路线、战略、规划、规章、条例、决定、纲要、办法、通知、法律和法规等外显形式以及相应的行动活动策略等动态形式。政策的内涵有三点要义：第一，政策是由权威机构制定的规划或方案；第二，政策具有明确的方向或目标；第三，政策是对社会价值所做的权威性分配。

2. 政策的要素

任何一项政策都具有政策主体、政策客体、政策目标和政策过程四个要素。

第一，政策主体。政策的形成是国家政治或政府权力实现国家意志的过程，政策主体（决策、咨询和参与主体）分为官方主体（国家立法机关、行政机关、司法组织等国家权威机构和政党等政治实体，在我国主要是中央和地方各级党委、各级人民代表大会、政府行政部门）和非官方主体（利益集团、大众传媒、思想库和公民等虽不拥有法律赋予的合法强制力，但可以通过压力、舆论、私人游说等方式介入政策过程并产生一定影响的个人、团体和组织）。

第二，政策客体。政策发生与作用的目标对象即政策客体，包括政策所要处理的社会问题（事）和所要发生作用的社会成员（人）两个方面。公共政策追求主体与客体的统一，政策客体包括政策所要改变的状态、政策直接作用的人或事以及政策所要调节的公众利益等。

第三，政策目标。政策总是为了解决一定的社会问题、为了实现一定的目标，政策目标反映了政策的方向。

第四，政策过程。政策是由一系列行为规范和活动过程构成，既规定目标对象应该做什么，又规定哪些行为受鼓励、哪些行为被禁止等，并要求开展实际行动以实现政策目标。

3. 政策的特点

任何一项政策都具有政治性与权力性、目的性与时效性、规范性与实践性等特点。

第一，政策的政治性与权力性。政策有其特定主体（如国家权力机关、政

---

① 吴遵民. 教育政策学入门[M]. 上海：上海教育出版社，2010：15.

党及其他政治集团、团体和教育行政部门等），政策制定是政府或政党的有组织行为，必然会体现出主体的意志，具有合法性与权威性；因此，政策是一种权威性的价值分配，是价值负载和充满意识形态渗透的政治现象，不可避免地会受到意识形态、阶级观念及政治权力等的影响和制约。针对特定社会问题的一项政策，在形成和实施过程中，该政策的制定者、支持者的立场不同，该政策的结果无疑会是大相径庭的。

第二，政策的目的性与时效性。特定政策总是指向特定目标，又总在特定历史时期内发挥特殊作用。这种鲜明的目的性使政策总是具有明确的时效性。

第三，政策的规范性与实践性。作为行为准则或行为规范的政策有具体的目标人群与作用客体，规定其应做什么或不应做什么、鼓励其做什么或禁止其做什么。政策应具有可操作性，以保证能够实现特定的政策目标；同时，政策又常常具有强制性，人们必须认同或遵守这些行为规范和准则。因此，政策不是凝固的文本，而是具体的策略与行动方案；政策建基于政治的、实践的逻辑，而不是学术的、科学的逻辑，追求的是改变实践而不是单纯揭示规律（当然这并不否认或排斥政策研究中需要运用规律和发现规律）。

（二）教育政策的内涵与特点

教育是国家公共事业，教育政策作为国家公共政策的重要组成，既具有公共政策的共性特点，又具有自身的独特性。

1. 教育政策的内涵

我国学者对"教育政策"的定义表述虽多种多样[①]，但大多从"政策"的内涵演绎而出，认为教育政策是一个政党和国家为实现一定历史时期的教育发展目标和任务，依据党和国家在一定历史时期的基本任务、基本方针而制定的关于教育的行动准则[②]；"教育政策是负有教育的法律或行政责任的组织和团体为实现特定时期的教育目的，在管理教育事业过程中制定和执行的、用以确定和

---

① 例如，教育政策是"政府或政党制定的有关教育的方针、政策，主要是某一历史时期国家或政党的总任务、总方针、总政策在教育领域内的具体体现"（叶澜. 教育概论[M]. 北京：人民教育出版社，1991：148.）；"是一个政党或国家为实现一定时期的教育任务而制定的行为准则"（袁振国. 教育政策学[M]. 南京：江苏教育出版社，1996：201.）；"是一种有组织的动态发展过程，是政党、政府等政治实体在一定历史时期，为了实现一定的教育目标和任务而协调教育的内外关系规定的行动依据和准则"（孙绵涛. 教育政策学[M]. 武汉：武汉工业大学出版社，1997：5.）；等等.

② 在我国，教育政策是国家或政党为实现教育目标而制定的行政准则，它是根据教育面临的形势和任务确定的。因此，不同历史时期有不同的教育政策，中共中央、国务院经常对教育工作联合发布指示、决议、通知，其中关于教育政策方面的内容，既是党的教育政策，也是国家的教育政策.

调整教育利益关系的行为准则"[①]；凡经过实践证明是行之有效的、成熟的教育政策，通过一定的法律程序，可以转化为国家的教育法规。

需要注意，教育政策与教育法律、方针、路线等概念既相联系又相区别。狭义的教育政策在我国是由党中央和中央政府授权的部门或地方政府制定，不经立法程序，对教育机构、个人教育行为都具有指导性，体现一种意向，回旋余地较大，在具体贯彻中常可因人、因事、因条件而异，具有较大的灵活性和弹性[②]；广义的教育政策则不仅包括由各级政府和教育行政部门制定的规章、制度、条例，也包括由立法部门制定的具有法律约束力，可作为司法裁判依据的教育法律法规。

2. 教育政策的特点

教育政策具有公共政策属性，但又不是一般的公共政策；教育事业是以培养人、促进人的发展为核心要旨与终极目标的公共事业，教育政策具有自身的独特性。

第一，教育政策的教育性。教育旨在促进人的发展，在一切与教育有关的活动中，"人是目的"，教育政策也不例外。在教育政策中，"人"及其发展始终应该被置于核心地位；教育政策也应具有"促进人的发展"的独特宗旨，对公共教育资源的分配应是无偿、非营利和"以人为目的"的，这是教育政策与经济政策等其他公共政策的重要区别。教育政策的教育性在于教育政策是对社会教育问题的调解和利益分配，以维护教育活动的正常秩序、保障教育事业的发展为直接目的，以促进受教育者个性化的全面发展为根本宗旨。

第二，教育政策的公益性。教育活动涉及每个人的利益，又直接涉及"人的发展"这一切身利益，公众对教育系统也比对其他社会系统更熟悉，对包括教育政策在内的各种教育活动关注度更高，会更加积极地参与教育政策，使得教育政策的利益格局及利益关系较之其他公共政策更为复杂。教育政策的公益性在于教育政策本身具有公共属性，教育政策具有的强制调节力来源于政府在公共教育中的权责，教育政策需要全体公民的民主参与，站在维护公共教育利益的立场来分配和协调教育利益相关群体间的教育利益以及由此形成的利益关系。公益性是教育政策的基本性质，公益价值是教育政策的应然追求。

第三，教育政策的伦理性。教育政策的本质在于协调与平衡教育改革和发展过程中以教育活动为中心涉及的教育利益，不仅包括经济和物质利益，而且

---

① 范国睿，等. 教育政策的理论与实践[M]. 上海：上海教育出版社，2011：4.

② 顾明远. 中国教育大系：现代教育理论丛编[M]. 武汉：湖北教育出版社，1994：1337.

包括对个体身心和谐发展的机会的分配以及对此发展的权威性认定。[①] 作为一种战略性的准则和权威性的规定，教育政策主要调整两大类关系：一是调整国家、社会、教育和人之间以及不同的人之间的利益关系，二是调整政治利益、经济利益和教育利益的关系。无论哪类关系都涉及利益安排的顺序问题，都需要以一定的原则和标准来合理地划分与协调各个主体和各个领域的利益，这正是伦理的要义所在。教育政策的制定、实施和评价都是在一定的伦理价值基础上展开的，教育政策只有具备一定的伦理价值关怀才能获得普遍效力。伦理性是教育政策的内在品质，也是教育政策实践的现实需要。以人为本、教育公正和坚守公益是教育政策最基本的伦理准则。

第四，教育政策的结构性。教育虽然是一个专门活动领域，但并不是孤立、封闭的体系，而是具有较开放的边界，与其他社会领域相互影响、共同构成社会整体结构；教育政策活动需要从整个社会结构中获取资源，也直接受制于社会形态、政治形势、文化传统、经济水平、知识体系、人才需求等社会结构性因素；教育政策的后果亦会对社会整体结构产生影响（可能有助于维护当前社会结构的稳定，也可能推动或阻碍社会结构的发展变迁）。

（三）教师教育政策的内涵、本质与伦理诉求

教师是教育微观系统的要素，"教师教育是教育事业的'工作母机'"的隐喻亦彰显出教师教育的价值。教师教育政策的品质及其实施成效不仅关系教师教育事业自身发展，而且直接关系到国家教育事业的长远发展。

1. 教师教育政策的内涵

教师教育政策是我国教育政策的重要组成部分，是国家机关、政党及其政治团体在特定历史时期，为实现教师教育发展目标和任务以及解决教师教育发展中存在的问题等，依据党和国家在一定历史时期的基本任务、基本方针以及教育基本政策而制定的、关于教师教育发展的行动准则，属于教育具体政策；包括对教师培养、选拔、任用、考核、培训等层面的规定以及对教师素质、工

---

① 教育政策分配和调整的教育利益，不仅包括分配经费、条件、机会、权利、权力等现实资源的物质性（material）政策，同时，由于教育本身具有传递社会价值、促进社会民主化的功能，与其他公共政策领域相比，教育领域还存在较多分配价值资源的象征性（symbolic）政策，例如，教育政策中经常有对促进社会公平、平等的政策目标的叙述。"出于对教育利益这一教育活动中人们的行为动机的认识与尊重，基于维护并促进教育发展的需要，有必要对人们的教育要求、愿望或需要做出某种确认和调控，通过分配教育利益、调整教育利益关系，满足公共教育需求，确立稳定的公共教育秩序，提高公民的教育质量。"（范国睿，等. 教育政策的理论与实践[M]. 上海：上海教育出版社，2011：9～16.）

资、职称、奖惩及其他福利待遇等方面的要求。[①]

任何教育政策都是一种政治行为，体现国家对教育事业的控制、指挥、协调、监督和引导，是国家确保教育事业为社会发展服务的政治措施之一，是实现教育目的的公共方针及体系，反映国家的需求与导向，同时渗透特定时代和社会的价值取向。同样，教师教育政策是一个政党或国家为实现一定历史时期的教师教育任务而制定的行动准则，对于保障和规范教师教育活动起着重要作用，是引领教师教育发展的方向标。

2. 教师教育政策的本质

教师教育政策的本质表现为教师培养、培训权的分配，诸如谁有权力来培养和培训教师？受教育者究竟应学习哪些知识？谁有权对学习者能够成为教师给予证明？合格的教师教育项目学习者能够或应该在哪一类学校任教？等等。不同国家对这些问题的回答不同，制定的教师教育政策和构建的教师教育体制便不同。回溯教师教育的发展历史，不难发现，19世纪教师教育的争论便主要围绕"应该由什么样的机构来培养和培训教师"。"在许多国家，教堂与国家之间的关系非常紧张；还有的要在各种班长培养模式和师徒培养模式以及试图建立师范学校之间做出选择。""虽然师范学校模式在受法国影响的国家，如阿根廷和巴西的影响比较大，但事实上师范学校模式并不总是占主导地位。"[②]

例如，在英国，20世纪80年代前，政府很少问津教师教育政策；从20世纪80年代末开始，保守党政府开始对教师教育进行前所未有的改革，教师教育成为政府教育政策的核心内容之一，这种变化一方面反映了政府对教育和教师的重视，另一方面也表现了政府对教师培养权的收紧与掌控。传统的教师专业特性是与大学紧密相连的，保守党通过建立一种强调"培训"而非"培养"、重视实践的新模式而从大学手中夺取对教师教育的控制权。20世纪90年代早期，高等教育的课程价值观在教师教育中拥有相当大的影响力，但20世纪90年代中期开始，高等教育机构对教师教育的自治权逐渐受到挑战。1992年，

---

① 目前学术界对教师教育政策的界定不尽相同，例如，"教师教育政策是教育政策的一种。它是指党和国家为了调动教师的积极性，提高教育质量，对教师的要求及待遇方面做出的准则性的规定"（孙绵涛，等. 教育政策论[M]. 武汉：华中师范大学出版社，2002：318.）；又如，"教师教育政策法规是教育政策法规的重要组成部分。广义的教育政策包含教育法规。从层次上看，教育政策可以分为教育基本政策和教育具体政策两类。教师教育政策属于教育具体政策，是指党和国家根据教育基本政策、为解决教师教育问题而制定的具体政策法规的总和"（陈永明，等. 教师教育研究[M]. 上海：华东师范大学出版社，2002：130.）.

② 郭朝红，等. 国家与教师教育[J]. 教育理论与实践，2004(3)：31~34.

教育大臣帕顿正式宣布政府的教师教育改革计划，即"以学校为基地，通过大学与中小学之间建立伙伴关系"；其后一系列政策进一步要求师范生的大部分时间在中小学度过、高等教育机构要为中小学在教师培养上的贡献支付报酬等。政府积极开辟教师培训新途径，如证书教师（Licensed Teacher）计划、条例教师（Articled Teacher）计划、"以学校为中心的教师培训计划（SCITT）"等，鼓励中小学校与大学完全断绝联系而接受政府的直接资助、自行开发教师培训计划。这一系列计划都旨在通过改变教师的专业特性，给予中小学校控制教师培训的权力，转变教师教育过于理论化的倾向，降低大学教授的教育学科知识在教师教育中的作用，同时建构一种与学校的实际生活联系更为紧密的、更重实践的教师专业特性，最终削弱大学在教师教育中的主要作用。此外，为了保证新的教师培养模式能够顺利实施，英国政府还采取新的教师教育管理模式，专门成立教育培训署（TTA）和教育标准局（Ofsted），加强政府对教师教育的控制。在 20 世纪 90 年代早期和中期，教师培训署和教育标准局的主要工作就是与大学的工作对抗，尽管这种教师教育体制遭到大学的抵制，但最终英国形成了"以中小学校为基地"的教师教育模式，此前教师教育体制的多样性和自治性逐步弱化，而中央统一控制性明显增强。

很明显，一系列"以中小学为基地"的教师教育政策的累积效果便是大大限制和削弱了大学在教师教育中的主导地位，使高等教育机构的教师培养权极大地受到削弱，而中小学的权力、地位和作用都得到明显提高。教师教育成为政府与高等教育机构为教师专业特性而进行政治斗争的领域，教师教育政策的政治意涵很明显。

3. 教师教育政策的伦理诉求

教师教育政策建基于公共政策及教育政策，但并非它们的简单演绎，应具有内在的逻辑特质和自身的独特属性。如果说，以教师的发展为核心要旨、追求教师教育的公共性和公益性，同时教师教育政策在效果达成上又具有相当的长期性与艰巨性等是教师教育政策的独特属性的话，那么，这种内在特质的外在表现便是教师教育政策在决策、执行及评价等各个政策环节更应率先地遵循伦理道德规范，以教师的职业幸福为最基本、最重要的伦理诉求。

第一，教师教育政策的公正性。教育政策的制定必须以道德性为前提和基础，政策本身蕴含着伦理追求和道德价值理想；作为现代社会的一种重要理念和价值诉求，公正同样应该成为教师教育政策的基本价值取向和伦理诉求。教师教育政策的公正性指在教师教育政策的制定中应体现公平的原则，即教师教育领域中各种利益的分配、资源的配置都应实现公平、正义，使每一位可能成为教师或已经成为教师的人都能够有平等的机会成为受益人。当今中国社会中，教师教育的发展还极不平衡，东西部间的差距和城乡间的差距仍然巨大，不仅导致诸多难以解决的问题（如教师职业倦怠、大量教师人才流失等），而且必然极大地影响着教育质量和均衡发展。要根本解决这些问题还需从追求公正的教师教育政策入手，建立教师教育资源均衡配置的机制，努力缩小地区间差距，扭转我国教育政策上长期存在的"城市取向"，坚持公共教育资源向中西部等薄弱地区倾斜，逐步缩小城乡间的、区域间的教育发展差距，推动公共教育协调发展，通过教育决策的集体选择，最大限度地整合、平衡各种不同的利益要求，形成一种有效的利益平衡机制，保证绝大多数教师的需要和利益在教师教育政策中得到全面反映。比如，切实提高薄弱地区的教师待遇，保证教师工资能够正常、按时发放；又如，增加薄弱地区教师的在职培训经费和机会，构建薄弱地区教师的终身教育体系等。

第二，教师教育政策的人文性。教育政策应将"育人"作为基本价值取向，教师教育政策的根本目标即在促进教育事业发展的同时充分实现每位教师的个体利益。为此，教师教育政策需要关注和重视"作为'人'的教师"的真实生存状态，对教师抱有合理的角色期望，为社会文化传统中"圣化""神化"的教师形象"祛魅"，保障教师能够真正自由、自觉地张扬主体力量、完善自身素质、提升生命境界。

第三，教师教育政策的科学理性。政策理性要求政策制定者根据完备的综合信息、客观的分析判断，针对许多备选案进行优缺点评估、排定优劣顺序、估计成本效益，预测可能产生的影响，经过充分的比较分析后，选择最符合经济效益的最佳方案。这种追求教育政策活动以最小代价获得具有最大价值政策效果的工具理性的实现，需要价值理性给予必要的支撑和保障。这就要求政策主体中的决策主体、咨询主体和参与主体缺一不可。其中，决策主体是政策主体的核心，一般由党、政府部门的代表者充任，具有一定的权威性；咨询主体一般由学科专家组成，保证政策的学理性；参与主体则主要是政策执行者，发现政策执行中的实际情况，根据反馈信息不断修正政策，以增加其合理性成分。如果缺少咨询主体或参与主体的积极参与，政策理性就要受到损害。因此，教师教育政策活动应转变"受益人缺席"的状态，允许、鼓励包括教师在内的利益相关者积极参与决策，提供条件使其畅所欲言，为政策修正和完善建言献策，使教师教育政策能够体现大多数教师的要求和利益。

总之，教师教育政策只有遵循公正、人道、理性的价值取向和伦理诉求，才能发挥其最大效力，真正成为增加教师职业幸福的手段而非目的。

二、教师教育政策的影响因素

在特定社会环境下、为了促进社会发展而开展的教育政策活动必然会受到国内外各种社会因素的影响，从复杂性思维的视角看，凡影响政策出现、发展、变化的因素皆构成政策环境，主要包括特定国家的政治、经济、文化、人口、科技、教育传统与现实、社会舆论以及世界科学技术的发展趋势、教育的理想追求、国际阶级关系状况、阶级斗争形式反映出的国际局势、各种政治军事集团力量对比的分化和重组等，都会成为一个国家制定政策的重要依据。教师教育政策同样亦是众多因素综合作用的产物，教师教育本身的复杂性甚至使得教师教育政策受各种社会因素影响的程度更大，这也正是教师教育政策复杂性的集中体现。

(一)政治对教师教育政策的影响

任何政策都是阶级意志、利益的集中体现与表达，政策的制定是一种政治行为，教师教育政策也不例外，一个国家的公共政策环境、国内政治发展状况、政治制度与体制改革等都会对教师教育政策产生直接而深刻的影响，尤其表现在以下几个方面。

第一，政府的教育认知。在世界各国无不将教育看作促进国家发展、提升国家实力的背景下，我国亦加强对教师教育的控制，将教师教育作为提升国家竞争力的政策工具。由于中小学教师在人才培养、实现国家教育目的中有举足轻重的作用，世界各国、各界政府根据国家利益至上的价值取向，从关注教师培养数量和提高教师培养质量两个方面制定、调整相应的教师教育政策。即使在自由民主的、非中央集权制的西方国家(如美国、一些西欧、北欧国家)，教师教育政策也在各国政府的教育政策中逐渐从边缘走向中心。[1]

第二，国家的政治体制。任何国家的教育政策在目标、依据、原则、内容等方面都必须与国家大政方针保持一致和协调，教育政策的制定与该国的政治体制、运行机制、行政基础等都紧密关联；同样，政治体制也直接决定教师教育政策的模式、过程、效率等。[2] 我国随着政治制度的不断完善，教育政策也

---

[1] 杨启光. 从边缘进入视域中心：美国联邦政府教师教育政策的发展[J]. 江南大学学报(教育科学版)，2008(4)；27～31.

[2] 例如，西方国家由于多元化的教师教育决策主体往往各自的角色不同、价值观念不同、对教师素质的要求不同等，而对教师教育发展与政策目标的追求亦不同。不同的政党派别、教育部、教师组织、国家科学基金会、劳动部等都会以不同形式或手段左右联邦政府的教师教育政策，导致在教师培养与专业发展等方面的政策充满复杂性，甚至会影响一个国家教师教育政策发展的稳定性、一致性等，给教师教育和基础教育质量都带来负面影响.

在变迁中逐渐民主化、科学化；特别是随着《中华人民共和国行政许可法》的实施，重大决策和重要事项的社会公示、听证和信息公开制度、行政决策问责制等都在逐渐建立；政府自身职能也在不断调整，自身运行规则也在不断自我完善。当代中国政治改革的民主化、科学化走向必将为教师教育政策发展提供良好的政治环境、创造新的发展空间。

第三，政党的政治目标与执政理念。在西方多党制国家，执政党的政治目标和执政理念等亦会对教育政策、教师教育政策产生重大影响。例如，英国是两党制国家，保守党和工党政府轮流上台执政，教师教育政策便深受政党及其政治理念的影响，两个政党的教师教育政策总是与各自更广泛的政治目标紧密联系在一起。①

总之，政治对教育政策、教师教育政策的影响广泛而深远。执政党和政府代表的阶级利益、政治体制、政府对于教育和教师教育事业在国家与社会发展以及个人生活中的地位和作用的认识甚至政局的稳定情况等，都会对政策制定产生重大影响，不仅影响政策目标的确定、方案的选择，而且影响政策的质量和效率。

（二）经济对教师教育政策的影响

任何国家的教育政策制定都是具有选择性的人为过程，不同政策方案往往决定着教育资源在社会中的不同分布，虽然政治因素会影响教育资源的分配方式，导致不同阶级、社会集团及其成员在占有教育资源中的机会、权利等产生差异，但一个国家的教育资源总量还是受到经济状况的极大影响，该国的经济状况会对其公共政策的基本构架、规模、程度、方向以及必要性、可能性、实施效果等产生重大影响。一个国家的经济实力同样是教师教育政策制定和实施的基本物质条件，直接影响教师教育政策问题的提出和方案的选择，因为不是所有的教育问题都能够被认定为政策问题，政策方案选择时也必须考虑经济上的可行性而无法超越本国的经济实力。一项政策无论多完备，若没有国家足够的物质保证，政策就只能是一纸空文；只有从客观经济状况出发，根据需要和可能，才能制定出适合实际的教育政策。②

（三）教育传统与现实对教师教育政策的影响

特定国家、特定时期的教师教育政策与其教育传统和教育现实环境更是息

---

　　①　赵静，等．英国教师教育政策的演变及评析[J]．教育发展研究，2006（2B）：69～73．王颖，等．英国教师教育政策新动向及对我国的启示[J]．教育学术月刊，2009（5）：58～61．

　　②　杨启光．从边缘进入视域中心：美国联邦政府教师教育政策的发展[J]．江南大学学报（教育科学版），2008（4）：27～31．

息相关的。

首先，教育传统对教师教育政策的影响根深蒂固。传统是历史在现实中的积淀，不仅作用于过去而且构成强大的现实力量作用于当下乃至未来。教育传统更是以一种"遗传基因"的作用方式融入教育现实，影响人们的教育观念、价值取向和思维方式。例如，我国"重德"的社会文化和教育传统使得我国各种教师教育政策都以"师德"修养及其培养作为重要目标和内容，非常注重对受教育者提出教师职业道德自觉和理想人格培养等方面的要求。

其次，教育现实对教师教育政策的作用不言而喻。教育现存的问题、矛盾和要求常常是教育政策问题的源泉，教育现有水平又客观地制约着教育政策目标的确定和方案的选择，特别是基础教育师资现状及高等教育发展现状对教师教育政策的影响至深。基础教育的发展以及由此带来的对教师量与质的要求直接推动教师教育政策的嬗变；高等教育的发展也会对教师教育政策产生重要影响。

(四)社会舆论对教师教育政策的影响

社会舆论是反映和表达人民群众愿望和要求的一种形式，是影响教师教育政策的重要中介力量，通过报刊、广播、电视、网络等传媒，将广大群众对教育领域发生或存在的重大问题持有的观点、不满及问题解决的想法、建议等传播开来，使这一大众普遍关心的问题成为全社会关注的热门话题，从而影响教师教育政策问题的认定。

社会舆论的力量往往对政府形成压力，这种压力也是一种动力，能够推动政府采取步骤、措施，将社会舆论反映和关注的热点问题列入政府议事日程，作为优先问题加以解决，在某些特定情况下甚至会产生决定性影响。社会舆论的广泛性又可以为政策制定中的选择提供参考意见和建议，增强政策的可行性。

(五)世界科学技术发展水平对教师教育政策的影响

经济全球化时代，世界科技的发展水平、成就及未来趋势也是影响政策走向的重要因素之一。20世纪八九十年代以来，信息化浪潮席卷全球，当今世界经历的以信息社会为特征的产业革命使世界经济从工业化阶段进入知识化阶段，知识和信息的制造、加工、传播、应用等都成为经济增长最重要的源泉，特别是以计算机网络为核心的现代科学技术的日新月异对社会生活产生了全方位的深刻影响。世界各国为了能够在21世纪全面提高国家的综合实力和国际竞争力，无不将创新人才培养置于显著位置，教师教育政策的改革与发展也愈凸显对教师创新精神、实践能力以及现代信息素养的关注。

(六)全球教育理念与理想追求对教师教育政策的影响

教育理念作为教育的基本观念和信仰倾向，与教师教育政策显然有着紧密关联。教师教育政策自然要以社会、国家秉持的教育理念为导向，教育理念发生变化，政策也必然会随之变化；当代社会发展中，"终身教育""教育先行""教育公平""个性发展"等理念都直接影响着世界各国的教育政策。同样，不同历史时期，教师教育政策的目标设定也明显受到教育理论尤其是对教师职业及其特性、教师知识构成及性质等的认识的影响；有关教师职业和教师教育的专业化理念和终身教育理念对各国教师教育政策的影响最为深刻。在教师专业化要求、终身教育思潮以及提高国力竞争的背景下，世界各国都愈益重视中小学教师教育，制定、实施了一系列新政策，显示出教师教育的新特点和新动向。无论教师职前培养还是在职培训，都努力彰显教师专业品质，致力于将教师教育由职前一次性培养向持续教师整个职业生涯的培养转变。

事实上，对"教师专业化"内涵（教师专业特性）的不同认识也会导致产生不同的政策取向。当今社会，从职业比较的角度看，教师职业还只是一个"准专业"；社会对教师质量的评价更多的是根据教师拥有的学科知识水平来衡量，更关注职前培养中教师学到多少学术性的学科知识，而教师对教学法、教学实践以及影响其教育观念和行为的哲学、历史学、社会学等教育基础知识准备的彻底性和广延性究竟如何，并未受到足够的重视。[①]

三、我国教师教育政策的特点、历史贡献及其完善

特定国家、特定时代的教师教育政策受到该国政治、经济、文化、人口、科技、教育理念以及国际环境、时代特质等众多因素的影响。我国教师教育政策在做出引领教师教育发展的历史贡献中，也呈现出自身的特点，并逐步走向完善。

（一）我国教师教育政策的特点

我国改革开放以来出台的一系列教师教育政策促进了教师教育的观念更新、体制改革和体系调整，表现出明显的体制聚焦性、政府主导性和政治博弈性。

1. 体制聚焦性

20世纪90年代中后期以来，在"全面推动教师教育创新，构建开放灵活的教师教育体系"的政策环境下，我国传统师范教育体系逐渐从封闭、独立、定向型向开放、综合、非定向型转变；"走开放化、专业化、多样化的发展道路，树立质量意识，为创新型人才的培养奠定基础"成为教师教育政策设计的

① 郭朝红，等. 国家与教师教育[J]. 教育理论与实践，2004(3)：31～34. 赵静，等. 英国教师教育政策的演变及评析[J]. 教育发展研究，2006(2B)：69～73.

出发点，并促使教师教育在核心价值导向、教育模式、制度保障体系等方面进行探索。我国教师教育政策更多聚焦于体制，寄希望于通过体制的变革与创新来推动教师教育的发展。[①] 在此政策背景下，体制作为一种执行制度，不可避免地带有控制教师发展的目的性，变"手段"为"目的"，成为政策的直接相关主体，教师反倒成为政策的间接相关主体，在自身发展中陷于受控制的客体地位，其发展充其量只能算作间接受益。政策实施的最终结果却是体制的发展成了制约教师发展的外在约束力，教师教育的问题解决、条件改善等改革与发展议题都被囿限于体制的框架内。教师教育政策的这种体制性特点严重削弱了政策对激励教师的影响力和产生的社会影响力。

2. 政府主导性

由于我国政治体制的特殊性，政府在教师教育政策制定过程中发挥着极其重要的作用。虽然在不同政治、文化、制度等情境中，教育政策经历的过程会有所不同，但大多数教育政策都需经过政策问题认定、议程设立、政策决定、政策表达与合法化等几个阶段，这是政策制定的基本程序；但是，这些阶段的划分是相对的。比如，国家的一些重大教师教育政策往往先由教育部人事司、师范司等各司局提出，在教育部内部亦需经过一系列程序(如确立问题、提出议题、规划与决策等)；而后，当此议案报请国务院通过并送全国人民代表大会审查与批准时，往往又要经历一个从政策议题到政策决策与合法化的过程。而且，不同性质的决策(如简单决策与复杂决策、重大决策与一般决策等)又往往遵循不同的程序或经历不同的过程。我国教师教育政策具有明显的政府主导性，当然，政策制定不是线性过程，而是一个自上而下与自下而上相结合的反反复复的互动过程，我国教师教育政策制定也正在转变自上而下的传统路径。

3. 政治博弈性

一项政策的制定与执行中必然会涉及众多利益者(能够影响组织目标实现或受到组织实现其目标过程影响的所有个体和群体)，任何组织的发展都离不开各利益相关者的投入或参与，最终追求的是利益相关者的整体利益而不仅仅是某些主体的利益。因此，教育政策的制定、执行过程，与其说是理性主义的科学过程(以最小代价取得最优效果)，不如说是博弈、协商的政治过程，是各方利益较

---

① 有研究者通过比较中日两国的教师教育政策，发现中国教师教育政策"围绕体制的中心点，从办学方向、学制建设、教学计划以及领导管理等层面来制定"，日本教师教育政策则"围绕教师的中心，从教师的社会地位、工资待遇、教师素质培养以及教师专业化等层面来制定"。这种"聚焦点"的差异是两国教师政策最大的不同。(周利明，等."聚焦体制"与"聚焦教师"——战后中日两国教师教育政策的比较[J].中国教师，2008(4)：56～57.)

量、权衡、妥协的权力角逐过程。"政策制度经常是非科学、非理性的……教育政策不只是对上层利益做出直接的反应,而最好被理解为'不是反映某一个社会阶层的利益,而是对一个复杂的、异类的、多种成分的组合体做出反应'。"①

在充满政治博弈的过程中,各种社会主体(各党派、利益集团、压力群体等)运用掌握的政治资源,表达其利益要求和愿望,从而影响政府决策,以便在最后的政策结果中,使自己的利益偏好得到优先照顾,实现自我利益的最大化。争斗、妥协的最终结果便是政府决策者运用掌握的政治权力,对各种社会利益需求进行折中和平衡,进行社会价值权威性分配。为此,任何一项教育政策都只是试图改进教育问题而非实现某种理想状态,一项具体政策往往只对一部分人有利而对另一部分人不利。好的政策是对一部分人有利,但不对其他人有害;最好的政策则对最多数人有利,对最少数人有害。"政策形成、分配和执行并没有简单的线性模式,这几乎是一个常识。在此过程的每个层面总是会发生复杂的调整。一项复杂的政策在政策制定过程中总是处于每个群体与外在力量之间,处于它被书写成一个合法性的命令,处于它的分配和在实践层面上的接受程度。"②

协调各方利益需求、坚持多方共赢、有效制衡各种博弈是保证政策取得实效的关键,这要求在政策制定和执行的全过程中,畅通各方利益表达的渠道,使各方利益需求能够合理传达,并且加强政策制定和执行的公开性、透明度,广纳各方建议、接受各方监督与批评,找准利益平衡点,兼顾各方利益相关者,确保政策的科学化、民主化。③

(二)改革开放后我国教师教育政策的历史贡献

改革开放以来,我国社会经历了从计划经济向市场经济,从无所不包、家

---

① 斯蒂芬·鲍尔.政治与教育政策制定[M].王玉秋,等,译.上海:华东师范大学出版社,2003:1.

② 迈克尔·阿普尔.教育的"正确"之路[M].黄忠敬,等,译.上海:华东师范大学出版社,2008:78.

③ 例如,在教师轮岗(又称教师交流)政策中,政府、学校、教师、学生及其家长等众多利益相关者间的博弈对教师轮岗制度提出严峻考验,若轮岗执行不利,新的利益分配不均会产生利益冲突。又如,由于我国教育财政体制的特殊性,义务教育学校教师绩效工资分配政策确定了"以县为主,经费省级统筹,中央适当支持"的原则,但没有具体规定中央、省、地、县四级政府各自在义务教育教师绩效工资中的负担比例及机制,政策执行中必然会出现各级政府间的相互博弈和讨价还价,从而增加政策的信息成本;而且义务教育收益的外溢性使得县级政府缺乏投入积极性,在县级政府的财政投入顺序中,对教育的投入往往居于次要位置。为此,省级统筹应怎么体现?中央又如何适当支持,既能对财政薄弱的县给予必要扶持,又不使具有财政能力的县级政府产生依赖思想?这值得深入探究.

长式的全能政府向公共服务型有限政府，从"人治"向"法治"的历史性转型；伴随社会的快速转型，一系列教师教育政策的出台和完善促进了教师教育观念转变、体制改革和体系完善，使教师教育实现了三个转变：由传统封闭的师范教育体系向多元开放的教师教育体系转变，由职前职后教育分离向职前培养、入职教育与职后培训的一体化的转变，由"老三级"向"新三级"转变，为教育事业做出了巨大贡献。

1. 恢复并巩固了教师教育的地位

1980年，教育部颁布的《关于办好中等师范学校的意见》《关于加强高等师范学校师资队伍建设的意见》以及《关于大力办好高等师范专科学校的意见》等文件对稳定和发展我国师范教育起到了重要作用。随后，《中共中央关于教育体制改革的决定》(1985)、《义务教育法》(1986)、《中国教育改革和发展纲要》(1993)和《教师法》(1993)等都提出要采取措施加强和发展师范教育。到20世纪90年代初，我国教师教育不但从"文化大革命"的满目疮痍中恢复过来，而且取得了巨大进步。虽然2003年开始的对师范生实行全额收费使教师教育受到一定冲击，但2007年5月，国务院讨论通过《教育部直属师范大学师范生免费教育实施办法(试行)》，决定在教育部直属师范大学实行师范生免费教育又使得教师教育的地位得到巩固。

2. 建立了开放的教师教育体系

新中国成立后，受计划经济影响，我国沿用封闭独立的师范教育体制，使得师范院校独揽师资培育的大权；但随着市场经济体制的确立和社会经济的快速发展，封闭、定向的师资培养体制越来越不适应时代要求。在一系列教师教育政策的大力推动下，我国建立了以师范院校为主体、综合大学共同参与的开放型教师教育体系。

原国家教委颁发的《关于基础教育师资和师范教育规划的意见》(1986年)提出："综合性大学和有条件的其他高等院校应把为中等教育培养师资作为一项重要任务""非师范院校也应该根据需要承担培养某些专业课师资的任务"等，是我国建立开放性教师教育体系的政策萌芽。《教师法》第十八条第二款规定："非师范院校应当承担培养和培训中小学教师的任务。"1996年9月，全国第五次师范教育工作会议颁布的《关于师范教育改革和发展的若干意见》指出，"要坚持以独立设置的各级师范院校为主体，充分发挥非师范院校培养培训师资的协同作用"；1998年，第三次全国教育工作会议又进一步提出允许综合大学建立教育学院来培养师资。此后，《关于深化教育改革，全面推进素质教育的决定》(1999)、《关于师范院校布局结构调整的几点意见》(1999)、《国务院关于基础教育改革与发展的决定》(2001)、《关于"十五"期间教师教育改革与发展的意见》(2002)、《教育部 2003 年工作要点》(2003)等都提出鼓励综合性大学举办教师教育，加快了建立开放灵活的教师教育体系的步伐，推动教师教育主体由一元走向多元。

3. 提高了教师专业人才的培养规格

《关于深化教育改革，全面推进素质教育的决定》提出："调整师范学校的层次和布局，建设全面推进素质教育的高质量的教师队伍。"此后，《关于"十五"期间教师教育改革与发展的意见》(2002)提出要积极稳妥、因地制宜地推进各级各类师范院校的布局、层次和类型等方面的结构调整，使我国教师教育的培养规格实现了"老三级"(中等师范教育、高等师范专科教育和高等师范本科教育)向"新三级"(专科教育、本科教育和研究生教育)的发展，有力提高了我国教师的学历水平和专业素质。另外，国家有关部门陆续颁发了一些政策法规，强调要以教育硕士的培养模式来实现教师队伍整体学历水平的提高，如国务院学位委员会颁发的《关于设置和试办教育硕士专业学位的报告》(1996)、国务院办公厅批转的《面向 21 世纪教育振兴行动计划》(1998)、教育部颁布的《关于做好为农村高中培养教育硕士工作的通知》及《关于成立"全国教育硕士专业学位教育指导委员会"的通知》等都有所体现。

在提高培育培养规格的同时，我国教师教育的培养模式也由单一转向多样。目前我国主要存在两类教师培养模式：一是阶段式教师专业化模式，强调学术性与师范性的分阶段培养，学生在第一阶段着重提高学科教育水准，在第二阶段着力促进教师专业发展和提高教育实践能力；二是模块式教师专业化模式，力求改变教师人才培养中学术性与师范性双重滞后的不足，具体通过调整课程结构，适当压缩学科课程内容和教学时数，相应增加教育科学的内容和教学时数，同时注重教育实践能力的培养，以实现教师的学科专业化和教育专业化。

4. 建立了教师专业技术职务和资格制度

《关于中小学教师队伍调整整顿和加强管理的意见》(1983)、《中学教师职务试行条例》(1986)、《小学教师职务试行条例》(1986)等都规定实施中小学教师专业合格证书考试制度，1986 年的《义务教育法》明确"教师应当取得国家规定的教师资格"；《教师法》也对取得教师资格的对象及其条件、标准等做出了明确规定。我国 1994 年开始实施的《教师法》规定，"教师是履行教育教学职责的专业人员"，第一次从法律上确认了教师的专业地位，在教师教育和教师队伍建设史上具有划时代意义。1995 年，《教育法》再次以国家法律的形式明确规定国家实行教师资格制度。1995 年 12 月 12 日，教育部颁发了细化《教师法》有关教师资格条款的《教师资格条例》，提出实施教师资格制度的具体规则，对教师资格的分类与使用、申报教师资格的条件、教师资格考试、教师资格认定等都做了详细规定。1995 年 12 月 28 日，原国家教委又颁发了《教师资格认定过渡办法》的通知，依照《教师资格认定过渡办法》对符合条件的在职、在岗教师资格进行认定。2000 年 9 月颁布了《〈教师资格条例〉实施办法》。上述政策法规构成我国教师资格制度的完整体系，自 2001 年 4 月开始教师资格认定工作全面铺开，整体上提高了中小学在职教师素质，结束了我国中小学教师"无证上岗"的历史，实现了"凭证上岗"的制度化。

建立教师专业技术职务制度和教师资格证书制度标志着我国法定的教师职业许可制度的建立。它是依法管理教师队伍的重要手段，也是吸引优秀人才从教、提高教师队伍素质的根本途径。其意义不仅在于给教师"正名"，更重要的是有助于提升教师的社会地位，促进我国教师专业化发展，提高教师教育质量，是我国教师队伍建设的里程碑，对形成教师准入机制、拓宽教师来源、提高教师整体素质发挥着越来越重要的作用。

5. 加强了教师在职培训与研修工作

我国从 1949 年 12 月第一次全国教育工作会议上明确提出"加强教员轮训和在职学习"的要求以来，教师在职培训工作经历了曲折历程，"文化大革命"期间严重停滞。改革开放以来，我国教师培训工作进入大发展时期。1993 年 10 月，全国人民代表大会通过的《教师法》对教师培训做出详细规定；《教师职务条例及实施意见》《中小学教师进修规定》《教师资格条例》以及《关于加强在职中小学教师培训计划的意见》《全国重点高等学校接受进修教师工作的暂行办法》《面向 21 世纪教育振兴行动计划》等一系列规范教师在职培训的文件相继出台，对中小学和高校教师的在职培训工作做出全面规定。1999 年 9 月，教育部发布的《中小学教师继续教育规定》又从培训内容、类别、组织管理、条件保障、考核与奖惩等方面全面规划了进入 21 世纪后全国中小学教师的继续教育工作。2000 年 3 月颁布的《中小学教师培训教育工程方案》从工程目标、行动计划、基础建设项目和条件保障四个方面对中小学教师在职培训予以规定，并提出"对现有约 1000 万名中小学教师基本轮训一遍"。2002 年的《关于"十五"期间教师教育改革与发展的意见》提出要认真做好基础教育新课程的教师培训工作，要求中小学教师在实施新课程前都要接受培训，做到"先培训，后上岗；不培训，不上岗"。2010 年颁布的《国家中长期教育改革和发展规划纲要（2010－2020 年）》在第十七章"加强教师队伍建设"中提出要提高教师业务水平，"完善培养培训体系，做好培养培训规划，优化队伍结构，提高教师专业水平和教学能力。通过研修培训、学术交流、项目资助等方式，培养教育教学骨干、'双师型'教师、学术带头人和校长，造就一批教学名师和学科领军人才"。

以上这些政策的制定和执行不仅大大完善了我国中小学教师进修制度，而且促进了教师队伍管理的规范化，加速了我国教师培训的法制化进程。教师在职培训也由定点化转向网络化。改革开放前，我国教师的职后培训通常由县级教师进修学校和地、省级教育学院等定点培养；经过 30 年努力，教师在职培训建立了专门机构与普通高校共同承担任务的体制。全国基本形成 2 个国家级高校教师培训中心、6 个大区培训中心和 31 个省级培训中心的三级高师培训体系，中小学教师培训也形成省、地、县、乡、校五级培训网络。中央还在全国启动建设 50 个职业教育教师培养培训基地，其中 35 个基地建立在普通高等学校，其余建在中等职业学校。普通高校设立的继续（成人）教育学院（教育处）也承担教师在职培训任务。

此外，原先主要从事教师在职培训的教育学院也开始进行结构性调整。一部分教育学院或者并入高等师范院校或综合性地方院校，或者改名为"高等师范专科学校"，还有的省级教育学院改名为"某（省）第二师范学院"。一部分教师进修学校与教研、电教等机构进行资源整合，形成上挂高师院校、下联中小学校，具有"多功能、广覆盖、大服务"特点的县区级教师学习与资源中心，成为教师培训组织管理中心、教师远程培训的节点、联系高师院校与中小学的桥梁，理论与实践联系、转化与相互促进的纽带，推动了教师职前教育与职后培训的一体化发展。

当然，我国教师培训政策仍然存在不足和问题，直接困扰甚至阻碍中小学教师在职培训的发展进程。借鉴发达国家中小学教师在职培训政策的新动向、新特点，客观分析我国相关政策存在的主要问题，进行政策调整。

6. 增强了教师教育政策法规制定的研究性与合作性

教师教育的健康发展有赖于正确的决策，而正确决策很大程度上又依赖于对政策法规的充分研究。曾几何时，我国教育研究者将教育政策置于研究视野之外，教育决策者也未将政策与研究相互联系；但改革开放三十多年来，教育决策者的研究意识和教育研究者的政策意识都逐渐增强并有机交融，"在教育领域'没有研究的政策不可能成为好政策''不关心政策应用的研究不可能成为有价值的研究'的理念，正成为越来越多人的深刻理念和价值追求"[①]。教师教

① 袁振国. 中国教育政策评论(2002)[M]. 北京：教育科学出版社，2002：356.

育法规政策制定中研究性、合作性的增强扭转了教师教育法规政策制定的随意性，有力推动了教师教育决策的科学化、民主化、绩效化进程和教师教育的健康发展。

教师教育决策者的研究意识具体表现为在从教师教育政策的课题确定、决策到政策执行、评估、反馈的全过程中，始终尊重教师教育研究者的独立研究，并以"旁观者"的心态审视自己参与制定的政策，尽可能保持价值中立。越来越多的教师教育研究者也逐渐增强了将学术研究成果转化为政策应用的意识，积极开展有现实针对性、致力于解决现实问题的应用研究，并不断提高研究成果的转化率。由此，我国教师教育政策法规从零散到系统、由片面到全面、由宏观到微观不断发展。当然，不同历史时期的教师教育使命不同，教师教育法规政策的侧重点也不尽相同。这些教师教育政策法规在规范和保障我国教师教育方面发挥了重大作用，很好地促进了教师教育的健康发展。当然，我们也要看到我国的教师教育法规政策仍未构成完整体系，相对繁多和杂乱，"头痛医头、脚痛医脚"式的"补充规定"依然不少，面对层出不穷的现实问题仍表现出一定的滞后性，需要加强对教师教育政策的系统研究。

总之，在新的历史时期，我国教师教育政策发展出现了新的动向：促进教师教育标准体系建立、创新教师教育体制、改革和完善教师教育管理制度、促进教师教育国际化、促进教师教育公平等将是其发展的趋势，最终目的是建立与社会经济和教育发展相适应的现代教师教育体系、满足人民群众对优质教师和教育的需求。

[相关链接 14-1]　新中国成立以来的重大教师教育政策与法规[①]

1950 年 1 月 17 日：教育部发布《关于改革北京师范大学的决定》。

1950 年 5 月 19 日：教育部颁发《北京师范大学暂行规程》（这是新中国成立后制定、颁布的第一个有关高等师范教育的法令性文件）。

1951 年 8 月 27 日～9 月 11 日：为了规范和发展新中国的师范教育，教育

---

① 1949 年 9 月 21～30 日召开的中国人民政治协商会议讨论通过了《中国人民政治协商会议共同纲领》，其中的第五章"文化教育政策"明确规定了中华人民共和国的教育性质和任务（"中华人民共和国的文化教育为新民主主义的，即民族的、科学的、大众的文化教育"），成为新中国教育的总政策和基本政策。遵循这一基本政策的原则与精神，中央人民政府及教育部在新中国成立初期，从恢复与发展教育事业的需要出发，又着手制定、颁布了若干重要而且相对具体的教育政策，主要表现在两个方面：一是制定了关于恢复学校教育的政策（接管原由国民党政府举办的公立学校和整顿、接管私立学校）；二是制定了关于调整高等学校院系的政策（在院系调整的指导思想下，独立设置的师范教育体系得以确立）。这里着重介绍新中国成立后的重大教师教育政策与法规（包括与之相关联的重大事件）。

部主持召开新中国成立后的第一次全国初等教育和师范教育会议。会议明确了师范教育的工作方针，讨论和解决了中等师范学校的学制、教学计划和高等师范学校、中等师范学校的设置等问题，颁布了《师范学校暂行规程(草案)》以及幼儿师范学校、初等师范学校(招收高小毕业生的师范学校)、师范速成班的教学计划等一系列指导师范教育的政策和文件。

1951年10月1日：中央人民政府政务院颁布《关于学制改革的决定》，规定师范学院的修业年限为4年。

1952年7月16日：教育部颁布《关于高等师范学校的规定(草案)》和《关于大量短期培养初等及中等教育师资的规定》。

1952年9月30日：教育部发布《关于中小学教师进修问题的通报》，建议承办教师进修学院、函授师范学校和教师业余学校，建立系统的教师进修制度，开始重视教师在职培训、继续教育问题。

1953年9月27日~10月6日：在北京召开新中国成立后的第一次高等师范教育会议，会议历时20天，会议确定了高等师范教育的方针、任务，明确了高等师范院校教学改革方针和步骤，讨论了高等师范院校的教学计划和师资培训、教材编译等问题。

1953年12月11日：中央人民政府政务院发布《关于改进和发展高等师范教育的指示》(这是一项指导和规范高等师范教育发展的重要政策)。

1954年2月8日：教育部颁发试行《高等师范学校培养助教暂行办法》《高等师范学校培养研究生暂行办法》《高等师范学校教师进修暂行办法》三个文件草案。

1956年3月23日~4月4日：第二次全国高等师范教育会议在北京召开。会议讨论了高等师范教育的十二年规划。

1960年4月23日~5月2日：教育部在河南新乡市召开师范教育改革座谈会。会上出现"取消教育实习，高师可与综合大学合并"等观点，引起争论。

1961年10月25日~11月13日：教育部在北京召开全国师范教育会议，初步总结了新中国成立后师范教育的经验、教训，并针对1960年4月~5月在河南新乡座谈会上出现的争论，进一步明确各级师范学校的培养目标，确定了高等师范教育的基本任务、培养目标和教学计划，强调"师范院校是培养师资的主阵地""'面向中学'的特点不能取消"；会议还讨论、制定了《三年制中等师范学校教育计划(草案)》和《中等幼儿师范学校教育计划(草案)》；会议对高等师范教育中的一些原则性问题，如为什么要办高等师范学校、高等师范学校要不要开设尖端专业、高等师范学校要不要培养科研人才等问题，进行了认真讨论。

1977年8月8日：邓小平在科学和教育工作座谈会上的讲话中指出"要加强师资培训工作""要请一些好的教师当教师的教师""要把师资培训列入规划""要提高教师的水平，包括政治思想水平、业务工作能力以及改进作风等"。

1978年4月22日～5月16日：全国教育工作会议召开。邓小平在会议讲话中指出"教育战线任务愈来愈重，各级教育部门不能不努力提高现有教师队伍的教学能力和教学质量"。

1978年10月12日：教育部发布《关于加强和发展师范教育事业的意见》，强调大力发展和办好师范教育事业、加强教师队伍建设。

1978年10月：经国务院批准，教育部和国家计委颁发《关于评选特级教师的暂行规定》，对特级教师的评选对象、业务条件和政治条件、评选比例和办法等做出规定。

1980年2月12日：第五届全国人民代表大会常务委员会第十三次会议通过《中华人民共和国学位条例》（这是新中国第一部经全国人民代表大会常委会通过的专项教育法规），规定学位分学士、硕士、博士。

1980年6月15日～6月28日：全国师范教育会议在北京召开。会议明确了师范教育的工作方针、基本任务，确定我国三级师范教育体系以及各级师范院校的培养目标是——高等师范本科学校培养高中教师，高等师范专科学校培养初中教师，中等师范学校培养小学师资和幼儿园师资。此后，教育部先后颁发了《关于加强师资队伍建设的意见》《关于大力办好高等师范专科学校的意见》《关于办好中等师范学校的意见》《中等师范学校规程（试行）》《中等师范学校教学计划（试行草案）》《幼儿师范学校教学计划（试行草案）》等文件。

1984年10月13日：教育部、全国教育工会联合颁发《中小学教师职业道德要求（试行草案）》。

1985年1月21日：第六届全国人民代表大会常委会第九次会议通过了国务院的建议，决定每年的9月10日为教师节。

1985年5月29日：《中共中央关于教育体制改革的决定》正式发布（这是我国20世纪80年代中期到90年代初期的教育发展纲领性文件，要求"把发展师范教育和培训在职教师作为发展教育事业的战略措施"）。

1985年11月20日～11月26日：全国中小学师资工作会议在北京召开，这是新中国成立后的第一次全国性师资工作专门会议。

1986年2月21日：国家教委下发《关于加强在职中小学教师培训工作的意见》。

1986年3月10日：国家教委下发《关于基础教育师资和师范教育规划的意见》。

1986年3月26日：国家教委提出《关于加强和发展师范教育的意见》。

1986年4月12日：第六届全国人民代表大会第四次会议通过《义务教育法》（此法由1986年4月12日中华人民共和国主席令第三十八号公布，并于1986年7月1日起施行），其中第18条规定"国家采取措施加强和发展师范教育，加速培养、培训师资""国家建立教师资格考核制度，对合格教师颁发资格证书"[①]。

1991年8月13日：国家教委、全国教育工会正式颁布《中小学教师职业道德规范》。

1992年10月26日：国家教委发布《教师和教育工作者奖励暂行规定》，提出"全国优秀教师""全国优秀教育工作者""人民教师""全国教育系统劳动模范"每两年评选一次。

1993年2月13日：中共中央、国务院印发《中国教育改革和发展纲要》，其中提出"师范教育是培养中小学师资的工作母机"。

1993年10月31日：第八届全国人民代表大会常务委员会第四次会议通过《教师法》。我国教师从此有了自己的专门法，《教师法》为我国教师教育的发展提供了强大的法律基础。

1995年3月18日：第八届全国人民代表大会第三次会议通过《教育法》，其中规定"国家实行教师资格、职务、聘任制度，通过考核、奖励、培养和培训，提高教师素质，加强教师队伍建设"。

1995年12月12日：国务院颁布《教师资格条例》。

1995年12月28日：国家教委发出关于实施《教师资格认定的过渡办法》的通知。

1996年9月9日～9月12日：全国师范教育工作会议在北京召开。

1996年12月5日：国家教委发出《关于师范教育改革和发展的若干意见》。

---

① 20世纪80年代中期，随着依法治国方针的确立，我国开始根据教育事业发展的需要，将经受了实践检验并日趋稳定、成熟的教育政策不断上升为教育法律、法规，在《义务教育法》颁布后，我国又先后出台了《中小学教师考核合格证书试行办法》《关于提高中小学教师工资待遇的通知》《高等学校教育系教育专业改革的意见》《关于中小学教师职务聘任工作的几点意见》《关于开展小学教师继续教育的意见》等文件。教育事业发展开始纳入依法治教的轨道，教育立法工作受到重视，这一时期也成为相对成熟的教师教育政策上升为教师教育法律、法规的重要阶段。（张乐天．教育政策法规的理论与实践[M]．上海：华东师范大学出版社，2002：8.）

1997 年 8 月 7 日：国家教委和全国教育工会颁布重新修订的《中小学教师职业道德规范》，新规范包括依法治教、爱岗敬业、热爱学生、严谨治学、团结协作、尊重家长、廉洁从教、为人师表八个方面。

1998 年 8 月 29 日：第九届全国人民代表大会常务委员会第四次会议通过《中华人民共和国高等教育法》。

1999 年 1 月 13 日：国务院批转教育部 1998 年 12 月制定的《面向 21 世纪教育振兴行动计划》，提出"落实科教兴国战略、全面推进教育的改革和发展，提高全民族的素质和创新能力""实施'跨世纪园丁工程'，大力提高教师队伍素质"①。

1999 年 3 月 16 日：教育部印发《关于师范院校布局结构调整的几点意见》，提出重组师范教育资源，调整学校布局，逐步提高层次结构重心，提高教师培养、培训质量和效益。

1999 年 6 月 13 日：中共中央、国务院颁发《关于深化教育改革，全面推进素质教育的决定》（这是面向 21 世纪的重要教育政策文献，全面推进素质教育成为新时期教育改革与发展的总纲领、总目标），提出要加强和改革师范教育，鼓励综合性高等学校和非师范类高等学校参与中小学教师的培养、培训工作，全面实施教师资格制度、完善教师职务聘任制，并且规定了高素质教师队伍应具有的六项标准②。

1999 年 9 月 13 日：教育部发布《中小学教师继续教育规定》。

2000 年 9 月 23 日：教育部发布《〈教师资格条例〉实施办法》，正式启动教师资格制度的全面实施。

2001 年 5 月 29 日：《国务院关于基础教育改革与发展的决定》（这是指导 21 世纪基础教育改革与发展的又一重要政策文献）提出"完善教师教育体系，深化人事制度改革，大力加强中小学教师队伍建设""完善以现有师范院校为主体、其他

---

① "教育振兴行动"由"六大工程"（跨世纪素质教育工程、跨世纪园丁工程、跨世纪高层次创造性人才工程、"211"工程、现代远程教育工程、高校高新技术产业化工程）组成，每一项工程都包括特定的政策目标、方案与要求，体现了中国面向 21 世纪教育改革和发展的战略与思路、目标与追求.

② 这六项标准是：热爱党，热爱社会主义祖国，忠诚于人民的教育事业；树立正确的教育观、质量观和人才观，增强实施素质教育的自觉性；不断提高思想政治素质和业务素质，教书育人，为人师表，敬业乐生；有宽广厚实的业务知识和终身学习的自觉性，掌握必要的现代教育技术手段；遵循教育规律，积极参与教学科研，在工作中勇于探索创新；与学生平等相处，尊重学生人格，因材施教，保护学生的合法权益.

高等学校共同参与、培养培训相衔接的开放的教师教育体系"。

2001年6月8日：教育部印发《基础教育课程改革纲要(试行)》。

2004年11月12日：教育部印发《关于启动新一轮民族、贫困地区中小学教师综合素质培训项目暨新课程师资培训计划(2004—2008年)的通知》，提出"坚持以教师发展为本，面向全员，突出骨干，倾斜农村，促进综合素质培训项目的协调发展"。

2006年2月24日：教育部印发《关于大力推进城镇教师支援农村教育工作的意见》，提出"积极鼓励并组织落实高校毕业生支援农村教育工作"。

2006年6月27日：全国中小学人事制度改革座谈会上明确提出"建立教师绩效工资制度"。

2007年5月9日：国务院办公厅转发经国务院同意的由教育部、财政部、中央编办(中央机构编制委员会办公室)、人事部联合制定的《教育部直属师范大学师范生免费教育实施办法(试行)》，决定在教育部直属师范大学实行师范生免费教育，旨在"进一步形成尊师重教的浓厚氛围，让教育成为全社会最受尊重的事业""培养大批优秀的教师""提倡教育家办学，鼓励更多的优秀青年终身做教育工作者"。

2008年12月31日：根据国务院《关于义务教育学校实施绩效工资的指导意见》，教育部颁发《关于做好义务教育学校教师绩效考核工作的指导意见》，决定自2009年1月1日起实施义务教育学校教师绩效工资分配政策。

2010年7月29日：先后经国务院常务会议(2010年5月5日)和中共中央政治局会议(2010年6月21日)审议并通过的《国家中长期教育改革和发展规划纲要(2010—2020年)》正式全文发布。这是中国进入21世纪后的第一个教育规划，是今后一个时期指导全国教育改革和发展的纲领性文件，主要内容包括——推进素质教育改革试点、义务教育均衡发展改革试点、职业教育办学模式改革试点、终身教育体制机制建设试点、拔尖创新人才培养改革试点、考试招生制度改革试点、现代大学制度改革试点、深化办学体制改革试点、地方教育投入保障机制改革试点以及省级政府教育统筹综合改革试点等方面。

2011年1月6日：教育部印发《关于大力加强中小学教师培训工作的意见》，提出"围绕教育改革发展的中心任务，紧扣培养造就高素质专业化教师队伍的战略目标，以提高教师师德素养和业务水平为核心，以提升培训质量为主线，以农村教师为重点，开展中小学教师全员培训，努力构建开放灵活的教师终身学习体系，加大教师培训支持力度，全面提高教师素质"。

2011年10月8日：教育部召开全国教师教育课程改革工作会议，印发《关于大力推进教师教育课程改革的意见》和历时7年研究与论证通过的《教师教育课程标准(试行)》。

2012年2月10日：教育部印发《幼儿园教师专业标准(试行)》《小学教师专业标准(试行)》和《中学教师专业标准(试行)》。

2012年8月20日：教育部印发《国务院关于加强教师队伍建设的意见》，明确提出要"完善教师专业发展标准体系。根据各级各类教育的特点，出台幼儿园、小学、中学、职业学校、高等学校、特殊教育学校教师专业标准，作为教师培养、准入、培训、考核等工作的重要依据；制定幼儿园园长、普通中小学校长、中等职业学校校长专业标准和任职资格标准，提高校长(园长)专业化水平；制定师范类专业认证标准，开展专业认证和评估，规范师范类专业办学，建立教师培养质量评估制度"。

2012年11月8日：《教育部、国家发展改革委、财政部关于深化教师教育改革的意见》印发，提出要"深化教师教育改革，推进教师教育内涵式发展，全面提高教师教育质量，培养造就高素质专业化教师队伍"。内容包括——构建开放灵活的教师教育体系、健全教师教育标准体系、完善教师培养培训制度、创新教师教育模式、深化教师教育课程改革、加强教师教育师资队伍建设、开展教师教育质量评估、加强教师教育经费保障等方面。

2013年8月15日：教育部印发《中小学教师资格考试暂行办法》和《中小学教师资格定期注册暂行办法》，旨在确保中小学教师资格考试和定期注册改革扩大试点工作平稳顺利实施。为了提高教师职业准入门槛、保障教师队伍质量，我国于2015年开始在全国推行中小学教师资格国家考试，体现"质量至上、能力为本"的价值取向，从三个方面保证未来教师的质量。一是普遍提高申请人学历要求，要求必须是普通高等学校的学生，保障了资格证获得者的基本素质；二是从"省考"升级为"国考"，全国统一考试将更加严格、规范；三是取消师范毕业生自然认定教师资格的规定，师范生和非师范生实行同一标准的全国统一考试，打破教师行业原先对师范系统的保护壁垒，使教师市场更加开放与公平，从而能吸纳更多的优秀人才进入教师行业。

(三)我国教师教育政策的完善

改革开放三十多年来，我国教师教育政策在引领教师教育发展上做出了历史贡献，取得了巨大成就，呈现出自身的一些特点，也依然存在诸多不足，需要加以完善和发展。

1. 坚持教师教育政策的伦理追求

教育政策是国家意志和价值选择的体现。任何价值活动的出发点都旨在体现主体的利益或需要，特定主体都会基于自己的价值观念，在面对或处理各种矛盾、冲突或关系时秉持特定的基本立场、态度。教育政策的价值包括外在价值和内在价值两个层面。[①] 教师教育政策的价值取向即教师教育政策主体在制定教师教育政策过程中价值选择的总的趋势和价值追求的一贯倾向，具体表现为用什么样的价值标准，确立什么样的价值目标去制定什么样的教师教育政策以及又如何去寻求、确认、实现、创造和分配价值。作为教师教育政策的制定者，国家是教师教育价值取向中的主体，必然会对作为客体的教师教育的方向及其内容有所选择或取舍，在不同历史时期和条件下，对教师教育有着不同期待与要求，其规定的目标与手段也就必然有所不同。[②] 教师教育政策伦理是和谐社会伦理意蕴在教师教育政策中的延展，也是和谐社会伦理意蕴的重要成分，只有秉持伦理精神的教师教育政策才能增进和丰富和谐社会的伦理意蕴，我国教师教育政策的价值追求应集中体现为凸显教师教育政策的伦理精神。[③]

第一，扭转工具性，复归本体性。任何一项政策都可能具有本体性价值与派生性价值，前者具有内生的发展性，后者则具有外在的指向性和工具性。教师教育政策亦然。迄今为止，我国大部分教师教育政策还具有明显的工具性倾向。从政策话语的表述上看，政府出台教师教育政策的目的大多数仍然是旨在提高教师职业的吸引力，促进教育事业的发展。教师教育政策的工具化倾向极

---

① 外在价值指教育政策指向国家教育活动方向和教育发展目标，是协调教育与政治、经济、文化间的矛盾表现出的价值关系，体现国家功利主义价值内涵，蕴含社会性的价值取向；内在价值则指教育政策重在协调教育内部关系，解决教育自身生存和发展的应然目的与实然状况间的矛盾，最终实现受教育者的全面、自由、和谐发展。"以人为本""促进人的发展"是教育政策内在价值的核心。（吴遵民，等．我国 30 年教师教育政策价值取向的嬗变与反思[J]．杭州师范大学学报（社会科学版），2011（4）：93～100．）

② 改革开放以来，我国教师教育政策在价值取向上的变化与趋势集中表现在从工具本位向教育本位的移行、从阶段性到整体性的转换、从一元化向多样性的走向以及从效率到均衡的提倡等方面。（吴遵民，等．我国 30 年教师教育政策价值取向的嬗变与反思[J]．杭州师范大学学报（社会科学版），2011（4）：93～100．）

③ 一个国家的公共政策本质上是对社会价值做出的权威性分配，教师教育政策亦是国家公共权力对教师教育资源、利益所做的权威性分配。对教师教育政策进行伦理追问与道德考量以凸显政策的伦理精神成为当代中国和谐社会建设及我国教师教育发展必需的价值追求；公共权力部门在分配教师教育有限资源、利益时必须秉持基本伦理准则，对"怎样分配才是公正的"等政策价值性问题首先做出回答．

易造成教师教育政策执行中出现失真、虚化、搁置等不良状况，导致教师权利得不到真正意义上的享有。未来教师教育政策应加强对教师受教育权利及其相关利益、资源等的权威性合理配置，彰显教师教育政策的本体性价值，指向教师受教育权益的实现、保障与维护，妥善处理好教师教育政策的本体价值与工具价值的关系，复归教师教育政策的教师专业发展权利。教师教育政策制定与执行都应以尊重和实现教师专业发展权利为逻辑起点和终极目标，同时注重本体价值与工具价值的有机结合。

第二，弱化精英性，增进民主性。虽然由于意识形态、文化传统、政治模式、经济发展水平以及社会制度等差异，我国精英决策模式与西方国家有着本质不同，但精英决策一直是中国政治的显著特征。当前我国教师教育政策也存在一定的精英化倾向，精英模式仍占据主导地位。为改变政策决策中的精英化倾向，需建立、健全广大普通教师的利益表达机制与民主参与制度，应充分尊重广大普通教师作为核心利益相关者的权利，决策中应确立利益相关者参与原则，即教师教育专家、政策分析专家、公务员、教师教育机构领导、师范生代表、中小学校校长、教师代表、社区代表以及中小学生及其家长代表等各个方面均应有代表参与，广大教师是不可或缺的核心参与者。由于所有教师直接参与教师教育政策决策不现实，更需努力拓展、挖掘教师利益表达的广度和深度，可以通过信函、邮件、热线电话等渠道广泛征求教师意见，努力做到教师个体利益表达与组织利益表达相结合，建立、健全教师工会、教师协会等教师专业组织机构，完善教师组织利益表达的功能与机制。

第三，淡化城市化，体现均衡化。由于长期以来我国社会城乡二元结构对教育的影响，政府在涉及教师职前培养、入职教育、职后培训等教师教育资源的配置与利益调整中，也更多是立足城市、优先发展城市的教师教育，以充分利用有限资源、在短期内获得最大收益，为教育发展奠定师资基础。但是，这在客观上造成了一定程度的教师教育政策"城市中心"和"去农村化"倾向。城市化倾向的教师教育政策对城乡教师教育资源配置失衡问题产生重大影响，乡村教师教育的严重被边缘化导致乡村基础教育严重滞后于城市基础教育。这虽然是特定历史阶段教师教育政策后果的延续，不可苛求，但面对中国社会民主进程的发展和和谐社会的建设，未来教师教育政策应着重加强对城乡教师教育均衡发展的导向和规划。首先，需要确立农村教师教育在教师教育优先发展战略中的先行战略地位。教育优先、教师教育优先、农村教师教育优先，都应成为全社会的共识，并在资源、利益的配置中得到政策保障。依循差别、补偿等政策伦理准则，乡村教师教育更应得到政策的支持和一定程度的倾斜，大幅度提高乡村教师的利益享有。其次，在教师职前培养中，教师教育政策研究有必要在正在实施的部属师范院校免费师范生教育政策、农村学校教育硕士师资培养计划等基础上，深入探索与乡村教师定向培养相关联的一系列政策（如国家如何在学位授予、经费资助、就业安排等方面给予倾斜性的支持），进一步扩大现有政策的辐射作用，如免费师范生教育政策在地方师范院校的推广、农村学前教育师资培训计划等。此外，在职教师培训中，应充分发挥校长、骨干教师在教师教育中的引领作用，利用教研室、学科组机构载体进行校本培训，设立专项经费支持农村教师专业发展，进一步完善师范生农村学校顶岗实习制度，为农村教师继续进修排除教学任务上的后顾之忧等。

第四，规避片面专业性，彰显全面素养性。迄今为止的教师教育政策对教师教育内容的规定大多集中于专业知识的学习和师范技能的训练，关于教师人文素养的教育内容相对薄弱，并相对忽视对教师创造性的培养。① 众所周知，教师面对的是有生命的个体，教师的使命是"用生命影响生命"；但当教师失去其主体意识与应有的使命感而演变为一种训练工具时，随之对待学生的方式也会变得工具化，无形中造成对学生生命活力的削弱与抹杀。虽然 2002 年，教育部的《关于"十五"期间教师教育改革与发展的意见》中即首次提出了"教师专业发展"的理念，其后的政策文本中也数次出现过要"促进教师专业发展和构建终身学习的现代教师教育体系"及"提高教师专业水平"等语词，但对教师作为生命个体的尊重与关怀却限于口头而非落在实处，对"教师专业发展"的终极目标、内容、评价标准及其理念、立场等，都少有明确表述和阐释；致使实践中的教师专业发展在某种程度上偏离了激发教师自我成长潜能的初衷和方向，片面将其理解为增加教师知识、技能的工具行为。这要求今后的教师教育政策应努力彰显对教师专业自主权和全面素养提高的关怀。

2. 规范、健全各项教师教育政策、法规和制度

第一，立法规范相关教师教育突出问题。比如，真正意义上的教师教育一体化需要尽快以政策法规的形式加以规范和促进。又如，教师社会地位的法律界定需要教师教育政策加以完善。再如，面对开放的教师教育市场，需尽快建立、健全和实施一系列教师教育专业制度并得到政策保障，才能使我国教师教

---

① 王晓莉，等 . 期望中的教师专业性：政策文本分析的视角[J]. 教育发展研究，2009(2)：55～58.

育获得良性循环和可持续发展。①

第二，增加利益相关者参与政策制定的机会。教师教育政策法规的制定涉及众多利益群体，每一项政策法规的规划、审定、出台、执行都应听取这些利益相关者的诉求，才能保证政策法规得以顺利推行并取得预期成效。由于我国民间教育组织数量少、尚不成熟等，如何在教师教育政策制定中最大范围地吸取利益相关者的意见，值得深入探讨。

第三，加大教师教育政策执行及其监控力度。政策执行的有效与否事关政策的成败。"教育政策绝不是一种凝固的文本，而是具体的教育策略与行动方案。教育政策最重要的事情莫过于政策行动。"②我国集权制的教育管理体制模式便于政令畅通，但也容易导致政策执行过程中某种程度的盲目性和机械服从性，缺少对政策实施可行性的研究而出现政策执行偏离政策目标或违背政策原有精神内容等；政策的执行监控也明显不足（例如，国家权力机关监督的法律效力远远不足，有法不依、执法不严、违法不究的现象依然存在），对包括教育行政管理部门在内的有关行政机关的权力行使状况缺乏强有力的监督。在制定教师教育政策法规时，要明确政策的执行主体、执行步骤、有关要求和保障措施等，有必要严格教师教育政策法规的执行程序，切实做到"有法必依""执法必严"，严格依据政策目标，严格遵循政策执行的基本方案与原则，充分调动政策资源，激活政策执行的各功能要素，避免政策执行过程中出现"偏离""缩水"等现象，提高教师教育政策执行机关的素质，加大教师教育政策的执行力度，保障教师教育政策的顺利实施，充分发挥教师教育政策应有的效果和作用。

第四，规范教师教育政策评价。教育政策评价是依据一定的价值标准，对教育政策运行的全过程进行系统、综合的分析与判断，总结政策运行的成绩与经验，揭示存在的问题与不足，从而为修订和完善教育政策、实现教育政策的

---

① 比如，教师资格制度的完善如何遵循专业性、多样性、发展性、开放性原则，借鉴西方国家教师资格认证制度规范运作的经验，进一步规范和严格我国教师资格认证制度，既做到面向全社会、为所有愿意并有能力从事教师职业的人提供机会，又保证教师资格的严肃性和高质量，是我国教师教育政策面临的重大课题。又如，教师教育机构认证制度（建立教师教育机构资质标准，审查和认定承担教师教育任务的机构资格），教师教育课程认定制度（对教师教育课程门类、结构、内容、教材及教学安排等进行全面考查和认证，确保教师教育课程与教学的质量），教师教育质量评估制度（对教师教育机构实施动态质量评估与检查，实行优胜劣汰）等有待建立和完善。此外，国家还需逐步建立教师教育协作制度、教师继续教育制度、教师岗位评聘制度等.

② 张乐天.教育政策法规的理论与实践[M].上海：华东师范大学出版社，2002：21.

更良性运行服务。[①] 教师教育政策评价即依据教师教育的价值标准，对教师教育政策运行全过程以及执行效果、目标实现程度等进行系统、综合的评判，总结政策运行的成效、经验，揭示存在的问题、不足，决定政策如何调整、修订、优化、完善以及如何吸取政策执行过程的教训等，为未来教师教育政策活动提供参考。教师教育政策评价是检验教师教育政策效果的基本手段与途径，也是实现教师教育资源优化配置的重要基础；既要关注政策本身，又要对影响政策制定、执行的各种因素进行深度分析。我国教师教育政策法规的评价工作还存在不同程度的问题，有待改进和完善。

---

① 张乐天. 教育政策法规的理论与实践[M]. 上海：华东师范大学出版社，2002：82.